Einladung zum Karriere-Netzwerk squeaker.net

Ihr Vorteil als Käufer dieses Buches

Als Käufer dieses Buches laden wir Sie ein, Mitglied im Online-Karrierenetzwerk squeaker.net zu werden. Auf der Website finden Sie zusätzliches Insider-Wissen zum Buch. Dazu gehören Übungsaufgaben aus dem Bewerbungsverfahren bei Stiftungen, Erfahrungsberichte über Stiftungen, Hochschulen und Unternehmen sowie die aktuellen Termine und Fristen für die Bewerbung um ein Stipendium.

Ihr Zugangscode: **IDSTIP2011**

Eingeben unter: squeaker.net/einladung

**Das Insider-Dossier:
Der Weg zum Stipendium
Tipps zur Bewerbung für
400 Stipendien- und Förderprogramme**

Max-Alexander Borreck | Jan Bruckmann

2011 (2., erweiterte und vollständig überarbeitete Auflage)

**Das Insider-Dossier:
Der Weg zum Stipendium
Tipps zur Bewerbung für 400 Stipendien- und Förderprogramme**

2011 (2., erweiterte und vollständig überarbeitete Auflage)

Copyright © 2011 squeaker.net GmbH

www.squeaker.net
kontakt@squeaker.net

Verlag	squeaker.net GmbH
Herausgeber	Stefan Menden, Jonas Seyfferth
Autoren	Max-Alexander Borreck, Jan Bruckmann
Projektleitung	Jennifer Wroblewsky
Lektorat	Anne Wellmann
Buchsatz	Andreas Gräber, MoonWorks media
Umschlaggestaltung	Ingo Solbach, i-deesign, Köln
Druck und Bindung	DCM Druck Center Meckenheim GmbH
Bestellung	Über den Fachbuchhandel oder versandkostenfrei unter www.squeaker.net.
ISBN	978-3-940345-202

Disclaimer
Trotz sorgfältiger Recherchen können Verlag, Herausgeber und Autoren für die Richtigkeit der Angaben keine Gewahr übernehmen. Anregungen, Lob oder Kritik für die nächste Auflage bitte über unser Feedback-Formular unter squeaker.net/buchfeedback.

Bitte nicht kopieren oder verbreiten
Das Buch einschließlich aller seiner Teile ist urheberrechtlich geschützt. Alle Rechte, insbesondere das Recht auf Vervielfältigung, Verbreitung sowie Übersetzung, bleiben dem Verlag vorbehalten. Kein Teil des Werks darf in irgendeiner Form ohne schriftliche Genehmigung des Verlages gespeichert, kopiert, übersetzt oder verbreitet werden. Kaufen Sie sich Ihr eigenes Exemplar! Nur so können wir dieses Projekt qualitativ weiterentwickeln.

Inhalt

Einleitung zur zweiten Auflage   9

I. Warum man sich um ein Stipendium bewerben sollte   13

    1. Gründe, sich um ein Stipendium zu bewerben   14
    2. Gründe, sich gerade jetzt zu bewerben   20
    3. Keine Gründe, sich nicht um ein Stipendium zu bewerben   22
    4. Aufgaben eines Stipendiaten   26
    5. Gründe, ein Stipendium zu vergeben   28

II. Wie man das richtige Stipendium findet   33

    1. Die gezielte Suche nach einem Stipendium   34
    2. Die gezielte Suche nach mehreren Stipendien   39

III. Wie man sich erfolgreich bewirbt   45

    1. Die schriftliche Bewerbung   45
       Das An- bzw. Motivationsschreiben   46
       Der tabellarische Lebenslauf   52
       Der ausführliche Lebenslauf   54
       Die Gutachten der Lehrer bzw. Professoren   58
       Die Empfehlungsschreiben   60
       Zeugnisse   61

    2. Der Studierfähigkeitstest der Studienstiftung   64
       Aufbau des Kapitels und allgemeine Empfehlungen   65
       Organisatorische Vorbereitung   66
       Die fünf Aufgabentypen – Erläuterungen, Tipps und Beispielaufgaben   68
       Den Demo-Test üben   85

    3. Das persönliche Auswahlverfahren   88
       Einzelinterviews   90
       Klausur und Essay   101
       Präsentation und Moderation   105
       Stichwortzettel für eine Präsentation mit Moderation   113
       Gruppendiskussion   116

4. Der Auswahltag	122
Dresscode	122
Timing	123
Nervosität in den Griff bekommen	123

Exkurs: Wettbewerbe   **131**

IV. Übersicht: Studienförderer in Deutschland   **137**

1. Die staatlichen Begabtenförderungswerke	137
Studienstiftung des deutschen Volkes	142
Friedrich-Ebert-Stiftung (FES)	148
Friedrich-Naumann-Stiftung für die Freiheit	152
Hanns-Seidel-Stiftung (HSS)	155
Heinrich-Böll-Stiftung	158
Konrad-Adenauer-Stiftung (KAS)	162
Rosa-Luxemburg-Stiftung (RLS)	166
Cusanuswerk – Bischöfliche Studienförderung	170
Evangelisches Studienwerk Villigst	173
Ernst Ludwig Ehrlich Studienwerk (ELES)	176
Stiftung der Deutschen Wirtschaft (sdw) – Studienförderwerk Klaus Murmann	178
Hans-Böckler-Stiftung	182
2. Das Deutschland-Stipendium & Hochschulspezifische Stiftungen	187
Deutschland-Stipendium	189
Studienbeitragsstiftungen	192
3. Unabhängige Stipendienprogramme	194
Kölner Gymnasial- und Stiftungsfonds	194
Reemtsma-Begabtenförderungswerk	197
4. Regionale Stipendienprogramme	199
Landesstiftung Baden-Württemberg	200
Max Weber-Programm – Elitenetzwerk Bayern	202
Stiftung Maximilianeum	204
NRW-Stipendienprogramm	206
Weitere regionale Studienförderer	207
5. Stipendienprogramme an privaten Hochschulen	208
Daniela und Jürgen Westphal-Stiftung	209
25 weitere Stipendienprogramme an privaten Hochschulen	210

6. Studienfachspezifische Stipendienprogramme	211
Unternehmensnahe Stiftungen	212
Besonderheiten beim Bewerbungsprozess	213
Oliver Wyman Fellows	214
Haniel Stiftung	216
Dr. Jost-Henkel-Stiftung	217
Stipendien für Studenten der Natur- und Ingenieurwissenschaften	219
Bayer Science & Education Foundation	220
Evonik Stiftung	221
35 weitere Stipendienprogramme	223
Stipendien für Studenten der Rechts- und Wirtschaftswissenschaften	229
e-fellows	231
Das Schmalenbach-Stipendium	233
21 weitere Stipendienprogramme	235
Deutsche Bundesstiftung Umwelt (DBU)	239
7. Stipendienprogramme für Schüler und Studenten mit Migrationshintergrund	240
Wer hat einen Migrationshintergrund?	242
Inklusive Förderung	243
Angebote der Begabtenförderungswerke	244
Böckler-Aktion Bildung	245
Der Studienkompass	247
Exklusive Förderung	249
Vodafone Chancen	250
Otto-Benecke-Stiftung	253
Hertie-Stiftung	255
Horizonte – Stipendium für Lehramtsstudenten mit Migrationshintergrund	255
START – Schülerstipendium für begabte Zuwanderer	256
Talent im Land (TiL) Baden-Württemberg	259
Talent im Land (TiL) Bayern	259
8. Stipendienprogramme für Frauen	262
MTU Studien-Stiftung	263
Christiane-Nüsslein-Volhard-Stiftung	264

V. Übersicht: Internationale Studienförderer — **265**

1. Auslandsstipendien vs. Vollstipendien — 266
2. Die Suche nach internationalen Förderern — 267
3. Deutscher Akademischer Austauschdienst (DAAD) — 269
4. ERASMUS Programm — 274
5. Fulbright Kommission — 277

Übersicht: Weitere Stipendienprogramme — **281**

1. Hochschulspezifische Stipendienprogramme — 281
2. Regionale Studienförderer — 298
3. Internationale Studienförderer — 310

Lösungen zu den Beispielaufgaben des Studierfähigkeitstests — **320**
Schlusswort — **328**
Fußnoten — **329**
Über die Autoren und squeaker.net — **332**

Einleitung zur zweiten Auflage

Nie waren die Chancen, ein Stipendium zu erhalten, so gut wie heute. Aktuell werden rund drei Prozent aller Studenten in Deutschland gefördert - mittelfristig sollen es 10 Prozent werden. Neben 2.200 Stiftungen sowie vielen Unternehmen und Privatpersonen, hat der Staat Förderprogramme, z. B. das Deutschland-Stipendium, ins Leben gerufen.

Umso bemerkenswerter ist es, dass jeder fünfte Förderer nicht ausreichend geeignete Bewerber findet.

Was hält Schüler und Studenten davon ab, sich um eine Förderung zu bewerben? Zum einen fehlt vielen Kandidaten der Überblick über die ihnen offen stehenden Stipendienprogramme. Zum anderen halten Vorurteile wie »Stipendien sind nur für 1,0er-Abiturienten« viele Interessierte von der Bewerbung um ein Stipendium ab. Potenzielle Bewerber unterschätzen oft ihre eigenen Qualifikationen und Leistungen. Gleichzeitig überschätzen sie die Anforderungen von Stipendiengebern. Das Ergebnis ist, dass sich viele gesellschaftlich engagierte und akademisch starke Schüler und Studenten gar nicht erst um ein Stipendium bewerben.

Stipendienbewerbung mit Insider-Wissen

Dieses Buch verschafft potenziellen Bewerbern einen Überblick über die Stipendienlandschaft in Deutschland und gibt ihnen Werkzeuge für eine erfolgreiche Bewerbung an die Hand. Die Erfahrungen der Autoren sowie zahlreicher weiterer Stipendiaten zeigen, dass es möglich ist, sich systematisch auf die Stipendienbewerbung vorzubereiten. Den Weg der Stipendienbewerbung gehen wir in drei Schritten. Durch eine Vielzahl von Beispielen, Checklisten und den Insider-Tipps von mehr als 50 Stipendiaten wird dieses Buch zur idealen Toolbox für die Stipendienbewerbung. Das Buch ist so strukturiert, dass jedes Kapitel für sich durchgearbeitet werden kann.

Die drei Schritte zum Stipendium

In *Schritt 1* der Stipendienbewerbung verdeutlichen wir die Vorteile, die ein Stipendium bietet, und widerlegen gängige Vorurteile gegenüber der Studienförderung. Wir erläutern, warum der Staat, Unternehmen und Privatpersonen Schüler und Studenten überhaupt unterstützen. Und wir zeigen, dass die Bewerbung um ein Stipendium eine gute Entscheidung ist - unsere Argumentation geht dabei über die allgemein bekannten Vorzüge der finanziellen Förderung und dem Renommee einer Stiftung hinaus.

QR-Code

Die wichtigsten Internetlinks haben wir in Form eines QR-Codes dargestellt. Diesen können Sie mit Ihrem Handy abscannen und so bequem die entsprechende Webseite mobil ansteuern (Ihr Handy benötigt eine QR-/2D-Scanner-Applikation und Internetzugang). Folgender QR-Code führt Sie beispielsweise direkt zu squeaker.net/stipendium.

Dann geht es an *Schritt 2*: Die Identifikation eines geeigneten Stipendiums. Hier stellen wir eine reichhaltige Werkzeugkiste für die Stipendiensuche vor, die hilft, aus mehr als 2.200 Stipendiengebern die richtigen Förderer auszuwählen. Im Buch enthalten sind detaillierte Profile von mehr als 40 Studienförderern, darunter die Begabtenförderungswerke, das Deutschland-Stipendium sowie der DAAD und ERASMUS.

Ist der passende Studienförderer gefunden, so gehen wir *Schritt 3* der Stipendienbewerbung an: Die erfolgreiche Bewerbung. Im Abschnitt »Die schriftliche Bewerbung« wird erläutert, worauf es beim Verfassen von Motivationsschreiben und Lebenslauf ankommt. Zudem werden Tipps gegeben, wie Sie mit Professorengutachten oder Empfehlungsschreiben punkten können. Im Kapitel «Die Selbstbewerbung bei der Studienstiftung des deutschen Volkes» stellen wir Ihnen den Studierfähigkeitstest der Studienstiftung vor und ermöglichen mit zahlreichen Übungsaufgaben eine gezielte Vorbereitung. Im Kapitel »Das persönliche Auswahlverfahren« wird beschrieben, was Sie am Bewerbertag erwartet. Dabei stellen wir unterschiedliche Formate wie Interview, Klausur und Essay, Präsentation und Moderation sowie Gruppendiskussion vor. Für jedes dieser Formate wird begründet, warum es eingesetzt wird, wie man sich darauf vorbereiten kann und welche Strategien die Erfolgschancen erhöhen.

Die Stipendienübersicht

Studienförderer vergeben Stipendien nach verschiedenen Kriterien. Dazu gehören zum Beispiel Noten, soziales Engagement, persönliche Biographie (Migrationshintergrund, Studien- oder Herkunftsort, Geschlecht), das Studienfach oder der Wunsch, ein Semester im Ausland zu studieren. Entsprechend dieser Kriterien stellen wir die unterschiedlichen Stipendienprogramme vor: Zunächst werden die zwölf Begabtenförderungswerke detailliert beschrieben. Als zweite bedeutsame Säule der Studienförderung wird auf das Deutschland-Stipendium und hochschuleigene Förderprogramme eingegangen. Anschließend wird die Gruppe der regionalen Studienförderer präsentiert, die Studenten aus oder in einer bestimmten Region fördern. Im nächsten Kapitel wird erläutert, welche Institutionen weibliche Studierende unterstützen und wo sich Studentinnen über Fördermöglichkeiten informieren können. In einem weiteren Kapitel werden Stipendienprogramme aufgeführt, die ihre Förderung auf Studenten bestimmter Fachbereiche konzentrieren. Ein besonderer Schwerpunkt wird dabei auf unternehmensnahe Stiftungen gelegt. Zudem ist ein Kapitel Studienförderern gewidmet, die sich auf die Unterstützung von Schülern und Studenten mit Migrationshintergrund spezialisiert haben.

Abschließend stellen wir im Kapitel »Internationale Studienförderer« die bedeutendsten Organisationen vor, die das Auslandsstudium unterstützen.

Ein interaktives Werk: Aktuelle Informationen online
Dieses Buch ist das Ergebnis umfangreicher Recherche, einer Vielzahl von Insider-Interviews mit Stipendiaten, Alumni, Mitarbeitern von Stiftungen und nicht zuletzt der Stipendien- und Bewerbungserfahrung der beiden Autoren. Da sich die Stipendienlandschaft permanent verändert, wird dieses Buch durch eine spezielle Webseite des Karriere-Netzwerkes squeaker.net (squeaker.net/stipendium) begleitet. Dort können Sie sich mit anderen Bewerbern und Stipendiaten austauschen und Wissen zum Thema Stipendien teilen.

Wir bitten um Verständnis dafür, dass in diesem Buch mit Rücksicht auf die Lesbarkeit auf eine »weibliche Grammatik« verzichtet wurde. Dort, wo Stipendien vorgestellt werden, die nur Schülerinnen oder Studentinnen offen stehen, wurde explizit die weibliche Form verwendet.

Wir wünschen den Lesern dieses Insider-Dossiers viel Vergnügen bei der Lektüre und viel Erfolg für die Bewerbung um ein Stipendium.

Max-Alexander Borreck,
Jan Bruckmann
und die squeaker.net-Redaktion

> **Tipp**
>
> **Unterstützen Sie dieses Buchprojekt**
> Das Buch ist von ehemaligen und aktuellen Stipendiaten für zukünftige Stipendiaten geschrieben. Um das Buch kontinuierlich weiterentwickeln zu können, sind wir auf Ihre Mithilfe angewiesen. Bitte schicken Sie uns Ihr Feedback oder Verbesserungsvorschläge über unser Feedback-Formular unter squeaker.net/buchfeedback. Außerdem freuen wir uns über einen Erfahrungsbericht zu Ihrer Stipendienbewerbung auf squeaker.net/report.

I. Warum man sich um ein Stipendium bewerben sollte

»Staat, Kirche, Gesellschaft und Bürgertum, kurz das gesamte geistige Leben eines Volkes, wird von der Einrichtung und Gewährung von Stipendien aufs innigste berührt.«
Lexikon der Pädagogik, 1915

Das Zitat aus dem Jahr 1915 verdeutlicht, dass Stipendien seit rund 100 Jahren ein wichtiges Instrument zur Förderung des gesellschaftlichen Miteinanders darstellen. Von einem Stipendium soll nicht nur der Geförderte selbst, sondern die gesamte Gesellschaft profitieren.

Im ersten Schritt dieses Buches geht es um die Grundpfeiler des Stipendienwesens. Wichtige Fragen, die beantwortet werden, sind: »Woraus besteht ein Stipendium?«, »Welche Vorteile bringt die Förderung mit sich?«, »Welche Aufgaben sind mit einem Stipendium verbunden?« und »Warum haben Menschen ein Interesse daran, Stipendien zu vergeben?«. Die Antworten auf diese Fragen sind wichtig, denn auf ihnen basieren die nachstehenden Kapitel II (»Wie man das richtige Stipendium findet«) und III (»Wie man sich erfolgreich bewirbt«) dieses Buches.

In der Regel hat ein Stipendium eine materielle und eine immaterielle Komponente. Die materielle Förderung ist die finanzielle Unterstützung, die der Studienförderer dem Stipendiaten zukommen lässt. Je nach Stipendienprogramm kann dies eine einmalige, mehrmalige oder monatliche Zahlung sein. So ist ein Auslandsstipendium oftmals mit einer einmaligen Überweisung, zum Beispiel zur Deckung der Reisekosten, verbunden. Große Studienförderer, wie die Studienstiftung des deutschen Volkes, unterstützen ihre Stipendiaten hingegen mit einem festen monatlichen Geldbetrag (eine Übersicht über die finanzielle Unterstützung durch Begabtenförderungswerke findet sich im Kapitel IV.1 »Die staatlichen Begabtenförderungswerke«). Die zweite Komponente, die ideelle Förderung (oftmals auch als immaterielle Förderung bezeichnet), umfasst alle nicht-finanziellen Leistungen, welche die fördernde Institution ihren Stipendiaten anbietet. Die bekanntesten Bestandteile dieser Förderung sind Seminar-, Exkursions- und Bildungsreiseangebote. Weitere, weniger bekannte Bestandteile der Förderung sind der Zugang zum (Alumni-)Netzwerk und zu den stiftungseigenen Ressourcen, wie zum Beispiel zu Bibliotheken und Archiven.

1. Gründe, sich um ein Stipendium zu bewerben

Der Ausgangspunkt für die Stipendienbewerbung ist die Frage: »Warum bewerbe ich mich um ein Stipendium?«.

Die Frage ist wichtig, weil die Antworten darauf das Fundament der Bewerbung sein werden. So muss schon im Anschreiben begründet werden, warum man sich um ein Stipendium bewirbt, und spätestens im Bewerbungsgespräch wird ein Interviewer dem Bewerber Fragen zu den Beweggründen der Bewerbung stellen.

Finanzielle Unterstützung

Die häufigste Antwort auf die Frage »Warum bewerbe ich mich um ein Stipendium?« ist kurz und einfach: »Ich brauche Geld!«. In Zeiten von Studiengebühren und erhöhtem Leistungsdruck, durch eng gestaffelte Zeitpläne von Bachelor- und Masterprogrammen, ist dies eine absolut legitime Antwort. Die finanzielle Unterstützung ist von großem Vorteil, weil sie den Stipendiaten im Studium unabhängiger macht und ihm z. B. ermöglicht, Auslandssemester und -praktika zu absolvieren. Außerdem fällt es mit dieser Unterstützung leichter, das ein oder andere teure Fachbuch zu kaufen. So erklärt sich auch, dass stark sozial orientierte Studienförderer wie die Hans-Böckler- oder die Rosa-Luxemburg-Stiftung bevorzugt bedürftige Studenten in die Förderung aufnehmen. Nichtsdestotrotz greift die Antwort »Ich brauche Geld!« selbst bei der Bewerbung für besonders sozial ausgerichtete Institutionen zu kurz. Das Ziel aller Stipendienprogramme ist es, dass sich die Schüler und Studenten während und im Anschluss an die Förderung im Sinne der fördernden Institution engagieren. Es gehört zum Selbstverständnis jeder Studienförderung, einen Beitrag zum Gemeinwohl zu leisten. Studenten, die eine Stipendienbewerbung allein aus finanziellen Gründen verfolgen, werden aber zukünftig schwerlich zur Erreichung der Stiftungsziele beitragen können. »Ich brauche Geld!« ist also eine legitime, aber keine hinreichende Begründung für die Bewerbung um ein Stipendium.

Renommee

Ein weiterer Grund für die Bewerbung bei einem Studienförderer ist das hohe Renommee, das Stipendien mit sich bringen. Arbeitgeber setzen ein Stipendium vielfach mit guten Noten und hoher Leistungsbereitschaft gleich. So kann der Name einer Stiftung im Lebenslauf ein entscheidender Vorteil bei der Bewerbung um ein Praktikum oder um eine Festanstellung sein. Natürlich ist es Studienförderern wichtig, dass ihre Stipendiaten stolz darauf sind, in ihr Förderprogramm aufgenommen worden zu sein. Aber hierbei gilt Ähnliches wie bei der Antwort »Ich brauche Geld!«: Es ist gut nachvollziehbar, wenn jemand durch ein Stipendium seine Leistungen und sein Engagement nach außen signalisieren möchte. Aber der Wunsch nach Renommee

---

Finanzielle Vorteile eines Stipendiums

»Da ich als Kind von Nicht-Akademikern nicht nur der Gruppe derjenigen mit »bildungsarmem« Hintergrund angehöre, sondern auch keine allzu großen Aufwendungen von zu Hause erwarten kann, beziehe ich ein Stipendium in Höhe des BAföG-Satzes, das ich im Gegensatz zum BAföG nicht zurückzuzahlen brauche. Zusätzlich bekomme ich ein monatliches Büchergeld in Höhe von € 80. Das Wissen um die Möglichkeit seine Lernmittel selber beschaffen zu können, beruhigt in bestimmten Phasen des Studiums sehr, zumal die wenigsten Hochschullehrer noch nachvollziehen können, dass derartige Beträge schon für Probleme sorgen.«
Jennifer, Stipendiatin der Studienstiftung des deutschen Volkes

hilft der Institution wenig bei der Umsetzung ihrer Ziele. Spätestens an dieser Stelle ist es wichtig, zu verstehen, dass ein Stipendium kein Selbstzweck ist!

Networking
Eine oft genannte Motivation für die Bewerbung um ein Stipendium ist das stipendiatische Netzwerk.

Das Ziel der meisten Studienförderer ist es, wissenschaftliche und gesellschaftliche Elite in einem Netzwerk zusammenzuschließen. Aus diesem Grund fokussiert sich ihre Förderung auf engagierte und akademisch erfolgreiche Studenten. Bei der Mehrzahl der Institutionen haben die Stipendiaten die verschiedensten persönlichen und fachlichen Hintergründe. In vielen Fällen kommt ein Teil der Stipendiatenschaft ursprünglich nicht aus Deutschland.

Trotzdem haben stipendiatische Netzwerke einen gemeinsamen Nenner: Bei parteinahen Stiftungen ist dies die politische bzw. gesellschaftliche Einstellung, bei Stiftungen für Schüler und Studenten mit Migrationshintergrund die Tatsache, dass die Stipendiaten kulturell unterschiedliche Hintergründe haben. Die Mischung aus Engagement, ähnlichen persönlichen Zielen und unterschiedlichen Erfahrungen machen stipendiatische Gruppen und Alumni-Vereine zu wertvollen Netzwerken. Es ist hilfreich, frühzeitig zu überlegen, ob man in ein Netzwerk passt, warum man ein Teil des Netzwerkes werden möchte und welche Rolle man darin einnehmen will. Hierbei gibt es eine Vielzahl von Argumenten, die vom akademischen Gedankenaustausch bis zur Umsetzung einer Idee, für die interessierte Mitstreiter gesucht werden, reicht. Für eine Einrichtung, die Stipendien vergibt, sind diese Überlegungen wichtig, weil sie zeigen, dass sich der Bewerber mit ihren Zielen und den Menschen, die sie tragen, auseinandergesetzt hat.

Immaterielle Förderung
Eine weitere wichtige Antwort auf die Eingangsfrage ist: »Ich möchte von der ideellen Förderung der Stiftung profitieren.«

Alle Begabtenförderungswerke und eine Vielzahl unabhängiger Förderer bieten ihren Stipendiaten neben der materiellen auch eine immaterielle Förderung an. Der Begriff »immaterielle Förderung« bedeutet nicht, dass diese Unterstützung die Institution nichts kostet. Im Gegenteil, oftmals übernehmen Stiftungen und Unternehmen hohe Summen, um ihren Stipendiaten vergünstigten oder sogar freien Zugang zu Seminaren mit hochkarätigen Referenten zu ermöglichen. Zur immateriellen Förderung gehören je nach Stiftung Seminare, Zugang zu stiftungseigenen Ressourcen (z. B. Intranet, Stiftungsbibliothek), Bildungsreisen, Praktikumsvermittlung, etc. Das Hauptanliegen der ideellen Förderung besteht darin, dass die

Stipendiaten studienunabhängig ihren Horizont erweitern können und sich mit neuen Denkanstößen auseinandersetzen. Ein weiteres Anliegen der ideellen Förderung ist, dass die Stipendiaten Kompetenzen erwerben, die sie später nicht nur im eigenen Interesse, sondern auch im Sinne der Stiftung einsetzen und nutzen können. Dies gilt insbesondere für die politischen, die konfessionellen und die wirtschafts- bzw. gewerkschaftsnahen Stiftungen. So bieten parteinahe Stiftungen ihren Stipendiaten Seminare an, die der Vertiefung von politikrelevantem Wissen und der Schulung rhetorischer Fähigkeiten dienen. Der Erfolg dieser Förderung lässt sich gut daran ablesen, dass viele Bundestagsabgeordnete, Minister und ehemalige Bundeskanzler Alumni einer politischen Stiftung sind. Somit erklärt sich auch, warum Studienförderer die immaterielle Förderung als gleichwertigen und gleichberechtigten Teil des Stipendiums verstehen. Sich als Bewerber zu überlegen, wie man von der immateriellen Förderung einer Stiftung profitieren kann und möchte, ist ein bedeutender Schritt zum Erfolg der Stipendienbewerbung. Wie die immaterielle Förderung konkret aussieht, lässt sich fast immer auf den Homepages der jeweiligen Institution in Erfahrung bringen.

Akademische Karriere

Ein weiterer wichtiger Grund, ein Stipendium anzustreben, ist, dass Stipendiaten eine günstige Ausgangsposition für eine akademische Karriere haben. Schon bei der Bewerbung um ein Masterstudium oder um eine Promotionsstelle hilft es, wenn der Bewerber bereits anhand seiner Bewerbungsmappe zeigen kann, dass er eine Studienstiftung oder eine vergleichbare Institution von seinen fachlichen und persönlichen Fähigkeiten überzeugen konnte. Die akademischen Perspektiven eines Bewerbers, der über ein Stipendium verfügt, werden noch aussichtsreicher, wenn die Förderinstitution eine (teilweise) Finanzierung des zukünftigen Studien- bzw. Forschungsabschnittes in Aussicht stellt. Jede Hochschule sieht es gerne, wenn der Bewerber sein Vorhaben mit der Hilfe eines Stipendiums sicher finanzieren kann und die hochschuleigenen Ressourcen für andere bedürftige Bewerber eingesetzt werden können.

Individuelle Gründe

Schlussendlich ist die beste Antwort auf die Frage »Warum bewerbe ich mich um ein Stipendium?« immer diejenige, die ganz individuell gegeben wird.

Der individuellen Antwort kann man sich von zwei Seiten nähern: Zum einen kann man sich fragen: »Was habe ich bisher erreicht?« bzw. »Was sind meine besonderen Stärken?«. Bei der Beantwortung dieser Fragen kann eine Fremdeinschätzung z. B. von Mitschülern, Lehrern oder Familienmitgliedern hilfreich sein. An dieser Stelle sind

---

Akademische Perspektiven
»Als ich mich als Bachelorstudent bei der Friedrich-Ebert-Stiftung um ein Stipendium beworben hatte, habe ich nie daran gedacht, dass sie auch mein zukünftiges Masterstipendium fördern würde. Erst bei meinem Einführungsseminar wurde mir deutlich gemacht, dass viele deutsche Stiftungen auch ein einjähriges Masterstudium im Ausland – nicht nur ein Auslandssemester – übernehmen. So entschied ich mich nach dem Bachelorstudium, mein einjähriges Masterstudium an einer spanischen Universität zu absolvieren. Ohne das Stipendium bei der Friedrich-Ebert-Stiftung hätte ich das nie gemacht. Insgesamt hat die Stiftung mehrere Tausend Euro Studiengebühren der Auslandsuni übernommen. Dafür, dass mir die Stiftung dies ermöglicht hat, bin ich sehr dankbar!«
Ein Stipendiat der Friedrich-Ebert-Stiftung

die Begriffe »Leistung« und »leisten« von zentraler Bedeutung, denn man könnte genauso gut fragen: »Was habe ich geleistet, das mich für ein Stipendium qualifiziert?«. Gerade im schulischen und universitären Kontext wird »Leistung« zumeist mit überdurchschnittlichen Noten oder mit guten Platzierungen in schulischen und universitären Wettbewerben gleichgesetzt. Das führt oftmals dazu, dass potenzielle Bewerber von den vermeintlichen Anforderungen eingeschüchtert sind. Doch ist der Begriff »Leistung«, zumindest im Hinblick auf eine Stipendienbewerbung, umfassender zu verstehen: Politisches, gesellschaftliches, schulisches, künstlerisches, universitäres oder kirchliches Engagement sowie sportliche oder musikalische Erfolge, sind Leistungen, die ähnlich und teilweise sogar höher als gute Noten bewertet werden. Nicht selten ist Schülern und Studenten gar nicht recht bewusst, was sie bereits geleistet haben. Um einen Reflexionsprozess anzustoßen, sei hier eine – keinesfalls abschließende – Checkliste mit Beispielen möglichen Engagements angefügt:

Checkliste: Beispiele für Engagement

Beispiel		Zeitraum	
		von	bis
Schule	Mitarbeit in der Schülerzeitung		
	Engagement als Klassen- oder Schulsprecher		
	Mitarbeit an einem Schulprojekt / einer Arbeitsgemeinschaft		
	Organisation des Abiturballs / der Abiturzeitung		
	Teilnahme an schulischen Wettbewerben		
	Übernahme von Nachhilfeunterricht		
	Sonstiges, nämlich _____		
Universität	Mitarbeit in der Fachschaft		
	Mitarbeit in einer Studenteninitiative		
	Mitarbeit im Asta/Studentenparlament		
	Teilnahme an Wettbewerben oder Forschungsprojekten		
	Engagement im studentischen Debattierclub		
	Sonstiges, nämlich _____		
Gesellschaft	Arbeit in kommunalen Projekten/Institutionen		
	Engagement in der Jugendarbeit		
	Besondere Verantwortung im Zivil- oder Wehrdienst		
	Sonstiges, nämlich _____		

I. Gründe

Kirche	Unterstützung als Messdiener	
	Engagement in der kirchlichen Jugendarbeit	
	Organisation eines kirchlichen Ausflugs (z. B. Zeltlager)	
	Sonstiges, nämlich _____	
Politik	Engagement in einer Partei	
	Mitarbeit an kommunalen Projekten bzw. Aktionen	
	Engagement im Wahlkampf	
	Sonstiges, nämlich _____	
Sport	Teilnahme an Meisterschaften	
	Übernahme von Verantwortung als Mannschaftskapitän	
	Training von Jugendmannschaften	
	Einsatz als Schiedsrichter	
	Sonstiges, nämlich _____	
Kunst, Musik und Kultur	Auftritt bei Konzerten	
	Eigene Ausstellungen	
	Rezensionen	
	Sonstiges, nämlich _____	

Eine andere Möglichkeit, sich der »individuellen Antwort« zu nähern, ist die Auseinandersetzung mit der Frage: »Was möchte ich in Zukunft erreichen?«. Dies ist insbesondere dann wichtig, wenn das Stipendium für einen bestimmten Zweck, wie zum Beispiel ein Auslandssemester oder die Durchführung einer Abschluss- bzw. Forschungsarbeit, ausgeschrieben ist. Studienförderer nehmen unterschiedliche Schwerpunktsetzungen bei dem vor, was sie für förderungswürdig erachten. So kann das Anliegen der Stiftung darin bestehen, dass die Stipendiaten einen Beitrag zum Fortschritt der Wissenschaft leisten, dass sie sich um verbesserten internationalen Austausch bemühen oder Impulse für ein Zusammenleben in der Gesellschaft geben. Also kann auch das Studium an sich, eine gute und vor allem individuelle Begründung für die Stipendiumsbewerbung sein.

Zusammenfassung

Den Antworten auf die oben erläuterten Fragen wird im Rahmen der Stipendienbewerbung eine wichtige Rolle zufallen. Deshalb ist es sinnvoll die jeweiligen Argumente gründlich zu reflektieren. Im Motivationsschreiben müssen diese Gründe zu Papier gebracht werden und es ist gut möglich, dass sie in einem persönlichen Auswahlgespräch angesprochen werden. In der folgenden Checkliste finden sich einige Fragen, die helfen, eigene Antworten zu formulieren und zu überprüfen, ob diese überzeugend begründet werden können. Auch diese Liste ist selbstverständlich nicht abschließend.

Checkliste: Gründe für die Stipendienbewerbung

	Frage	Antwort
Finanzielle Unterstützung	Wofür benötige ich finanzielle Unterstützung?	
	Wieso ist ein studentischer Nebenjob keine Alternative zu einem Stipendium?	
Immaterielle Förderung & Netzwerk	Welche Form der immateriellen Förderung interessiert mich besonders? Und warum?	
	Wie kann ich das Erlernte aus der immateriellen Förderung für mich und für andere nutzen?	
	Kann die immaterielle Förderung mir bei der Erreichung meiner Studien- und Berufsziele helfen?	
	Wieso passe ich gut zu den anderen Stipendiaten?	
	Was kann ich gemeinsam mit Menschen aus dem Netzwerk der Institution erreichen?	
Bisheriges Engagement	Was gab den Anstoß für meine politischen/gesellschaftlichen/kirchlichen etc. Engagements?	
	Warum engagiere ich mich immer noch politisch/gesellschaftlich/kirchlich etc.?	
	Warum engagiere ich mich gerade in dieser/m Partei/Verein/Kirche etc.?	
	Möchte ich mich auch in Zukunft in diesem Bereich engagieren?	

I. Gründe

I. Gründe

Zukünftiges Engagement	Wieso möchte ich mich in diesem Bereich engagieren?	
	Wieso werde ich die Ziele, die ich mir gesteckt habe, erreichen?	
Schulische / Akademische Leistungen	Was war mein Ansporn, viel zu lernen und gute Leistungen zu erzielen?	
	Warum war ich in dem Fach/den Fächern XY besser als in anderen Fächern?	
	Was sind meine nächsten schulischen/ akademischen Ziele?	
Auslandsstipendium	Warum möchte ich ein Auslandssemester/ Auslandspraktikum absolvieren?	
	Warum habe ich gerade dieses Land gewählt?	
Forschungsstipendium	Warum forsche ich gerade in diesem Bereich?	
	Welchen Nutzen kann meine Forschung für die Institution, bei der ich mich bewerbe, haben?	
	Welchen Nutzen liefert meine Arbeit für die Gesellschaft? Welchen zum Fortschritt der Wissenschaft?	

2. Gründe, sich gerade jetzt zu bewerben

»Nur (...) (drei) Prozent der Studierenden erhält ein begabungsabhängiges Stipendium. Damit sind wir international weit abgeschlagen. Unsere Zielmarke sollte zehn Prozent sein.«
Andreas Pinkwart, ehemaliger Wissenschaftsminister Nordrhein-Westfalen[1]

Die 19. Sozialerhebung des Deutschen Studentenwerkes zeigt, dass im Jahr 2009 drei Prozent, d.h. insgesamt 2,2 Millionen Studenten in Deutschland, ein Stipendium erhielten. Im Durchschnitt betrug die Höhe des Stipendiums € 305. Der Anteil von drei Prozent an der Gesamtstudentenschaft mag klein erscheinen, verschweigt jedoch, dass die Chancen für Studenten, ein Stipendium zu erhalten, heute größer sind denn je. So hat das Bundesministerium für Bildung und Forschung (BMBF) in den vergangenen Jahren die für die Studienförderung zur Verfügung stehenden Mittel von € 80 Millionen (2005) auf € 132 Millionen (2009) erhöht.

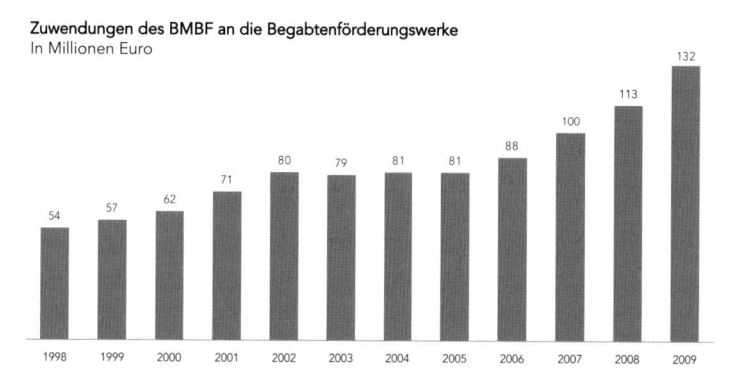

Zuwendungen des BMBF an die Begabtenförderungswerke
In Millionen Euro

1998	1999	2000	2001	2002	2003	2004	2005	2006	2007	2008	2009
54	57	62	71	80	79	81	81	88	100	113	132

Quelle: Bundesministerium für Bildung und Forschung

Im Zeitraum von 2005 bis 2009 hat sich der Anteil der Studenten, die durch eines der zwölf Begabtenförderungswerke gefördert wurden, von 0,7 Prozent (13.415 Studenten) auf 1,1 Prozent (22.913 Studenten) erhöht. Insgesamt hat sich der Anteil der Stipendiaten an der Gesamtstudentenschaft seit 2006 von zwei auf rund drei Prozent erhöht.

Einige Bundesländer haben bei der Entwicklung der Studienförderung eine Vorreiterrolle eingenommen: So gründete Baden-Württemberg schon vor Jahren die Landesstiftung Baden-Württemberg, die Studenten bei Auslandsaufenthalten fördert. Bayern etablierte 2003 das Elitenetzwerk Bayern, das mit dem Max-Weber-Programm im Jahr 2011 1.800 Studenten fördern soll. Nordrhein-Westfalen fördert seit dem Wintersemester 2009 1.400 Studenten im Rahmen des NRW-Stipendienprogramms.

Die positive Entwicklung setzt sich derzeit fort: So hat sich die aktuelle Bundesregierung das Ziel gesetzt, den Anteil der Stipendiaten an der Gesamtstudentenschaft von derzeit drei Prozent auf insgesamt zehn Prozent zu erhöhen. Dies soll maßgeblich durch das »Deutschland-Stipendium« geschehen (ab dem Sommersemester 2011). Stipendiaten des Deutschland-Stipendiums, über dessen Vergabe die Hochschulen individuell entscheiden, erhalten € 300 pro Monat – unabhängig vom Einkommen der Eltern. Finanziert werden soll das Stipendium aus öffentlichen und privaten Mitteln.

Durch das zunehmende Engagement von Staat, Unternehmen und Privatpersonen bei der Studienförderung entstehen zunehmend zielgruppenspezifische Förderangebote. Insbesondere Schüler und Studenten aus einkommensschwachen Elternhäusern oder aus Familien mit Migrationshintergrund profitieren davon. Möglich geworden sind die maßgeschneiderten Angebote auch durch das stärkere Engagement von Unternehmen und Privatpersonen, die Stipendien direkt oder über unabhängige Stiftungen vergeben. Das zunehmende Privatengagement im Bereich Bildung lässt sich an Millionenspenden wie der von SAP Gründer Hans-Werner Hector an die Technische Universität Karlsruhe (€ 200 Millionen), der Jacobs-Stiftung an die Jacobs University Bremen (€ 200 Millionen) oder der Boehringer-Ingelheim-Stiftung an die Universität Mainz (€ 100 Millionen) erkennen. Der Anstieg privater Fördermittel in der Studienförderung war ein wesentlicher Faktor dafür, dass die Anzahl der Stiftungen, die Stipendien vergeben, von ca. 1.300 im Jahr 2003 auf etwa 2.200 im Jahre 2009 angewachsen ist.[2,3]

Stipendiaten in der Begabtenförderungswerke
Anzahl der geförderten Studenten (dunkelgrau) und Graduierten (hellgrau)

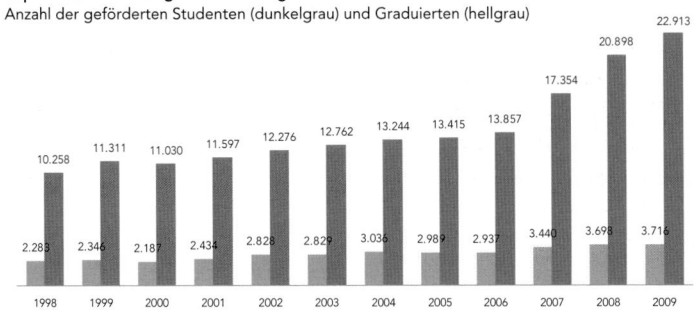

Jahr	Studenten	Graduierte
1998	10.258	2.283
1999	11.311	2.346
2000	11.030	2.187
2001	11.597	2.434
2002	12.276	2.828
2003	12.762	2.829
2004	13.244	3.036
2005	13.415	2.989
2006	13.857	2.937
2007	17.354	3.440
2008	20.898	3.698
2009	22.913	3.716

Quelle: Bundesministerium für Bildung und Forschung

3. Keine Gründe, sich nicht um ein Stipendium zu bewerben

Viele Studenten sind begeistert von der Idee, Stipendiat zu werden, zögern jedoch, den entscheidenden Schritt zu tun und sich um ein Stipendium zu bewerben. In diesem Kapitel sollen typische Zweifel und Vorbehalte gegen Stipendienprogramme entkräftet werden, um jeden engagierten und leistungsstarken Studenten zu einer Stipendienbewerbung zu ermutigen. Dazu werden im Folgenden vier besonders häufig geäußerte Argumente gegen eine Stipendienbewerbung vorgestellt und widerlegt.

Kein 1,0er Abitur

»Stipendien sind nur etwas für 1,0er-Abiturienten.« Das ist das wohl meist gehörte Vorurteil gegenüber Stipendien, weshalb es aber keineswegs zutreffend ist. Tatsache ist, dass ein sehr gutes Abitur zeigt, dass die Person bereit und in der Lage ist, sich im schulisch-akademischen Rahmen zu beweisen. Tatsache ist aber auch, dass die allermeisten Studienförderer Studenten suchen, die akademisch gut sind, sich aber gleichzeitig auch gesellschaftlich engagieren. Im Zweifelsfall wird es so sein, dass der Bewerber, der etwas weniger gute schulische Leistungen vorweist, aber viele Erfahrungen in außerschulischen oder außeruniversitären Aktivitäten gesammelt hat, demjenigen gegenüber im Vorteil ist, der ausschließlich sehr gute Noten vorweisen kann. Gleichzeitig ist ein sehr gutes Abitur keine Garantie für einen sehr guten Studienabschluss. Genauso wenig wie ein Abitur fernab der Note 1,0 einem erfolgreichen Studienabschluss im Wege steht. Viele Studenten entwickeln erst im Studium ihre volle Leistungsfähigkeit, weil sie sich an der Universität endlich ganz den Themen zuwenden können, die sie besonders interessieren.

Die Gewichtung schulischer Leistungen unterscheidet sich jedoch von Studienförderer zu Studienförderer. Stiftungen wie die Studienstiftung des deutschen Volkes legen besonderen Wert auf die schulischen und universitären Erfolge ihrer Stipendiaten. Auch politische und konfessionelle Stiftungen erwarten von ihren Stipendiaten gute akademische Leistungen, mindestens genauso entscheidend ist für sie aber das Engagement außerhalb von Schule und Universität.

Für einige Stipendienprogramme existieren «Schwellenkriterien». Das häufigste dieser Kriterien ist, dass die Studien- bzw. Abiturergebnisse des Bewerbers gleich gut oder besser als ein festgelegter Notenschnitt sein müssen. Diese Schwelle liegt im Normalfall aber fernab der Note 1,0.

Keine Parteizugehörigkeit
»Parteinahe Stiftungen vergeben Stipendien nur an Bewerber mit Parteibuch!« Auch dieses Vorurteil gegen politische Stiftungen ist weit verbreitet und falsch! Denn hier gelten ähnliche Argumente wie im Bezug auf den Notendurchschnitt: Politisches Engagement ist ein Pluspunkt bei der Bewerbung, aber weder zwingend notwendig noch eine Garantie für den Bewerbungserfolg.

Zweifelsfrei ist das politische Engagement eines Bewerbers für parteinahe Stiftungen wie die Friedrich-Ebert- oder die Konrad-Adenauer-Stiftung interessant, doch ist das Interesse dieser Stiftungen nicht allein auf das politische Engagement des Bewerbers begrenzt. Die zahllosen unpolitischen Aktivitäten, die für die Gesellschaft von essenzieller Bedeutung sind, werden ebenso von Studienförderern wertgeschätzt: Kaum ein Sportverein käme ohne seine ehrenamtlichen Mitarbeiter aus, Mitbestimmung in Schule und Universität würde nicht funktionieren, wenn sich nicht Schüler und Studenten in Schülervertretungen und Fachschaften engagieren würden und Kirchen müssten in Messen auf die Kirchenmusik verzichten, wenn nicht Freiwillige im Kirchenorchester spielen würden. Diese Liste ließe sich noch lange fortsetzen – im Kern geht es allen staatlich geförderten Stipendienprogrammen darum, Partizipation

---

Kein 1,0er-Abitur
»Mit einer Eins oder Zwei vor dem Komma im Abidurchschnitt ist es vielleicht leichter durch die erste Auswahlrunde zu kommen, aber im weiteren Verlauf des Auswahlverfahrens spielen weniger die Noten eine Rolle, als das, für was eine Person einsteht und was sie ausmacht. Die auswählenden Personen haben ein Interesse daran, Menschen kennenzulernen und nicht Zeugnisse zu lesen. Sie wollen junge Menschen mit Visionen fördern und nicht diejenigen, die in der Schule am erfolgreichsten auswendig lernen konnten. Schulnoten sagen schließlich nicht viel über die Persönlichkeit, die Grundsätze, Argumente und die soziale Kompetenz eines Menschen aus.«
Ramona, Stipendiatin des Evangelischen Studienwerks Villigst auf arbeiterkind.de

und Engagement nicht nur in der Politik, sondern in allen Bereichen der Gesellschaft zu unterstützen und auszubauen.

Darüber hinaus gibt es einen weiteren Grund, weshalb es für die politischen Stiftungen gar keinen Sinn macht, nur Parteimitglieder aufzunehmen. Über das Stipendienprogramm hat die Stiftung die Möglichkeit auch Nicht-Parteimitglieder für politisches Engagement zu begeistern. Zudem ist eine politische Studienstiftung ein wichtiges Medium, in dem Studenten »mit Parteibuch« und solche, die sich bewusst gegen eine Parteimitgliedschaft entschieden haben, über ihre jeweiligen Beweggründe debattieren können. Diese Diskussionen sind wichtig, weil sie den Stiftungen und den ihnen nahestehenden Parteien helfen, zu verstehen, warum Menschen sich gegen Parteien entscheiden und was diese tun müssen, um auch diese Menschen für sich zu gewinnen.

Zu viel Aufwand

»Die Bewerbung um ein Stipendium muss sehr gut sein, sie erfordert Zeit und intensive Vorbereitung. Falls es nicht klappt, war alles »für die Katz«.«

Der erste Satz dieses Argumentes ist vollkommen richtig, jedoch ist die Arbeit für eine solche Bewerbung niemals »für die Katz«: So müssen für die schriftliche Bewerbung typischerweise ein Motivationsschreiben und ein tabellarischer oder ausführlicher Lebenslauf angefertigt sowie eine Vielzahl weiterer Unterlagen vorbereitet werden. Im mündlichen Teil der Bewerbung muss der Bewerber an Auswahlgesprächen teilnehmen, mitunter sogar eine Präsentation und eine Gruppendiskussion vorbereiten. All diese Schritte sind nicht »für die Katz«, denn sowohl Motivationsschreiben als auch Lebenslauf werden im Verlauf des Studiums immer wieder benötigt. Sind sie einmal verfasst und werden auf dem Laufenden gehalten, erleichtern sie das Prozedere jeder kommenden Bewerbung. Ähnliches gilt für die Interviews, die im Rahmen einer Stipendienbewerbung zu absolvieren sind. Sie sind – erfolgreich absolviert oder nicht – eine hervorragende Chance und Vorbereitung für kommende Auswahlgespräche. Im Rahmen des Studiums bieten sich kaum vergleichbare Möglichkeiten, um ein feines Gespür für Bewerbungssituationen zu entwickeln.

Im Übrigen stehen die Chancen für die Aufnahme in ein Stipendienprogramm nicht so schlecht wie vielfach angenommen. So erhält die Friedrich-Ebert-Stiftung beispielsweise Bewerbungen von ca. 3.000 Studenten pro Jahr, etwa 800 von ihnen werden in das Förderprogramm aufgenommen.[4] Das heißt: Ungefähr jeder vierte Bewerber schafft die Aufnahme in die Förderung. Unter der Annahme, dass die Bewerbungssituation bei anderen Förderwerken ähnlich ist, bedeutet dies, dass die Erfolgsquote bei der Bewerbung um Stipendien wesentlich höher ist als bei der Bewerbung um Studienplätze oder

Lehrstellen. Hier gilt also, was der ehemalige US-Präsident Franklin D. Roosevelt gesagt hat: »Im Leben gibt es etwas Schlimmeres als keinen Erfolg zu haben: Das ist, nichts unternommen zu haben.« Und wenn man es schließlich schafft, in ein Stipendienprogramm aufgenommen zu werden, ist dies eine herausragende persönliche Bestätigung und eine große Chance für weitere Erfolge.

Zu guter Letzt ist ein klares Ziel dieses Buches, den Aufwand für eine Stipendienbewerbung zu optimieren (auch für folgende Bewerbungen) und die Erfolgschancen zu erhöhen. Deshalb sind die Tipps zur Gestaltung der Bewerbungsunterlagen darauf ausgerichtet, grundlegende Fragen zu Inhalt und Struktur zu klären. Die Beschreibungen der einzelnen Stationen im Bewerbungsverfahren sowie die Insider-Tipps von aktuellen und ehemaligen Stipendiaten sind so gewählt, dass sie klare Erfolgsstrategien auch in schwierigen Stationen des Bewerbungsverfahrens aufzeigen.

Kein Vorschlag

Immer wieder wird gesagt: »Meine Schule hat mich nicht für ein Stipendium vorgeschlagen, also kann ich gar nicht in eine Stiftung aufgenommen werden.« Das Thema »Vorschlag« führt vielfach zu Irritationen. Richtig ist, dass bis zum Januar 2010 für die Aufnahme in die Studienstiftung des deutschen Volkes ein Vorschlag durch die Schule oder die Universität notwendig war. Inzwischen lässt aber auch die Studienstiftung des deutschen Volkes Selbstbewerbungen zu.

Somit gibt es heute kein großes Stipendienprogramm mehr, das Bewerber nur auf einen Vorschlag hin zum Bewerbungsverfahren einlädt. Wichtig ist, dass Studienförderer in der Regel keine Unterschiede zwischen dem Vorschlag und der Selbstbewerbung machen, denn beides führt nach erfolgreicher Prüfung der eingereichten Bewerbungsunterlagen gleichermaßen dazu, dass der Bewerber zum Bewerbungsverfahren zugelassen wird. Ebenso falsch ist die Annahme, dass nur die Schule einen Schüler für die Förderung vorschlagen kann. Neben Schulen haben je nach Einrichtung auch Professoren, Prüfungsämter, Fachbereiche, Wettbewerbe und der Institution nahestehende Personen, wie zum Beispiel Alumni, ein Vorschlagsrecht.

Leider ist es so, dass viele Schulen, Professoren und universitäre Einrichtungen ihr Recht, Schüler oder Studenten für eine Förderung vorzuschlagen, aus Unkenntnis oder aus anderen Gründen nicht wahrnehmen. Indes gibt es viele Lehrer und Professoren, die sich freuen, wenn ein Schüler bzw. Student auf sie zukommt und sie auf die Möglichkeit eines Vorschlags zur Förderung anspricht. Aus diesem Grunde ist es ratsam und legitim, Vertrauenspersonen, die das Vorschlagsrecht haben, anzusprechen, wenn die Förderung durch eine Stiftung angestrebt wird. In den meisten Fällen werden sie sich über das entgegengebrachte Vertrauen freuen.

> **Vorschlag durch einen Wettbewerb**
> »Eine attraktive Möglichkeit, bereits sehr früh in die Studienstiftung des deutschen Volkes aufgenommen zu werden, bieten diverse Wettbewerbe, vor allem die internationale Mathematik-, Physik-, Chemie- und Informatikolympiade sowie der Bundeswettbewerb Mathematik. Bei Letzterem erfolgt in der dritten Runde, dem sogenannten Kolloquium, das über den Sieg entscheidet, ein integriertes Auswahlverfahren der Studienstiftung. Im Falle eines Bundessieges wird man daher unmittelbar in die Stiftung aufgenommen. Bei mir war dies am Ende der 9. Klasse der Fall, obwohl die Förderung erst vier Jahre später mit dem Beginn des Studiums einsetzte. Trotzdem bekam ich bereits diverse Publikationen der Stiftung zugesandt, wodurch sich meine Vorfreude auf den Studienbeginn nochmals erhöhte. Die Chance, in die Stiftung aufgenommen zu werden, war sicher nicht meine Motivation am Wettbewerb mitzumachen, trotzdem kann ich jedem, der Spaß am Lösen schwieriger Probleme hat, empfehlen, unbedingt an Wettbewerben teilzunehmen, denn Erfolg wird belohnt.«
> *Tobias, Stipendiat der Studienstiftung des deutschen Volkes*

4. Aufgaben eines Stipendiaten

Die Rolle des Stipendiaten ist durch wechselseitiges Geben und Nehmen gekennzeichnet. So wird vom Stipendiaten erwartet, dass er sich aktiv in die Gestaltung der Stiftungsarbeit einbringt und die Ziele der Stiftung nach außen kommuniziert. Die Mehrzahl der Stipendiaten übt stipendiatisches Engagement nicht nur kleinstmöglich aus, sondern bringt sich aktiv in die stipendiatische Arbeit ein. Ein Beispiel hierfür ist die Organisation eines Seminars oder einer Schulung. In den folgenden Absätzen werden die Aufgaben, die ein Stipendiat erfüllen kann bzw. sollte, vorgestellt.

Engagement und Repräsentanz

Schon vor der Bewerbung bei einer Stiftung sollte sich jeder darüber im Klaren sein, dass eine wichtige Verpflichtung des Stipendiaten darin besteht, die Institution, die ihn fördert, gegenüber Außenstehenden entsprechend zu vertreten. Im Falle eines Stipendiums durch den Deutschen Akademischen Austausch Dienst (DAAD) bedeutet dies beispielsweise, dass die Stipendiaten in ihrem Auslandssemester gute Botschafter für Deutschland und für den DAAD sein sollen. Wird der Stipendiat durch ein Begabtenförderungswerk unterstützt, so ist er vor allem Botschafter »seiner« Stiftung in der Gesellschaft- sei dies im In- oder im Ausland.

Nicht wenige Schüler und Studenten entscheiden sich gegen eine Stiftungsbewerbung, weil sie unsicher sind, ob sie als Stipendiaten die Zeit haben werden, Aufgaben außerhalb des Studiums wahrnehmen zu können. So werden bei den Einführungsveranstaltungen, an denen sich neue Stipendiaten erstmals im Stiftungsrahmen kennenlernen, immer wieder Fragen gestellt wie: »Wenn ich nicht genügend

Engagement zeige oder meine Noten im Studium nicht ausreichend gut sind, verliere ich dann mein Stipendium?«.

Die Mitarbeiter des jeweiligen Stipendienprogramms werden an diesem Punkt beruhigend einwirken. Denn die fördernde Institution hat sich gerade erst für die Aufnahme neuer Stipendiaten entschieden. Diese Entscheidung zeigt, dass davon ausgegangen wird, dass die Stipendiaten auf Basis ihrer persönlichen und fachlichen Qualifikation ihr Studium erfolgreich abschließen werden und für die Studienförderung einen Zugewinn darstellen. In keinem Stipendienprogramm geht es darum, Stipendiaten kurz nach deren Aufnahme wieder auszuschließen. Genauso wenig ist es im Sinne eines Studienförderers, dass die Stipendiaten nur noch mit stipendiatischer Arbeit beschäftigt sind und ihr Studium vernachlässigen.

Konkrete Aufgaben

Neben dem Repräsentieren hat der Stipendiat bei den meisten Förderwerken zwei konkrete Pflichten zu erfüllen: Das Verfassen von Semester- und/oder Abschlussberichten und die Teilnahme an Seminaren.

So erwarten alle großen Begabtenförderungswerke, dass ihre Stipendiaten die Stiftung ein- bis zweimal im Jahr über den Verlauf ihres Studiums im sogenannten Semesterbericht informieren. Im Grunde genommen ist dieser Bericht eine Kurzfassung der persönlichen Erlebnisse und eine Zusammenfassung der besuchten akademischen Veranstaltungen in einem abgesteckten Zeitraum (normalerweise ein halbes Jahr bzw. ein Studiensemester). Die Vertrauensperson der Stiftung möchte erfahren, welche Ziele für das Semester gesetzt und in welchem Rahmen diese erreicht wurden. Dabei geht es nicht nur um die Überprüfung akademischer Leistungen: Der abgefasste Bericht sollte interessant, lesenswert und gut formuliert sein und kann durchaus persönliche Aspekte enthalten. Die Schilderung von Ereignissen im privaten Raum lassen die Ansprechpartner im Förderwerk zum Beispiel besser verstehen, warum Ziele nicht im angestrebten Rahmen umgesetzt werden konnten oder warum sich der Stipendiat für oder gegen eine bestimmte Studienoption entschieden hat. Einen Abschlussbericht erwarten viele Stipendienprogramme, wenn der Stipendiat die Förderung eines bestimmten Projektes, wie zum Beispiel eines Auslandssemesters, einer Abschlussarbeit oder eines Forschungsprojektes, beantragt. Je nach Stiftung und Art des Stipendiums gilt es, im Abschlussbericht die persönlichen Erfahrungen und Ergebnisse im Bezug auf das konkrete Projekt zu beschreiben. Sowohl Semester- als auch Abschlussberichte erfordern keinen allzu großen Aufwand, da sie normalerweise nicht mehr als fünf Seiten umfassen.

Alle großen Studienstiftungen bieten ihren Stipendiaten die Teilnahme an Tagungen und/oder Seminaren an, die teilweise von der

Aufgaben eines Stipendiaten

»Durchschnittlich habe ich an vier Seminaren pro Jahr bei der Konrad-Adenauer-Stiftung teilgenommen. Es hätten aber auch zwei bis drei Seminare sein können. Diese Seminare können zwei Tage oder eine ganze Woche (Grundseminare) dauern. Die KAS verlangt die Teilnahme an einer bestimmten Anzahl von Seminaren. Dazu kamen ungefähr drei bis fünf Treffen pro Jahr mit der örtlichen Gruppe der Konrad-Adenauer-Stiftung an meiner Hochschule. Mit Pflicht hatte das nichts zu tun, ich habe mich mit den Leuten auch inoffiziell gerne getroffen. Ach ja: Als ich im Auslandssemester war, hat sich die Stiftung auch niemals beschwert, dass ich an den Seminaren nicht teilgenommen habe.«
Ein Alumnus der Konrad-Adenauer-Stiftung

> **Seminare für Stipendiaten**
> »Freiwilligkeit wird beim Evangelischen Studienwerk Villigst großgeschrieben. So wird man ermutigt an Sommerunis (Seminare), Pfingsttreffen, Kontaktforen, Auslandsvorbereitungstreffen oder Ortstreffen teilzunehmen. Einen Pflichtbestandteil gibt es aber schon: nämlich für das Studienwerk Werbung zu machen. Ich kenne übrigens niemanden, der die große Zahl freiwilliger Angebote ungenutzt gelassen hat.«
> *Ein Alumnus des Evangelischen Studienwerks Villigst*

Stiftung, teilweise von den Stipendiaten selbst organisiert werden. Der regelmäßige Besuch dieser Termine ist je nach Stiftung und Anlass verpflichtend, empfohlen oder freiwillig. Eine wichtige Funktion der Treffen besteht darin, die Stipendiaten kontinuierlich über die Stiftung und deren Aktivitäten zu informieren. Ebenso wichtig sind dabei der interdisziplinäre Austausch und die Bildung von Netzwerken. Diese Tagungen und Seminare können vieles beinhalten: Fachdiskussionen, themenbezogene Ausflüge, gesellige Abende und spontan organisierte Partys.

Darüber hinaus kann es natürlich, je nach Stiftung, weitere Aufgaben für die Stipendiaten geben – allen Stiftungen gemeinsam ist: Engagement ist immer mehr als willkommen.

5. Gründe, ein Stipendium zu vergeben

Stipendien werden in Deutschland von einer Vielzahl von Stiftungen des öffentlichen oder privaten Rechtes, Unternehmen, Vereinen und Verbänden sowie Privatpersonen vergeben. Die Motive, Stipendien zu vergeben, unterscheiden sich von Institution zu Institution deutlich. Die drei wichtigsten Gruppen von Studienförderern sind staatlich finanzierte Stiftungen, Unternehmen bzw. unternehmensnahe Stiftungen und Stiftungen, die von Privatpersonen ins Leben gerufen wurden. Die wichtigsten Motive dieser drei Gruppen sollen in den folgenden Absätzen vorgestellt werden.

Warum der Staat Stipendien vergibt

Die bekanntesten Studienförderer in Deutschland sind die Studienstiftung des deutschen Volkes, die Friedrich-Ebert-Stiftung, die Konrad-Adenauer-Stiftung sowie die neun weiteren Stiftungen, die durch das Bundesministerium für Bildung und Forschung (BMBF) finanziert werden. Circa jeder zweite Stipendiat in Deutschland wird durch eines dieser zwölf Begabtenförderungswerke unterstützt. Mit dem »Deutschland-Stipendium« will der Staat – in Zusammenarbeit mit Unternehmen oder Privatpersonen – langfristig noch deutlich mehr Studenten fördern, als dies die Begabtenförderungswerke bereits jetzt tun.

Der staatlichen Studienförderung liegt der Gedanke zugrunde, dass das intellektuelle Potenzial einzelner Menschen für das Wohlergehen und die Weiterentwicklung der Gesellschaft einen wichtigen Stellenwert einnimmt und insofern eine Förderung verdient. Dieses Motiv lässt sich vor allem dadurch begründen, dass wissenschaftliche, wirtschaftliche, technische oder gesellschaftliche Weiterentwicklungen, die der gesamten Gesellschaft zugute kommen, vielfach auf den Leistungen von Einzelpersonen oder kleiner Gruppen von Menschen beruhen. Darüber hinaus kann die staatliche Studienförderung als ein Mittel der Standortpolitik und als Investition in die

Wettbewerbsfähigkeit einer Volkswirtschaft im internationalen Vergleich gesehen werden. Dieses Argument gilt neben dem Wettbewerb zwischen Staaten auch für den Wettbewerb zwischen Bundesländern. So haben Bayern, Baden-Württemberg, das Saarland und Nordrhein-Westfalen eigene Stipendienprogramme ins Leben gerufen, um die Attraktivität eines Studiums im jeweiligen Bundesland für Studenten und Nachwuchswissenschaftler zu erhöhen.

Wichtig ist, dass die staatliche Studienförderung an die Vermittlung von Wertmaßstäben in einer demokratischen Gesellschaft geknüpft ist. Denn es geht dem Staat nicht darum, irgendeine, sondern eine ganz bestimmte Art von Elite zu fördern. Speziell nach dem Missbrauch des Elitebegriffs unter den Nationalsozialisten geht es der Bundesrepublik darum, sicherzustellen, dass sich begabte Studenten nicht nur innerhalb ihres Fachs zu Experten entwickeln, sondern auch, dass sie Erfahrungen in anderen Bereichen sammeln und ihre Begabung für die Gesellschaft einsetzen. Der Staat will dadurch die Ausbildung von Verantwortungs- anstatt von Funktionseliten sicherstellen.

Darüber hinaus stellt »Chancengleichheit« ein weiteres wichtiges Motiv der staatlichen Studienförderung dar. Insbesondere in Zeiten von Studiengebühren haben viele begabte junge Menschen aus weniger privilegierten Elternhäusern nicht den Mut, ein Studium aufzunehmen.[6] Neben dem BAföG ist die Vergabe von Stipendien daher das wichtigste Instrument des Staates, um Abiturienten aus einkommensschwachen Familien zu einem Studium zu bewegen.

Warum Unternehmen Stipendien vergeben

Viele Unternehmen engagieren sich unmittelbar oder mittelbar durch unternehmensnahe Stiftungen in der Studienförderung. Neben großen DAX-30-Unternehmen wie Siemens und Bayer sind dies vor allem traditionsreiche Familienunternehmen wie Haniel oder Henkel. In vielen Fällen entstanden die Programme zur Studienförderung, weil Unternehmenseigner oder -manager erkannten, dass für die Zukunft des Betriebs die Förderung eines bestimmten Bereichs der (Aus-)Bildung vorteilhaft ist Aus diesem Grunde fördert zum Beispiel der Fonds der chemischen Industrie die Ausbildung von angehenden Chemielehrern. Zunehmend sehen Unternehmen und Industrieverbände Stipendienprogramme auch als eine Chance, Studenten auf eine Industrie oder auf eine Firma aufmerksam zu machen. Dabei ist der Übergang von Stipendien- zu Mentoringprogramm oft fließend. Insbesondere Unternehmen, die gezielt nach Experten für einen bestimmten Fachbereich suchen, bieten Studenten maßgeschneiderte Stipendienprogramme an. Hierzu zählen in erster Linie Industrieunternehmen, Unternehmensberatungen und Wirtschaftsprüfungsgesellschaften.

Ziele der staatlichen Begabtenförderung

»Für die Zukunftsgestaltung unserer Gesellschaft ist nicht allein die Beherrschung rein fachspezifischer Gegenstände maßgeblich, für die ein Zuwachs an Expertenwissen ausreicht. Eliten – dieser Plural ist in einer weltoffenen Gesellschaft unverzichtbar – lassen sich in einem demokratischen Gemeinwesen daher nicht als bloße Funktionseliten verstehen, sondern bedürfen der Rückbindung an Wertmaßstäbe. Verantwortungseliten müssen zusätzlich die Fähigkeit haben, sich mit Phänomenen wie wachsender Unsicherheit und Intransparenz auseinanderzusetzen, und mit zunehmender Komplexität, Vernetzung und Dynamik umgehen können.«
Die Arbeitsgemeinschaft der Begabtenförderungswerke der Bundesrepublik Deutschland [5]

Warum Privatpersonen Stipendien vergeben

Die Frage, warum sich Privatpersonen in der Studienförderung engagieren, ist am schwierigsten zu beantworten. Das liegt daran, dass jeder Spender bzw. Stifter ganz individuelle Vorstellungen von der Studienförderung hat. Es gibt jedoch einige zentrale Motive, die viele private Studienförderer teilen. Diese lassen sich am besten an drei Beispielen verdeutlichen:

- Der »Die ZEIT«-Gründer Dr. Gerd Bucerius war promovierter und passionierter Jurist. Zeit seines Lebens legte er großen Wert auf Bildung und Ausbildung. In den 70er Jahren gründete Dr. Gerd Bucerius die ZEIT-Stiftung. Die Stiftung ist heute u. a. Hauptfinanzier der Bucerius Law School in Hamburg und finanziert ein Stipendium, das besonders qualifizierte Jura-Studenten bei einem weiterführenden Abschluss im Ausland unterstützt.
- Der Mannheimer Kaufmann Heinrich Vetter vermachte sein gesamtes Vermögen einer nach ihm benannten Stiftung. »Mein Herz hängt an Mannheim und für alles, was dieser Stadt nützt, möchte ich ein Anstifter im positiven Sinne sein«.[7] Diesem Motto folgend finanziert die Heinrich-Vetter-Stiftung diverse Projekte in der Stadt Mannheim. Darüber hinaus vergibt die Stiftung Stipendien an Studenten der Universität Mannheim, an welcher Vetter selbst studiert hat.
- Der ehemalige Schleswig-Holsteinische Wirtschaftsminister Dr. Jürgen Westphal und seine Ehefrau Daniela Westphal erkannten früh das Problem mangelnden Wettbewerbs im deutschen Bildungssystem. Sie betrachteten die Konkurrenz, die kleine Privathochschulen den großen staatlichen Universitäten machten, als eine Chance, um den staatlichen Bildungssektor weiterzuentwickeln. Sie entschieden sich deshalb, die »Daniela und Jürgen Westphal-Stiftung« zu gründen, die Auslandsaufenthalte und Forschungsvorhaben von Studenten und Doktoranden an privaten Hochschulen fördert.

Das Beispiel von Dr. Gerd Bucerius ist insofern typisch, weil es viele private Studienförderer gibt, denen Bildung und Ausbildung, insbesondere in ihrem eigenen Berufsfeld, am Herzen liegt. So gibt es etliche Stiftungen, die von Ingenieuren, Kaufleuten, Juristen, Medizinern und anderen gegründet wurden, um angehende Maschinenbauer, Betriebs- und Volkswirte, Juristen oder Mediziner zu unterstützen. Die Stiftung von Heinrich Vetter mag als eine der Stiftungen genannt werden, die durch Menschen ins Leben gerufen werden, die sich ihrer Heimatregion oder ihrer Alma Mater besonders verbunden fühlen. Solchen regionalen oder universitätsspezifischen Stiftungen wird in diesem Buch ein eigenes Kapitel gewidmet. Das letzte Beispiel steht für diejenigen Stifter, die sich in der Studienförderung engagieren, weil sie die Einschränkungen staatlicher Bildungs- und Innovationsförderung realisieren und diesen durch eigene Initiative entgegenwirken möchten.

Interview mit Daniela und Dr. Jürgen Westphal

Was hat Sie dazu bewegt, sich für die Förderung von Studenten einzusetzen?
Schon bei der Gründung und bis heute waren und sind wir der Auffassung, dass Deutschland innovative, private Universitäten als Regulativ und Impulsgeber für das staatliche Bildungswesen braucht. Hochbegabten und sozial bedürftigen jungen Menschen an diesen Universitäten soll das von uns für notwendig und richtig gehaltene Auslandsstudium mit Hilfe unserer Stiftung ermöglicht werden. Das gilt ebenso für Promotionen.

Welche Motive verfolgen Sie mit der Förderung von Studenten?
Die Förderung von leistungsbereiten jungen Studierenden, die ohne Hilfe der Stiftung ihre Bildungsziele nicht erreichen könnten.

Was erwarten Sie von Ihren Studenten als Gegenleistung für die Gewährung des Stipendiums?
Wir erwarten genaue Berichte nach Abschluss des Auslandsaufenthaltes bzw. ein Exemplar der Dissertation. Zudem erwarten wir Engagement für unsere Gesellschaft und unser Land.

Von welcher Gruppe von Studenten würden Sie sich in Zukunft mehr Bewerbungen wünschen?
Von Naturwissenschaftlern. Inzwischen sind die Biochemiker in Witten-Herdecke in die Medizinische Fakultät integriert; aber über kurz oder lang wird es auch wieder mehr Anträge von Biochemikern geben.

Worauf achten sie besonders bei der Auswahl der Stipendiaten?
Wir achten, insbesondere bei Dissertationen, auf die Projektbeschreibung, Zeugnisse und Beurteilungen, besonders vom betreuenden Professor bzw. Doktorvater. Darüber hinaus achten wir auf Engagement in universitären und gesellschaftlichen Feldern außerhalb des eigenen Studiums. Dazu kommt noch das Kriterium der sozialen Bedürftigkeit.

Die Stiftung wurde 1987 anlässlich des 60. Geburtstags von Dr. Jürgen Westphal durch einen Festvortrag des damaligen Bundesforschungsministers Dr. Heinz Riesenhuber ins Leben gerufen. Seit 1987 hat die Stiftung rund 180 Studenten privater Hochschulen finanziell gefördert. Pro Jahr werden sechs bis zehn Auslands- bzw. Promotionsprojekte gefördert.

II. Wie man das richtige Stipendium findet

Sobald man sich für die Bewerbung um ein Stipendium entschieden hat, gilt es, ein passendes Stipendienprogramm aufzuspüren. Dieses sollte dem Bewerber nicht nur eine attraktive Förderung in Aussicht stellen, sondern Bewerber und beworbene Institution sollten auch zueinander passen. Um dies besser einschätzen zu können, sollte man die unterschiedlichen Arten von Studienförderern und deren Zielsetzungen und Charakteristika kennen.

Die bekanntesten Studienförderer in Deutschland sind die zwölf staatlichen Begabtenförderungswerke, deren Stipendienmittel aus dem Haushalt des Bundesministeriums für Bildung und Forschung (BMBF) stammen. Zur Hälfte aus diesen Mitteln finanziert sich auch das zum Sommersemester 2011 gestartete Deutschland-Stipendium. Dieses soll in absehbarer Zukunft sogar mehr Studenten fördern als die Begabenförderungswerke. Daneben gibt es rund 2.200 weitere Institutionen, die Schüler und/oder Studenten unterstützen. Zu den prominentesten gehört der Deutsche Akademische Austauschdienst (DAAD), der Studenten Auslandsaufenthalte in aller Welt ermöglicht und den innereuropäischen Austausch mittels des ERASMUS-Programms fördert. Darüber hinaus gibt es eine Vielzahl von Unternehmen, Verbänden und privat initiierten Stiftungen, die sich in der Studienförderung engagieren. Leider sind viele dieser unabhängigen Förderer nur wenigen Studenten bekannt. Dies liegt mitunter daran, dass sie nicht auf die umfassende finanzielle Unterstützung des BMBF zurückgreifen können und ihnen deshalb geringere Summen für die Stipendienvergabe und die Öffentlichkeitsarbeit zur Verfügung stehen. Ein anderer Grund ist, dass sich viele dieser Institutionen in ihrer Fördertätigkeit stark fokussiert haben. So gibt es Unternehmen und Stiftungen, die nur Studenten aus oder in einer bestimmten Region, an einer bestimmten Universität, eines bestimmten Faches oder in einem bestimmten Studienabschnitt (zum Beispiel Abschlussarbeit, Auslandssemester oder Promotion) fördern.

Auch wenn die meisten der unabhängigen Förderer deutlich kleiner und in der Förderung spezialisierter sind als die Begabtenförderungswerke, sind sie doch oder gerade deshalb, für Schüler und Studenten sehr attraktiv. Neben der oftmals nicht unerheblichen finanziellen Förderung stellt gerade die Spezialisierung einen Grund für ihre Anziehungskraft dar. Viele unabhängige Stiftungen verfügen in ihrer »Nische« über eine besondere Kompetenz und ein hervorragendes Netzwerk. Ein Beispiel hierfür ist die Haniel Stiftung, die sich aktiv im europäisch-asiatischen Austausch engagiert und aktuellen Stipendiaten und Alumni mit dem »Young Leaders Network« ein umfangreiches Netzwerk für Asien- und Osteuropainteressierte bietet. Ein weiterer Grund für die Attraktivität dieser Förderer ist, dass für Bewerber die Chance, ein Stipendium zu erhalten, oftmals höher als bei einem der Begabtenförderungswerke ist, da sich hier im Normalfall weniger Studenten um eine Förderung bewerben. Ein letztes, wichtiges Argument für eine Bewerbung um Studienbeihilfe durch eine unabhängige Institution ist, dass solch ein Stipendium einen deutlichen Akzent im Lebenslauf darstellt. In Bewerbungsgesprächen für Praktika oder für eine Festanstellung werden solche Besonderheiten von Gesprächspartnern gerne aufgegriffen. Nicht zu unterschätzen ist auch, dass unternehmensfinanzierte Stipendienprogramme den Zugang zu attraktiven Arbeitgebern erleichtern. Ein Beispiel hierfür ist das Online-Stipendium von e-fellows. Die e-fellows-Stipendiaten werden regelmäßig über Angebote von Partnerunternehmen informiert und zu Kontaktveranstaltungen eingeladen.

1. Die gezielte Suche nach einem Stipendium

Sämtliche Begabtenförderungswerke sowie alle großen unabhängigen Stiftungen haben eigene Internetseiten, auf denen sie über ihre Stipendienprogramme und Bewerbungsmöglichkeiten informieren. Zudem werden insbesondere durch die Begabtenförderungswerke Informationsveranstaltungen an Schulen und Universitäten angeboten, bei denen sich die Stiftungen ausführlich vorstellen. Kleine Förderprogramme machen meist weit weniger auf sich aufmerksam. Dies liegt zum einen an ihren oft auf konkrete Zielgruppen hin zugeschnittenen Anforderungsprofilen sowie begrenzteren finanziellen Mitteln, die privaten Stiftungen und mittelständischen Unternehmen zur Verfügung stehen. Eine strukturierte Recherche hilft dabei, auch solche Stipendien aufzuspüren.

Den zentralen Ausgangspunkt der Suche nach einem Stipendium bildet das Kapitel IV »Studienförderer in Deutschland«. In diesem werden zunächst die staatlichen Begabtenförderungswerke und dann hochschuleigene Stipendienprogramme wie das Deutschland-Stipendium detailliert vorgestellt. In Anschluss daran wird auf weitere unabhängige, regionale, studienfachbezogene und unternehmensverbundene Förderwerke eingegangen. Die umfangreiche Übersicht über nationale Stipendiengeber wird durch das Kapitel V »Internationale Studienförderer« ergänzt. In beiden Kapiteln wird sowohl auf Stipendien eingegangen, die aufgrund einer hohen Anzahl zu vergebender Stipendien besonders interessant sind, wie auch auf solche, die sich durch ihren Fokus auf eine Nische besonders hervorheben.

Die Suche nach einem Stipendium mit Hilfe dieses Buches kann und sollte durch Internetrecherche verfeinert werden. Im Normalfall wird eine einfache Suche über eine Suchmaschine mit den Begriffen »Stipendium«, »Förderung«, oder »Unterstützung« in Kombination mit Stichwörtern zum Grund oder Zweck des Stipendiums (»Auslandssemester USA«, »Diplomarbeit Maschinenbau«, etc.) einige Ergebnisse liefern. Ausführlichere Informationen bietet insbesondere die Stipendiendatenbank von squeaker.net mit Kontakten zu aktuellen Stipendiaten aus der Community, Erfahrungsberichten und Insider-Tipps.

Weitere Stipendienlisten stellen das AOK-Portal Unilife, das Maecenata Institut, academics.de oder die ZEIT zur Verfügung. Eine Datenbank, die zugleich durch ihren Umfang und die Möglichkeiten zur Personalisierung der Suche hervorsticht, ist stipendienlotse.de vom Bundesministerium für Bildung und Forschung. Zudem gibt es eine Reihe von Datenbanken, die auf die Bedürfnisse von bestimmten Studentengruppen zugeschnitten sind. So sollten beispielsweise Studenten, die nach einer Fördermöglichkeit für ein Auslandssemester suchen, auf jeden Fall die Datenbank des DAAD nutzen. Für Wirtschafts- und Ingenieurwissenschaftler sind die Datenbanken von e-fellows und WiWi Online hilfreich. Graduierte, die eine Förderung ihrer wissenschaftlichen Arbeit anstreben, finden bei academics.de und auf der Seite der Alexander-von-Humboldt-Stiftung hilfreiche Informationen. Die Infobox »Stipendiendatenbanken im Internet« enthält Links zu den wichtigsten Online-Datenbanken.

> **Tipp**
>
> Umfassendes Insider-Wissen zu den wichtigsten Stipendienprogrammen finden Sie unter squeaker.net/stipendium

Stipendiendatenbanken im Internet

Anbieter	Link
academics.de	www.academics.de/stellenangebote/stipendien_220059.html
Alexander von Humboldt Stiftung	www.humboldt-foundation.de
AOK Unilife	www.unilife.de/bund/tool/stipendien/uebersicht.php
Bildungsklick	bildungsklick.de/topic/stipendien
Die ZEIT – Stipendienführer	marktplatz.zeit.de/stipendienfuehrer
Die Zeit	www.zeit.de/campus/2006/01/Geldgeber
Deutscher Akademischer Austauschdienst:	www.daad.de/ausland/foerderungsmoeglichkeiten/stipendiendatenbank
e-fellows	www.e-fellows.net/forms/stipdb
Maecenata Institut	www.maecenata.eu
squeaker.net	squeaker.net/stipendium
Stipendienlotse	www.stipendienlotse.de

Aber auch in diesen Datenbanken werden nicht alle Stipendienprogramme aufgeführt. Deshalb ist es sinnvoll, auch offline, am Heimat- und Studienort sowie an der Universität, zu recherchieren. Neben der Suche am schwarzen Brett bietet es sich an, bei Professoren oder wissenschaftlichen Mitarbeitern nach dem richtigen Stipendium zu fragen.

Sich für oder gegen ein Stipendium entscheiden

Die Bewerbung um ein Stipendium ist zeit- und arbeitsaufwendig. Es müssen Gutachten eingeholt, Texte verfasst, Bewerbungsbögen ausgefüllt und Zeugnisse kopiert werden. Überzeugen die eingesandten Unterlagen die Mitarbeiter und Vertrauensdozenten der Stiftung, schließen sich Interviews, vielleicht sogar eine Präsentation, eine Gruppendiskussion oder eine Klausur an. Letztendlich wird der eigene Bewerbungsaufwand nur dann zum Erfolg führen, wenn die Prüfer davon überzeugt werden können, dass man ein Stipendium verdient hat und dass beide Seiten von der Vergabe des Stipendiums profitieren.

Die Kriterien, nach denen Stipendiaten ausgewählt werden, sind von Institution zu Institution unterschiedlich. Daher ist es wichtig, eine bewusste Entscheidung für die Bewerbung bei dem einen Stipendienprogramm und gegen die Bewerbung bei einem anderen zu treffen, bevor man mit der Bewerbung beginnt. Eine fundierte Recherche ist auch aus weiteren Gründen sinnvoll: So wäre es ärgerlich, wenn man während bzw. nach dem Abfassen der schriftlichen Bewerbung feststellt, dass ein bestimmtes formales Zulassungskriterium nicht erfüllt oder die Bewerbungsfrist bereits verstrichen ist. Nahezu alle Studienförderer veröffentlichen ihre Zulassungskriterien und Bewerbungsfristen im Internet. Formale Zulassungskriterien können neben Noten auch eine Mindestanzahl an Studiensemestern, Sprachkenntnisse, soziale Bedürftigkeit oder Ähnliches sein. Ebenso ist zu berücksichtigen, dass bis zu sechs Monate zwischen dem Versand der Bewerbungsunterlagen und dem Beginn der Förderung liegen können. Eine Bewerbung sollte also nicht zu lange hinausgezögert werden.

In den folgenden zwei Abschnitten geht es darum, wie man genau das Stipendium findet, das am besten zu einem passt. Dabei ist es wichtig, zwei Typen von Stipendien voneinander zu unterscheiden: Zum einen gibt es solche Stipendien, mithilfe derer das Studium als Ganzes unterstützt wird (Vollstipendium). Zum anderen gibt es auch Stipendien, durch die ein spezielles Vorhaben, zum Beispiel ein Auslandssemester oder Projektarbeiten, unterstützt werden (Projektstipendium).

Das richtige Vollstipendium finden

Bei der Bewerbung um ein Vollstipendium muss sich der Bewerber überlegen, ob für ihn eines (oder mehrere) der zwölf staatlichen Begabtenförderungswerke oder das Deutschland-Stipendium in Frage kommt. Dies sollte er sich auch daher gut überlegen, da eine

Doppelförderung durch ein Begabtenförderungswerk und das Deutschland-Stipendium nicht möglich ist (siehe Infobox).

Die Begabtenförderungswerke sind, wie beschrieben, in ihren Zielsetzungen und gesellschaftspolitischem Engagement sehr unterschiedlich. Ein interessierter Schüler oder Student sollte versuchen, diejenigen Stiftungen zu identifizieren, deren Ziele und Aktivitäten die höchste Schnittmenge mit den eigenen Vorstellungen bilden. Am einfachsten haben es diejenigen Interessenten, die in einer Partei, einer Kirche oder einer Gewerkschaft engagiert sind. Sie haben wahrscheinlich die größten Erfolgschancen bei der Stiftung, die der Institution nahe steht, in der sie aktiv sind. Gleichermaßen sollten sich Schüler und Studenten, die besondere akademische Leistungen vorweisen können, um einen Vorschlag bei der Studienstiftung des Deutschen Volkes bemühen.

Falls man über kein explizites politisches, kirchliches oder gewerkschaftliches Engagement verfügt, hat man größere Entscheidungsfreiheit. An dieser Stelle hilft es, sich mit den einzelnen Begabtenförderungswerken im Detail auseinanderzusetzen und die weltanschaulichen Unterschiede zwischen den Stiftungen zu verstehen. Im Idealfall hat man danach ein besseres Verständnis von Begriffen wie »Sozialdemokratie«, »Sozialismus«, »Liberalismus«, und findet heraus, welche Weltanschauung mit den eigenen Überzeugungen am meisten übereinstimmt. Ebenso sollte sich bei dieser Suche zeigen, welche Art von Engagement eine Stiftung wohl besonders interessiert. So wird zum Beispiel christliches Engagement nicht nur bei den kirchlichen Stiftungen sehr geschätzt, sondern auch bei der Konrad-Adenauer- und der Hanns-Seidel-Stiftung. Ein besonders ausgeprägtes Interesse an technischen und wirtschaftlichen Themen legt nahe, sich mit Stiftungen auseinanderzusetzen, die der Wirtschaft nahestehen. Zu diesen zählt neben der Stiftung der Deutschen Wirtschaft auch die der FDP nahestehende Friedrich-Naumann-Stiftung.

Die andere Option, die jedem Studenten offen steht, ist die Bewerbung um das Deutschland-Stipendium. Um ein Deutschland-Stipendium bewirbt man sich immer bei der Hochschule, an der man immatrikuliert ist. Ähnlich wie bei der Studienstiftung des deutschen Volkes handelt es sich hierbei um ein unabhängiges Stipendium. Stipendiaten des Deutschland-Stipendiums erhalten unabhängig vom Einkommen der Eltern und dem BAFöG-Anspruch eine finanzielle Förderung.

Schüler und Studenten sollten sich zudem über Institutionen informieren, die einen besonderen Förderfokus haben. Die Studienförderung dieser Institutionen steht nur bestimmten Zielgruppen offen und ist ganz auf deren Bedürfnisse abgestimmt. Die Zielgruppen können dabei sowohl sehr breit (zum Beispiel weibliche Studierende, Studenten der Ingenieurwissenschaften) als auch sehr eng (zum Beispiel Schüler mit Migrationshintergrund, Studenten, deren

Infobox

»Eine der wichtigsten Voraussetzungen [des Deutschland-Stipendiums] ist, keine begabungs- und leistungsabhängige materielle Förderung gemäß §§ 1 Abs. 3 oder 4 Abs. 1 S. 1 des Gesetzes zur Schaffung eines nationalen Stipendienprogramms (StipG) vom 21. Juli 2010 zu erhalten. Ein Ausschluss dieser Regelung gilt, sofern die Förderung einen Monatsdurchschnitt von 30 € nicht überschreitet.«
Gesetz zur Schaffung eines nationalen Stipendienprogramms (StipG)

Eltern Lehrer sind und die in Hamburg studieren) gefasst sein. Eine besonders gründliche Recherche zu fokussierten Stiftungen lohnt sich auch deshalb, weil deren finanzielle Förderung teilweise überdurchschnittlich hoch ausfällt.

Das richtige Projektstipendium finden

Die Suche nach dem richtigen Projektstipendium ist etwas komplizierter. Allerdings ist die anschließende Entscheidung, bei welcher Institution man sich bewerben möchte, einfacher. So gibt es normalerweise nur eine geringe Anzahl von Organisationen, die ein fest definiertes Projekt, wie zum Beispiel ein Auslandssemester im Land »X« oder eine wissenschaftlichen Arbeit zu dem Thema »Y«, überhaupt fördern. Der Schlüssel zum Erfolg bei der Suche nach einem Projektstipendium ist es, das eigene Vorhaben ausreichend genau beschreiben zu können. Sobald Klarheit über die eigenen Zielsetzungen besteht, ergibt sich oftmals von selbst, welche Förderer man am besten anspricht.

Ein Beispiel: Bei der Suche nach einem Auslandsstipendium sollte der DAAD die erste Anlaufstelle für die Recherche sein. Weitersuchen kann sich aber sehr lohnen, weil andere Institutionen wie die Fulbright Kommission oder die Haniel Stiftung nicht nur finanziell sehr attraktive Stipendien vergeben, sondern oftmals in der immateriellen Förderung ein exklusives Netzwerk anbieten können. Um auf diese Förderer im Internet zu stoßen, muss man seine Vorhaben (»Auslandssemester«, bzw. »Auslandspraktikum« »USA« bzw. »Osteuropa/Asien«) gut beschreiben können.

Fellow Leave

»Zwei Jahre hatte ich in der Beratung gearbeitet, als ich meinen ‚Fellow Leave' für meine Doktorarbeit über Konsumentenverhalten antrat. Diese Bildungsauszeit bietet McKinsey allen Beratern an, die nach ihrem Studium als Fellows einsteigen. Bis zu drei Jahre lang wird man dabei für eine Promotion oder einen MBA-Abschluss freigestellt, ein Jahr davon bei voller Bezahlung. Der Sprung vom termingetriebenen Berateralltag ins akademische Leben war zunächst wie die Rückkehr ins Studentenparadies: freie Zeiteinteilung, weitgehende finanzielle Unabhängigkeit. Doch die neue Freiheit war eine echte Herausforderung: Statt Teamarbeit war jetzt Selbstmotivation angesagt, um meinen selbst gesetzten Zweijahresplan zu erfüllen. McKinsey unterstützte mich dabei: Ich konnte das Büro weiter nutzen, meinen Laptop und mein Diensthandy. Auch im Leave fühlte ich mich als Teil der Firma, traf meine Kollegen und Mentoren, übernahm interne Aufgaben, z. B. im Recruiting. Meine Tage im Office waren eine willkommene Ablenkung von der Forschung und zugleich ein Ansporn, meine Dissertation zügig zu Ende zu bringen. Mein Plan ist aufgegangen: Seit Oktober 2010 bin ich wieder Berater in Vollzeit. Schwer gefallen ist mir der Wiedereinstieg nicht, obwohl ich direkt gefordert war. Das Beraterhandwerk verlernt man so schnell nicht, zumal ich gleich wieder in mein Kernthema Marketing und Vertrieb eintauchen konnte – erst bei einem Chemiekonzern, anschließend in einem großen Logistikunternehmen. Bereut habe ich meine Entscheidung nie. Das Fellow-Programm von McKinsey war für mich die Chance, Promotion und Beruf zu verbinden.«

Oliver Ehrlich, Berater im Düsseldorfer Büro von McKinsey & Company

2. Die gezielte Suche nach mehreren Stipendien

Nicht immer existiert für Bewerber nur ein einziges »richtiges« Stipendium. Viele Schüler und Studenten sind an vielfältigen Interessensgebieten interessiert und in unterschiedlichen Bereichen engagiert. Daher kann es Sinn machen, sich für die Bewerbung bei mehreren Studienförderern zu entscheiden (Mehrfachbewerbung). Fast zwangsläufig ergibt sich die Frage, ob es möglich ist durch zwei Stipendiengeber (Doppelförderung) gleichzeitig gefördert zu werden. Um diese beiden Aspekte der Stipendienbewerbung, die Mehrfachbewerbung und die Doppelförderung, geht es in den folgenden Abschnitten.

Die Mehrfachbewerbung

Ist es überhaupt möglich, dass man sich sowohl bei der Konrad-Adenauer- als auch bei der Friedrich-Ebert-Stiftung bewirbt, obwohl beide Stiftungen unterschiedliche Weltanschauungen vertreten? Und ist eine Bewerbung um ein Stipendium auch dann noch erlaubt, wenn schon eine Förderung besteht? In diesem Abschnitt wird diskutiert, ob Mehrfachbewerbungen sinnvoll sind und wann eine gleichzeitige Förderung durch mehr als eine Stiftung zulässig ist.

Eine Bemerkung soll vorab gemacht werden: Auf den ersten Blick haben die Bewerbung um ein Stipendium und die um ein Praktikum oder einen Berufseinstieg einiges gemein. Trotzdem gibt es große Unterschiede zwischen einer Stellen- und einer Stipendienbewerbung. Während es für einen Berufseinstieg in der Regel sinnvoll ist, eine größere Anzahl von Unternehmen einer attraktiven Branche anzuschreiben, muss über Mehrfachbewerbungen bei Studienförderern gründlich nachgedacht werden. Gerade bei Begabtenförderungswerken gilt dies in besonderer Weise. Der Bewerber sollte tunlichst vermeiden, dass seine Mehrfachbewerbungen beliebig wirken.

Die Vorteile der Mehrfachbewerbung liegen auf der Hand: Es ist ein Risiko, seine Bewerbung an nur eine Institution zu richten und so alles auf eine Karte zu setzen. Insbesondere weil Studienstiftungen bis zu einem halben Jahr benötigen, bis sie eine Zu- oder Absage erteilen. Je nach Studienverlauf kann dies eine Bewerbung bei einer anderen Stiftung nach einer Absage unmöglich machen. Ein weiteres Argument für eine Mehrfachbewerbung ist, dass der Bewerbungserfolg immer auch mit der Tagesform zu tun hat. Mit der Anzahl der Bewerbungen steigt die Chance, an einem Auswahltag seine Bestform zu erwischen.

Es gibt jedoch eine Reihe von Argumenten, die gegen Mehrfachbewerbungen sprechen: Insbesondere Begabtenförderungswerke fragen in vielen Fällen explizit nach, ob man sich bei anderen Studienförderern um Förderung beworben hat. In diesem Fall muss der Bewerber eine gute Begründung für die Mehrfachbewerbung parat haben. Die Begründung wird in der Regel umso schwieriger, je unterschiedlicher die gesellschaftlichen Ausrichtungen der Institutionen sind, bei denen die Bewerbung erfolgt. Zu bedenken ist, dass viele Studienförderer und alle Begabtenförderungswerke (mit Ausnahme der Studienstiftung des Deutschen Volkes), einer Partei, einer Kirche, den Gewerkschaften oder den Arbeitgeberverbänden nahestehen. Aus inhaltlichen Gründen macht es für diese Stiftungen keinen Sinn, Stipendiaten in ihre Förderung aufzunehmen, die ihre Ansichten und Werte nicht teilen.

Doppelförderung durch Begabtenförderungswerke
Prinzipiell
Gleich zu Beginn ist zu sagen, dass eine Doppelförderung durch zwei Begabtenförderungswerke immer nur ideeller Art sein kann. Eine materielle Doppelförderung ist ausgeschlossen, da dies zu einer Ungleichbehandlung von Studenten, sprich zu einer Benachteiligung und Ausgrenzung einzelner Begabter führen würde. Daher ist laut den Richtlinien des Bundesministeriums für Bildung und Forschung eine Aufnahme in zwei verschiedene Begabtenförderungswerke, die durch das Ministerium finanziert werden, nicht möglich.

Die hier beschriebene »theoretische Unmöglichkeit« hat jedoch noch einen weiteren Grund: Die zwölf Begabtenförderungswerke vertreten unterschiedliche Weltanschauungen und es erscheint fraglich, dass ein Stipendiat zwei unterschiedliche Weltanschauungen widerspruchsfrei vertreten kann. Nichtsdestotrotz lassen die zitierten Richtlinien des Bundesministeriums für Bildung und Forschung Spielräume zu. In der Praxis ist es so, dass in Ausnahmefällen auch staatlich finanzierte Stiftungen Doppelförderungen durch andere Begabtenförderungswerke zulassen. Dieser Fall einer Doppelförderung durch zwei Begabtenförderungswerke ist nur dann denkbar, wenn die gesellschaftlichen Ausrichtungen beider Stiftungen kompatibel sind. Kompatibel bedeutet hier, dass sich die Werte und Vorstellungen der Stiftungen nicht gegenseitig ausschließen und im Idealfall sogar ergänzen. Es geht also auch um die Frage, ob eine Doppelförderung aus Sicht des Stipendiaten und beider Stiftungen einen Mehrwert bietet. Zusätzlich wollen die Stiftungen verhindern, dass durch die Parallelförderung das Engagement des Stipendiaten im jeweiligen Förderwerk beeinträchtigt wird. Im Fall einer Doppelförderung muss geklärt sein, ob ein Student, der fachlich herausragt und gleichzeitig sozial engagiert ist, auch noch die Zeit hat, sich in zwei stipendiatischen Netzwerken zu engagieren.

Praktisch
Praktisch entscheidet daher jedes Förderwerk individuell, ob es eine Doppelförderung zulässt. Kompatibel ist zum Beispiel eine Förderung durch die Studienstiftung des deutschen Volkes und durch das Max Weber-Programm. Unter bestimmten Voraussetzungen sind auch

die Konrad-Adenauer- oder die Hanns-Seidel-Stiftung zu Doppelförderungen bereit. Auch eine Kombination aus religiös orientierter Stiftung und politischem Förderwerk kann möglich sein. Allerdings gibt es auch Begabtenförderungswerke, die Doppelförderungen kategorisch ablehnen. Hierzu gehören die Friedrich-Naumann- und die Friedrich-Ebert-Stiftung. Der Vollständigkeit halber sollen auch Beispiele gegeben werden, bei welchen es mit großer Sicherheit an der Kompatibilität mangelt. Hierzu zählen eine gleichzeitige Förderung durch die Rosa-Luxemburg- und die Konrad-Adenauer-Stiftung oder eine Unterstützung durch das Cusanuswerk und das Evangelische Studienwerk Villigst.

Abschließend sei darauf hingewiesen, dass sich die offizielle Regelung der Begabtenförderungswerke zur Doppelförderung nur auf die »Aufnahme« eines Stipendiaten in die Förderung, nicht auf die Aufnahme eines Bewerbers in ein Bewerbungsverfahren bezieht. Das Übermitteln der Bewerbungsunterlagen an mehrere Begabtenförderungswerke kann wohl auch kaum ein »unzulässiger Akt« sein. Vor dem Interview sollte sich der Bewerber jedoch eine gute Begründung für seine Mehrfachbewerbung überlegt haben. Tritt der Fall ein, dass man sich bei mehr als einem Begabtenförderungswerk beworben und eine Zusage von zwei Institutionen erhalten hat, muss einiges bedacht werden: Schließt eine der Stiftungen eine Doppelförderung aus, muss man sich zwangsläufig auf eine der beiden Institutionen festlegen. Ist dies nicht der Fall und beide Begabtenförderungswerke akzeptieren eine Doppelförderung, sollte man trotzdem überlegen, ob eine Doppelförderung sinnvoll ist. Denn es ist im Zweifelsfall nicht der beste Start in das Stipendiatenleben, wenn nicht genügend Zeit für eine Stiftung bleibt oder das Studium leidet.

Wenn jedoch die Entscheidung zugunsten der Doppelförderung fällt, dann bedeutet dies, dass der frisch aufgenommene Stipendiat innerhalb einer gewissen Frist nach der Aufnahme entscheidet, von welchem der beiden Begabtenförderungswerke die finanzielle Förderung bezogen werden soll. Ein Wechsel ist danach nicht mehr möglich, die Angebote der anderen Stiftung im Bezug auf die finanzielle Förderung können dann nicht mehr in Anspruch genommen werden. Die Angebote in der ideellen Förderung hingegen schon.

Doppelförderung durch unabhängige Studienförderer
Die Frage, ob eine Förderung durch mehr als eine Institution möglich ist, kann dann leichter beantwortet werden, wenn zumindest eine der beiden Institutionen keine staatlich finanzierte Stiftung ist oder die andere Stiftung nur ein bestimmtes Vorhaben, wie z. B. ein Auslandssemester, eine Abschlussarbeit oder ein gemeinnütziges Projekt unterstützt. Unabhängige Stiftungen kommunizieren normalerweise eindeutig, ob sie weitere Förderungen zulassen und unter welchen

Bedingungen sie dies tun. Insbesondere lokale oder universitäre Stiftungen stehen aufgrund knapper finanzieller Mittel einer Mehrfachförderung vielfach offen gegenüber.

Ein Beispiel für einen unabhängigen Studienförderer, der Mehrfachförderung akzeptiert, ist der Kölner Gymnasial- und Stiftungsfonds. Diese Stiftung sagt explizit, dass eine Mehrfachförderung positiv für Stipendiat und Stiftung sein kann. Der Stipendiat kann von einer komplementären ideellen Förderung profitieren und die Stiftung kann im Idealfall »mehr Stipendiaten in die Förderung [aufnehmen], wenn ein Bewerber bereits aus anderen Quellen eine Ausbildungsunterstützung erhält«.[8]

Ehrlich kommunizieren

Die Mehrfachbewerbung und mehr noch die Doppelförderung bedürfen einer ehrlichen und frühzeitigen Kommunikation zwischen Bewerber und Studienförderer. Es kann sehr gute Gründe für die Bewerbung bei mehr als einer Institution geben: Zu diesen gehören die beschriebenen Vorzüge der Mehrfachbewerbung genauso wie die Tatsache, dass persönliche Anknüpfungspunkte zu mehr als einer Institution bestehen. Im Bewerbungsprozess sollten diese Gründe, spätestens auf Nachfrage, genannt werden. Noch wichtiger ist ehrliche Kommunikation, wenn sich der Bewerber für eine Förderung durch zwei Institutionen entscheidet. So ist es nicht nur angebracht, sondern zwingend notwendig, zusätzliche finanzielle Unterstützung anzugeben.

McKinsey&Company

Nach zwei Jahren bei McKinsey können Sie Ihren Hut nehmen.

Nur wer genügend Raum hat, sich zu entfalten, kann das Optimum aus sich herausholen. Darum bietet McKinsey seinem Nachwuchs nach zwei Jahren die Möglichkeit der Freistellung für eine Promotion oder ein Master-Studium. Ein Jahr davon bei voller Bezahlung. Mehr unter **karriere.mckinsey.de**

Building Global Leaders

Join the Best
Master of Science (MSc) in Management

WHU
Otto Beisheim School of Management

Ranked 1st in Germany
Financial Times Masters in Management Ranking 2010

- Excellence in Research and Teaching
- Integrated Study Abroad / Double Degrees
- Several Specializations across all Fields of Management
- Renowned Academics

Our Network:

- 160 Partner Universities
- 150 Partner Companies
- Alumni Association with more than 2,300 Members

For Details on Information Days and Sessions, please visit www.whu.edu/msc

Excellence in Management Education

WHU – Otto Beisheim School of Management
Burgplatz 2, 56179 Vallendar, Germany
Tel. +49 261 6509-521/-522
E-mail: master@whu.edu
www.master.whu.edu

AACSB ACCREDITED EFMD EQUIS ACCREDITED FIBAA

III. Wie man sich erfolgreich bewirbt

1. Die schriftliche Bewerbung

Im ersten Schritt der erfolgreichen Stipendienbewerbung geht es um die Unterlagen, die bei der Bewerbung einzureichen sind. Folgende Fragen sind dabei besonders relevant: Warum verlangen Studienförderer Dokumente wie Motivationsschreiben, Lebensläufe, Gutachten von Dozenten? Welche Techniken und Tipps helfen beim Verfassen der Dokumente und worauf ist bei der Zusammenstellung des »Gesamtpakets« zu achten?

Alle Begabtenförderungswerke und alle großen, unabhängigen Studienstiftungen veröffentlichen im Internet, welche Dokumente für eine Bewerbung einzureichen sind. Stiftungen und Unternehmen, die Stipendien in Zusammenarbeit mit einem bestimmten Lehrstuhl vergeben, veröffentlichen häufig über Aushänge oder Flyer, welche Unterlagen sie für das Auswahlverfahren benötigen. Auch wenn der Umfang der Bewerbungsunterlagen von Institution zu Institution variiert, dürfen die folgenden Unterlagen bei kaum einer Stipendienbewerbung fehlen:

- An- bzw. Motivationsschreiben
- Tabellarischer Lebenslauf (ggf. auch Ausführlicher Lebenslauf)
- Gutachten von Lehrern bzw. Professoren
- Abiturzeugnis, akademische Zeugnisse bzw. Notenauszüge

> **Tipp**
>
> Auf squeaker.net gibt es zahlreiche Artikel, Erfahrungsberichte und Insider-Tipps rund um das Thema Bewerbungsverfahren.

Obwohl sich die formellen und stilistischen Kriterien bei einer Stipendienbewerbung nicht wesentlich von der Bewerbung um ein Praktikum oder den Berufseinstieg unterscheiden, gibt es große Unterschiede hinsichtlich deren inhaltlicher Ausgestaltung. Aus diesem Grund liegt der Fokus dieses Kapitels insbesondere auf den thematischen Aspekten einer Stipendienbewerbung. Bei grundlegenderen Fragen zu Bewerbungsunterlagen, wie zum Beispiel der Form der Ansprache im Anschreiben, der Struktur des Lebenslaufes und den Besonderheiten einer Online-Bewerbung, sei auf grundlegende Bewerbungsliteratur und die kostenfreien Trainingsseiten von squeaker.net verwiesen.

Bei der Formulierung und Zusammenstellung der Dokumente ist zu beachten, dass die Bewerbung nicht aus isolierten Teilen besteht, sondern ein stimmiges Ganzes, sprich ein überzeugendes Gesamtpaket bilden sollte. So muss mit inhaltlichen Wiederholungen, wie sie sich speziell zwischen An- bzw. Motivationsschreiben und

Lebenslauf ergeben können, umgegangen werden. Völlige Trennschärfe zwischen diesen beiden Teilen ist nur schwer herzustellen: So sind wichtige Ereignisse, Erfahrungen und persönliche Entwicklungen naturgemäß Gegenstand des Lebenslaufes, können aber auch Bestandteil des An- bzw. Motivationsschreibens sein.

Folgende Vorgehensweise hat sich in dieser Hinsicht als hilfreich erwiesen: Zunächst wird der Lebenslauf angefertigt und ausgedruckt. Dann werden im vorliegenden tabellarischen oder ausführlichen Lebenslauf solche Aspekte markiert, die gut zur Begründung der Bewerbung ins Motivationsschreiben aufgenommen werden können. Erst im Anschluss daran wird das Motivationsschreiben verfasst. Zusammengenommen sollen das Motivationsschreiben und der Lebenslauf den Mitarbeitern des Studienförderers drei zentrale Fragen beantworten:

- Was ist der Grund für die Bewerbung um ein Stipendium?
- Passt der Bewerber zu diesem Stipendienprogramm?
- Stimmen die Ziele, die sich der Schüler bzw. Student gesteckt hat, mit denen der Institution überein?
- Ist der Bewerber dazu in der Lage, seine Ziele in die Tat umzusetzen?

Einzureichende Unterlagen wie Lebenslauf, Gutachten, Empfehlungsschreiben sowie Schul-, Universitäts- oder Arbeitszeugnisse dienen dann dazu, die Antworten auf diese vier Fragen glaubhaft zu machen.

Inzwischen fordern immer weniger Stipendienprogramme die Bewerbungsunterlagen postalisch an. Gerade private Förderer setzen auf die elektronische Bewerbung. Das hat sowohl für den Bewerber als auch für die fördernde Institution Vorteile. Die Einfachheit des Clicks auf die Schaltfläche »Bewerbung absenden« sollte jedoch nicht dazu führen, dass die Bewerbungsunterlagen weniger gründlich zusammengestellt und überprüft werden, als dies bei einer postalischen Bewerbung der Fall wäre. Es ist immer empfehlenswert vor dem Absenden noch einmal alle Unterlagen auszudrucken, sie komplett durchzulesen und auf Fehler zu überprüfen.

Das An- bzw. Motivationsschreiben

In vielen Unternehmen hat das An- bzw. Motivationsschreiben bei Bewerbungen für Praktika oder den Berufseinstieg seine zentrale Rolle verloren. So wählt ein Großteil der Unternehmen die Kandidaten, die sie näher kennenlernen möchten, auf Grundlage harter Kriterien, die sich aus dem Lebenslauf ablesen lassen, aus. Bei Stiftungen ist das anders. Das An- bzw. Motivationsschreiben ist zusammen mit dem Lebenslauf das Kernelement der Stipendienbewerbung. Je nach Anforderungen der Institution, bei der man sich bewirbt und nach

---

Tipp

Das Motivationsschreiben
»Als ich mich über das Haniel Asien-Programm informiert habe, habe ich gesehen, dass die Stiftung auch im Bereich europäische Einheit sehr engagiert ist. In meiner Bewerbung habe ich dann nicht nur meinen Studienwunsch in Asien beschrieben, sondern auch hervorgehoben, dass ich bereits ein erfolgreiches Projekt zum Thema deutsche Einheit durchgeführt hatte und mich innerhalb der Stiftung gern in diesem Bereich engagieren würde.«
Ein Alumnus der Haniel Stiftung

persönlichem Stil kann das Motivationsschreiben ein selbstständiger Bewerbungsteil oder aber Bestandteil des Anschreibens sein.

Die Bewerbungsbegründung sollte in der Regel nicht länger als eine bzw. maximal zwei DIN-A4-Seiten sein, es sei denn, es werden explizit andere Anforderungen gestellt. Die Hauptgründe hierfür sind zum einen, dass die Mitarbeiter der Stiftungen eine Vielzahl von Bewerbungen sichten müssen und nur begrenzt Zeit für eine einzelne Bewerbung haben: zum anderen sollte jeder potenzielle Stipendiat in der Lage sein, sein Anliegen kurz und präzise darzustellen. Das Motivationsschreiben dient dazu, Antworten auf die vier im vorherigen Abschnitt beschriebenen Kernfragen der Stipendienbewerbung zu geben. Dementsprechend sollte der Gutachter nach dem Lesen des Motivationsschreibens davon überzeugt sein, dass

- der Bewerber weiß, welche Vorteile ihm das Stipendium bietet und wie er diese gewinnbringend einsetzen kann,
- Studienförderer und Bewerber sich gegenseitig gut ergänzen werden und
- der Bewerber sich Ziele gesteckt hat, die er erreichen kann, und die aus Sicht der Institution förderungswürdig sind.

Das Motivationsschreiben ist das einzige Dokument einer Bewerbung, in dem es erlaubt und sogar unabdingbar ist, einen Blick in die Zukunft zu werfen. Aus dem Lebenslauf können Gutachter und spätere Interviewpartner herauslesen, ob jemand die Grundlagen dafür mitbringt, ein gutes Studium zu absolvieren bzw. ein bestimmtes Projekt erfolgreich durchzuführen. Zukunftsgerichtete Aspekte oder persönliche Anschauungen gehören nicht in einen Lebenslauf, sind aber gerade für Stipendiengeber von großer Bedeutung. Dazu gehören zum Beispiel Aussagen über angestrebtes zukünftiges Engagement, berufliche Ziele oder Fragen der Weltanschauung. Oftmals wird versucht, schon im An- bzw. Motivationsschreiben jede Aussage durch Verweise auf bisherige Leistungen zu »beweisen«. In einigen Punkten ist dies aber nur schwer möglich bzw. bedarf weiterer Ausführungen. Daher ist es hilfreich, nur kurze Hinweise auf bereits Geleistetes zu geben, es aber den Gutachtern zu überlassen, sich ein umfangreicheres Bild auf Basis des Lebenslaufes zu machen. Insofern ist es normalerweise zielführender, den begrenzten Raum des Motivationsschreibens für die Beschreibung der eigenen Person und der individuellen Zukunftspläne zu nutzen. Im Anschluss kann dann geprüft werden, ob Teile des Schreibens genauerer Belege im Lebenslauf bedürfen und ob dieser noch einmal ergänzt werden muss. Hier sei noch einmal darauf verwiesen, dass immer auf die Angaben einer jeden Institution zu achten ist! So verlangen einige Stiftungen anstatt eines Motivationsschreibens eine Argumentation, in der die Hintergründe der Bewerbung erläutert werden. Bei einer Argumentation sollten

Bewerber, anders als bei einem Motivationsschreiben, die einzelnen Beweggründe direkt durch Fakten belegen.

Wie für jede Bewerbung gilt, dass es kein allgemeingültiges Rezept für das »richtige« Motivationsschreiben gibt. Trotzdem gibt es einige Prinzipien und Richtlinien, deren Beachtung die Aussicht auf Erfolg deutlich erhöht. Im folgenden Abschnitt wird zunächst auf die Methode des Mind-Mapping eingegangen, die sich sehr gut dafür eignet, individuelle Antworten auf die zentralen Bewerbungsfragen zu generieren. Danach wird die »You, Me, We-Struktur« vorgestellt – eine Textordnung, die es ermöglicht, sowohl die persönliche Eignung des Bewerbers für das Stipendienprogramm wie auch den »Personal Fit« zwischen Studienförderer und Bewerber aufzuzeigen.

Mind-Mapping

Zur Strukturierung der Antworten auf die zentralen Fragen der Stipendienbewerbung eignet sich das Mind-Mapping, das auch als Assoziogramm-Methode bezeichnet wird. Wird diese Methode auf zentrale Fragen des Motivationsschreibens angewandt, sollten zunächst die naheliegendsten Ideen rund um das Thema Stipendium niedergeschrieben werden. Anhand der Verknüpfungen kann der Bewerber verbindende Elemente zwischen Engagement, persönlichen Zielen und »Personal Fit« von Studienförderer und Bewerber identifizieren. Diese Vorstrukturierung hilft ungemein, weil so Überlappungen oder Verbindungen zwischen einzelnen Punkten frühzeitig deutlich werden.

In der ersten Abbildung auf der nächsten Seite ist eine allgemeine Grundstruktur einer Mind-Map für die Stipendienbewerbung dargestellt. In der Mitte stehen die zentralen Aspekte der Stipendienbewerbung. Von den Leitfragen zweigen Kategorien ab, die für fast jeden Bewerber um ein Stipendium eine große Rolle spielen bzw. spielen sollten. Sowohl die drei Kernfragen als auch die Verbindungen zwischen den einzelnen Punkten sind beispielhaft und nicht erschöpfend. Diese Grundstruktur bedarf natürlich der Personalisierung.

Die zweite Abbildung auf der nächsten Seite zeigt ein Beispiel für eine individualisierte Mind-Map. In dieser Mind-Map werden folgende zwei Aussagen visualisiert: Erstens, der Bewerber weiß, warum er sich gerade bei dieser Stiftung bewirbt. Er kennt die Stiftung aus dem Studium und einige seiner Kommilitonen sind dort Stipendiaten. Zweitens, der Bewerber vertritt konservative Werte. Dies wird für die Bewerbung bei einer Stiftung, die einer christlichen Partei oder Kirche nahe steht, von entscheidender Bedeutung sein. Basierend auf der Verbindung von konservativen Werten, politischem Engagement und bisherigem Kontakt lässt sich ein sehr gutes Motivationsschreiben aufbauen. Mind-Mapping kann auch in anderen Phasen der Stipendienbewerbung ein hilfreiches Werkzeug sein. Im Abschnitt »Fachwissen« im Kapitel »Die persönliche Vorstellung« wird noch einmal darauf eingegangen.

Die allgemeine Struktur einer Mindmap für die Stipendienbewerbung

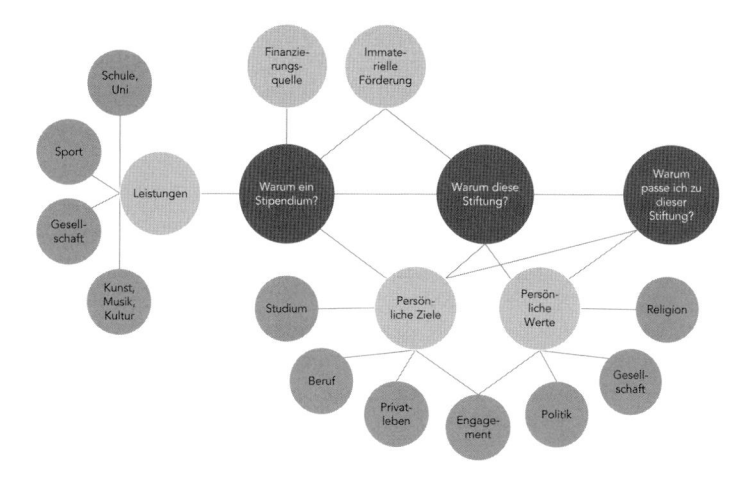

Eine konkretisierte Mindmap für die Stipendienbewerbung

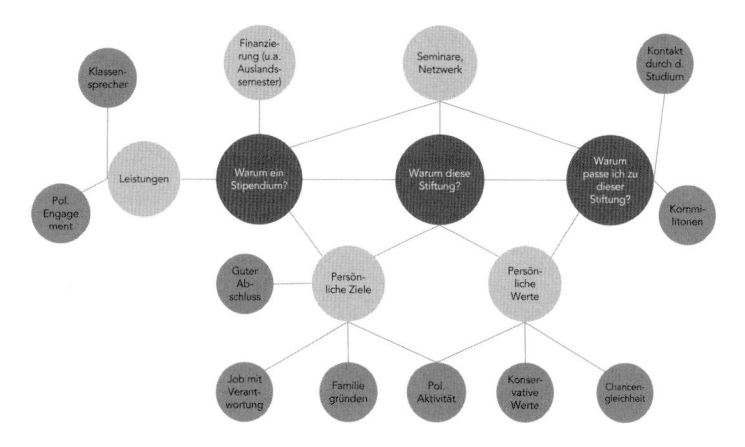

Die »You, Me, We-Struktur«

Sobald sich die Vorstellung thematischer Aspekte konkretisiert, die in einem Motivationsschreiben aufgeführt werden sollen, bedarf es einer klaren Struktur, um die einzelnen Gesichtspunkte zu einem überzeugenden Gesamttext zu verbinden. Ein Ansatz, der sich als besonders hilfreich erwiesen hat, ist die »You, Me, We-Struktur«. Diese Ordnung unterteilt das Motivationsschreiben in drei Teile.

Im »You-Abschnitt« geht es darum zu erläutern, warum man sich um ein Stipendium bewirbt und aus welchen Gründen die Bewerbung gerade an diesen Studienförderer gerichtet ist. Dabei ist es wichtig, in der Beschreibung möglichst konkret zu sein. Das heißt, dass es nicht darum gehen kann, die Darstellungen von der Homepage der Stiftung wiederzugeben, sondern zu erklären, welche Einstellung und welches Verhältnis zu Leitbild und Engagement der Stiftung bestehen.

Im Gliederungspunkt »Me« geht es um den Bewerber selbst: Was hat er bereits geleistet? Und noch wichtiger: Was möchte er noch erreichen? Warum ist der Kandidat der Meinung, dass seine Arbeit die Unterstützung eines Stipendiums verdient? In diesem Abschnitt sollte auch darauf geachtet werden, eine gute Mischung aus Vergangenheit, Gegenwart und Zukunft zu finden. So sagt die reine Aneinanderreihung persönlicher Arbeitsergebnisse und Erfolge zwar etwas über die Leistungsfähigkeit des Bewerbers aus, verrät allerdings nichts über die für die Zukunft gesteckten Ziele und deren Vereinbarkeit mit dem Leitbild des Studienförderers. Andererseits ist es ebenso wenig sinnvoll, an dieser Stelle ausschließlich Zukunftspläne zu formulieren, ohne dem Leser ein Indiz dafür zu liefern, dass es dem Schüler bzw. Student in der Vergangenheit bereits gelungen ist, vergleichbare Zielsetzungen zu erreichen.

Im »We-Abschnitt« sollte aufgezeigt werden, was der Kandidat gemeinsam mit der Institution bzw. mit anderen Stipendiaten im Rahmen des Stipendiums erreichen möchte. Soll ein Projekt an der eigenen Hochschule mit Unterstützung der Organisation umgesetzt werden? Oder ist beabsichtigt, sich in die politische Diskussion eines Themas einzubringen und dafür das stipendiatische Netzwerk zu nutzen? Unter Umständen ist ein Forschungsprojekt geplant, zu dessen Umsetzung die finanzielle Hilfe eines Stipendiums benötigt wird. Eine Institution, die Studenten fördert, ist daran interessiert, dass junge Menschen ihr Leitbild unterstützen, zum Fortschritt der Forschung oder zur Entwicklung der Gesellschaft beitragen und sich selbst persönlich weiterentwickeln. Aus diesen Gründen sollte dieser Abschnitt des Bewerbungsschreibens den Gutachtern verdeutlichen, dass ein Stipendium sowohl für den Bewerber als auch für die fördernde Institution von Nutzen ist.

Auf der nächsten Seite findet sich ein Beispiel für ein Anschreiben, in dem die »You, Me, We-Struktur« angewendet wurde und das die Funktion der einzelnen Abschnitte illustriert.

Die Formulierung von Zukunftsplänen

Die Formulierung von Zukunftsplänen will geübt sein. Viele Studenten schrecken davor zurück, weil sie ihre Vorstellungen als zu »visionär« ansehen oder sich nicht sicher sind, ob sie diese Ziele auch erreichen können. Aber die meisten großen Errungenschaften sind von Menschen erreicht worden, die eine Vision hatten. Man denke nur an Martin Luther Kings »I have a dream«-Rede. Es ist wichtig, sich darüber im Klaren zu sein, was möglich ist und was nur schwer erreichbar scheint, dennoch darf an dieser Stelle ruhig etwas Mut an den Tag gelegt werden, um die eigenen Pläne zu benennen – frei nach Wernher von Braun: »Alles, von dem sich der Mensch eine Vorstellung machen kann, ist machbar«.

Die »You, Me, We-Struktur«

München, 06.Dezember 2010

Betreff: **Bewerbung um ein Stipendium der Mustermann-Stiftung**

Sehr geehrte Damen und Herren,

hiermit möchte ich mich bei der Mustermann-Stiftung um ein Stipendium für mein Auslandssemester an der Universität Beijing im kommenden Jahr bewerben.

„You-Abschnitt"
- *Erläuterung der Vorteile, die nur diese Stiftung bietet (Netzwerk, Seminare)*
- *Bezug der Vorteile auf die eigenen Ziele (optimale Vor- und Nachbereitung)*

Ich bewerbe mich bei der Mustermann-Stiftung um ein Stipendium, da diese, wie kaum eine andere Institution, über ein Netzwerk von Studenten verfügt, die bereits ein Semester in China absolviert haben bzw. derzeit absolvieren. Ebenfalls erscheint mir sehr attraktiv, dass Sie Ihren Stipendiaten den Zugang zu Asien-spezifischen Vorträgen ermöglichen. Das Netzwerk und die Möglichkeit, Seminare zu besuchen, würden mir die Chance bieten, meinen Aufenthalt optimal vor- und nachzubereiten.

„Me-Abschnitt"
- *Erläuterung der eigenen Person*
- *Andeutung eigenen Engagements*
- *Möglicher Bezug zu Förderzielen der Stiftung*
- *Vorteile des Stipendiums im Bezug auf die Erreichung der Ziele*

Während ich mich in meinem Studium der Betriebswirtschaftslehre an der Universität München mit praktischen Fragen der Ökonomie befasse, konzentriere ich mich in meinem politischen Engagement auf die Gestaltung eines gemeinsamen und für beide Seiten gewinnbringenden Wirkens von Gesellschaft und Wirtschaft. So bin ich seit zwei Jahren aktives Mitglied des Vereins „Social Entrepreneurs Berlin". Im Rahmen dieses Engagements unterstütze ich gemeinnützige Organisationen bei der Finanzierung ihrer Arbeit. Gemeinsam mit anderen Studentinnen und Studenten möchte ich dieses Engagement fortsetzen und konkrete Handlungsansätze entwickeln. Ich glaube, dass mir ein Stipendium der Mustermann-Stiftung helfen würde, den Kontakt zu ähnlich interessierten Studenten zu finden.

„We-Abschnitt"
- *Berührungspunkte zwischen Stiftung und Bewerber*
- *Indiz für die Eignung, sich tatsächlich erfolgreich engagieren zu können*

Ich bin überzeugt, dass ich mich durch die Erfahrungen, die ich in meinem politischen und gesellschaftlichen Engagement sowie in meinem Studium gesammelt habe, erfolgreich in der Mustermann-Stiftung engagieren könnte. Auf Grund meines Studienschwerpunktes im Bereich internationale Betriebswirtschaftslehre und meines angestrebten Auslandsaufenthaltes in China, würde ich mich besonders gerne im Bereich des europäisch-asiatischen Austausches engagieren.

Für Rückfragen zu meiner Bewerbung stehe ich Ihnen jederzeit gerne zur Verfügung. Über die Einladung zu Auswahlgesprächen würde ich mich sehr freuen.

Mit freundlichen Grüßen

> **Tipp**
>
> Für eine Erläuterung der Grundlagen rund um den tabellarischen Lebenslauf sei auf die kostenfreie Trainingsseite squeaker.net/bewerbung verwiesen.

Der tabellarische Lebenslauf

Zumeist kann der tabellarische Lebenslauf, der für Praktikums- und andere Bewerbungen genutzt wird, auch für die Bewerbung um ein Stipendium verwendet werden. Falls noch kein tabellarischer Lebenslauf angefertigt wurde, ist dies der richtige Zeitpunkt, einen solchen zu verfassen und ihn bei anderen Gelegenheiten kontinuierlich weiterzuentwickeln. Wiederum gilt, dass in diesem Buch auf die Punkte eingegangen wird, die speziell für eine Bewerbung um ein Stipendium relevant sind.

Was die Strukturierung des Lebenslaufes betrifft, liegt Studienförderern tendenziell mehr an einer persönlichen Akzentuierung als an einer streng chronologischen oder thematischen Ordnung, wie sie bei Bewerbungen bei Unternehmen gefordert wird. Insofern ist prinzipiell freigestellt, ob der Curriculum Vitae chronologisch oder thematisch, also nach Themengebieten wie »Ausbildung«, »Berufserfahrung«, »Sprachkenntnisse« etc., aufgebaut ist und ob jeweils die früheste oder die letzte Station zuerst genannt wird. Essenziell ist, dass im Lebenslauf Aktivitäten und Leistungen, die für den Studienförderer von Interesse sind, auch dann beschrieben werden, wenn diese in einem »Standardlebenslauf« nicht aufgeführt würden. Beispielsweise wird sich in einem gängigen tabellarischen Lebenslauf vielleicht keine Information darüber finden, dass der Bewerber im Alter von 14 bis 16 Jahren Messdiener war. In der Bewerbung bei einer konfessionellen Stiftung darf dieser Punkt aber keinesfalls fehlen. In der Checkliste »Der tabellarische Lebenslauf« sind einige Punkte aufgeführt, die in den Lebenslauf eines Stipendienbewerbers gehören. Einige dieser Aspekte sollten nie fehlen (Pflichtbestandteile), andere könnten für einen Studienförderer interessant sein, müssen jedoch nicht unbedingt adressiert werden (optionale Bestandteile).

Checkliste: Der tabellarische Lebenslauf

		Aspekt	Erledigt
Persönliche Daten	Pflicht	Vor- und Nachname	☐
		Adresse	☐
		Geburtsdatum und -ort	☐
	Option	Staatsangehörigkeit	☐
Schulausbildung	Pflicht	Name(n) der Schule(n)	☐
		Auslandsaufenthalte	☐
		Abiturnote	☐
	Option	Noten in wissenschaftlichen (Zwischen-)Abschlüssen	☐
		Auszeichnungen, besondere Leistungen	☐
		Leistungs- und Prüfungskurse	☐

Hochschulausbildung	Pflicht	Name(n) der besuchten Hochschule(n)	☐
		Haupt- und Nebenfächer	☐
		Auslandssemester	☐
		Wissenschaftliche (Zwischen-)Abschlüsse (Bachelor, Vordiplom, Physikum, etc.)	☐
	Option	Noten in wissenschaftlichen (Zwischen-)Abschlüssen	☐
		Auszeichnungen, besondere Leistungen	☐
Berufserfahrung	Pflicht	Berufsausbildung (Bezeichnung, Name der Schule oder des ausbildenden Unternehmens, Ort und Tätigkeit)	☐
		Praktika während der Hochschulzeit (Name des Unternehmens, Ort, Tätigkeit, Kurzbeschreibung der wesentlichen Tätigkeiten)	☐
		Wehr- oder Zivildienst bzw. soziales oder ökologisches Jahr (Name der Institution, Ort und Tätigkeit)	☐
	Option	Praktika während der Schulzeit	☐
		Abschlussnoten der Ausbildung, ggf. Auszeichnungen	☐
		Schüler- bzw. Studentenjobs	☐
		Unternehmerische Tätigkeit	☐
Engagement/Aktivitäten	Pflicht	Teilnahme an (schulischen) Wettbewerben (zum Beispiel »Jugend forscht« oder »Mathematik-Olympiade«)	☐
		Mitgliedschaften in Vereinen, Verbänden, Parteien	☐
		Freiwillige Teilnahme an Arbeitsgemeinschaften	☐
		Ehrenämter	☐
		Auszeichnungen (in allen Bereichen)	☐
		Künstlerisches, musisches oder sportliches Engagement	☐
	Option	Projekte (sowohl Projekte, die eigenständig durchgeführt wurden, wie solche an denen im Rahmen von Vereinen, Parteien oder Kirchen, etc. mitgewirkt wurde)	☐
		Erworbene soziale Kompetenzen (zum Beispiel durch Erteilen von Nachhilfeunterricht oder einer Trainer- und Betreuertätigkeit)	☐
		Sportliche Aktivitäten	☐
		Besondere persönliche Leistungen bzw. Erfahrungen (zum Beispiel Reisen)	☐
Besondere Kenntnisse	Pflicht	Sprachkenntnisse	☐
		Besondere Computerkenntnisse (zum Beispiel Erstellung einer Homepage, Programmierkenntnisse)	☐
		Künstlerische und musische Fertigkeiten	☐
	Option	Standardcomputerkenntnisse (zum Beispiel Umgang mit Microsoft Office Paket)	☐

III. Bewerbung

Zu beachten ist, dass der Lebenslauf im Normalfall einen gewissen Umfang nicht überschreiten sollte. Deshalb sollte man abwägen, welche Punkte besonders hervorgehoben, welche nur knapp beschrieben und welche gar nicht berücksichtigt werden sollen. An dieser Stelle kann es hilfreich sein, Rat und Einschätzung Dritter einzuholen.

Die Bedeutung eines Lebenslaufes wird oftmals unterschätzt, denn er hat eine hohe Bedeutung, die weit über die Bewerbung um ein Stipendium hinausgeht. Einmal angefertigt und formuliert, ist es empfehlenswert, ihn kontinuierlich weiterzuentwickeln. Das ist insbesondere dann sinnvoll, wenn sich die eigene Situation im Hinblick auf einen Aspekt des Lebenslaufes verändert hat, zum Beispiel wenn ein Projekt erfolgreich absolviert wurde oder gute universitäre Leistungen erreicht wurden. Das Aufschreiben solcher Entwicklungen ist nicht nur sinnvoll dafür, stets einen aktuellen Lebenslauf zur Hand zu haben, sondern motiviert auch, da man so die eigenen Fortschritte stets vor Augen hat.

Der ausführliche Lebenslauf

Einige Institutionen verlangen nur einen tabellarischen Lebenslauf, andere erwarten einen ausführlichen Curriculum Vitae und wieder andere verlangen beides. Darüber hinaus gibt es einige wenige Studienstiftungen, die einen ausführlichen, handgeschriebenen Lebenslauf wünschen. In diesem Abschnitt wird der Frage nachgegangen, welche Gesichtspunkte im ausführlichen Lebenslauf angesprochen werden sollten bzw. müssen und welche Chancen der ausführliche Lebenslauf einem Bewerber bietet, um sich erfolgreich zu präsentieren.

Aus Sicht der Gutachter eines Stipendienprogramms spricht vieles dafür, nur einen tabellarischen Lebenslauf von den Bewerbern zu verlangen. Ein tabellarischer Lebenslauf ist auf das Wesentliche reduziert, in der Regel klar strukturiert und kann in kurzer Zeit gelesen werden. Warum gibt es dennoch Institutionen, die einen ausführlichen Lebenslauf entweder allein oder zusammen mit einem tabellarischen Lebenslauf erwarten? Der Unterschied zwischen tabellarischem und ausführlichem Lebenslauf lässt sich durch den Vergleich des Lebenslaufes mit einer Weltreise veranschaulichen: Der tabellarische Lebenslauf zählt all die Länder auf, die der Bewerber bereist hat, aber er gibt keine Auskunft darüber, was der Kandidat gesehen hat und warum er gerade dieses oder jenes Land bereist hat. Beide Punkte, das »Warum?« und das »Wie?«, sind jedoch für den Interviewer der Stiftung von großem Interesse, weil sie zeigen, was den Bewerber motiviert und wie er Herausforderungen, zum Beispiel das Studium, angeht.

Hier kommt der ausführliche Lebenslauf ins Spiel: Er ermöglicht es, zu erklären, welche Aspekte bei zentralen Entscheidungen eine Rolle gespielt haben und wie jemand seine Schul- bzw. Studienzeit

---

Tipp

Diskutieren Sie im squeaker.net-Forum Ihren Lebenslauf mit anderen Mitgliedern des Karriere-Netzwerks oder lassen sich auf der Plattform von erfahrenen Experten beraten.

und seine Freizeit ausgefüllt hat. Besonders hilfreich ist es für den Interviewer, wenn der ausführliche Lebenslauf den »roten Faden« zum tabellarischen Lebenslauf liefert, der ihm zeigt, wie die Abfolge der einzelnen Schritte im Leben des Bewerbers begründet ist. Somit hilft der ausführliche Lebenslauf dem Prüfer, besser zu verstehen, ob jemand seinen bis dahin eingeschlagenen Weg erfolgreich weiter gehen wird. Der Begriff des »roten Fadens« soll anhand eines Beispiels erläutert werden:

Aus dem tabellarischen Lebenslauf	Aus dem ausführlichen Lebenslauf
Im tabellarischen Lebenslauf von Julia steht, dass sie 2004 Klassen- und 2005 sogar Schulsprecherin war. Unter dem Abschnitt »Aktivitäten« findet sich, dass sie 2007 zur Vorsitzenden einer politischen Jugendorganisation in ihrer Stadt gewählt wurde. Aus dem Lebenslauf geht weiter hervor, dass sie ordentliches Mitglied der örtlichen Hochschulgruppe einer Partei ist.	Aus dem ausführlichen Lebenslauf wird ersichtlich, dass sich Julia auf den Posten der Schulsprecherin beworben hat, weil ihr die Tätigkeit als Klassensprecherin viel Spaß gemacht hat und weil sie viel positives Feedback bezüglich ihres Engagements in der Klasse erhalten hatte. Um ihre eigenen Ideen auch außerhalb der Schule umsetzen zu können, wurde sie Mitglied einer politischen Jugendorganisation. In dieser Zeit hat sie unter anderem ein Projekt zur Renaturierung eines kleinen Flusses angestoßen und eine Informationskampagne zur PISA-Studie organisiert. Auch im Rahmen ihres Studiums möchte Julia sich wieder politisch engagieren. Derzeit hat sie aber noch kein Amt übernommen, weil sie sich zunächst voll auf ihr Studium konzentrieren möchte.

Das Beispiel zeigt, dass ein tabellarischer Lebenslauf viele wichtige Details verschweigt. Durch den detaillierten Lebenslauf kann der Leser nicht nur erkennen, welche Rollen Julia eingenommen hat (Klassensprecherin, Vorsitzende eines Ortsvereins, etc.), sondern auch, wie sie diese Rollen inhaltlich ausgefüllt hat (Engagement für Bildung und Umwelt). Zudem sieht der Leser, dass Julia sich nicht etwa weniger engagieren möchte, weil sie derzeit kein Amt mehr bekleidet. Vielmehr wird deutlich, dass für sie aktuell das Studium Vorrang hat, aber dass sie fest plant, ihr politisches Engagement auch in Zukunft nicht aufzugeben. Gerade die Beschreibung der Themen, mit denen sich jemand inhaltlich auseinandergesetzt hat, ist wichtig, denn sie gibt dem Interviewer erste Anhaltspunkte für ein Gespräch mit dem Kandidaten. Demselben Zweck kann zum Beispiel auch die Beschreibung persönlicher Hobbys dienen. Wie persönlich die Schilderungen zur eigenen Person ausfallen sollen, ist eine Frage des individuellen Stils. Oft ist die Versuchung groß, im eigenen Lebenslauf negative Ereignisse wegzulassen oder die eigenen Aktivitäten in einem besonders guten Licht erscheinen zu lassen. So ein »Lebenslauf-Tuning« sollte gut überlegt sein, denn die Mitarbeiter von Stipendienprogrammen sind im Lesen von Bewerbungen geübt und können die dargestellten Aktivitäten einordnen. Am Ende ist es wichtig, dass der Bewerber für die Stiftung als Person greifbar wird. Das klappt nur, wenn die Bewerbung authentisch ist, was wiederum nur dann der Fall sein kann, wenn die Aussagen im Motivationsschreiben und im Lebenslauf der Wahrheit entsprechen. Darüber hinaus kann auch das Einräumen von Schwächen überzeugen, denn die kritische Betrachtung und Darstellung der eigenen Person zeugt von der Fähigkeit zur Selbstreflexion und realistischen Selbsteinschätzung – eine Stärke, die bei der Bewertung wahrscheinlich mehr ins Gewicht fällt als die ein oder andere geschönte Aktivität in der Schulzeit. Nicht zuletzt beweist das Einräumen von Schwächen auch, dass jemand bereit ist, ehrlich zu sein und mit dem möglichen zukünftigen Partner, dem Studienförderer, fair umzugehen. Die Kraft, die von so einer Aussage ausgehen kann, hat der amerikanische Präsident Barack Obama in einer Rede sehr eindrucksvoll zum Ausdruck gebracht, als er sagte: »Ich werde jeden Tag daran erinnert, dass ich kein perfekter Mann bin – wenn nicht durch Ereignisse, dann durch meine Frau. Und ich werde auch kein perfekter Präsident sein. Aber es gibt eines, worauf ihr zählen könnt. Ich werde immer sagen, was ich denke und wofür ich stehe.«

Noch ein wichtiger Nachtrag zum Thema »roter Faden«: Dieser Begriff bezieht sich nur auf den geschriebenen Text und nicht auf den Lebenslauf an sich! Viele Schüler und Studenten, die darüber nachdenken, sich um ein Studium zu bewerben, haben die Sorge, dass ihr Lebenslauf nicht geradlinig verlaufen sei, zum Beispiel weil sie ein Schuljahr wiederholt oder einmal das Studienfach gewechselt haben. Dabei kann es sehr gute Gründe für solch einen Wandel geben. In vielen Fällen machen erst diese Brüche im Lebenslauf einen Menschen interessant. Der ausführliche Lebenslauf bietet dem Bewerber die Chance, dem Gutachter der fördernden Institution zu erklären, warum etwas Neues begonnen und ggf. etwas Altes beendet wurde. Der rote Faden ist also die Erklärung, warum und wie sich etwas bzw. jemand über die Zeit weiterentwickelt hat.

Aufbau

Formal ist beim ausführlichen Lebenslauf nur auf einige wenige Details zu achten. Im Allgemeinen sollte er nicht länger als zwei bis drei DIN-A4-Seiten sein, dabei sind jedoch die Anforderungen des jeweiligen Stipendienprogramms zu berücksichtigen. Entsprechendes gilt für Hinweise zur Textformatierung (Zeilenabstand, Rand etc.). Für den inhaltlichen Aufbau des ausführlichen Lebenslaufes gibt es keine festen Regeln, allerdings sollte für den Leser eine Struktur erkennbar sein. Diese wird durch den oben beschriebenen »roten Faden« gegeben. Im Normalfall bedeutet dies, dass zumindest die Grobgliederung des ausführlichen Lebenslaufes chronologisch erfolgt. Wie beschrieben sollten im An- bzw. Motivationsschreiben Fragen beantwortet werden wie »Welche Ziele werden mit der Bewerbung verfolgt?«, »Warum wird die Bewerbung um ein Stipendium gerade an diese Institution gerichtet?«, »Weshalb passt der Bewerber (bzw. sein Projekt) besonders gut in dieses Stipendienprogramm?« oder »Wie sollen die angestrebten Ziele erreicht werden?«.

Das Motivationsschreiben bietet im Normalfall aber nicht genügend Platz, um diese Punkte in ausreichender Differenziertheit darzulegen. Daher muss der ausführliche Lebenslauf gewissermaßen die Belege für die im Motivationsschreiben formulierten Ansprüche liefern. Steht im Motivationsschreiben zum Beispiel, dass ein sehr guter Studienabschluss angestrebt wird, dann sollte im Lebenslauf aufgezeigt werden, dass bisher in Schule und/oder Studium schon sehr gute Leistungen erbracht wurden, oder aber, dass sich der Bewerber die erforderlichen Kenntnisse dafür außerhalb seines akademischen Werdeganges angeeignet hat. Ebenso sollten an geeigneten Stellen Berührungspunkte von Bewerber und Stipendienprogramm hervorgehoben werden. Im Falle einer Bewerbung bei einer parteinahen Stiftung könnten solche Übereinstimmungen im praktischen politischen oder gesellschaftlichen Engagement liegen. Bei einer Stiftung, die Schüler und Studenten mit Migrationshintergrund fördert, können Berührungspunkte schon durch den Werdegang an sich gegeben sein. Hier kann es sinnvoll sein, am Beispiel persönlicher Erfahrungen zu erläutern, welche Schwierigkeiten auf dem bisherigen Bildungsweg auftaten und wie diese erfolgreich gemeistert wurden. Falls diese noch nicht gemeistert wurden, kann man darauf eingehen, wie die Ziele mithilfe des Stipendiums erreicht werden können. Die Beschreibung der eigenen Laufbahn und Entwicklung im ausführlichen Lebenslauf sollte sich also vorrangig darauf stützen, die Qualifikation für die Aufnahme in genau dieses Stipendienprogramm zu untermauern und herauszustellen, worin die persönliche Eignung und Motivation für die angestrebte Förderung besteht.

> **Tipp**
>
> **Der ausführliche Lebenslauf**
> »Auch wenn ich nicht das Gefühl hatte, dass die Gutachter übermäßig auf formale Details geachtet haben, war es gut, dass ich darauf geachtet habe, dass meine Bewerbungsunterlagen zueinander passten: das heißt, dass ich zum Beispiel noch einmal nachgeschaut habe, ob die Reihenfolge der Ereignisse in Lang- und Kurzform des Lebenslaufes und des Bewerbungsbogens übereinstimmten.«
> *Ein Alumnus eines Begabtenförderungswerks*

Die Gutachten der Lehrer bzw. Professoren

Alle Begabtenförderungswerke und die Mehrzahl der unabhängigen Studienförderer verlangen von ihren Bewerbern, dass sie der Bewerbung Gutachten von Lehrern bzw. Professoren beilegen. Die Gutachten sind der einzige Teil der schriftlichen Bewerbung, auf die der Bewerber nur einen begrenzten Einfluss hat. Gerade deshalb ist die Vorbereitung dieses Abschnittes besonders wichtig. Durch zwei Maßnahmen kann man als Bewerber die Qualität der Gutachten positiv beeinflussen: Erstens ist es von Vorteil, wenn man einen Lehrer bzw. Professor findet, der Erfahrung im Verfassen von Gutachten hat und mit den Auswahlkriterien von Studienstiftungen vertraut ist. Zudem sollte der Gutachter den Bewerber kennen, damit er individuelle Qualitäten beschreiben kann und nicht auf allgemeine Feststellungen ausweichen muss. Bei der Suche nach einem Gutachter ist es hilfreich, sich mit Kommilitonen aus dem eigenen Studiengang, die bereits Stipendiaten sind, auszutauschen oder Kontakt zur Hochschulgruppe der Institution aufzunehmen. Die Hochschulgruppen haben vielfach eigene Homepages oder Gruppen in sozialen Netzwerken wie Facebook. Zweitens ist es elementar, sicherzustellen, dass der Dozent ausreichend über den Bewerber, die Institution, die das Stipendium vergibt, und den Grund bzw. Zweck der Bewerbung informiert ist. In vielen Fällen werden die Gutacher darum bitten, dass der Bewerber ihnen einige Informationen über sich zukommen lässt. Selbst wenn dies nicht der Fall ist, kann es Sinn machen, sich per E-Mail bei dem Gutachter zu melden und ihm einen kleinen Überblick über die eigene Person zu verschaffen. Zum Beispiel kann man seinen Lebenslauf und eine Notenübersicht zur Verfügung stellen. Gerade bei Bewerbungen bei weniger bekannten Stiftungen ist es außerdem hilfreich, dem Gutachter Informationen zum Stipendienprogramm zukommen zu lassen und zu erklären, warum man sich gerade bei dieser Institution bewirbt.

Ein gutes Gutachten

Ob ein Gutachten für »gut« oder gar »sehr gut« befunden wird, hängt nicht nur von dem Inhalt, sondern auch vom Anforderungsprofil der Stiftung ab. So antwortet Gerhard Teufel, Generalsekretär der Studienstiftung des deutschen Volkes, auf die Frage, was ein gutes Gutachten ausmacht: »Wenn ein Professor in seinem Gutachten unter anderem schreibt, dass er einen Kandidaten oder eine Kandidatin zu den besten zwei bis fünf Prozent des Semesters zählt, dann ist das ein sehr positives Gutachten.«[9] In dieser Aussage spiegelt sich wider, dass für die Studienstiftung des deutschen Volkes die akademischen Leistungen im Vordergrund stehen. Auch die anderen elf Begabtenförderungswerke legen großen Wert auf schulische und universitäre Leistungen, dennoch wird dem gesellschaftlichen Engagement im Vergleich zur Studienstiftung des deutschen Volkes größere Bedeutung beigemessen. Unabhängig davon, ob die Bewerbung an ein politisches, konfessionelles oder ein wirtschafts- bzw. gewerkschaftsnahes Begabtenförderungswerk, an eine unabhängige Institution oder an ein Unternehmen gerichtet wird, sollte stets darauf geachtet werden, dass ein gesellschaftliches Engagement, das sich mit dem Leitbild der jeweiligen Stiftung deckt, im Gutachten hervorgehoben wird. Christina Schildmann von der Friedrich-Ebert-Stiftung betont, dass für die Friedrich-Ebert-Stiftung ein Gutachten dann gut ist, wenn es im »Bezug auf alle drei Aufnahmekriterien – Noten, Engagement, Persönlichkeit – zu dem Votum besonders förderungswürdig kommt«.[10]

Bei Stipendien, die für einen bestimmten Zweck, wie das Verfassen einer Abschluss- oder Promotionsarbeit oder für ein Auslandssemester vergeben werden, ist es darüber hinaus auch wichtig, dass in dem Gutachten die Qualifikationen des Bewerbers im Bezug auf das zu fördernde Ziel herausgestellt werden. Zum Beispiel ist es von Vorteil, wenn ein Gutachten, das einer Bewerbung um Förderung eines Auslandssemesters beiliegt, aussagt, dass der Bewerber sehr gute Kenntnisse in der Sprache, Kultur, Religion, Geschichte oder Wirtschaft des Landes, in dem er studieren möchte, vorweisen kann. Die Betonung der fachlichen Expertise im Gutachten ist insbesondere bei einer Bewerbung um Aufnahme in die Doktorandenförderung von Bedeutung, da Studienförderer hier erwarten, dass der Kandidat besondere Kenntnisse in seinem Fach besitzt und ein Experte auf dem Gebiet seines Promotionsthemas ist. Viele Stiftungen verlangen, dass die Gutachten, die der Bewerbung beizulegen sind, von Gutachtern der Heimatschule bzw. -hochschule verfasst werden. Trotzdem kann es sinnvoll sein, ein Gutachten von einem Lehrer oder Professor, zu dem Kontakt aus einem Auslandsschuljahr bzw. -semester besteht, zusätzlich beizulegen. Gutachter aus einem anderen Kultur- und Sprachkreis können weitere Qualitäten hervorheben, die für einen deutschen Lehrer oder Professor unter Umständen weniger offenkundig sind. Zudem können ausländische Dozenten die Sprachkenntnisse des Bewerbers sehr gut beurteilen, sodass einer entsprechenden Notiz ihrerseits besonderes Gewicht zukommt.

Gutachten zur Aufnahme in die Förderung der

Beispiel-Stiftung

Studienleistungen

- Vorstellung des Bewerbers
- Beurteilung der Studienleistungen

Max Mustermann ist Bachelor-Student im Studiengang „Internationale Beziehungen" an der Universität Hamburg und befindet sich zurzeit im dritten Studiensemester. In den ersten Semestern seines Studiums hat Max Mustermann überdurchschnittlich gute Leistungen erzielt und gehört mit dem erzielten Notendurchschnitt von 1,9 zu den 10% der besten Studenten seines Jahrgangs. In den von mir betreuten Vorlesungen hat er sich stets aktiv beteiligt und in den Abschlussklausuren sehr gute Leistungen erzielt. Darüber hinaus engagiert er sich in der Fachschaft Politik der Universität. Aufgrund der hohen Anforderungen des Studiengangs sind die Leistungen des Bewerbers insgesamt als deutlich überdurchschnittlich zu bewerten.

Engagement & persönlicher Eindruck

- Diskussion von Engagement außerhalb des Studiums
- Persönlicher Eindruck des Gutachters

Ich habe den Bewerber in persönlichen Gesprächen kennengelernt und den Eindruck gewonnen, dass er sein Studium wie auch seine weiteren Interessensschwerpunkte mit großem Engagement und einer ausgeprägten Leistungsbereitschaft verfolgt. Er ist mir als motivierter und äußerst gewissenhafter Student aufgefallen, der sein Studium ernst nimmt, sich sorgfältig auf die Veranstaltungen vorbereitet und dem es dennoch gelingt, sich neben dem Studium erfolgreich zu engagieren.

Individuelle Verbindung zur Förderung

In Bezug auf den politischen Förderungsschwerpunkt der Beispiel-Stiftung möchte ich herausstellen, dass ich in Gesprächen mit Herrn Mustermann den Eindruck gewonnen habe, dass er über fundiertes politisches Wissen sowie ein ausgeprägtes gesellschaftliches Verantwortungsbewusstsein verfügt.

Bewertung

- Resümee des Gutachtens

Vor diesem Hintergrund kann ich Herrn Mustermann uneingeschränkt und mit Nachdruck für eine Förderung der Beispiel-Stiftung empfehlen.

Mit freundlichen Grüßen

Die Empfehlungsschreiben

Ein weiterer, freiwilliger Bestandteil der Bewerbung können ein oder mehrere Empfehlungsschreiben sein. Mit Empfehlungsschreiben ist hier ein gutachtenähnliches Dokument gemeint, das von einer qualifizierten Person in exponierter Position verfasst wird und das hervorhebt, dass der Begutachtete ein sehr guter Stipendiat dieser Stiftung sein würde. Ein Empfehlungsschreiben kann niemals das Gutachten eines Dozenten ersetzen. Und da das Empfehlungsschreiben keinen Pflichtbestandteil der Bewerbung darstellt, ist der Einfluss auf den Erfolg schwer einzuschätzen. Für den Fall, dass der Bewerbung ein Empfehlungsschreiben beigelegt werden soll, ist ein wenig Fingerspitzengefühl gefragt. Bei der Suche nach einer Person, die ein Empfehlungsschreiben verfassen kann, sollte das bisherige, eigene Engagement als Ausgangspunkt gewählt werden. Liegen besondere

Leistungen in einem bestimmten Bereich wie der Politik, der Ausübung des Glaubens, der karitativen Arbeit, dem Sport oder bei Wettbewerben wie »Jugend Forscht«, »Jugend Musiziert« etc. vor, so ist es das Beste, einen Fürsprecher aus diesem Feld zu suchen. Bei der Auswahl sollten Bewerber auch die weltanschauliche oder unternehmerische Ausrichtung des Studienförderers im Hinterkopf behalten. Hat sich beispielsweise jemand kirchlich engagiert und strebt eine Bewerbung bei einer konfessionellen Stiftung an, so könnte er den Pfarrer um eine Empfehlung bitten. Engagiert sich hingegen jemand im Umweltschutz und zieht eine Bewerbung bei der den Grünen nahestehenden Heinrich-Böll-Stiftung in Erwägung, könnte er zum Beispiel den regionalen Leiter des Umweltschutzvereins um eine Empfehlung bitten. Für alle Institutionen sind natürlich zusätzliche Gutachter hilfreich, die etwas zu den akademischen Leistungen des Bewerbers sagen können. Gerade frisch immatrikulierte Studenten sollten daher überlegen, zusätzlich einen ehemaligen Lehrer um ein Gutachten zu bitten. Studenten, die schon ein Auslandssemester absolviert haben, können einen Dozenten ihrer Gastuniversität nach einer zusätzlichen Stellungnahme fragen. Ein weiterer Tipp für Empfehlungsschreiben ist, Politiker um eine Stellungnahme zu bitten: Bundes- und Landtagsabgeordnete, aber auch Kommunalpolitiker, verfassen häufig Empfehlungsschreiben und genießen insbesondere bei den politischen Stiftungen Renommee. Besteht also zum Beispiel durch politisches oder kommunales Engagement Kontakt zu einem Politiker, kann es sinnvoll sein, zu versuchen, diesen als Fürsprecher zu gewinnen.

Zeugnisse

Zur Bestätigung der Aussagen, die im Motivationsschreiben und im Lebenslauf gemacht werden, verlangen Stiftungen und andere fördernde Institutionen Kopien der bis dahin vorliegenden Zeugnisse. Hier kann noch einmal das Bild der Weltreise, das im Abschnitt zum ausführlichen Lebenslauf benutzt wurde, bemüht werden: Zeugnisse und Belege sind für eine Bewerbung das, was Fotos, Eintrittskarten oder Stempel im Pass für eine Reise sind. Sie belegen die Reiseroute und machen das Erzählte für den Leser glaubhaft und verständlich. Die Gütekriterien für Zeugnisse unterscheiden sich zwischen Stipendiums- und Berufsbewerbung nur unwesentlich. In beiden Fällen sind Vollständigkeit, Ordnung und äußere Erscheinung essenziell. Von Bedeutung ist, dass alle wichtigen Punkte des Lebenslaufes, zu denen ein Testat, sprich eine schriftliche Bewertung, erwartet werden kann, durch ein Zeugnis belegt sind. Zu diesen Punkten zählen der Schulabschluss, gegebenenfalls die Berufsausbildung, der Wehr- oder Zivildienst, studienbegleitende Praktika und Ähnliches. Kaum eine Institution wird hingegen erwarten, dass Bescheinigungen über

> **Tipp**
>
> **Das Empfehlungsschreiben**
> »Bei der Friedrich-Ebert-Stiftung habe ich mich während eines Auslandssemesters beworben. Nachdem ich die zwei Gutachten von Professoren meiner Hochschule in Deutschland bekommen hatte, habe ich auch noch einen Professor an meiner Auslandsuniversität gefragt, ob er bereit sei, eine Stellungnahme zu meinen Leistungen während des Auslandssemesters zu schreiben. Ich glaube, dieses Gutachten hat geholfen, weil es meine Bewerbung abgehoben und den Inhalt meines Motivationsschreibens unterstrichen hat.«
> *Ein Alumnus der Friedrich-Ebert-Stiftung*

Engagement und/oder einzelne private Aktivitäten vorgelegt werden. Bei Studenten gilt zudem, dass wichtige akademische Abschnitte wie das Vordiplom oder das Physikum durch Zeugnisse belegt werden und dass der Bewerbung ein aktueller Notenauszug beigefügt ist.

Auch wenn im Normalfall keine bestimmte Struktur der beigefügten Zeugnisse gefordert wird, sollte doch eine gewisse Ordnung vorhanden sein. Beispielsweise können die Dokumente thematisch oder chronologisch geordnet werden. Idealerweise werden die Zeugnisse entsprechend der Struktur des Lebenslaufes angeordnet. Zu guter Letzt sollten die Zeugnisse bei einem professionellen Copyshop vervielfältigt werden, wo darauf geachtet wird, dass die Dokumente rechtwinklig eingescannt und ohne Flecken kopiert werden. Diese Investition zahlt sich mit Sicherheit aus, denn die Kopien können auch für spätere Bewerbungen benutzt werden und spätestens bei einer Stellenbewerbung sind ordentliche gescannte Dokumente bzw. Kopien aller Zeugnisse von grundlegender Bedeutung. Abschließend sollte auch darauf geachtet werden, dass die elektronische Zusammenstellung aller Unterlagen in einer PDF-Datei ein bis drei Megabyte nicht überschreitet.

Checkliste: Die schriftliche Bewerbung

	Aufgaben	Erledigt
Allgemeine Aufgaben	Zulassungskriterien und Bewerbungsfristen der Stiftung recherchiert	☐
	Nachgeschaut, welche Bewerbungsunterlagen verlangt werden	☐
	Ausführlich über die Leitmotive, die Arbeit und die Wurzeln (zum Beispiel den Namensgeber) der Stiftung informiert	☐
An- bzw. Motivationsschreiben	Gründe für die Bewerbung um ein Stipendium zusammengefasst	☐
	Gründe für die Bewerbung um ein Stipendium für die konkrete Stiftung zurechtgelegt	☐
	Eigene Leistungen, eigenes Engagement und persönliche Ziele aufgelistet	☐
	Konsistenz von Themen des Motivationsschreiben und Aussagen des Lebenslaufs überprüft	☐
	Logische Struktur für das Anschreiben (zum Beispiel »You, Me, We- Struktur«) entwickelt	☐
	An- bzw. Motivationsschreiben formuliert und formatiert	☐
Tabellarischer Lebenslauf	Wichtige Leistungen in den Bereichen Bildung und Ausbildung, Engagement, Sprachen, Hobbys, etc. aufgelistet	☐
	Analysiert, welche Aspekte der eigenen Laufbahn für die spezielle Stiftung besonders hervorzuheben sind	☐
	Tabellarischen Lebenslauf formuliert und formatiert	☐
Ausführlicher Lebenslauf	Kausale Verbindungen zwischen einzelnen Punkten des Lebenslaufes notiert	☐
	Motive für das eigene Engagement aufgelistet	☐
	Aspekte der persönlichen Biografie oder des eigenen Engagements aufgelistet, die in die Bewerbung einfließen sollen, aber aus dem tabellarischen Lebenslauf nicht hinreichend hervorgehen	☐
	Ausführlichen Lebenslauf formuliert und formatiert	☐
Gutachten der Lehrer/Professoren	Lehrer bzw. Dozent ausgewählt und mit der Bitte um ein Gutachten angesprochen	☐
	Gutachter mit Informationen über den Zweck der Stiftung bzw. des Stipendienprogramms versorgt	☐
	Dem Gutachter Informationen zur eigenen Person und dem eigenen Engagement (insbesondere an der Schule/Hochschule) bereitgestellt	☐
Zeugnisse	Zeugnisse ordentlich kopiert und in eine logische Anordnung gebracht	☐
Schlusskorrektur	Sämtliche Unterlagen im Hinblick auf Fehler oder Wiederholungen durchgelesen und/oder Dritten (z. B. Eltern oder Freunden) zur Korrektur gegeben	☐
	Alle Unterlagen in die richtige Reihenfolge gebracht und zum Versand vorbereitet	☐

2. Der Studierfähigkeitstest der Studienstiftung

Seit Februar 2010 ermöglicht die Studienstiftung des deutschen Volkes allen Studenten, die sich im ersten oder zweiten Studiensemester befinden und nicht für die Studienstiftung vorgeschlagen wurden, die Selbstbewerbung. Alle Selbstbewerber erhalten nach einer Online-Registrierung und der Entrichtung einer Teilnahmegebühr eine Einladung zum sogenannten Studierfähigkeitstest. Die Einladung zu dem Test ist unabhängig von Abiturnoten oder universitären Leistungen des Bewerbers. Die Testbesten des Studierfähigkeitstests nehmen anschließend – zusammen mit den vorgeschlagenen Kandidaten – am persönlichen Auswahlverfahren der Studienstiftung teil. Im folgenden Kapitel geht es um den Aufbau des Studierfähigkeitstests und die bestmögliche Vorbereitung darauf. Eine gründliche Vorbereitung auf den Test ist nicht zuletzt deshalb wichtig, weil jeder Student an diesem Test immer nur ein einziges Mal teilnehmen kann.

Zum Einstieg kann man sich einmal an der Lösung folgender Beispielaufgabe versuchen:

> Der schriftliche Auswahltest der Studienstiftung des deutschen Volkes hat das Ziel, die Studierfähigkeit des Testkandidaten zu prüfen. Er ist unter der Maßgabe konzipiert, dass vorhandenes spezifisches Wissen eines Bewerbers (im Folgenden als Fachwissen bezeichnet) diesem im Vergleich zu anderen Bewerbern keine Vorteile bei der Bearbeitung des Tests verschafft. Fachwissen kann sich der Bewerber bis zum Zeitpunkt der Ablegung des schriftlichen Tests beispielsweise im Rahmen seiner schulischen Ausbildung angeeignet haben. Da der Grad von Fachwissen von den Lernerfolgen und dem Werdegang des Bewerbers in der Vergangenheit abhängt, kann er als trainierbar bezeichnet werden.

Frage: Welche der folgenden Behauptungen zum schriftlichen Auswahltest der Studienstiftung treffen dem Text zufolge zu?

I. Wenn der schriftliche Auswahltest kein Fachwissen voraussetzt, ist er für den Bewerber nicht trainierbar.
II. Fachwissen hilft dem Bewerber bei der Bearbeitung des schriftlichen Auswahltests weiter

(A) Nur Aussage I lässt sich ableiten.
(B) Nur Aussage II lässt sich ableiten.
(C) Beide Aussagen lassen sich ableiten.
(D) Keine der beiden Aussagen lässt sich ableiten.

Im Gegensatz zum realen Test kann der richtige Lösungsbuchstabe zur Frage relativ einfach gegeben werden - und zwar ist der richtige Lösungsbuchstabe (D). Ein exemplarischer Lösungsweg ist wie folgt:

Aussage I lässt sich nicht ableiten: Die Auslassung von Fragen, bei denen Fachwissen vorausgesetzt wird, verhindert zwar, dass der Bewerber sein potenzielles Fachwissen nutzen kann. Trotzdem kann »Trainierbarkeit« des Tests schon allein dadurch gegeben sein, dass der Bewerber vor dem Test andere Fertigkeiten trainiert hat, die ihn ein besseres Ergebnis erzielen lassen. Trainierbare Fertigkeiten könnten zum Beispiel Lese- und Konzentrationsfähigkeit oder die Interpretation von Grafiken und Diagrammen sein.

Aussage II lässt sich ebenfalls nicht ableiten: Der Text sagt eindeutig, dass Fachwissen keinen Vorteil im Rahmen dieses Auswahltests darstellt. Jemand mag nun argumentieren, dass Fachwissen vielleicht doch einen Vorteil darstellen kann. So ist es denkbar, dass ein Geschichtsstudent einem Biologiestudenten bei einem historischen Text gegenüber im Vorteil sein. Diese Überlegung mag richtig oder falsch sein, für die Beantwortung der Frage ist sie irrelevant. Denn es geht in den textbezogenen Fragen des Studierfähigkeitstestes darum, allein auf Grundlage des vorliegenden Textes zu einer Antwort zu kommen.

Aufbau des Kapitels und allgemeine Empfehlungen
Der nachstehende Abschnitt fasst zunächst die wichtigsten Informationen zum Aufbau und der Funktion des Studierfähigkeitstests zusammen. Anschließend werden die unterschiedlichen Aufgabentypen des Tests vorgestellt und anhand zahlreicher Übungsaufgaben erläutert. Die Übungsaufgaben sind den realen Testaufgaben nachempfunden und die Lösungswege im Anhang des Buches dargestellt. Darüber hinaus werden eine Reihe praktischer Tipps – sowohl für die Bearbeitung des Gesamttests als auch für jeden der fünf Aufgabenkomplexe des Tests – gegeben.

Die Informationen dieses Kapitels dienen als Einstieg wie auch als Ergänzung zu den detaillierten Informationsmaterialien, welche Testkandidaten im Internet finden. Das Kapitel kann und soll eine genaue Lektüre der verfügbaren Informationsunterlagen nicht ersetzen. Es ist daher dringend empfohlen, dass sich Bewerber die aktuellen Informationsunterlagen zum Studierfähigkeitstest von der Homepage der Studienstiftung des deutschen Volkes herunterladen und durcharbeiten.

Eine Informationsbroschüre der Studienstiftung findet sich unter:
www.studienstiftung.de/selbstbewerbung

Die Struktur dieses Abschnittes bietet hierfür einen roten Faden. Für ein effektives Durcharbeiten der Unterlagen ist es empfehlenswert, sich am nachfolgenden Raster zu orientieren:

> Den Studierfähigkeitstest verstehen
> - Allgemeine Anforderungen des Tests kennenlernen
> - Die fünf Testaufgabentypen verstehen
>
> Den Studierfähigkeitstest üben
> - Übungsaufgaben zu jedem Aufgabentyp lösen können
> - Den Demo-Test der Studienstiftung absolvieren
> - Weiteres eigenständiges Üben

Neben einer umfangreichen Informationsbroschüre stellt die Studienstiftung auf ihrer Internetseite auch eine Demo-Version des Studierfähigkeitstests zur Verfügung. Dieser Demo-Test enthält zwar dieselben Fragen wie die Testbroschüre, ist für den Testkandidaten aber ein wesentlich besseres Übungsinstrument als die Bearbeitung der Fragen anhand der Broschüre. Den Demo-Test sollte man erst dann bearbeiten, wenn man sich schon mit den relevanten organisatorischen Hintergründen des Tests vertraut gemacht sowie die fünf Aufgabentypen des Tests verstanden und isoliert trainiert hat.

Organisatorische Vorbereitung

Die nachstehende Checkliste ist ein Vorschlag an den Bewerber, die Vorbereitung auf den Studierfähigkeitstest effizient und strukturiert anzugehen. Sie stellt wesentliche organisatorische Anforderungen, denen der Testkandidat bei dem Durcharbeiten dieses Kapitels und der weiteren Unterlagen gegenübersteht, prägnant dar. Schritte 1 und 2 der Checkliste können anhand der Informationen der Studienstiftung bewältigt werden. Zu Schritt 3 und 4 liefert insbesondere der nächste Abschnitt ausführliche Informationen.

	Schritte auf dem Weg zum Studierfähigkeitstest	Erledigt
1. Unterlagen vorbereitet	Aktuelle Vorbereitungsunterlagen der Studienstiftung im Internet ausfindig gemacht und (ausgedruckt und/oder am PC) vorliegen	☐
	Weitere hilfreiche Unterlagen im Internet ausfindig gemacht und (ausgedruckt und/oder am PC) vorliegen	☐
2. Organisatorische Fragen zum Test geklärt	Deadline für die Online-Anmeldung auf der Homepage der Studienstiftung recherchiert und notiert	☐
	Testtermine herausgefunden und für einen Testtag entschieden	☐
	Relevante Testzentren für die eigene Testteilnahme identifiziert und ein (für die Anreise optimales) Testzentrum ausgewählt	☐
	Weitere Fragen geklärt: • Versand der Testergebnisse nach dem Test • Ausweichmöglichkeiten im Fall von Krankheit an einem Testtag	☐
3. Aufgabentypen des Tests verstanden	Verstanden, welche Anforderungen und Fähigkeiten sich hinter jedem Aufgabenblock des Tests verbergen	☐
	Überlegt, welche Fähigkeiten man in der Vergangenheit - insbesondere in der Schulzeit - besonders gut trainiert hat. Schlussgefolgert, welche Aufgabentypen wahrscheinlich mehr (oder weniger) intensiv trainiert werden sollten	☐
4. Technische Fragen geklärt	Funktionalitäten und Menüführung des Tests verstanden, insbesondere: • Abschließen eines Aufgabenblockes & Start in die Bearbeitung eines neuen • Vor- und Rückwärtsnavigation innerhalb eines Aufgabenblocks über die Menü-Buttons • Ziehen und Zurücklegen von Objekten im Aufgabenteil »Erschließen von Analogien«	☐
5. Aufgabentypen & Gesamttest geübt	Alle Übungsaufgaben im Buch bearbeitet und anhand der Musterlösungen nachvollzogen	☐
	Wichtigste Fehlerquellen nachvollzogen und ggf. wichtigste Fehler notiert	☐
	Demo-Test in realer Testumgebung bearbeitet und anhand der Musterlösung der Studienstiftung nachvollzogen	☐

Die fünf Aufgabentypen – Erläuterungen, Tipps und Beispielaufgaben

Jeder der Aufgabenblöcke des Studierfähigkeitstests hat das Ziel, unterschiedliche Begabungen beim Testkandidaten »auf Herz und Nieren« zu prüfen. Daher erfordert auch jeder Aufgabentyp eine andere Form von Training.

Insgesamt stehen dem Testkandidaten rund vier Stunden Bearbeitungszeit für fünf verschiedene Aufgabentypen zur Verfügung. Pro Aufgabenblock sind zehn bis 24 Einzelaufgaben zu lösen. Alle Aufgaben sind nach dem Multiple-Choice-Prinzip konstruiert – es sind immer fünf Lösungsvorschläge angegeben, von denen jeweils einer zutreffend ist. Die Bearbeitungszeit unterscheidet sich je nach Aufgabenblock wie folgt:

Aufgabentyp	Anzahl der Aufgaben	Gesamtzeit (in min)	Zeit pro Aufgabe (in min)
Interpretieren von Diagrammen und Tabellen	22	55	2,50
Erschließen von Analogien	10	37	3,70
Räumliches Vorstellen	22	32	1,45
Optionale Pause		7	
Erschließen von Regeln	22	32	1,45
Texte analysieren	24	45	1,88 (je Aufgabe) 6,00 (pro Text)

Während der für jeden Aufgabentyp vorgegebenen Zeit kann nur innerhalb des jeweiligen Aufgabentyps vor- und zurückmanövriert werden. Wer also den Teil «Interpretieren von Diagrammen und Tabellen» zügig durcharbeitet und bereits nach 50 Minuten fertig ist, kann die verbleibenden fünf Minuten nutzen, um noch einmal seine Lösungen zu überprüfen. Er kann jedoch nicht die »gewonnenen« fünf Minuten in einen anderen Aufgabenteil »mitnehmen«.

Ein Ausspruch des Gründers der amerikanischen Howard Universität verdeutlicht, warum man in der Vorbereitung auf einen Test wie den Studierfähigkeitstest immer zuerst ein solides Basis- und dann erst Detailverständnis erlangen sollte: »Jedes Mal, wenn du alle Antworten gelernt hast, wechseln sie alle Fragen.« Mit anderen Worten: Eine Auswendig-Lernstrategie, die in dem einen oder anderen Fach auf dem Weg zum Abitur noch weitergeholfen hat, wird dem Testkandidaten im Studierfähigkeitstest nicht helfen. So ist der Ausspruch »Übung macht den Meister« auch beim Studierfähigkeitstest der Studienstiftung zutreffend. Eine sinnvolle Übungsstrategie ist es, zunächst einmal jeden der Aufgabentypen (»Untertests«) isoliert von den anderen Teilen zu verstehen und zu trainieren. Erst im Anschluss daran sollte man ein Testformat wie den Demo-Test bearbeiten, bei dem alle Aufgabentypen zusammen (wenn auch zeitlich nacheinander) gelöst werden.

Im folgenden Teil werden der Reihe nach alle Aufgabenblöcke des Tests beschrieben und anhand von zwei bis fünf Beispielen illustriert. Im Anschluss an jeden Aufgabenteil finden sich gesonderte Bearbeitungshinweise und Tipps, die bei der Bewältigung der aufgabenspezifischen Anforderungen besonders helfen. Wichtig: An die Aufgaben sollte man konzentriert und aufmerksam herangehen und in jedem Fall versuchen, diese selbstständig zu lösen. So ist der Lerneffekt am größten.

Interpretieren von Diagrammen und Tabellen
Im ersten Aufgabenteil geht es um die Auswertung von quantitativen Sachverhalten, die in Diagrammen und Tabellen dargestellt sind. Der Testkandidat muss Schlussfolgerungen ziehen, ob die vorliegenden Behauptungen durch das Datenmaterial belegt werden können oder Gründe finden, die dagegen sprechen. Dabei müssen die im Diagramm dargestellten Informationen richtig interpretiert werden. Oftmals gilt es zudem, die Aussagen der Diagramme mit denen der angegebenen Tabellen vergleichend auszuwerten. Der Schwierigkeitsgrad ergibt sich hierbei vor allem aus der Komplexität der Tabellen und Diagramme. Der Bewerber sollte vor allem darauf achten, nicht vorschnell Schlüsse aus dem Zahlenmaterial zu ziehen.

Die nachfolgenden Diagramme stellen die Verteilung der Weltbevölkerung auf verschiedene Kontinente der Erde dar.

Weltbevölkerung im Jahr 2005
(Weltbevölkerung insgesamt: 6.357 Mio.)

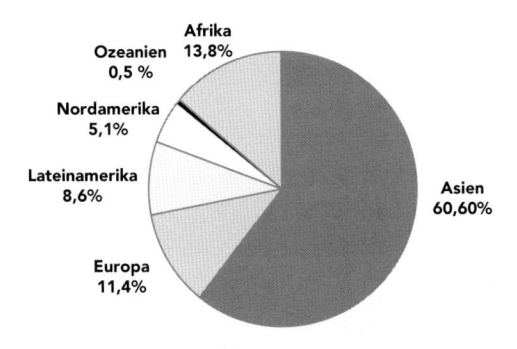

- Afrika 13,8%
- Ozeanien 0,5 %
- Nordamerika 5,1%
- Lateinamerika 8,6%
- Europa 11,4%
- Asien 60,60%

Weltbevölkerung im Jahr 2050 - geschätzt
(Weltbevölkerung insgesamt: 9.276 Mio.)

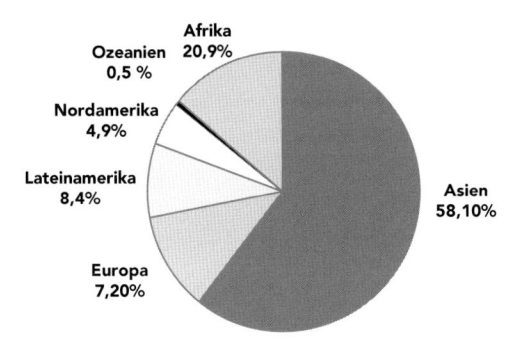

- Afrika 20,9%
- Ozeanien 0,5 %
- Nordamerika 4,9%
- Lateinamerika 8,4%
- Europa 7,20%
- Asien 58,10%

Ü1: *Welche der folgenden Aussagen lässt bzw. lassen sich aus diesen Informationen ableiten?*

I. Der Anteil der Ozeanier an der Weltbevölkerung wird 2050 gleich groß sein wie 2005.

II. Zwischen 2005 und 2050 wird sich die Anzahl der Afrikaner mehr als verdoppeln.

(A) Nur Aussage I lässt sich ableiten
(B) Nur Aussage II lässt sich ableiten
(C) Beide Aussagen lassen sich ableiten
(D) Keine der beiden Aussagen lässt sich ableiten

Im Jahr 2004 wurden 12.410 Studenten verschiedener Fachrichtungen und Universitäten zu ihren Auslandsaufenthalten während des Studiums befragt. Die nachstehenden Grafiken zeigen zum einen den Grund für einen Auslandsaufenthalt und zum anderen die Dauer des Auslandsaufenthaltes.

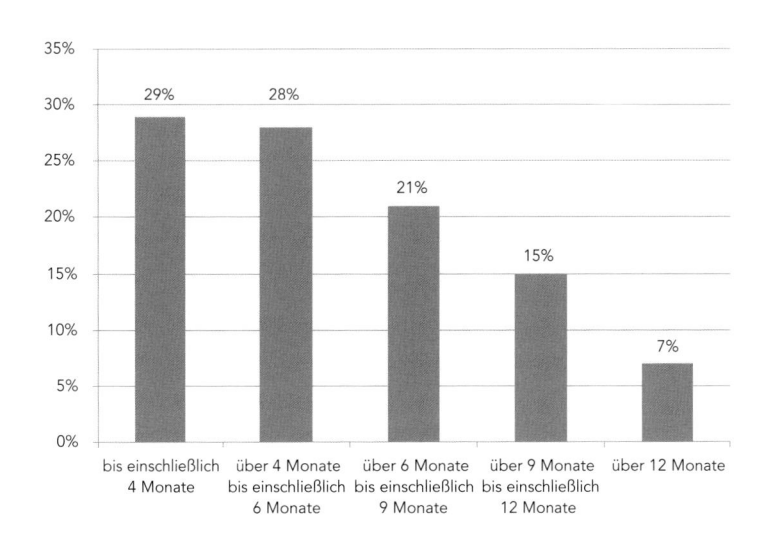

Gründe für einen Auslandsaufenthalt

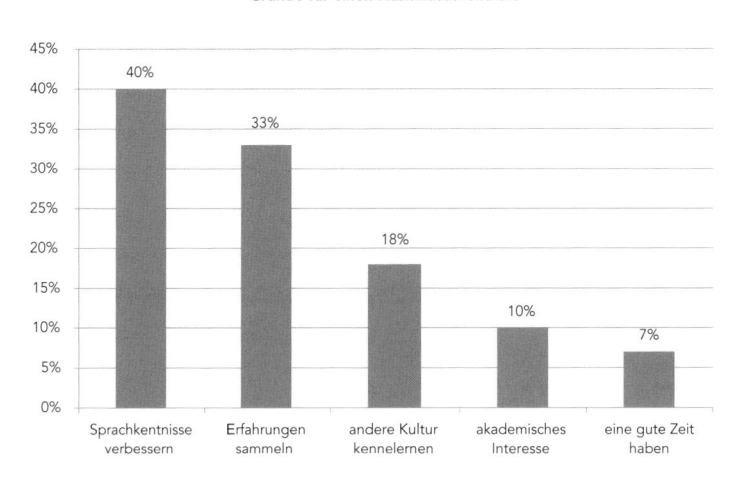

Grund	Prozent
Sprachkentnisse verbessern	40%
Erfahrungen sammeln	33%
andere Kultur kennelernen	18%
akademisches Interesse	10%
eine gute Zeit haben	7%

Dauer des Auslandsaufenthalts

Dauer	Prozent
bis einschließlich 4 Monate	29%
über 4 Monate bis einschließlich 6 Monate	28%
über 6 Monate bis einschließlich 9 Monate	21%
über 9 Monate bis einschließlich 12 Monate	15%
über 12 Monate	7%

III. Bewerbung

Ü2: Welche der folgenden Aussagen lässt bzw. lassen sich aus diesen Informationen ableiten?

I. Die durchschnittliche Dauer des Auslandsaufenthalts lag unter 6 Monaten.
II. Bei manchen Studenten mit Auslandsaufenthalt muss mehr als ein Grund für den Auslandsaufenthalt vorliegen.

(A) Nur Aussage I lässt sich ableiten
(B) Nur Aussage II lässt sich ableiten
(C) Beide Aussagen lassen sich ableiten
(D) Keine der beiden Aussagen lässt sich ableiten

> Die folgende Grafik zeigt die Zahl der ausländischen Touristen, die Deutschland als Reiseziel ausgewählt haben, sowie die Zahl deutscher Touristen, in ausgewählten Ländern in einem Jahr.

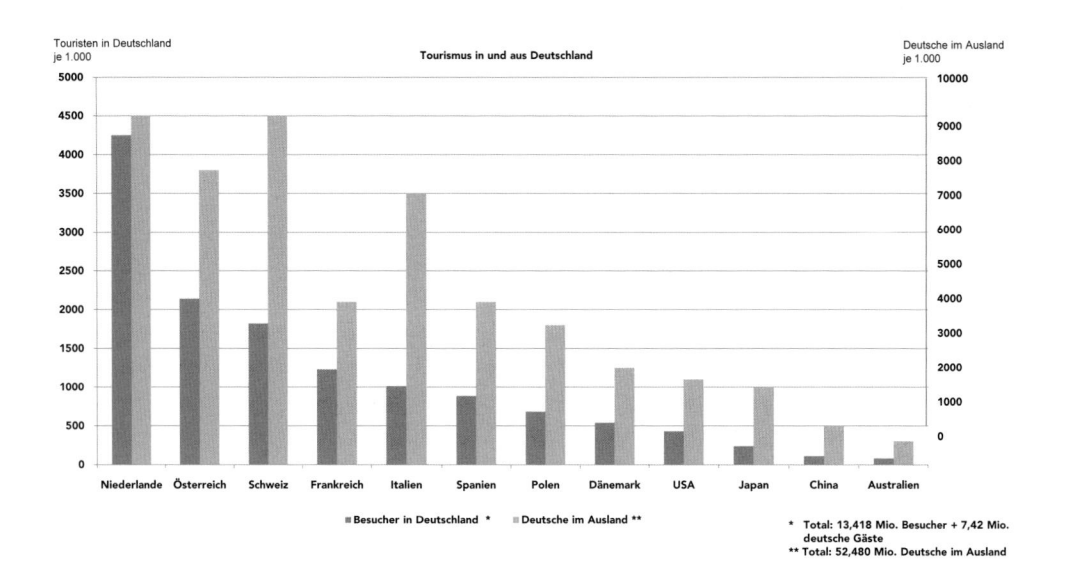

Tourismus in und aus Deutschland

Touristen in Deutschland je 1.000 / Deutsche im Ausland je 1.000

Länder: Niederlande, Österreich, Schweiz, Frankreich, Italien, Spanien, Polen, Dänemark, USA, Japan, China, Australien

■ Besucher in Deutschland *   ■ Deutsche im Ausland **

* Total: 13,418 Mio. Besucher + 7,42 Mio. deutsche Gäste
** Total: 52,480 Mio. Deutsche im Ausland

Ü3: Welche der folgenden Aussagen lässt bzw. lassen sich aus diesen Informationen ableiten?

I. In dem untersuchten Jahr waren fast doppelt so viele Deutsche in Spanien wie Spanier in Deutschland.
II. In dem untersuchten Jahr bildeten Touristen aus Frankreich die viertgrößte Besuchergruppe in Deutschland.

(A) Nur Aussage I lässt sich ableiten
(B) Nur Aussage II lässt sich ableiten
(C) Beide Aussagen lassen sich ableiten
(D) Keine der beiden Aussagen lässt sich ableiten

Insider-Tipps

- Besonders schwierig ist es, allgemein formulierte Aussagen zu bewerten. Allgemeine Aussagen erkennt man an Wörtern wie »immer« oder »nie«. Wenn es auch nur einen Fall gibt, in dem eine allgemeine Aussage nicht zutrifft, ist die Aussage verkehrt. Als Faustregel gilt hier: »Nie ist fast nie richtig und immer ist fast immer falsch«
- Sollten verallgemeinernde Aussagen abzuleiten sein, lohnt sich auf jeden Fall ein genaues Betrachten des Datenmaterials der Aufgabe. Diese Aussagen können nur dann richtig sein, wenn sie in jedem Fall – ohne Ausnahmen - gelten. Sollte eine Information auftauchen, die gegenläufig ist, kann die Aussage recht schnell als nicht ableitbar beurteilt werden. Ein Beispiel hierfür wäre ein Diagramm zur Entwicklung der Weltbevölkerung, das von folgender Aussage im Aufgabenteil begleitet wird: »Das Wachstum der Weltbevölkerung hat seit 1950 in keinem Jahr die Hürde von 5% überschritten«. Bei Aussagen dieser Art reicht es, nur ein einziges Gegenbeispiel ausfindig zu machen, um sie zu widerlegen (d.h. wenn in einem Jahr die Wachstumsrate größer als 5% gewesen wäre).
- Das einfache Ablesen bzw. Abgleichen von Einzelwerten aus den Diagrammen oder Tabellen kommt bei diesem Aufgabentyp in den seltensten Fällen vor – und wenn, dann nur bei leichten Aufgaben. Stattdessen geht es um Zusammenhänge zwischen Aufgabenstellung und Zahlenmaterial (oder Widersprüche zwischen diesen).
- Eine gängige »Falle« in den Diagramminterpretationen ist der Vergleich zwischen relativen und absoluten Werten. Sind nur absolute Werte gegeben (z. B. »Anzahl der Studenten, die ein Auslandssemester absolvieren«), wird aber nach relativen Werten gefragt (z. B. »Wie hoch war der Anteil der Studenten, die ein Auslandssemester absolviert haben?«) ist es notwendig die Summe der absoluten Werte zu bestimmen und dann den Anteil, nach dem gefragt wird, zu berechnen.
- Gerade bei schwierigen Fragen sollte man darauf achten, nicht vorschnell eine Lösung zu favorisieren. Fast immer sind die Aufgaben mit kleinen »Fallen« gespickt (z. B. wenn sich wichtige Zusatzinformationen in Fußnoten verstecken oder verschiedenartige Skalierungen der Achsen vorliegen), die den Testkandidaten auf eine falsche Fährte locken können.
- Graphische Darstellungen stellen vielfach Kausalitäten zwischen zwei Größen dar. Den meisten Testkandidaten werden diese Darstellungen aus der linearen Algebra (»Kurvendiskussion«) der Schulmathematik bekannt sein. Es gilt hier vor allem, negative oder positive Zusammenhänge zwischen Variablen zu erkennen (wenn X steigt, dann fällt Y) oder lineare von nicht-linearen Trends zu unterscheiden.

Erschließen von Analogien
Beim zweiten Aufgabentyp muss der Testkandidat Begriffspaare identifizieren, die zueinander in einem semantischen Verhältnis stehen. Die einzelnen Begriffe müssen hierfür aus einer Wolke, die aus einer vorgegebenen Anzahl von Wörtern besteht, ausgesucht werden. Eine solche Begriffswolke mit sechs Begriffen könnte beispielsweise wie folgt aussehen: {Stein, Fuß, Zeh, Hand, Wand, Hof}

Der Testkandidat sollte nun verstehen, dass die Begriffe Stein, Finger, Hand und Wand miteinander in Verbindung gebracht werden können. Denn ein »Stein verhält sich zu Wand «wie ein »Zeh zum Fuß«, da sowohl der Stein wie auch der Zeh ein Teil ihres jeweiligen »Partner-Begriffes« sind. Der Test erfordert, dass diese semantische Beziehung in folgende Gleichung überführt wird: Stein verhält sich zu Wand wie der Zeh zum Fuß.

Der Komplexitätsgrad der Aufgaben steigt mit der Anzahl an Begriffen in der »Begriffswolke« (bis zu 15 Begriffe sind möglich) und der Komplexität der Beziehungen der Begriffe zueinander.

Ü4: Die folgenden Aufgaben bilden jeweils eine bestimmte Anzahl an Worten in einer Begriffswolke ab. Aus einigen von diesen lassen sich 2x2-Analogien bilden. Analogien sind zwei zusammenpassende Wortpaare, die in einer bestimmten inhaltlichen Beziehung zueinander stehen. Es können mindestens eine und maximal vier gültige Analogien je Wolke identifiziert werden. In den Lösungen darf jedes Wort der Wolke nur ein einziges Mal vorkommen.

a)

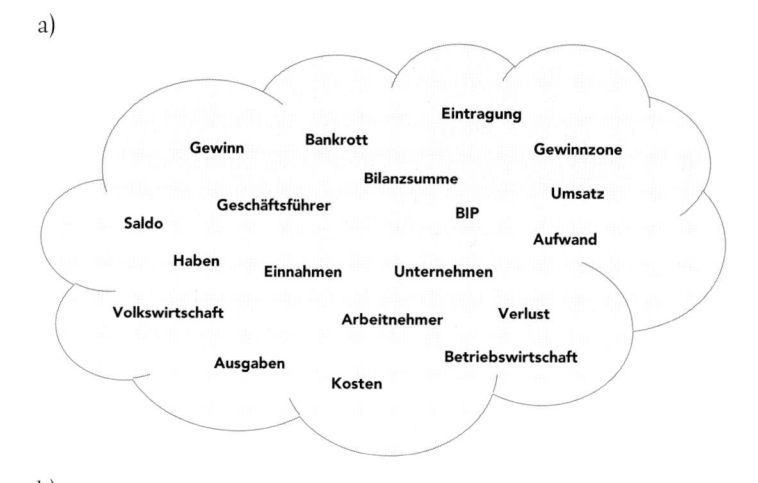

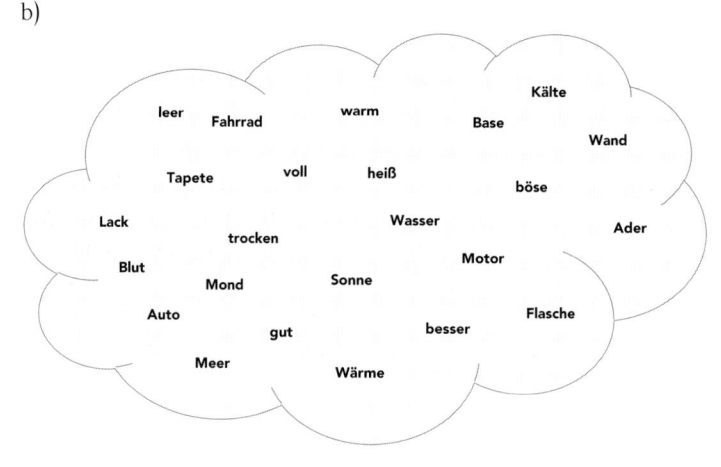

> Eintragung, Gewinn, Bankrott, Gewinnzone, Bilanzsumme, Umsatz, Geschäftsführer, BIP, Saldo, Aufwand, Haben, Einnahmen, Unternehmen, Volkswirtschaft, Arbeitnehmer, Verlust, Ausgaben, Betriebswirtschaft, Kosten

b)

> Kälte, leer, Fahrrad, warm, Base, Wand, Tapete, voll, heiß, böse, Lack, Wasser, Ader, Blut, trocken, Motor, Mond, Sonne, Auto, gut, besser, Flasche, Meer, Wärme

Insider-Tipps

- Insgesamt enthält der Analogie-Untertest zehn Begriffswolken, in denen sich insgesamt 22 bis 23 Analogien verstecken. Je Begriffswolke können minimal eine und maximal vier Analogien vorkommen. Im Durchschnitt sind es je Wolke also knapp zweieinhalb Analogien.
- Während der Bearbeitung einer der Analogie-Aufgaben weiß man nicht, wie viele Analogien sich in genau derjenigen Wolke verstecken, die man gerade bearbeitet – und welche Worte für die Analogien gänzlich unbrauchbar sind. Hat man beispielsweise bereits zwei Analogie-Paare entdeckt und tut sich mit weiteren Paaren sehr schwer, sollte man sich überlegen, ob es nicht sinnvoller ist, zur nächsten Aufgabe überzugehen. Sollte es tatsächlich nur zwei Begriffspaare geben, hat man so wertvolle Zeit gewonnen, die für die nachfolgenden Begriffswolken genutzt werden kann.
- Für ein schnelleres Durcharbeiten einer mit vielen Begriffen bestückten, schwierigen Begriffswolke bietet es sich an, nach dem Ausschlussprinzip möglichst viele Wörter der Wolke auszufiltern. Hierbei sind vor allem Notizen auf dem Konzeptpapier hilfreich. Der Testkandidat sollte zügig solche Wörter ausfindig machen, die für die Paarbeziehungen ungeeignet erscheinen.

- Bevor man die Bearbeitung von Analogie-Aufgaben angeht, sollte man sich vorab damit beschäftigen, welche grundsätzlichen Typen an 2x2-Beziehungen im Studierfähigkeitstest vorkommen können. Im Folgenden sollen beispielhaft einige mögliche semantische Beziehungen zwischen Begriffen aufgezeigt werden:

Teil – Ganzes:	Daumen : Hand = Stein : Mauer
Ursache – Wirkung:	Wolke : Tropfen = Feuer : Funken
Problem – Lösung:	Kälte : Mantel: = Regen : Schirm
Steigerung:	Sturm : Wind = Hitze : Wärme
Terminus – Ausprägung/Beispiel:	Druck : Bar = Höhe : Meter
Terminus – Produkt:	Firma : Umsatz = Volkswirtschaft : Nationalprodukt
Gegensatz:	langsam : schnell = kalt : warm
A zieht B nach sich:	Hochwasser : Überschwemmung = Erdbeben : Hauseinsturz
A verhindert B:	Feuerlöscher : Brand = Licht : Dunkelheit
Oberbegriff – Inhalt:	Wasser : Flasche = Blut : Ader

Räumliches Vorstellen

Der dritte Aufgabentyp zielt auf das räumliche Vorstellungsvermögen des Testkandidaten ab. Abgebildet ist ein dreidimensionaler Körper entweder aus der Vogelperspektive (Draufsicht), einer Ansicht von der Seite (Seitenansicht) oder von vorne (Vorderansicht). Auf Basis der vorgegebenen Ansicht muss der Testkandidat Schlüsse ziehen, wie die anderen Ansichten aussehen können. So muss er z. B. eine mögliche Ansicht aus der Vogelperspektive ableiten, wenn ihm eine Seitenansicht und eine Vorderansicht eines Körpers vorgegeben sind.

Ü5: Die nachfolgenden Aufgaben zeigen geometrische Figuren, zu denen man ein räumliches Verständnis entwickeln muss. Die Aufgabenstellung gibt jeweils zwei Ansichten einer Figur vor. Es gilt herauszufinden, welche der vier vorgegebenen Antwortmöglichkeiten die entsprechende dritte Perspektive darstellt.

Ist angegeben, von welcher Seite eine der Ansichten gewählt ist (z. B. Vorderansicht (VA) von links anstatt von rechts), ist dies in der Lösung zu berücksichtigen. Ist dies nicht angegeben, so ist es Teil der Aufgabe, herauszufinden, welche Ansicht dargestellt ist. Alle für den Beobachter sichtbaren Kanten sind als durchgehende Linie dargestellt.

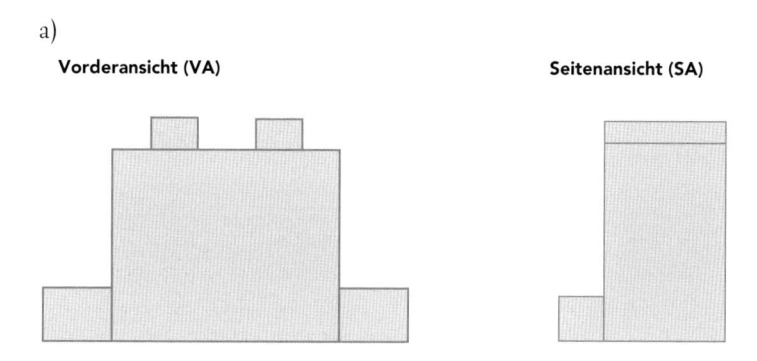

a)

Vorderansicht (VA)   **Seitenansicht (SA)**

Gesucht: die Draufsicht (DS) des Körpers

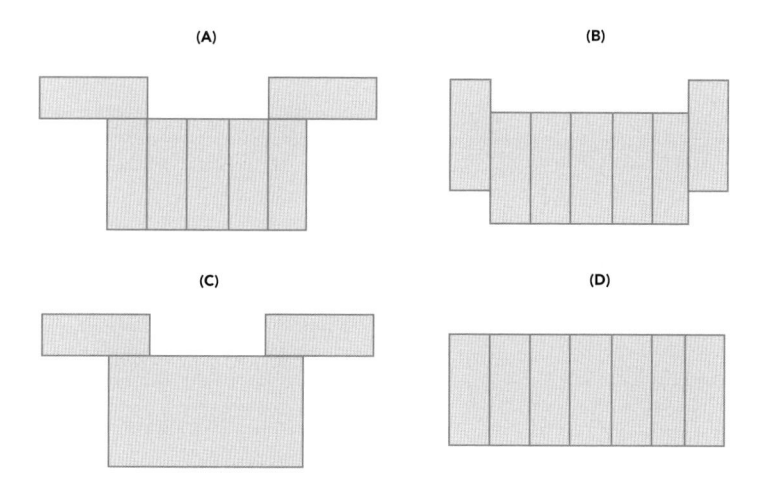

(A)   (B)

(C)   (D)

b) **Draufsicht (DS)** **Seitenansicht (SA)**

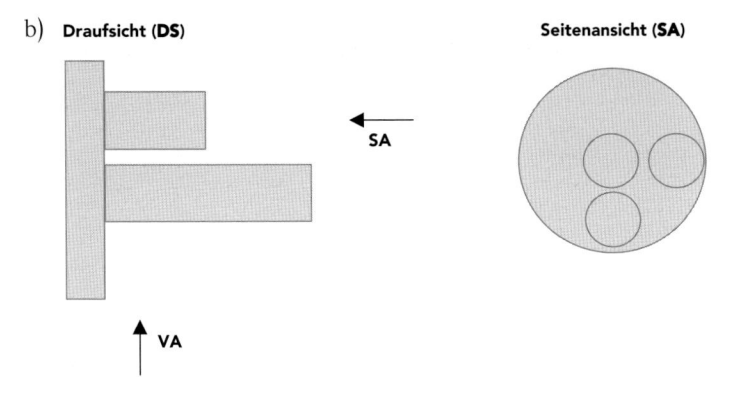

Gesucht: die Vorderansicht (VA) des Körpers

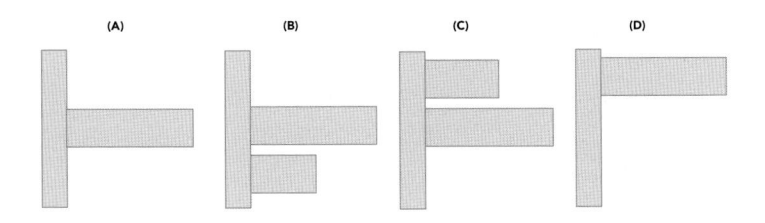

(A)　　　(B)　　　(C)　　　(D)

Insider-Tipps

- Der Aufgabentyp »Räumliches Vorstellen« ist für viele Testkandidaten ungewohnt. Die besondere Schwierigkeit, der sich der Testkandidat stellen muss, ist es, die vorliegenden Figuren gedanklich dreidimensional drehen zu können und mögliche Formen, die sich hinter den zweidimensionalen Darstellungen verbergen, anhand der Lösungen zu überprüfen.
- Es ist daher empfehlenswert, sich im Kopf vorzustellen, wie bestimmte Gegenstände – schematisch - aus verschiedenen Perspektiven aussehen: Wie sieht ein Auto/ ein Haus/ eine Stadt von der Seite, von oben und von vorne aus?
- Obwohl die Aufgabenstellung immer von »drei« Ansichten auf einen Körper (Draufsicht, Seitenansicht und Vorderansicht) spricht, ist tatsächlich oftmals – basierend darauf, dass es immer zwei verschiedene Seitenansichten geben kann - nach der Ansicht von vier Seiten auf einen Körper gefragt. Die Seitenansichten unterscheiden sich umso stärker voneinander, je weniger Symmetrien der Körper aufweist. Gerade bei Aufgaben mit Unklarheit darüber, welche Seitenansicht angegeben oder als Lösung auszuwählen ist, sollte man nie vorschnell von Symmetrie ausgehen – sonst wählt man eventuell zu schnell eine falsche Lösung aus.
- Wer sich allein auf seine Intuition stützt, wird das Vorkommen rechteckiger und symmetrischer Formen (z. B. Quadrate, Würfel) in den Darstellungen stark überschätzen. Wenn z. B. die Aufgabenstellung in der Vorder- und Draufsicht einen rechteckigen Körper zeigt, muss es sich dabei nicht um einen »eckigen« Körper handeln – es kann sich auch um einen zylindrischen Körper handeln.
- Vielfach ist es hilfreich, die angegebenen Körper gedanklich oder auf einem Stichwortzettel weiter zu bearbeiten. Hierbei hilft beispielsweise das Einzeichnen von Mittelachsen, mit deren Hilfe man Rechtecke in vier Quadranten zerlegen

kann und so schneller ableiten kann, in welchen Ecken hintergründige Figuren oder Ausbuchtungen vorkommen können.
- Ein Schlüssel zum Ausschließen falscher Lösungen ist ein gutes Verständnis über das Vorkommen und die Lage von Kanten. Hierbei gilt, dass ein Objekt, was vor oder über einem anderen liegt, immer anhand sichtbarer Kante identifiziert werden kann. Ist ein Objekt in einer bestimmten Ansicht unsichtbar, können auch keine Kanten auftreten.

Optionale Pause

Die Pause ist ein wichtiger Teil des Tests und wird dem Testkandidaten nicht umsonst gegeben. Ist die Pause erreicht, hat der Testkandidat schon 2 Stunden konzentriert gearbeitet und sollte sich zurücklehnen und entspannen.

Erschließen von Regeln

Beim Erschließen von Regeln gilt es, in einer 3x3-Matrix mit verschiedenen Symbolen ein leeres Feld um das fehlende Symbol zu ergänzen. Hierfür muss erkannt werden, welche Regeln sich hinter der Verteilung der anderen Zeichen verbergen – denn diese muss das vorgeschlagene Zeichen ebenfalls erfüllen.

Ü6: In den folgenden Aufgaben sind jeweils neun Felder dargestellt. Acht von diesen Feldern enthalten Figuren. Das neunte Feld, das mit einem Fragezeichen beschriftet ist, gilt es zu lösen.

Die Anordnung der Figuren unterliegt bestimmten Regeln. Die Regeln müssen erkannt werden, um die fehlende Figur zu ergänzen.

Die Lösung kann:
- *zeilenweise, von links nach rechts erfolgen*
- *spaltenweise, von oben nach unten erfolgen*
- *sowohl zeilenweise, von links nach rechts, als auch spaltenweise, von oben nach unten, erfolgen*

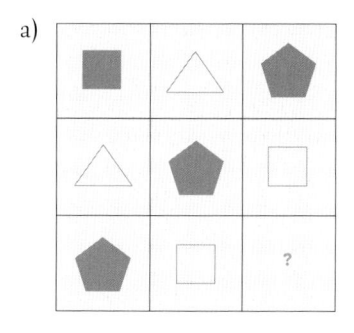

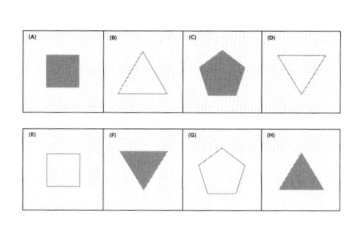

a)

b)

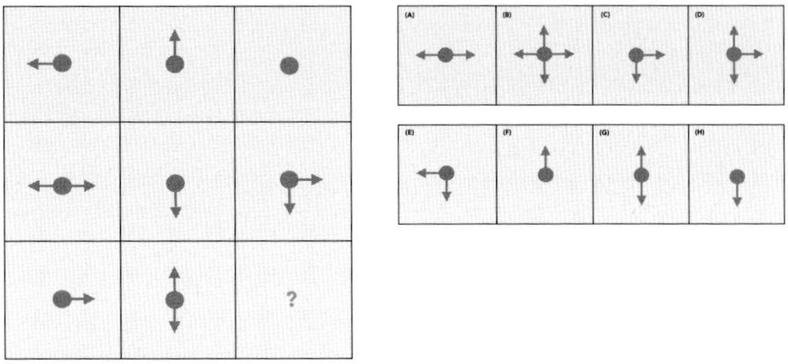

c)

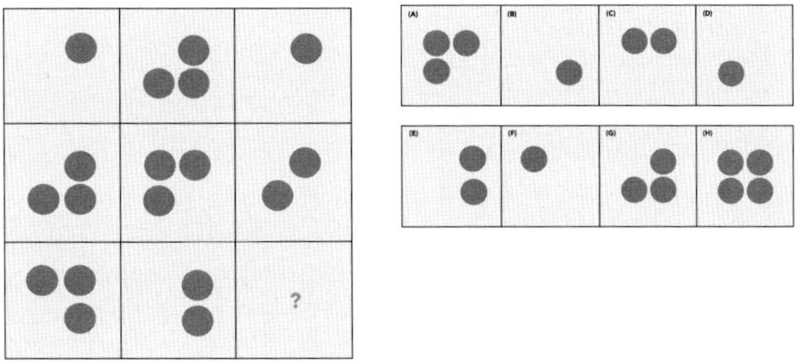

d)

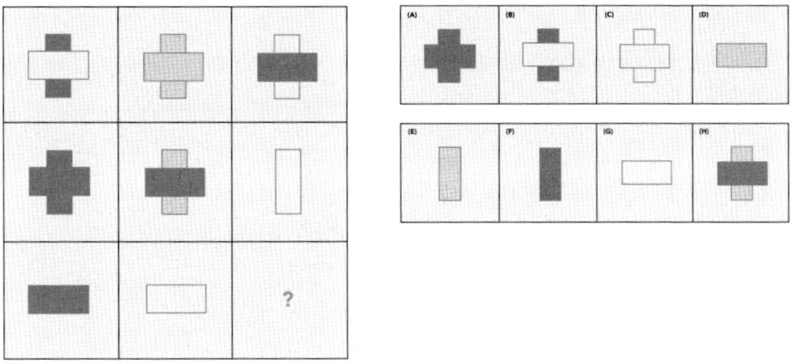

e)

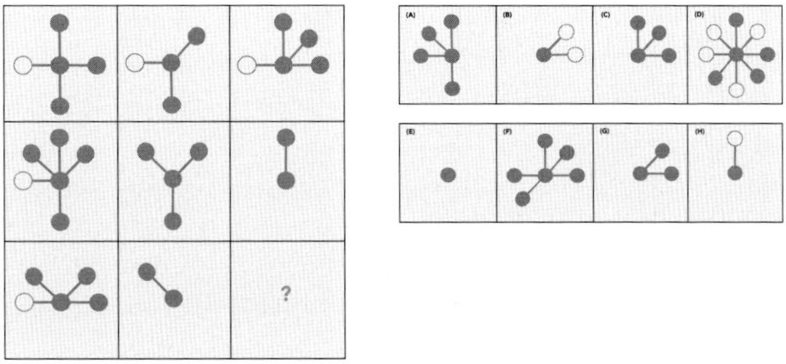

Insider-Tipps

- Auch bei diesem Aufgabentyp sollte man unbedingt vermeiden, vorschnell Lösungen auszuwählen. Hier ist es entscheidend, die verschiedenen Muster der Regeln, nach denen die Figuren »ticken«, zu erkennen und diese Muster auf die Aufgabe anzuwenden. So verlieren selbst schwere Aufgaben deutlich an Komplexität.
- Regeln können immer nur spaltenweise, d.h. von oben nach unten, und/oder zeilenweise, von links nach rechts, abgeleitet werden. Weitere Regeln gibt es nicht. Das bedeutet, dass sich eine Regel nicht auf die Diagonale beziehen kann. Wenn die Aufgabe eine Lösung in der Diagonalen nahe legt, ist dies irrelevant.
- Es empfiehlt sich, ein Prüfungsschema einzutrainieren und nach diesem vorzugehen. Die folgenden fünf Schritte helfen dabei, schnell zu einer Lösung zu kommen:
    1. Welche Farben und Formen sind in der Matrix zu erkennen; und wie sind die Elemente zueinander angeordnet? Gibt es hier gewisse Grundsätze zu erkennen?
    2. Kann die Lösung von oben nach unten und/ oder von links nach rechts erfolgen?
    3. Als nächstes ist nach der Anzahl der Elemente zu schauen. Ist diese variabel oder konstant? Wie viele Elemente sind pro Bild zu erkennen?
    4. Ist eine einfache Regel, wie die Verkettung von einer Reihe oder Spalte in die nächste, erkennbar? Rutscht z. B. ein Element immer eine Stelle weiter und wechselt dabei die Farbe?
    5. Als fünftes gilt es, nach Lageveränderungen Ausschau zu halten: Gibt es eine systematische Veränderung des Elementes (Spiegelung, Drehung, etc.) oder heben sich bestimmte Elemente gegenseitig von Bild zu Bild auf? Alternativ: Sind bestimmte Elemente additiv verknüpft (z. B. schwarzer Kreis + weißer Kreis an gleicher Stelle = grauer Kreis)?
- Weitere wichtige Leitfragen für das Erkennen von Regeln:
    - Verkettung von Elementen in Zeilen oder Spalten: Das letzte Element einer Zeile oder Spalte taucht in der nachfolgenden Zeile oder Spalte als erstes Element auf.
    - Ist ein Element gegenüber einem anderen dominant, so dass die mit dem Element verbundene Regel eine andere Regel deaktiviert?
    - Werden Elemente addiert oder subtrahiert? Zum Beispiel können ein Element in einem Kästchen und ein gleiches Element an gleicher Stelle im nächsten Kästchen dazu führen, dass auch im dritten Kästchen dasselbe Element an gleicher Stelle steht. Subtraktion würde dagegen bedeuten, dass zwei Elemente an gleicher Stelle im dritten Kästchen kein Element an dieser Stelle ergeben. Weitere mögliche Varianten sind:
        - Ein Element an einer Stelle und kein Element an einer anderen Stelle ergeben ein (oder kein) Element an dieser Stelle.
        - Ein weißes Element an einer Stelle im ersten Kästchen und ein graues Element an derselben Stelle im nächsten Kästchen ergeben ein schwarzes (oder weißes oder graues) Element an dieser Stelle im dritten Kästchen.
        - Subtraktion und Addition von Elementen können auch an verschiedener Stelle (beziehungsweise bei gegenüberliegenden Elementen) vorliegen – was die Lösung zusätzlich erschwert.

Texte analysieren

Im finalen Aufgabenkomplex geht es um Textverständnis: Vorgegeben sind insgesamt drei längere Texte, für welche insgesamt 24 Fragen zu bearbeiten sind. Der Kandidat zieht auf Basis der vorliegenden Textinformationen Schlussfolgerungen, entwickelt auf Basis der vorgestellten Sachverhalte Beispiele und löst, im Fall von quantitativen Sachverhalten im Text, auch kurze Rechenaufgaben.

Ein Fährunternehmen verbindet mit seinen Fähren zwei Ufer miteinander. Der dazwischen liegende Fluss ist 1,2 km breit und im Landesinneren 128 km lang. An seiner breitesten Stelle ist der Fluss 2,1 km und an seiner schmalsten Stelle 800 m breit. Auf der einen Seite des Flusses liegt eine kleinere Stadt mit etwa 72.000 Einwohnern und einem großen Einkaufszentrum. Auf der anderen Seite liegt eine etwas größere Stadt, die zwar ebenfalls über ein Einkaufszentrum verfügt, deren Einwohner aber gerne die Fähre nutzen, um in der gegenüberliegenden Stadt einzukaufen.

Das Fährunternehmen setzt seine Fähren mit jeweils 200 Plätzen im Normalbetrieb ein. Zu Stoßzeiten wird ein zusätzliches Deck mit 100 Plätzen, welches sonst für den Transport von Waren verwendet wird, geöffnet. Das Deck ist morgens nur in einer Richtung geöffnet, nämlich von der kleineren in die größere Stadt. Die Fähre ist zu dieser Zeit zu 65% belegt. Abends ist die Fähre genau in entgegengesetzter Richtung, also von der großen in die kleine Stadt, mit drei Decks geöffnet. Die Fahrzeit, inklusive Ab- und Anlegen, dauert ca. 40 Minuten. Von 7–9 Uhr, von 12–14 Uhr und von 17–19 Uhr verkehren die Fähren im 10-Minuten-Takt, außerhalb dieser Zeiten im 20-Minuten-Takt. In der Mittagszeit beträgt die Auslastung der Fähren 75%, in den übrigen Zeiten 65%.

Zwischen 7:00 und 8:30 Uhr treten Schwierigkeiten bei der Beladung der Fähren auf, es muss dann mit einer Erhöhung der durchschnittlichen Wartezeit um 11 Minuten gerechnet werden. Das gleiche Problem tritt zur Stoßzeit zwischen 17:00 und 18:30 Uhr auf.

Ü7 a): *Welche der folgenden Aussagen lässt bzw. lassen sich aus diesen Informationen ableiten?*

I. Zwischen 7:30 und 8:00 Uhr wird das Ziel durchschnittlich mit 11-minütiger Verspätung gegenüber dem Fahrplan erreicht.
II. Zu den Stoßzeiten kann man das Deck der Fähre, welches normalerweise für Waren verwendet wird, auf der weniger frequentierten Rückfahrt wieder für Waren öffnen – ohne Einbußen an regulärer Passagierbeförderungsleistung.

(A) Nur Aussage I lässt sich ableiten
(B) Nur Aussage II lässt sich ableiten
(C) Beide Aussagen lassen sich ableiten
(D) Keine der beiden Aussagen lässt sich ableiten

Ü7 b): *Welche der folgenden Aussagen lässt bzw. lassen sich aus diesen Informationen ableiten?*

I. In den Stoßzeiten besteht durchschnittlich eine zusätzliche Kapazität für mehr als 600 Passagiere pro Stunde.
II. Zwischen 7 und 19 Uhr könnten nach Fahrplan und gegebenen Auslastungen über 28.000 Passagiere befördert werden.

(A) Nur Aussage I lässt sich ableiten
(B) Nur Aussage II lässt sich ableiten
(C) Beide Aussagen lassen sich ableiten
(D) Keine der beiden Aussagen lässt sich ableiten

In den meisten europäischen Ländern regelt eine gesetzliche Bestimmung die Erbreihenfolge. Falls kein Testament ausgestellt wurde, ist diese vom Verwandtschaftsgrad abhängig. Ein Testament kann erstellt werden, um gewisse Personen, die außerhalb dieser gesetzlichen Erbreihenfolge liegen, mit einem Erbe zu berücksichtigen. Es kann widerrufen, geändert und neu aufgesetzt werden, wenn sich gewisse Situationen oder Beziehungen zu dem Begünstigten ändern. Geschwister und deren Nachkommen können per Testament auch vom Erbe ausgeschlossen werden.

Unabhängig von diesem Testament ist die Erbfolge auch in einem hier ausgewählten europäischen Land gesetzlich geregelt und gestaltet sich wie folgt: Verwandte der ersten Ebene sind Kinder und Großkinder (Enkel, Urenkel, oder höheren Grades, wie bspw. Ur-Ur-Enkel). Die Hälfte des Erbes geht an den hinterlassenen Ehepartner und die andere Hälfte geht an die Verwandten der ersten Ebene. Die übrigen Verwandten erhalten in diesem Fall keinen Teil des Erbes. Die zweite Ebene, die Eltern sowie die Geschwister des Verstorbenen und deren Nachkommen, werden gesetzlich berücksichtigt, sofern keine direkten Nachkommen vorhanden sind, und erhalten den frei gewordenen Anteil. Hierbei erben mütterliche und väterliche Seite zu gleichen Teilen. Zusätzlich zu dem zweiten Stamm erbt immer der hinterlassene Ehepartner, der einen Primäranspruch auf einen Teil des Erbes hat. Erben der dritten Ebene erben dann, wenn kein Erbe der zweiten und ersten Ebene vorhanden ist. Die dritte Ebene bilden die Großeltern und deren Nachkommen. Fehlt jeweils

> ein Nachkomme auf einer Seite, so erhält die andere Seite den kompletten Anteil. Der Ehegatte erhält seinen Anteil je nach Vorhandensein eines gewissen Stammes. Bei der Erbreihenfolge des ersten Stammes erhält der Ehegatte 50%, bei dem zweiten Stamm drei Viertel und bei dem dritten Stamm die komplette Erbschaft.

Ü8 a): Welche der folgenden Aussagen lässt bzw. lassen sich aus diesen Informationen und bei alleiniger Anwendung gesetzlicher Erbteilung ableiten?

I. Nach dem Tod eines verheirateten Mannes mit drei leiblichen Kindern und einem verwaisten Enkel erbt letzterer ein Achtel des Nachlasses.
II. Nach dem Tod eines Mannes hat seine Schwester lediglich gesetzlichen Anspruch auf das Erbe, wenn der Bruder kinderlos und ledig war.

(A) Nur Aussage I lässt sich ableiten
(B) Nur Aussage II lässt sich ableiten
(C) Beide Aussagen lassen sich ableiten
(D) Keine der beiden Aussagen lässt sich ableiten

Ü8 b): Welche der folgenden Aussagen lässt bzw. lassen sich aus diesen Informationen ableiten?

I. Durch testamentarische Bestimmung ist es möglich, dass zwischen Tante und Neffe des Verstorbenen das Erbe gleichmäßig aufgeteilt wird.
II. Verstirbt ein verheirateter Mann, so bekommt seine Großmutter in keinem Fall Anteile der Erbschaft.

(A) Nur Aussage I lässt sich ableiten
(B) Nur Aussage II lässt sich ableiten
(C) Beide Aussagen lassen sich ableiten
(D) Keine der beiden Aussagen lässt sich ableiten

Insider-Tipps

- Erst die Frage, dann den Text lesen: Bevor man einen der vier Texte des Studierfähigkeitstests durcharbeitet, sollten zunächst die dazugehörigen Textfragen überflogen werden. Hierfür reicht es, wenn man die Kernbegriffe der Fragen aufspürt und notiert. Durch dieses »Hintergrundwissen« hat man eine Idee davon, worauf es beim Lesen des Textes ankommt.
- Gezielt lesen: Die Fragen beziehen sich in der Regel auf einzelne Passagen (Sätze, Absätze) des Textes. Es bietet sich daher an, zunächst die Frage zu lesen und dann den relevanten Textabschnitt zu identifizieren. Die Texte sind oft mit nebensächlichen Informationen versehen, die für die Beantwortung der Fragen keine Bewandtnis haben.
- Wenn alle Antworten gleichermaßen richtig oder falsch erscheinen, ist das »Ausschlussverfahren« der beste Weg zum Ziel – wiederum gilt: Wenn auch nur ein Beispiel eine Aussage widerlegt, gilt diese insgesamt als widerlegt.
- Notizen machen: Auch wenn der Test nicht in Papierform vorgelegt wird, ist es sinnvoll, einen Schmierzettel zu nutzen, um Notizen zu machen, Skizzen zu erstellen oder kurze Nebenrechnungen vorzunehmen.
- Ähnlich zum Aufgabentyp Diagramme und Tabellen, tauchen bei den Fragestellungen vielfach verallgemeinernde Aussagen über Begriffe wie »immer« oder »nie« auf. Auch hier gilt die Faustregel: »Nie ist fast nie richtig und immer ist fast immer falsch«. Aber Vorsicht: Auch diese Faustregel muss jedes Mal überprüft werden.

Den Demo-Test üben

Im Anschluss an die gezielte Übung der Aufgabentypen sollte man mindestens einen Test gelöst haben, der alle Aufgabentypen beinhaltet – und das unter möglichst realen Bedingungen. Hierfür bietet sich vor allem die Demo-Version des Studierfähigkeitstests an. Dieser Test ist die bislang einzige Möglichkeit, den Test in Kurzform durchzuspielen. Der Übungseffekt ist am größten, wenn man sich eine Übungsumgebung schafft, die den Bedingungen des realen Studierfähigkeitstests möglichst nahe kommt. Das heißt: Man konzentriert sich voll auf das »Training« und widersteht der Versuchung, sich während des Übens abzulenken oder Hilfen in Anspruch zu nehmen, die im realen Test nicht zur Verfügung stehen würden (z. B. die Verwendung eines Taschenrechners). Beim Üben kann man folgende Aspekte berücksichtigen:

- Störungen vermeiden bzw. diesen vorher entgegenwirken: während des Übens das Telefon und den Computer ausgeschaltet lassen. Darüber hinaus sollte man bestmöglich dafür Vorsorge treffen, dass die Testbearbeitung durch Freunde oder Familienangehörige wegen einer Frage/Bitte nicht »mal eben« unterbrochen wird.
- Jede Aufgabe bearbeiten und lösen: Eine Aufgabe erscheint nicht sonderlich schwierig, doch man kommt »auf die Schnelle« nicht zu einer Lösung, hat aber zeitgleich den Eindruck, man sei der Lösung ganz nahe. Warum springt man also nicht einfach zur nächsten weiter? Genau das sollte man nicht machen, weil dieses tiefere Nachdenken darüber entscheidet, wie gut man im Test

weiterkommt. Kaum jemand ist imstande, alle Aufgaben des Tests zu lösen. Vielmehr setzen sich diejenigen Kandidaten durch, die es schaffen, »Black-Outs« zu überwinden und bei schwierigen Aufgaben nicht aufzugeben. Dies kann man durch das Überwinden des »inneren Schweinehunds« üben!

- Üben, wenn man Zeit hat: Falls man keine Zeit hat, Müde oder abgelenkt ist, lieber den Demo-Test liegen lassen. Das Üben eines solchen Testes nach dem Prinzip »mal eben« ist nicht sinnvoll. Fehlt die Motivation, ist es wahrscheinlich, dass schon nach kurzer Zeit die Lust am Bearbeiten des Tests schwindet und der Übungseffekt zunichte gemacht wird. Gleichzeit hat man dann auch das Übungsmaterial »verbrannt«, da die logischen Schlüsse hinter dem Aufgabenmaterial nun bereits bekannt sind und die Aufgaben für weitere Testzwecke nur noch beschränkt genutzt werden können.

Nachdem der Übungstest absolviert wurde, sollte die Testvorbereitung natürlich nicht aufhören. Hierfür empfiehlt es sich, selbst nach weiteren Aufgaben im Internet zu suchen und diese zu bearbeiten. Je geübter der Bewerber mit jedem der Aufgabentypen umgeht, desto höher sind schließlich auch seine Chancen im finalen Test. Schon in der Tageszeitung auf dem Frühstückstisch finden sich vielfach Grafiken und Tabellen, zu denen man sich testähnliche Fragen stellen oder diese einfach nur ein wenig genauer betrachten kann.

Insider-Tipps

- Beim Studierfähigkeitstest muss jede Lösungsmöglichkeit – unabhängig davon, in welchem Aufgabenblock sie steht - genau analysiert werden. Man sollte sich nie vorschnell dazu verleiten lassen, eine Lösung auszuwählen, bevor nicht alle Lösungsmöglichkeiten angemessen geprüft wurden. Oft entpuppen sich die oberflächlich falschen Antworten als die richtigen Antworten.
- Der Test ist so konzipiert, dass es in erster Linie um Gründlichkeit und erst in zweiter Instanz um zügige Bearbeitung geht. In vielen Aufgaben des Tests kommt es daher auch nicht auf die klar ersichtlichen Hauptaussagen, sondern auf die kleinen Nebenaussagen, Fußnoten und Diagrammunterschriften an, die man gerne übersieht. Eine hohe Oberflächlichkeit bei der Bearbeitung mit kleinen Flüchtigkeitsfehlern (»80:20 Lösung«), welche zu Schulzeiten noch zu einer guten Note geführt hätte, ist nicht empfehlenswert.
- An die Reihenfolge halten: Zumindest eine Hilfe haben die Testersteller dem Bewerber gegeben. So sind in den Tests die ersten Aufgaben eines Typs leichter als die nächstfolgenden Aufgaben. Es macht also Sinn, von vorne zu beginnen und nicht vorschnell Aufgaben zu überspringen, in der Hoffnung, die folgenden Aufgaben seien bestimmt leichter.
- Beim realen Test genauso wie beim Üben sollte man immer einen Zeitmesser (z. B. eine Armbanduhr oder einen Wecker) zur Hand haben. Von der Nutzung eines Handys (Stoppuhr) ist abzuraten, da dieses im Test nicht zur Verfügung stehen wird. Ein zielgerichteter Blick auf die Zeit ist wichtig, weil eine – wenn nicht die - Hauptanforderung des Tests der Umgang mit dem Zeitdruck ist. So steht dem Testkandidaten für die Bearbeitung einer Aufgabe im Teil »Räumliches Vorstellen« durchschnittlich lediglich 1 Minute und 45 Sekunden für die Lösung zur Verfügung – vorausgesetzt, man hat sich das Ziel gesetzt hat, alle Aufgaben des Teils zu bearbeiten. Damit man nicht die Zeit aus den Augen verliert und sich überrascht am Ende der Bearbeitungszeit eines Aufgabenblockes wiederfindet, sollte man sich schon beim Üben an einen Zeitmesser gewöhnt haben.
- Keine Fragen unangekreuzt lassen und die Stochastik ausnutzen: Wenn sich der Test zum Ende hin neigt, sollten die verbleibenden Aufgaben in jedem Fall noch auf »gut Glück« beantwortet werden. Im Test werden keine Minus-Punkte für falsche Antworten vergeben und für korrekte Antworten erhält man auch dann einen Punkt, wenn man diese glücklich geraten hat. Auch hierbei hilft der mitgebrachte Zeitmesser, der die verbleibende Bearbeitungszeit eines Aufgabenteils zuverlässig anzeigt. So kann man für jeden Aufgabenteil ein Sicherheitsfenster fixieren (z. B. 2 Minuten), in dem man übrig gebliebene Fragen auf »gut Glück« beantwortet. Falls sich die Antwortmöglichkeiten durch grobes Überfliegen noch weiter eingrenzen lassen, umso besser.

3. Das persönliche Auswahlverfahren

Bei einer Vielzahl von kleinen und mittleren Stipendienprogrammen ist der Bewerbungsprozess auf die schriftliche Bewerbung begrenzt. Bei den Begabtenförderungswerken sowie all denjenigen Stipendienprogrammen, die umfangreiche, kontinuierliche finanzielle Förderung vergeben, besteht der Prozess aber grundsätzlich aus schriftlicher Bewerbung und persönlicher Vorstellung. Dabei werden diejenigen Schüler und Studenten, die auf Grundlage ihrer schriftlichen Bewerbungsunterlagen am besten zum Anforderungsprofil der jeweiligen Institution passen, zum persönlichen Auswahlverfahren eingeladen. Wer auch dort überzeugen kann, erhält ein Stipendium. Während die schriftliche Bewerbung bei fast allen Stiftungen ähnlich abläuft, bestehen große Unterschiede bei den jeweiligen persönlichen Auswahlverfahren.

Zunächst soll die Frage »Warum schließt sich an die schriftliche überhaupt eine mündliche Bewerbungsrunde an?« beantwortet werden: Eine Institution, die Studienstipendien vergibt, will einerseits erfahren, ob der Bewerber zu ihren Einstellungen und zu ihren Zielen passt (»Personal Fit«); andererseits möchten sich die Vertreter des Stipendienprogramms ein Bild davon machen, ob der Schüler bzw. Student über diejenigen Schlüsselqualifikationen verfügt, die notwendig sind, um die Schullaufbahn bzw. ein Studium erfolgreich zu absolvieren. Bei diesen Schlüsselqualifikationen handelt es sich vor allem um Fähigkeiten wie Selbstmotivation, logisches Denkvermögen, Eigenständigkeit, Kommunikationsfähigkeit, Führungsqualitäten, Integrität und Teamfähigkeit. All diese Eigenschaften sind nicht aus einer schriftlichen Bewerbung zu ersehen.

Je nach Institution kann die persönliche Vorstellung aus Einzelinterviews oder aus einer Kombination von Einzelinterviews, Präsentationen, Klausuren und Diskussionsrunden bestehen. Einige dieser Vorstellungsformate sind stärker auf die Analyse des »Personal Fit« ausgerichtet, andere stärker darauf, die Ausprägung von Schlüsselqualifikationen festzustellen. In diesem Kapitel soll vorgestellt werden, wie Interviews, Präsentationen, Diskussionen und weitere Bestandteile eines persönlichen Auswahlverfahrens ablaufen, was die Gutachter bzw. das Auswahlkomitee von den Bewerbern erwarten und wie die eigene persönliche Vorstellung möglichst effizient vorbereitet werden kann.

Interview mit einem Stipendienprogramm-Gutachter über das persönliche Auswahlverfahren

Wie würden Sie Ihre Rolle als Gutachter in einem mündlichen Auswahlgespräch beschreiben?

Ich, als Gutachter, versuche eine möglichst angenehme Stimmung zu schaffen, damit sich die Bewerber im persönlichen Gespräch wohl fühlen. Da kann ein Bewerbungsgespräch durchaus auch schon mal abschweifen oder eher an eine Plauderstunde erinnern. Aus eigener Bewerbererfahrung wissen Gutachter sehr genau, was es heißt, als Bewerber in einem Gutachtengespräch zu sitzen und dass man in solch einem Moment nervös ist. Deshalb geben wir jedem Bewerber die Möglichkeit, uns alle Fragen zu stellen, die ihn/sie interessieren. Zum einen, um Transparenz zu schaffen und zum anderen, um Ängste abzubauen.

Was sind No-Go's, die sich kein Bewerber im persönlichen Bewerbungsverfahren erlauben sollte?

Absolute No-Go's in einem Gutachtengespräch sind Lügen, die uns aufgetischt werden. Was auch schlecht ankommt, ist, wenn Bewerber denken, sie seien die Größten und das im Bewerbungsgespräch auch klar so rüberbringen. Das gilt genauso für Bewerber, die klarstellen, dass es ihnen nur um den Faktor Geld in der Stipendienbewerbung geht und ihnen alles andere völlig egal ist. Besonders wichtig ist der erste Eindruck: Wenn jemand sehr ernst oder unfreundlich auftritt, dann vermittelt das einen schlechten Gesamteindruck.

Was wird an Engagement von einem Bewerber erwartet?

Wichtig ist natürlich auch der Faktor Engagement: Dabei ist nicht unbedingt die Art des Engagements wichtig, sondern dass der Bewerber hinter und zu dem, was er/sie macht, steht. Natürlich wird hier auch berücksichtigt, unter welchen Umständen jemand Engagement zeigt. Das Engagement von jemandem, der von seinen Eltern in jeder Hinsicht den »Rücken freigehalten bekommt«, ist nicht gleichzusetzen mit dem Engagement von jemandem, der sich trotz schwieriger Verhältnisse engagiert. Unsere Stiftung hat dabei einen sehr eigenen Engagementbegriff.

Welche Rolle spielen Noten und akademische Laufbahn in einer Bewerbung?

Im Bezug auf Schulnoten kommt es auch ganz auf den individuellen schulischen und persönlichen Werdegang an. Es müssen keine Abschlüsse mit Top-Noten vorgelegt werden. Wichtig ist, dass alles, auch die Dinge, die nicht so gut gelaufen sind, begründet werden kann. Auch der Studienplatzwahl sollte eine gute Begründung zugrunde liegen. Etwas nur so zu machen oder gar etwas zu studieren, weil der und der das auch studiert, ist für mich kein zukunftsorientiertes Denken und wird als negativ notiert.

Was ist Ihnen in einem Gutachtengespräch sehr wichtig?

Wichtig ist mir, in einem Gutachtengespräch, den Bewerber als Menschen kennenzulernen. Dabei möchte ich ein ehrliches Gespräch führen. Ich möchte ihn/sie als Person so kennenlernen, wie er/sie wirklich ist: mit allen Schwächen und Stärken. Nur so kann es mir gelingen, ein möglichst gutes Bild vom Bewerber zu erhalten und meine Eindrücke in einem vernünftigen Gutachten festzuhalten. Bewerber sollten sich immer vor Augen halten, wie wertvoll das persönliche Gespräch ist – insbesondere dann, wenn es von derzeitigen Stipendiaten geführt wird, die vor Kurzem selbst in einer ähnlichen Bewerbungssituation waren.

Das Gespräch wurde im Oktober 2009 mit einem Gutachter der Hans-Böckler-Stiftung geführt.

> **Tipp**
>
> **Professionelle Recruiting-Fragen im Interview**
> »Nach der Besprechung des Lebenslaufes musste ich eine Fallstudie lösen. Die Frage war, ob es rentabel sei, am Bahnhof meines Studienorts einen Süßigkeitenautomaten aufzustellen. Ich musste verschiedene Annahmen treffen, Fragen stellen und ein bisschen Kopfrechnen, und kam anscheinend zu einem zufriedenstellenden Ergebnis.«
> *Sarah, Stipendiatin der Studienstiftung des deutschen Volkes*

Einzelinterviews

Auf den ersten Blick unterscheidet sich das Einzelinterview im Rahmen einer Stipendienbewerbung kaum von einem Interview bei einer Praktikumsbewerbung. In dem Interview sitzt der Bewerber einem Vertreter des Stipendienprogramms gegenüber, der sich in der Regel vorab anhand der Bewerbungsunterlagen ein Bild vom Bewerber gemacht hat. Die Interviewer sind Personen, die eine enge Beziehung zu dem Stipendienprogramm haben. In vielen Fällen sind es Mitarbeiter der Institution, oftmals aber auch ehemalige Stipendiaten, Förderer der Einrichtung oder Professoren, die als Vertrauensdozenten fungieren. Ein wichtiger Unterschied zu Vorstellungsgesprächen für ein Praktikum oder einen Berufseinstieg ist, dass die Personen, die die Gespräche führen, dies in der Regel nicht hauptberuflich, sondern freiwillig machen. Infolgedessen entwickeln sich Interviews im Bewerbungsprozess oftmals zu sehr freundlichen und interessanten Gesprächen, wodurch sich die anfängliche Nervosität schnell legt. Auch hier gilt aber, dass Ausnahmen die Regel bestätigen, denn auch unter den Interviewern der Stiftung können sich Gutachter finden, die aufgrund ihrer beruflichen Tätigkeit Erfahrungen im Bereich Personalauswahl haben. Dies kann besonders dann der Fall sein, wenn die Institution, die das Stipendium vergibt, Alumni oder Mitarbeiter von Förderunternehmen einbindet. Sollten tatsächlich einmal professionelle »Recruiting-Fragen« in einem Interview gestellt werden, sind diese aber auf den akademischen Hintergrund bzw. die Berufserfahrung des Bewerbers abgestimmt.

Auch wenn bestimmte Fragen in einer Vielzahl der Interviews vorkommen, so ist es doch unmöglich, den Verlauf eines Interviews vorauszusagen. Der Gesprächsfaden wird normalerweise durch den Interviewer festgelegt. Je nach Stiftung und je nach Gutachter kann das Interview eher darauf ausgerichtet sein, zu sehen, wie gut der Bewerber persönlich zu der jeweiligen Stiftung passt, oder inwiefern er dazu in der Lage sein wird, sein Studium überdurchschnittlich gut zu meistern. Auch Anzahl, Dauer, Umfeld und relative Bedeutung der Interviews sind von Stipendienprogramm zu Stipendienprogramm verschieden. So finden bei der Studienstiftung des deutschen Volkes zwei Einzelgespräche von je 30 Minuten Dauer im Rahmen eines Auswahlwochenendes statt. Zusätzlich zu den Interviews präsentiert und diskutiert jeder Teilnehmer ein Thema vor einer Gruppe von Mitbewerbern bzw. sitzt als Zuhörer und Diskussionsteilnehmer in der Präsentation der Mitbewerber. Im Gegensatz dazu besteht das Auswahlverfahren der Friedrich-Ebert-Stiftung aus zwei Interviews von je einer Stunde, die an unterschiedlichen Orten und Tagen stattfinden. Im persönlichen Auswahlverfahren der Stiftung der Deutschen Wirtschaft wiederum ist ein Interview in ein Assessment-Center eingebunden, im Verlauf dessen auch ein Aufsatz verfasst sowie eine

Gruppenarbeit durchgeführt werden muss. Obwohl jedes Interview seinen ganz eigenen Charakter hat, gibt es einige Fragestellungen, die immer wieder in Interviews bei Studienförderern angesprochen werden. Diese vergleichsweise neuen Interviewthemen werden im Folgenden vorgestellt und diskutiert.

> **Stiftungsinterviews**
> »Während der persönlichen Bewerbungsrunde bei der Studienstiftung des deutschen Volkes hatte ich zwei Einzelinterviews. Obwohl beide Interviewer Physiker waren, verliefen die Gespräche sehr unterschiedlich. Einer der beiden Interviewer war technischer Experte in einem Industrieunternehmen, der andere Hochschulprofessor. Das erste Interview dauerte, wie von der Stiftung vorgesehen, eine halbe Stunde, bei dem zweiten überzog der Interviewer recht deutlich. Im ersten Gespräch kamen wir nach einer kurzen gegenseitigen Vorstellung spontan auf das damals in Zeitungen dominierende außenpolitische Thema »Die Orangen-Revolution in der Ukraine«. Zum Glück hatte ich an den Tagen vor dem Auswahlverfahren darüber in der Zeitung gelesen. Wir tauschten in einer netten Atmosphäre aus, was jeder von uns dazu gehört oder gelesen hatte. Dabei hatte ich das Gefühl, dass der Interviewer von mir auch wissen wollte, was meine persönliche Meinung zu dem Thema war. Auch das zweite Interview begann mit einer gegenseitigen Vorstellung. Danach fragte ich den Interviewer, woran er forschen würde und wie er dazu kam, Professor zu werden. Daraufhin erklärte mir der Interviewer, was genau er machte und ich fragte zwischendurch einige Male nach. So haben wir mehr über ihn als über mich gesprochen, Ich hatte das Gefühl, dass es ein für beide Seiten nettes und interessantes Gespräch war.«
> *Ein Alumnus der Studienstiftung des deutschen Volkes*

> **Tipp**
> Unabhängig davon, ob der Interviewer das Gespräch mehr auf den »Personal Fit« oder auf studienrelevante Qualifikationen lenkt, ist das Interview immer eine Möglichkeit zum gegenseitigen Kennenlernen. Es bietet dem Bewerber die Chance, nachzufragen und einen unmittelbaren und persönlichen Eindruck von der Institution zu erhalten, bei der er sich bewirbt. Jeder Gutachter wird solch offenes Interesse schätzen.

Der Lebenslauf
Bei den meisten Interviews spielt die Diskussion des Lebenslaufes eine große, wenn nicht sogar die zentrale Rolle. Dabei kann die »offene« von der »punktuellen« Diskussion des Curriculum Vitae unterschieden werden. In der offenen Diskussion bittet der Interviewer den Bewerber, ihn durch den Lebenslauf zu führen, das heißt, den bisherigen Werdegang nochmals zu beschreiben. Bei der punktuellen Diskussion stellt der Interviewer hingegen Fragen zu speziellen Aspekten des Lebenslaufes. Sowohl die offene wie die punktuelle Diskussion können je nachdem nur einen Teil oder aber das ganze Interview ausfüllen. Oftmals werden beide Typen von Fragestellung miteinander kombiniert.

Die offene Diskussion

Eine offene Diskussion des Lebenslaufes kann zum Beispiel mit der Bitte: »Führen Sie mich doch einmal durch Ihren Lebenslauf.« oder mit der Frage »Welche Dinge, die Sie in Ihrem Lebenslauf nicht erwähnt haben, sollte ich noch über Sie wissen?« beginnen. Manche Bewerber gehen bei solchen Fragen davon aus, dass der Interviewer nicht ausreichend Zeit hatte, sich auf das Gespräch vorzubereiten. Infolgedessen gehen sie dementsprechend schnell die Beantwortung an und merken dann, dass der eigene Lebenslauf komplex und nicht einfach zu schildern ist. Tatsächlich geht es bei der offenen Diskussion des Lebenslaufes aber um zwei Dinge. Erstens möchte der Interviewer Antworten auf Fragen bekommen, welche sich nicht aus der schriftlichen Bewerbung ergeben. Zu diesen Fragen gehören zum Beispiel: »Welche Verbindungen bestehen zwischen den einzelnen Phasen des Werdeganges?« und »Welche Aspekte des eigenen Lebenslaufes sind dem Bewerber besonders wichtig?«. Zweitens zeigen Antworten auf offene Fragen, inwiefern der Bewerber dazu in der Lage ist, ein umfangreiches Thema, in diesem Fall den eigenen Lebenslauf, zu strukturieren und es einem Außenstehenden klar zu vermitteln. Diese Überlegungen zeigen, dass es wichtig ist, vor dem persönlichen Auswahlverfahren noch einmal den eigenen Lebenslauf durchzulesen und sich zu überlegen, welche Verbindungen zwischen den einzelnen Stationen des Lebenslaufes bestehen und welche Abschnitte besonders hervorgehoben werden sollen. Dabei kann die oben beschriebene Mind-Mapping-Methode helfen. Ebenso sollte darüber nachgedacht werden, an welchen Stellen der schriftliche Werdegang Lücken hat oder wo sich weitergehende Fragen ergeben können. Beispiele für solche Fragen könnten sein »Warum haben Sie das 11. Schuljahr wiederholt?«, »Warum haben Sie nach 15 Jahren mit jener Sportart aufgehört?« oder »Warum haben Sie nach dem Abitur begonnen, sich politisch zu engagieren?«.

Die punktuelle Diskussion

Im Gegensatz zur offenen Diskussion geht es bei der punktuellen Diskussion des Lebenslaufes darum, bestimmte Aspekte im Detail zu besprechen. Prädestiniert dafür sind wichtige Entscheidungen im bisherigen Leben (Auslandsschuljahr bzw. -semester, Schul- bzw. Hochschulwechsel, Entscheidung für einen bestimmten Studiengang, etc.), Wendepunkte in der Biografie (Aufnahme eines Ehrenamtes, Verbesserung von Schul- oder Universitätsnoten, Umzug in eine neue Stadt, etc.) oder erste Erfahrungen in der Berufswelt (Ausbildung, Praktika, etc.). Der Interviewer wird gezielt nach einer Wendung im Lebenslauf fragen, wenn er aus der schriftlichen Bewerbung nicht genau herauslesen kann, warum sich der Bewerber für diesen Schritt entschieden hat. Dieses gezielte Fragen hilft zum einen, die

Motivationen des Bewerbers besser zu verstehen und zeigt zum anderen, wie gut der Schüler bzw. Student seine Entscheidungen reflektiert. Diese Überlegungen sollen an einem fiktiven, bewusst einfach strukturierten Beispiel veranschaulicht werden:

> **Beispiel für eine punktuelle Diskussion des Lebenslaufes**
>
> Interviewer: Warum haben Sie sich denn noch während Ihrer Schulzeit für einen Auslandsaufenthalt in den USA entschieden?
> Bewerber: Es war mir wichtig mein Englisch zu verbessern und ich hatte das Gefühl, dass es an der Zeit wäre, ein Land außerhalb Europas kennenzulernen.
>
> Und warum dann die USA?
> Ich hatte mir überlegt, wo man überall hingehen kann und welche Vor- und Nachteile ein bestimmtes Land mit sich bringt. England kannte ich schon aus einem Urlaub und schließlich wollte ich ja für eine Zeit außerhalb Europas leben und eine andere Kultur kennenlernen. An englischsprachigen Ländern blieben dann noch Australien, Neuseeland, die USA, Indien und Südafrika, wobei ich Indien und Südafrika zu exotisch fand. Letztendlich haben mich persönlich die USA am meisten interessiert. Daher entschied ich mich auch für diese.
>
> Aber ist denn Australien nicht spannend?
> Sicherlich, aber ich habe mich schon immer für amerikanische Sportarten begeistern können, vor allem für American Football und Basketball. Ein Schuljahr in den Vereinigten Staaten bot mir die Chance, in einer Highschool Mannschaft zu trainieren. Außerdem war es mein Traum, eine Metropole wie New York oder Los Angeles zu sehen.

Das Beispiel ist übertrieben, aber es zeigt, mit wie wenigen Fragen ein Interviewer sehr genau die Hintergründe einer Entscheidung erfahren kann. Der Bewerber in diesem Beispiel hat gute Antworten parat und kann seine Entscheidung für ein Schuljahr in den USA schlüssig begründen. Zudem wirken seine Antworten nicht aufgesetzt, denn er hat persönliche Gründe, warum er in den USA zur Schule gehen wollte (Affinität zu amerikanischen Sportarten; Wunsch, eine Metropole zu sehen). Manche Bewerber gehen davon aus, dass jede Frage möglichst rational beantwortet werden muss, zum Beispiel so: »Ich wollte mein Auslandsschuljahr in den USA machen, weil die Vereinigten Staaten der wichtigste Handelspartner für Deutschland sind«. Solch eine Antwort erscheint, gerade für einen Schüler bzw. jungen Studenten, nicht nur wenig authentisch, sondern führt auch dazu, dass der Bewerber als Mensch mit seinen Vorlieben, Hobbys und natürlichen Schwächen wenig greifbar wird. Gute Vorbereitung eines Interviews heißt also keinesfalls fiktive oder besonders wohlklingende Beweggründe zu erfinden, sondern eigene Entscheidungen gründlich zu reflektieren.

Persönliche Ziele
Die meisten Interviewer möchten nicht nur wissen, was der Bewerber in der Vergangenheit geleistet hat, sondern auch, was er in Zukunft noch erreichen möchte. Anhand der Frage nach den persönlichen Zielen kann der Gutachter viel über die Vorstellungen und Entwicklungsperspektiven des Bewerbers erfahren und so besser abschätzen, wie gut Förderer und Geförderter zusammenpassen. Fragen nach persönlichen Zielen sehen oft folgendermaßen aus:

- Was möchten Sie in Ihrem Studium erreichen?
- In welchem Beruf möchten Sie nach Ihrem Studium tätig werden?
- Wo sehen Sie sich in X Jahren?
- Welche persönlichen und beruflichen Ziele wollen Sie erreichen?

Für die persönliche Vorstellung sollte man sich vorher etwas Zeit nehmen, um über diese grundsätzlichen Fragen nachzudenken. Prinzipiell macht es einen guten Eindruck, wenn man sich Gedanken über die eigene Zukunft gemacht hat und diese nachvollziehbar darlegen kann. Es ist durchaus möglich, ambitionierte Ziele zu formulieren. Wer eigene Ziele erklären kann und anhand eigener Erfahrungen und Fähigkeiten plausibel begründet, kann im mündlichen Auswahlverfahren punkten. Ob er nun sagt, dass es sein Ziel ist, Vorstandsvorsitzender eines DAX-Konzerns oder gar Bundeskanzler zu werden, muss aber jeder Bewerber für sich selbst entscheiden. Eine Überlegung hilft jedoch bei der Vorbereitung solcher Fragen: Die Interviewer sind in der Regel Mitarbeiter, Alumni oder Unterstützer des Stipendienprogramms. Es ist ihnen wichtig, herauszufinden, ob der Bewerber zu ihrer Institution passt. Daher sollte man sich rechtzeitig selber Fragen, ob man Ziele verfolgt, die im Interesse der Organisation liegen. Ein einfaches Beispiel dazu: Alle politischen Stiftungen engagieren sich im Bereich der internationalen Zusammenarbeit. Plant man in der Zukunft ein Auslandssemester oder -praktikum, so sollte man erläutern können, wie das Vorhaben zur Erreichung der eigenen Ziele beitragen wird und möglicherweise auch die Stiftung bereichern kann.

Allgemeinbildung
Für die Mehrzahl der Studienförderer ist die Bereitschaft, sich zukünftig »aktiv in die Gesellschaft einzubringen«, ein zentrales Auswahlkriterium. Um gesellschaftlich etwas verändern zu können, bedarf es eines fundierten Allgemeinwissens und, vielleicht noch wichtiger, eines Interesses an grundlegenden Fragestellungen in Bereichen wie Politik, Geschichte, Kultur oder Naturwissenschaft. Der Begriff »Interesse an grundlegenden Fragestellungen« bedeutet dabei, sich für solche Themen zu interessieren, die einen Einfluss auf die Gesellschaft haben und diese prägen. Kein Förderer wird von

einem Bewerber erwarten, dass er sich detailliert mit der Gesundheitsreform oder den neuesten Methoden der Genforschung auskennt (es sei denn der Bewerber studiert ein Fach, das durch diese Fragestellung wesentlich beeinflusst wird). Wohl aber darf erwartet werden, dass Bewerber bereit sind, sich darüber Gedanken zu machen, warum eine Gesundheitsreform notwendig ist oder welche Chancen und Risiken mit Gentechnik verbunden sind. Typische Fragen mit Bezug zur Allgemeinbildung in solchen Gesprächen sind unter anderem:
- Warum ist eine Bildungsreform notwendig? Was müsste sich aus Ihrer Sicht an Schulen und Hochschulen verändern?
- Hat die soziale Marktwirtschaft noch eine Zukunft?
- Wie sinnvoll ist Entwicklungspolitik? In was für einem Projekt würden Sie sich engagieren?
- Finden Sie es richtig, dass die Bundeswehr im Ausland eingesetzt wird?

> **Tipp**
>
> **Wissensfragen in Bewerbungsgesprächen**
> »In einem Interview bei einem Unternehmen wurde ich plötzlich gefragt: ‚In welcher Stadt wurde Thomas Mann geboren?' Ich hatte keine Ahnung. Aber ich blieb ruhig, überlegte kurz und hab dann argumentiert: ‚Ich weiß es nicht, aber ich weiß, dass Manns Meisterwerk »Die Buddenbrooks« in Lübeck spielt. Also wäre das meine beste Antwort'. Die Antwort war glücklicherweise richtig und ich glaube, mein Vorgehen fand der Interviewer sehr gut.«
> *Ein Alumnus der Friedrich-Ebert-Stiftung*

Anhand der letzten Frage sollen diese Überlegungen verdeutlicht werden. Ganz bewusst fragt der Interviewer nicht danach, wo die Bundeswehr derzeit überall im Einsatz ist und was für Aufgaben sie dort übernimmt. Eine gute Antwort auf diese Frage könnte zum Beispiel auf eine separate Betrachtung von kriegerischen und humanitären Einsätzen abzielen oder aufzeigen, dass sich die Einsätze gegen unterschiedliche Gegner wie Staaten (Tornadoeinsatz gegen Serbien im Kosovo-Krieg, 1999), Terroristen (ISAF Einsatz in Afghanistan, seit 2001) oder Piraten (Marineeinsatz vor Somalia, seit 2009) richten.

Nur in seltenen Fällen wird ein Interviewer direkte Allgemeinbildungsfragen stellen wie »Wo wurde Goethe geboren?« oder »Was ist der höchste Berg Europas?«. Stattdessen werden die Interviewer, die etwas über die Allgemeinbildung des Bewerbers erfahren wollen, das Gespräch eher auf tagesaktuelle Themen lenken und den Bewerber nach seiner Meinung dazu fragen. Oft bildet auch der Lebenslauf des Bewerbers eine Grundlage für weitergehende Fragen zur Allgemeinbildung, zum Beispiel:
- Ich habe gesehen, dass Sie vom Albert-Schweitzer-Gymnasium kommen. Können Sie mir sagen, was den Namensgeber so bekannt gemacht hat?
- Aus Ihren Unterlagen geht hervor, dass Sie in Marokko einen Sprachkurs in Arabisch absolviert haben. Können Sie mir ein wenig zu der Geschichte des Landes erzählen?
- Sie haben in der elften Klasse ein Jahr lang eine Schule in Frankreich besucht. Was haben Sie als zentrale Unterschiede zwischen Frankreich und Deutschland erlebt? Was war ähnlich?

> **Tipp**
>
> **Zeitungsartikel im Interview**
> »Zu guter Letzt schob der Interviewer mir die »ZEIT« herüber und sagte, ich sollte mir einen Artikel aussuchen, diesen kurz überfliegen und ihm dann meine Meinung zum Thema darlegen. Gesagt, getan. Ich suchte mir das Thema »Immigranten und Bildung« aus, da ich dazu vom Abi noch einiges im Kopf hatte, und legte ihm kurz meinen Standpunkt dar. Wir diskutierten kurz die aktuellen Vorschläge aus der Politik, dann war die Zeit auch schon um.«
> Sarah, Stipendiatin der Studienstiftung des deutschen Volkes

Nicht immer müssen die Fragen offen sein. Mitunter kann es auch passieren, dass der Gutachter eine Aussage in den Raum stellt und der Bewerber diese kurz einschätzen muss. Mitunter können solche Aussagen auch versteckt auftauchen. Ein Beispiel dafür ist die Aussage: »Sie studieren also in Lübeck. Die Stadt ist doch eigentlich nur für Marzipan bekannt.«. Natürlich ist diese Feststellung nicht richtig, da Lübeck noch für viele weitere Dinge bekannt ist. An dieser Stelle zeigt der Bewerber Selbstbewusstsein und Hintergrundwissen, wenn er sagt, warum diese Aussage so nicht richtig ist und warum er glaubt, dass Lübeck viel mehr als nur Marzipan zu bieten hat.

Weiterhin können Gutachter auch auf Zeitungsartikel oder sonstige Medienausschnitte zurückgreifen. Der Bewerber wird dann darum gebeten, sich einen Überblick über den Artikel zu verschaffen und eine eigene Einschätzung zum Thema zu geben. Viele Interviewer kommen im Gespräch auf aktuelle Themen zu sprechen. Damit diese Themen in den aktuellen politischen, wirtschaftlichen oder gesellschaftlichen Kontext eingeordnet werden können, ist es ratsam, die Nachrichten zu verfolgen und in den Tagen vor der persönlichen Vorstellung zumindest den Politik- und Wirtschaftsteil einer überregionalen Tageszeitung gründlich zu lesen.

Fachwissen

Gleich vorab eine Entwarnung: Das Auswahlseminar einer Studienstiftung ist keine mündliche Prüfung im eigenen Studienfach. Es ist ebenfalls keine nachträgliche mündliche Abiturprüfung. Vielmehr geht es dem Studienförderer im persönlichen Gespräch darum, herauszufinden, ob der Bewerber in das Stipendienprogramm passt. Ein nicht zu vernachlässigender Punkt hierbei ist, dass die Interviewpartner wissen wollen, ob ein Bewerber die Kompetenzen mitbringt, um zu den besten Studenten seines Jahrganges zu gehören. Der Prüfer wird den Bewerber daher möglicherweise zu grundlegenden Themen seines Studienfachs befragen oder seine methodischen Fähigkeiten prüfen. Die fachliche Tiefe in Gesprächen in mündlichen Auswahlverfahren hängt in erster Linie von der Institution und dem Zweck des Stipendiums ab, auf das man sich bewirbt. Ist die Bewerbung an ein Unternehmen gerichtet, wird normalerweise die Frage auftauchen, ob der Student eine Affinität zur Branche hat, in der das Unternehmen tätig ist. Analog dazu wird von einem Doktoranden, der sich um ein Promotionsstipendium bewirbt, erwartet, dass er Experte in seinem Forschungsbereich ist und dass er den Prüfern auch Detailfragen zu seinem Promotionsthema beantworten kann.

Gerade Abiturienten können davon ausgehen, dass ihnen keine, oder nur sehr einfache, inhaltlichen Fragen zu ihrem (zukünftigen) Studienfach gestellt werden. Sehr wohl sollten sie sich für das mündliche Gespräch aber auf Fragen vorbereiten wie »Was genau stellen

Sie sich unter Ihrem Fachgebiet vor?« oder »Warum haben Sie sich gerade für dieses Fach entschieden?«. Auch Studenten sollten sich die Interviews nicht wie eine mündliche Prüfung an der Universität oder wie im Abitur vorstellen. Tiefer gehende Fachfragen sind die Ausnahme und wenn inhaltliche Themen diskutiert werden, dann oftmals in einem breiteren Kontext. Hierzu einige vereinfachte Beispielfragen:

- »Als Medizinstudent, was ist Ihre Meinung zum Thema Organtransplantationen?«
- »Was halten Sie als Wirtschaftswissenschaftler denn von Verstaatlichungen von Firmen?«
- »Was halten Sie als Volkswirt von Entwicklungshilfe?«
- »Sie haben gerade dargestellt, dass Sie in Ihrer Rechtsvorlesung das Thema ‚Unmöglichkeit' besprochen haben. Können Sie mir dazu ein Beispiel geben?«

Bei solchen Fragen geht es also weniger darum, rein theoretisches Studienwissen abzufragen, als zu beurteilen, ob der Kandidat praktisch etwas mit dem erlernten Wissen anfangen kann. Es gilt, den Sachverhalt fachlich einzuordnen und eine auf Schul- oder Studienwissen basierende, fundierte Meinung abzugeben. Fachliche Beschreibung und eigene Meinung sollten dabei klar voneinander getrennt werden. So kann zum einen gezeigt werden, dass man sich fachlich auskennt, also über eine solide Wissensbasis verfügt, und zum anderen, dass man sein Wissen einordnen und beurteilen kann. Diese Antworttechnik soll anhand eines fiktiven Beispiels erläutert werden. Das Beispiel ist bewusst technisch konstruiert und würde so wohl nur in einem Interview mit einem Studenten der Wirtschaftswissenschaften im fortgeschrittenen Teil seines Studiums vorkommen.

> **Tipp**
>
> **Fragen zum Fachwissen – aus Bewerbersicht**
> »Bei den Interviews der Konrad-Adenauer-Stiftung wird das Verhalten unter Stress geprüft. Wenn man bereits mehr als ein Semester studiert hat, sollte man sich auf fachliche Fragen gefasst machen, die stark ins Detail gehen. Tipp: Politische und gesellschaftliche Allgemeinbildung durch Lesen in Lexika auf Vordermann bringen!«
> *Tilmann, Stipendiat der Konrad-Adenauer-Stiftung*

Interviewer: Sie haben sich in Ihrem Studium der Betriebswirtschaftslehre in den Bereich Unternehmensfinanzierung vertieft. Sie sollten sich also auch mit der Bewertung von Unternehmen auskennen. Was ist denn aus ihrer Sicht die richtige Bewertungsmethode?
Bewerber: In meinem Studium habe ich bislang zwei unterschiedliche Methoden der Unternehmensbewertung kennengelernt: Die Kapitalwertmethode und die Multiple-Bewertung. Bei der Kapitalwert- oder Discounted-Cash-Flow-Methode werden die erwarteten, zukünftigen Zahlungsüberschüsse unter Berücksichtigung der Kapitalkosten des jeweiligen Unternehmens abdiskontiert. Bei der Multiple-Methode werden börsennotierte Unternehmen, die dem Vergleichsunternehmen hinsichtlich bestimmter Kriterien wie Branche und Umsatzvolumen ähneln, identifiziert. Dann werden für diese Unternehmen Multiples gebildet: Ein möglicher Multiple ist Unternehmenswert geteilt durch den Umsatz des Unternehmens, wobei Unternehmenswert als Marktkapitalisierung + Wert der Schulden definiert ist. Im nächsten Schritt wird ein Durchschnitt oder Median der Multiples

gebildet und auf das zu bewertende Unternehmen in der Form Umsatz x Multiple angewandt. Aus dieser Rechnung ergibt sich der errechnete Unternehmenswert. Beide Methoden haben ihre Vor- und Nachteile. Die Kapitalwertmethode sollte theoretisch immer zum exakt richtigen Ergebnis führen. In der Praxis treten hierbei aber oft Probleme auf, weil sich zukünftige Zahlungsströme und Kapitalkosten nicht mit 100prozentiger Sicherheit bestimmen lassen. Die Multiple-Methode würde dann zu einem theoretisch richtigen Ergebnis führen, wenn es ein Vergleichsunternehmen gäbe, das 1:1 mit dem betrachteten Unternehmen übereinstimmt. Das gibt es aber in der Praxis nicht. Trotzdem ziehe ich die Multiple-Methode vor, denn hier wird mit öffentlich verfügbaren Zahlen gerechnet. Das macht das Ergebnis transparenter und besser kommunizierbar.

Fragen zum Fachwissen – aus Stiftungssicht
»Wir erwarten von unseren Studenten natürlich, dass Sie zu den besten in ihrem Fach gehören. Daher achten wir schon beim Auswahlseminar darauf, dass für jeden Bewerber zumindest ein Prüfer bereitsteht, der aus dem Fachgebiet kommt. Bei homogenen Bewerbergruppen, also zum Beispiel einer Gruppe von Jura-Studenten, würden wir darauf achten, dass möglichst alle Prüfer aus diesem Fachgebiet stammen.«
Ein Mitarbeiter eines Begabtenförderungswerks

Im Bezug auf Fachwissen lässt sich wiederum die Mind-Mapping-Methode, die im Kapitel »Schriftliche Bewerbung« vorgestellt wurde, nutzen. Mit ihr kann man sich im Vorfeld noch einmal verdeutlichen, welche die großen und zentralen Themenbereiche des Abiturs oder des Studiums waren bzw. sind. Zudem lässt sich damit überprüfen, zu welchen Fragestellungen viel Wissen vorhanden ist und in welchen Feldern es Sinn machen könnte, die Grundlagen noch einmal anzuschauen. Es ist möglich, die einzelnen Studienfächer in die Mitte eines Diagramms zu schreiben und Verästelungen zu entwickeln, welche die zentralen Aspekte kennzeichnen. So wird vermieden, dass man im Gespräch »auf dem falschen Fuß« erwischt wird: Nicht selten kommt es in Gesprächen vor, dass sich der Bewerber in einem Moment partout nicht an ein bestimmtes Thema erinnern kann. Kaum sind Gespräch und Anspannung vorbei, setzt das Verständnis aber wieder ein. Dieses Problem verhindert Mind-Mapping wirksam, da es dem Bewerber im Voraus einen Überblick über die wesentlichen Fragestellungen verschafft. Die Konsequenz ist, dass der Bewerber sich nicht in unnötigen fachlichen Details verliert, weil er den Zusammenhang der einzelnen Aspekte zueinander visualisiert hat und dadurch besser zuordnen kann. Die Anwendung der Mind-Mapping-Methode im Bezug auf Stiftungsinterviews sollte aber nicht ausarten oder gar die Vorbereitung auf andere Themenbereiche verhindern. Wie bereits beschrieben sind Fachfragen nur ein möglicher Aspekt eines Einzelinterviews. Für Schüler und Studenten ist eine Mind-Map, die mehr als drei Ebenen enthält (das heißt mehr als drei Verästelungen zur zentralen Frage), schon sehr umfangreich. Anders sieht es bei der Bewerbung um ein Promotionsstipendium aus, wo sehr gutes, tief greifendes Fachwissen erwartet wird.

Institution

Wie zu Beginn dieses Kapitels erwähnt wurde, wollen die meisten Studienförderer die persönliche Vorstellung auch dazu nutzen, herauszufinden, wie gut der Bewerber zur Einrichtung und ihrem Leitbild passt. Daher ist es gut möglich, dass in einem Bewerbungsgespräch Fragen zu der Institution, die das Stipendium vergibt, ihrem Leitbild, ihrem Engagement oder ihrem Namensgeber vorkommen. Die Interviewer werden erwarten, dass sich ein Bewerber, der sich um ein Stipendium dieses Studienförderers beworben hat, auch mit der Institution an sich auseinandergesetzt hat. Wichtig ist es zu wissen, dass gerade staatlich finanzierte Stiftungen sich nicht allein in der Studienförderung engagieren, sondern auch in vielen Bereichen des politischen und wirtschaftlichen Lebens aktiv sind. Man sollte also einen Überblick darüber haben, wie die jeweilige Institution organisatorisch gegliedert ist und auf welche Bereiche sie einen besonderen Fokus legt. Für politische oder kirchliche Begabtenförderungswerke gilt darüber hinaus: Die Gesprächspartner werden erwarten, dass sich der Bewerber mit der Geschichte und den Einstellungen der ihr nahe stehenden Partei bzw. Kirche auskennt und sich mit deren Leitmotiven identifizieren kann. Bei vielen unternehmensnahen Stiftungen gilt analog dazu, dass sich der Bewerber über das Stifterunternehmen bzw. das mit der Stiftung eng verbundene Unternehmen informiert haben sollte. Wie bei der Diskussion des Lebenslaufes lassen sich »offene« und »punktuelle« Fragen zur Institution unterscheiden.

Eine typische offene Fragestellung ist »Warum haben Sie sich gerade bei unserer Stiftung / unserem Unternehmen um ein Stipendium beworben?« oder »Was unterscheidet Ihrer Meinung nach das Stipendienprogramm dieser Institution vom dem einer anderen?«. Auf diese Fragen sollte sich der Bewerber im Vorhinein einige gute Antworten überlegt und niedergeschrieben haben. Der Bewerber hat hier die Chance, zu zeigen, dass er sich wirklich für die Stiftung interessiert, und es ihm nicht nur darum geht, eine finanzielle Förderung zu erhalten. Wiederum sind hier individuelle Antworten überzeugender als Allgemeinpositionen. Individuell ist in diesem Fall diejenige Antwort, die sich durch den Werdegang oder die persönlichen Einstellungen des Bewerbers begründen lässt. Ein Beispiel hierfür ist: »Ich bewerbe mich bei der Konrad-Adenauer-Stiftung, weil ich aktives Mitglied der Jungen Union bin und dieses Engagement gerne im Rahmen des Studiums fortsetzen möchte«. Eine andere individuelle Antwort könnte so aussehen: »Ich bewerbe mich bei der Heinrich-Böll-Stiftung, weil ich Landschaftsökologie studiere und gerne erfahren möchte, wie ich mein akademisches Wissen in internationalen Entwicklungshilfeprojekten anwenden kann«. Generelle Aussagen wie »Ich bewerbe mich bei der Friedrich-Ebert-Stiftung, weil sie eine der größten Studienstiftungen ist« sind weit weniger

> **Tipp**
>
> **Mind-Mapping zur Vorbereitung auf Fachfragen**
> »Vor meinem Auswahlgespräch bei der Friedrich-Ebert-Stiftung habe ich lange darüber nachgedacht, in welchen Themenbereichen ich in meinem Studienfach und im Allgemeinen gut bin. Ich hatte besonders viel Interesse im Gespräch über das Thema Politik, insbesondere Bildungspolitik zu reden. Die Aspekte, die ich als wichtig ansah, habe ich in Mind-Maps visualisiert und dabei erkannt, wo ich noch einige Lücken hatte. Diese Lücken habe ich dann durch Recherche versucht zu füllen. Für dieses Gespräch war das eine super Grundlage.«
> *Ein Stipendiat der Friedrich-Ebert-Stiftung*

aussagekräftig und können schnell durch Rückfragen wie: »Und warum bewerben Sie sich dann nicht bei der Konrad-Adenauer-Stiftung? Die ist doch auch groß.« in Zweifel gezogen werden.

Punktuelle Fragen können jeden Bereich des Stipendienprogramms, das Engagement der Stipendiaten oder das Leben und Wirken des Namensgebers betreffen. Gerade weil es unmöglich ist, sich auf alle theoretisch möglichen punktuellen Fragen vorzubereiten, ist es sinnvoll, sich einen Überblick über die folgenden drei bzw. vier Themenbereiche aus dem Umfeld einer jeden Institution, die sich in der Studienförderung engagiert, zu verschaffen:

- Die Geschichte der Institution
- Das Engagement der Institution
- Die Bedeutung des Namensgebers bzw. Gründers der Institution.
- Sowie im Falle einer politischen bzw. religionsnahen Stiftung: Die Geschichte und Einstellungen der nahe stehenden Partei bzw. Religion.

Über die ersten beiden Punkte kann man sich durch Recherche auf den Homepages der Einrichtung in der Regel einen guten Überblick verschaffen. Grundlegendes Wissen bezüglich des vierten Punktes sollte durch Zeitungslektüre vorhanden sein. Dieses Wissen kann durch themenbezogene Recherche auf den Internetauftritten der Parteien bzw. Kirchen noch ausgebaut werden. In der Recherche sollten insbesondere die individuellen Standpunkte zu aktuellen gesellschaftlich-politischen Debatten in den Blick genommen werden.

Auch über den dritten Punkt, das Leben und Wirken des Namensgebers bzw. Gründers, kann sich im Internet informiert werden. Für eine tiefgründige Recherche macht es aber Sinn, eine Biografie oder ein Geschichtsbuch zur Hand zu nehmen. Zum einen reflektieren Onlinequellen in vielen Fällen nicht ausreichend den Einfluss, den eine Person auf ihre Zeit genommen hat. Zum anderen sind zu einigen Namensgebern großer Förderwerke online generell zu wenig Informationen verfügbar.

Checkliste: Einzelinterviews

Fragen zu ...	To Do's vor dem ersten Interview	Erledigt
dem eigenen Lebenslauf	Bewerbungsunterlagen noch einmal durchgelesen	☐
	Überlegt, welche Verbindungen es zwischen Stationen des Lebenslaufes gibt	☐
	Begründungen für wichtige Entscheidungen im Werdegang noch einmal reflektiert	☐
persönlichen Zielen	Eigene Ziele reflektiert und notiert	☐

der Allgemein-bildung	In den Tagen vor der persönlichen Vorstellung die Nachrichten verfolgt	☐
dem Fachwissen	Grundlegende Themenbereiche des eigenen Studienfachs angeschaut (zum Beispiel zentrale Theorien, bedeutende Köpfe, aktuelle Debatten)	☐
dem Stipendien-programm	Sich über die Geschichte der fördernden Institution informiert	☐
	Das Leitbild bzw. die Leitbilder der Einrichtung verstanden	☐
	Engagement der Organisation recherchiert	☐
	Sich über den Namensgeber bzw. das Stifterunternehmen informiert	☐
	Sich über nahestehende bzw. verbundene Institutionen (Parteien, Kirchen, etc.) informiert	☐

Klausur und Essay

Bei einer Reihe von Studienförderern, darunter die Konrad-Adenauer- und die Hanns-Seidel-Stiftung, umfasst die persönliche Vorstellung auch eine Klausur und/oder ein Essay. Anders als in Klausuren in der Schule oder an der Universität geht es hier nicht um das Abfragen von Fachwissen. Das wäre auch allein schon aus Gründen der Chancengleichheit nicht möglich. Vielmehr geht es darum festzustellen, ob der Bewerber über ein fundiertes Allgemeinwissen verfügt, eine eigene Meinung zu Themen hat und diese in einer strukturierten Argumentation darlegen kann. Je nach Studienförderer liegt der Schwerpunkt in der Klausur mehr auf dem Abfragen der Allgemeinbildung, dem Wissen über die Institution und ihre Weltanschauung oder der Fähigkeit, eine eigene Meinung zu entwickeln und diese zu formulieren. Beispiele für Meinungsfragen, die in Auswahlverfahren gestellt wurden, sind

- »Welcher Organisation würden Sie Geld spenden und warum?«
- »Warum haben Sie sich für Ihr Studienfach entschieden?«
- »Welchen Beruf möchten Sie ausüben und warum?«

Parteinahe Stiftungen fragen insbesondere auch nach der Einstellung des Bewerbers zu einem politischen Thema. Typische Fragen, die sich aus der politischen Situation in den letzten Jahren ergaben, waren:

- »Welche Rolle sollten Eliten in der Gesellschaft übernehmen?«
- »Wie schätzen Sie die aktuelle Diskussion zum Thema Ehe und Scheidung ein?«
- »Sollte die Türkei der Europäischen Union beitreten dürfen?«
- »Sollten deutsche Unternehmen vor ausländischen Staatsfonds geschützt werden?«
- »Sollte Deutschland aus der Atomkraft aussteigen?«

Gerne wollen Studienförderer in einem Essay auch erfahren, wie gut sich die Bewerber mit der Institution an sich, ihrem Namensgeber oder der Weltanschauung, für die sie eintritt, auskennen. Fragestellungen aus diesem Bereich, die in ähnlicher Form in Klausuren in den letzten Jahren vorkamen, sind zum Beispiel:

- »Welche Namen verbinden Sie mit dem Begriff der ‚Sozialen Marktwirtschaft'?«
- »Was ist der Unterschied zwischen einem totalitärem und einem demokratischen System?«
- »Wofür steht der ‚Namensgeber der Stiftung'?«
- »Was kennzeichnet das christliche Menschenbild?«

Viele dieser Fragen könnten so oder in ähnlicher Form auch in einem Interview gestellt werden. Die Beispiele unterstreichen noch einmal, wie wichtig es ist, vor dem Auswahlverfahren Zeitung zu lesen, sich über die jeweilige Institution zu informieren. Prinzipiell ist keine methodische Vorbereitung auf diesen Abschnitt des Bewerbungsverfahrens notwendig. Wenn man sich aber nicht mehr ganz sicher ist, wie ein Aufsatz strukturell am besten aufgebaut ist, ist es klug, sich Methoden für das Verfassen eines Aufsatzes noch einmal anzuschauen.

Klausur- oder Essayaufgaben von Studienstiftungen sind so gestellt, dass immer viele Argumente zu berücksichtigen sind und dass es nicht die eine »richtige« Antwort auf die gestellte Frage gibt. In Summe geht es in diesen Aufgaben darum, die zentralen Pro- und Contra-Argumente zu sammeln und diese strukturiert darzustellen. Studienförderer versuchen so festzustellen, wie gut jemand dazu in der Lage ist, sich in einer komplexen Fragestellung zurecht zu finden, die relevanten von den weniger relevanten Informationen zu trennen und abschließend seine eigene Meinung sinnvoll zu begründen. Zudem zeigt sich so natürlich auch, wie gut der Bewerber über einen wichtigen Sachverhalt informiert ist.

Beim Schreiben eines Essays gilt es, drei Herausforderungen zu überwinden. Die erste Herausforderung ist es, alle wichtigen Argumente zu sammeln. Die zweite ist es, die Argumente zusammenhängend zu betrachten und zu gewichten, um aus einer Gegenüberstellung sinnvolle Rückschlüsse ziehen zu können. Die dritte, und für viele Bewerber schwierigste Aufgabe, ist es, eine Struktur zu entwerfen, die den Leser durch den Text führt und ihm den Gedankengang des Autors verdeutlicht. Sind diese Herausforderungen gemeistert, geht es nur noch darum, die Gedanken zu Papier zu bringen.

Für keine der drei Herausforderungen gibt es ein Patentrezept, aber zumindest für die letzte Aufgabe können Hilfestellungen gegeben werden. Dies soll anhand des Beispielthemas »Soll sich die Bundesregierung für einen EU-Beitritt der Türkei einsetzen?« illustriert werden. Grundsätzlich gilt: Die Struktur des Essays sollte so einfach wie möglich sein, insbesondere wenn die Zeit für das Schreiben knapp ist. Wie ein Schulaufsatz sollte auch ein Essay aus Einleitung, Hauptteil und Schluss bestehen. In die Einleitung gehören unter anderem eine kurze Erläuterung des Themas, die zum Beispiel so beginnen könnte: »Dieser Aufsatz befasst sich mit der Frage, ob sich die Bundesregierung für einen EU-Beitritt der Türkei einsetzen sollte. Hintergrund dieser Fragestellung ist, dass ...«. Ebenso gehört in die Einleitung eine kurze Erklärung der Art und Weise, wie sich dem Thema genähert werden soll. Dies könnte zum Beispiel wie folgt begonnen werden: »Ich werde zunächst die Argumente, die für einen Beitritt sprechen, vorstellen und anschließend mit denjenigen fortfahren, die dagegen sprechen. Auf Grundlage dieser Diskussion werde ich im Schlussteil meine eigene Meinung darlegen.«

Im Hauptteil werden die einzelnen Argumente diskutiert. Wichtig ist dabei eine logische Struktur. Zum Beispiel können zunächst alle Contra- und dann alle Pro-Argumente genannt werden. Ebenso kann die Argumentation auch nach Sachkriterien wie politischen, wirtschaftlichen oder religiösen Aspekten geordnet werden. Des Weiteren ist es möglich, beide Strukturen zu verbinden und jeweils Pro- und Contra-Argumente eines Sachbereichs gegenüber zu stellen. Dies ist aber ungleich schwieriger und sollte nur dann versucht werden, wenn man über ausreichend Übung im Verfassen von Argumentationen verfügt und sich gut mit dem spezifischen Thema auskennt. Die Vorstellung der Argumente im Hauptteil sollte möglichst objektiv stattfinden, das heißt der Autor sollte seine eigene Meinung außen vor lassen und sich rein auf die Beschreibung der Fakten begrenzen. Das ist wichtig, weil eine Argumentation einen Leser bzw. Zuhörer nur dann überzeugen kann, wenn er die Argumente versteht und sachlich überzeugend findet. Werden diese Argumente aber mit der eigenen Meinung des Autors vermischt, nicht objektiv dargestellt oder im schlimmsten Fall sogar falsch wiedergegeben, wirkt die Argumentation unglaubwürdig.

In den Schlussteil gehört die Bewertung der Argumente. Dabei sollte zum Ausdruck kommen, ob es deutlich mehr Pro- oder Contra-Argumente gibt und ob einzelne Argumente besonders hervorstechen. Im Anschluss an diese Beurteilung steht die persönliche Meinung, die mit der Diskussion und der Bewertung der Argumente begründet wird. Im gewählten Beispiel könnte die persönliche Meinung zum Beispiel so formuliert werden: »Meine Analyse zeigt, dass ein EU-Beitritt der Türkei politische Chancen und Risiken birgt. Weil die Türkei sich aber politisch rasch weiterentwickelt und zudem ein immer bedeutender Wirtschaftspartner für die Bundesrepublik Deutschland wird, sollte sich die Bundesregierung meiner Meinung nach für einen Beitritt der Türkei zur Europäischen Union einsetzen.« Wichtig ist, dass die persönliche Meinung eine Antwort auf die Fragestellung gibt und nicht davon abschweift. Das heißt aber nicht, dass am Ende des Essays immer ein klares »Ja« bzw. »Ich bin dafür« oder ein eindeutiges »Nein« bzw. »Ich bin dagegen« stehen muss. Die eigene Meinung kann auch einen Mittelweg darstellen. So kann ein Kompromissvorschlag formuliert werden: »Die Argumente zeigen, dass die Türkei ein wichtiger Handelspartner für Deutschland ist. Insofern erscheint ein EU-Beitritt attraktiv, weil so der kulturelle und ökonomische Austausch zwischen den EU-Mitgliedsstaaten und der Türkei weiter ausgebaut werden kann. Da es aber noch eine Vielzahl politischer und kultureller Unterschiede zwischen der EU und der Türkei gibt, denke ich, dass sich die Bundesregierung zum jetzigen Zeitpunkt nicht für einen EU-Beitritt, wohl aber für eine stärkere Partnerschaft von EU und Türkei einsetzen sollte.«

Die lösungsorientierte Struktur
Nicht in allen Essays wird nur nach der eigenen Meinung gefragt. Es gibt auch Aufgabenstellungen, in denen nach konkreten Lösungsansätzen gefragt wird. Statt: »Soll sich die Bundesregierung für einen EU-Beitritt der Türkei einsetzen?« kann die Frage auch lauten: »Wie soll sich die Bundesregierung in der Frage um einen EU-Beitritt der Türkei verhalten?« Diese Art der Fragestellung ist ein wenig komplizierter, weil der Bewerber ein eigenes Handlungskonzept vorschlagen soll anstatt »nur« eine Meinung zu formulieren. Bei einer solchen Frage hat sich die sogenannte »Dialektische Methode« als besonders hilfreich erwiesen. Hierbei wird zunächst das eine Extrem der Handlungsoptionen, im gegebenen Beispiel ein Einsatz der Regierung für einen EU-Beitritt der Türkei, und dann das andere Extrem, eine Opposition der Regierung gegen einen EU-Beitritt der Türkei, vorgestellt.[11]
Diese beiden Optionen stellen die These und die Antithese der Argumentation dar. Aus der Diskussion und Verbindung von These und Antithese wird dann die Synthese entwickelt. Im gegebenen Fall wäre dies zum Beispiel der Einsatz für eine privilegierte Partnerschaft von Europäischer Union und Türkei. Die Synthese muss aber keinesfalls die Mitte aus beiden Positionen darstellen, sie kann auch deutlich mehr an die These oder die Antithese angelehnt sein. Auch muss diese Struktur nicht auf zwei Positionen begrenzt sein, sondern kann weitere Blickwinkel umfassen. Die Grundidee ist, dass verschiedene Ansätze verglichen werden und die guten Eigenschaften jedes Ansatzes zu einem neuen, insgesamt besseren Ansatz verbunden werden.

Es gibt eine ganze Reihe weiterer allgemeiner Tipps für Essays und Kurzaufsätze. Zu den wichtigsten gehören: Stichpunkte machen, Überschriften benutzen und Ordnungsbegriffe einsetzen. Der Tipp, Stichworte zu machen, ist vermutlich so alt wie das Thema Aufsatz an sich. Bevor mit dem Verfassen begonnen wird, macht es Sinn, wichtige Punkte stichwortartig aufzuschreiben und die Struktur grob auf einem Schmierblatt zu skizzieren. So wird verhindert, dass man mitten im Aufsatz feststellt, dass von Beginn an die falsche Richtung eingeschlagen wurde oder dass sich zu weit von der eigentlichen Fragestellung entfernt wurde.

Gerade bei komplexen Themen ist es wichtig, den eigenen Gedankengang für den Leser nachvollziehbar zu machen. So kann der Text zum Beispiel durch den Einsatz von Überschriften in mehrere kurze Absätze unterteilt werden, die jeder für sich einfacher nachzuvollziehen sind. Zudem kann sich der Leser durch die Überschriften schnell einen Überblick über das »große Ganze« der Argumentation verschaffen. Auch der Einsatz von Ordnungsbegriffen dient der besseren Strukturierung eines Textes. Ordnungsbegriffe wie »Erstens, Zweitens, Drittens«, »Zum einen – zum anderen«, »Sowohl – als auch« zeigen an, dass Argumente einer bestimmten logischen Struktur folgen und stellen klar heraus, an welcher Stelle eine Aufzählung von Argumenten beginnt und wo sie aufhört.

Präsentation und Moderation
Der Abschnitt »Präsentation und Moderation« wird in zunehmendem Maße ein fester Bestandteil persönlicher Bewerbungsverfahren. Neben anderen Studienförderern setzt auch die Studienstiftung des deutschen Volkes auf dieses Bewerbungsformat. In der »Präsentation und Moderation« geht es darum, dass jeder Bewerber ein Thema vor einer Gruppe von Mitbewerbern und Gutachtern präsentiert und die anschließende Diskussion leitet. Innerhalb der Gruppe von Bewerbern ist also jeder Schüler bzw. Student einmal Dozent, einmal Moderator und einige Male Zuhörer bzw. Diskussionsteilnehmer. Der Grund dafür, dass das Format »Präsentation und Moderation« in den Bewerbungsverfahren von Studienförderern zunehmend an Bedeutung gewinnt, ist, dass dabei eine Vielzahl von Begabungen und Eigenschaften des Bewerbers beobachtet werden können. Dazu gehören folgende Fähigkeiten wie:
- sich für ein Thema zu begeistern
- ein kompliziertes Thema logisch zu durchdringen
- einen Sachverhalt verständlich zu präsentieren
- auf die Meinung anderer Menschen einzugehen
- auf unvorhergesehene Fragen bzw. Kritik reagieren zu können

Vielen Schülern und Studenten liegt dieser Teil des Bewerbungsverfahrens am wenigsten, weil sie dabei unweigerlich im Zentrum der Aufmerksamkeit stehen. Andererseits ist kein anderer Teil der persönlichen Vorstellung durch solide Vorbereitung so gut steuerbar wie dieser. Aus diesem Grund birgt dieser Abschnitt sehr große Chancen für jeden Bewerber. Wer dennoch an seinen eigenen Präsentations- und Moderationsfähigkeiten zweifelt, sollte sich vor Augen halten, dass es Studienförderern nicht primär darum geht, die rhetorischen Fähigkeiten des Bewerbers zu überprüfen, sondern festzustellen, inwieweit der Bewerber über studienrelevante Schlüsselqualifikationen wie Selbstmotivation, Kommunikations- und Teamfähigkeit sowie logisches Denken verfügt.

Die Grundlage für eine erfolgreiche Präsentation und Moderation ist eine gute Vorbereitung. Dies schließt die Wahl bzw. Aufbereitung eines geeigneten Themas und Übung im freien Vortragen ein. Im Folgenden geht es zunächst um die Auswahl eines geeigneten Themas, bevor dann allgemeine Tipps zu Vortrags- und Diskussionsgestaltung gegeben werden.

> **Präsentation und Moderation**
> »Während des Bewerberwochenendes der Studienstiftung gehörte ich zu einer fünfköpfigen Gruppe von Erst- und Zweitsemestern. Jeder aus der Gruppe musste einen Vortrag halten und danach eine Diskussion zu dem Thema seines Vortrages organisieren. Für den Vortrag hatte ich kleine Handouts vorbereitet, allerdings konnten wir nicht auf einen Beamer oder Ähnliches zurückgreifen. Während einige Bewerber ihren Vortrag sehr genau vorbereitet hatten, arbeiteten andere noch am Vorabend an ihrem Konzept. Bei meiner Präsentation hat mir die richtige Wahl des Themas sehr geholfen: Ich habe über die Frage referiert, ob Sendeanstalten in der Kriegsberichterstattung auf sogenannte »eingebettete Journalisten« zurückgreifen sollten, wohl wissentlich, dass diese durch die Militärs beeinflusst werden. Das Thema war deshalb sehr gut, weil sich jeder etwas darunter vorstellen konnte und weil man anschließend kontrovers diskutieren konnte, ob es besser ist, auf eventuell geschönte Darstellungen zurückzugreifen oder gar nicht aus dem Kriegsgebiet zu berichten. Ebenso wichtig war es, dass ich mir für die Diskussion einige Argumente zurechtgelegt hatte, die ich einwerfen konnte, wenn die Diskussion stockte oder zu sehr in eine Richtung ging.«
> *Ein ehemaliger Stipendiat der Studienstiftung des deutschen Volkes*

Die Wahl eines geeigneten Themas

Warum ist die Themenwahl für eine gute Präsentation so wichtig? Diese Frage lässt sich am besten beantworten, wenn man sich in die Situation der Zuhörer am Tag des Auswahlverfahrens hineinversetzt: Alle Zuhörer haben schon den ganzen Tag konzentriert an Interviews teilgenommen und hören vielleicht schon die zweite oder dritte Präsentation. Aufgrund der Anspannung durch die Bewerbungssituation stellt sich unweigerlich eine gewisse Erschöpfung ein. Um die Mitbewerber dennoch zum Zuhören und Mitdiskutieren zu motivieren, bedarf es nicht nur einer guten Präsentation sondern vor allem eines Themas, das die Zuhörer begeistert. Ein Thema, das Begeisterung weckt, sollte über drei Eigenschaften verfügen: Es sollte interessant, verständlich und uneindeutig sein. Hinzu kommt, dass sich der Vortragende gut mit dem Thema auskennen sollte, damit er es authentisch präsentieren kann und sein eigenes Interesse für das Thema auf die Zuhörer übertragen kann. Aus diesem Grund ist es eine gute

Idee, die Fragestellung: »Welche Themen haben mich (in letzter Zeit) besonders zum Nachdenken angeregt?« als Ausgangspunkt für die Suche nach dem richtigen Thema zu wählen. Im Folgenden soll auf die drei Charakteristika eines guten Präsentationsthemas genauer eingegangen werden.

Ein interessantes Thema
Ein Thema muss interessant sein, damit es die Mitbewerber einfacher haben, zuzuhören und bereit sind, sich anschließend an der Diskussion zu beteiligen. Ganz allgemein lassen sich drei Typen von Themen ableiten, die Interesse wecken können:

- Erstens: die Beschreibung eines Sachverhaltes, der den Zuhörern unbekannt ist (zum Beispiel praktische Chancen der Quantenphysik)
- Zweitens: die Vertiefung eines Problems, das den Zuhörern nur oberflächlich bekannt ist (zum Beispiel die Auswirkungen des Antidiskriminierungsgesetzes)
- Drittens: die Betrachtung einer Angelegenheit, mit der alle Zuhörer gut vertraut sind, aus einer ganz neuen Perspektive (zum Beispiel die positiven Folgen von Waldbränden)

Diese Betrachtung zeigt, dass prinzipiell jede Präsentation, die nicht auf der Diskussion eines bekannten Themas mit bekannten Argumenten beruht, interessant sein kann. Diese Überlegung sollte aber keinesfalls zu dem Schluss führen, dass jedes potenziell interessante Thema auch für jede Zuhörerschaft bzw. für jeden Zuhörer gleichermaßen interessant ist. So kann es zum Beispiel sehr gut sein, dass sich einige Zuhörerinnen rein gar nicht für das Thema »Bedeutung der Abseitsregel für den Offensivfußball« begeistern können, auch wenn ihnen der Sachverhalt völlig neu ist. Konsequenterweise sollte bei der Auswahl eines interessanten Themas auch der Hintergrund der Zuhörerschaft berücksichtigt werden. Bewirbt man sich also beispielsweise bei der den Grünen nahestehenden Heinrich-Böll-Stiftung, so ist es wahrscheinlich, dass ein Thema wie Umweltschutz oder erneuerbare Energien Interesse wecken wird. Analog dazu ist es wahrscheinlich, dass sich viele Bewerber der Stiftung der Deutschen Wirtschaft für ein ökonomisches Thema begeistern können. Diese Beschreibung soll aber nicht zu dem Schluss führen, dass das Thema nach der Ausrichtung des Stipendienprogramms ausgewählt werden sollte. Natürlich gibt es einen großen Pool an Fragestellungen, die rein gar nichts mit der Ausrichtung der Förderinstitutionen zu tun haben und trotzdem interessant sind (vgl. Insider-Tipp »Präsentation und Moderation«).

Ein verständliches Thema

Ist ein Thema an sich zwar interessant, aber aufgrund der Komplexität oder der Kürze der Zeit in einer Präsentation schwer zu vermitteln, wird es wahrscheinlich auf wenig Gegenliebe bei den Zuhörern stoßen. Werden in kurzer Zeit sehr viele, anspruchsvolle Informationen vorgestellt, ohne das die Zuhörer diese sortieren können, fühlen sie sich entweder überfordert oder bekommen das Gefühl, dass die zentrale Aussage fehlt. In beiden Fällen ist es für die Mitbewerber schwer, sich auf eine Diskussion einzulassen, da sie das Gefühl haben, dass ihnen relevante Informationen fehlen. Aus diesem Grund ist es wichtig, schnell zum eigentlichen Kern des Referats zu kommen. In der Regel ist die Präsentationsdauer auf 15 Minuten begrenzt. Es bleibt vorab keine Zeit für die Vermittlung von viel Hintergrundwissen. Daher ist es wichtig, ein verständliches Thema zu wählen, das klar strukturiert vorgetragen werden kann.

Ein Thema ist also dann verständlich, wenn erstens kein Hintergrundwissen auf Seiten der Zuhörer vorausgesetzt wird und zweitens es nicht so umfangreich ist, dass sich die Mitbewerber in den präsentierten Fakten verlieren. Nun ist es natürlich so, dass jede Präsentation, in einem Auswahlverfahren genauso wie in der Schule oder der Universität, einem Minimum an Grundwissen auf Seiten der Zuhörerschaft bedarf. Folglich ist es wichtig, sich bei der Auswahl eines Referatsthemas einige Fragen zum Informationsstand der anderen Bewerber zu stellen: Studieren alle Bewerber ähnliche Fachrichtungen? Kommen alle Bewerber aus dem gleichen Kulturkreis? Über welche aktuellen politischen, kulturellen oder gesellschaftlichen Themen sind die Mitbewerber wahrscheinlich informiert? Bei der Bewerbung um ein Stipendium kann davon ausgegangen werden, dass alle Kandidaten grundlegend über aktuelle Nachrichten informiert sind und ein fundiertes Allgemeinwissen haben. Gleichzeitig ist normalerweise nicht davon auszugehen, dass alle Bewerber ähnliche Fachrichtungen studieren. Daher bieten sich Präsentationsthemen an, die einen Bezug zu politischen Ereignissen oder gesellschaftlichen Debatten haben. Im Gegensatz dazu sind Sachthemen, die sich auf das eigene Studium beziehen, oftmals zu spezifisch und für fachfremde Zuhörer schwer nachzuvollziehen. Zudem ist es wichtig, den Umfang der eigenen Präsentation klar zu definieren, da ansonsten die Gefahr besteht, zu sehr in die Breite und zu wenig in die Tiefe zu gehen. Dieses Risiko soll anhand des oft gewählten Themas »Chancen und Risiken der Biotechnologie« verdeutlicht werden. In einem Referat zu diesem Thema sollten die drei Kategorien der Biotechnologie – rote (medizinische), weiße (industrielle) und grüne (agrarische) Biotechnologie – voneinander unterschieden werden. Jedes dieser drei Felder impliziert ganz unterschiedliche Chancen und Risiken. So verspricht rote Biotechnologie unter anderem die bessere Bekämpfung schwer oder bislang gar nicht heilbarer Krankheiten, könnte aber im Extremfall auch zur Klonung von Menschen führen. Im Gegensatz dazu kann grüne Biotechnologie zum Beispiel dazu eingesetzt werden, um Pflanzen resistenter gegen Dürren und Schädlinge zu machen und somit das Erntevolumen, insbesondere in Entwicklungsländern, zu erhöhen. Gleichzeitig ist nicht absehbar, welche Auswirkungen die Aufnahme genmanipulierter Speisen für den Menschen hat. Die weiße Biotechnologie bietet große Chancen zum Beispiel bei der Substitution fossiler durch genmanipulierte Biobrennstoffe, birgt jedoch die Gefahr, dass die manipulierten Stoffe auch in die Nahrungskette von Menschen und Tieren gelangen. In einer 15-minütigen Präsentation, die sich allgemein mit der Gentechnologie auseinandersetzt, lässt sich jedes dieser drei Themengebiete allenfalls flüchtig ansprechen. Als Konsequenz dessen können in der sich anschließenden Diskussion die Vor- und Nachteile der Biotechnologie nur oberflächlich angesprochen werden. Auch wird die Diskussion nur schwer inhaltliche Klasse entwickeln können. Im Extremfall kann es passieren, dass die Teilnehmer in der Diskussion aneinander vorbeireden. Im oben genannten Beispiel kann es also vorkommen, dass der erste Diskutant für die rote, der zweite gegen die weiße und der dritte wiederum für die grüne Biotechnologie argumentiert. Im Gespräch würden dann »Äpfel mit Birnen« verglichen. Eine wichtige Hilfestellung für die Zuhörer ist, wenn man zu Beginn des Vortrages das Thema deutlich abgrenzt und darstellt, was und was nicht Gegenstand des Vortrags ist.

Ein uneindeutiges Thema
Da die Präsentation nicht nur Selbstzweck, sondern auch Ausgangspunkt für die anschließende Diskussion ist, sollte bei der Wahl des Vortragsthemas auch die »Diskutierbarkeit« der Fragestellung berücksichtigt werden. Damit sich eine intensive Debatte entwickeln kann, sollte es Diskussionsteilnehmer mit unterschiedlichen Meinungen geben, die bereit sind ihre konträren Argumente auszutauschen. Ein Risiko einer Präsentation mit anschließender Diskussion besteht darin, dass alle Teilnehmer die gleiche Meinung zu dem Thema haben und kein wirklicher Austausch von Argumenten stattfindet. Dieses Risiko besteht insbesondere bei Fragestellungen, die sich mit »Ja« oder mit »Nein« beantworten lassen. Ein Beispiel für solche Fragestellungen ist: »Sollte der Staat mehr Geld für Bildung ausgeben?« Dasselbe gilt für Themen, zu denen alle Mitbewerber vermutlich die gleiche Grundhaltung haben. Ein extremes Beispiel hierfür ist: »Sollten Streubomben verboten werden?« Um diese Gefahr zu minimieren, sollte ein uneindeutiges Thema gesucht werden, das mindestens zwei unterschiedliche Blickweisen zulässt. Ein zugegebenermaßen sehr allgemeines Beispiel hierfür ist: »Soll es ein generelles Nachtflugverbot auf deutschen Flughäfen geben?« In

diesem Fall werden vermutlich einige Zuhörer argumentieren, dass die Lebensqualität von den Flughafen-Anrainern durch nächtlichen Fluglärm entschieden beeinträchtigt wird. Andere Diskussionsteilnehmer werden die Haltung einnehmen, dass ein Nachtflugverbot dem Standort Deutschland schadet, da keine neuen Arbeitsplätze geschaffen bzw. bestehende gefährdet würden. Auch hierbei gilt natürlich, dass der Hintergrund der anwesenden Zuhörer berücksichtigt werden sollte. Trägt man dieses Thema zum Beispiel bei einer Stiftung vor, die sich dem Umweltschutz verschrieben hat, so wird es im Plenum zu dieser Fragestellung vermutlich eine relativ eindeutige Haltung geben.

Hilfreiche Strategien
Rhetorische Fähigkeiten stehen im Normalfall nicht im Mittelpunkt der Bewertung durch die Gutachter. Aus diesem Grund, und aufgrund der Tatsache, dass es den Rahmen dieses Buches sprengen würde, wird auf eine Einführung in die Methoden der Rhetorik verzichtet. Stattdessen werden an dieser Stelle selektiv einige Tipps zur Vorbereitung von Präsentation und Moderation gegeben. Wer sich dennoch bei dem Gedanken, eine Präsentation vor unbekannten Zuhörern halten zu müssen, unwohl fühlt, dem sei dazu geraten sich über die Grundlagen der Rhetorik und des Präsentierens zu informieren.

Präsentation
Im Grunde genommen gestaltet sich die Ausarbeitung der Präsentation im ersten Schritt ähnlich zum Verfassen eines Aufsatzes. So muss das Thema recherchiert und eine Struktur, im Idealfall mit Einleitung, Hauptteil und Schluss entwickelt werden. Im zweiten Schritt muss dann der schriftliche Argumentationsstil in einen mündlichen Vortragsstil überführt werden. Konkret bedeutet dies, dass im Redemanuskript überlange Sätze gekürzt, schwierige Sachverhalte vereinfacht und gute Beispiele und Aufhänger für die Kernaussagen vorbereitet werden. Viele Probleme, die im Verlauf einer Präsentation entstehen, können bereits durch eine überzeugende Einleitung verhindert werden. Umso komplexer die Fragestellung, umso sinnvoller ist es im Anschluss an die thematische Abgrenzung, die Struktur der Präsentation kurz zu erläutern. Darüber hinaus sollte man eingangs auch klar stellen, ob man Fragen während der Präsentation zulässt oder die Zuhörer bittet, diese zu sammeln und am Ende in der Diskussion zu stellen. Interesse kann bei der Zuhörerschaft gleich zu Beginn des Vortrags, zum Beispiel durch ein Zitat, eine Zahl oder die Nennung eines geschichtlichen Ereignisses, geweckt werden. Beispiele für Einleitungen mit solchen Aufhängern sind:

- »Sechs Millionen [kurze Pause] – So viele Kinder sterben pro Jahr an Hunger! In meinem Referat möchte ich mich mit der Frage befassen, ob grüne Gentechnik gesetzlich erlaubt werden sollte, um den Hunger auf der Welt zu bekämpfen.«
- »Noch nie wurden in Afghanistan Besatzer geduldet. 1842 wurden die britischen Kolonialtruppen am Khyber-Pass vernichtend geschlagen und in den 1980er Jahren vertrieben die Mudschaheddin die Rote Armee vom Hindukusch. In meinem Referat möchte ich mich der Frage widmen, ob der militärische Einsatz der Bundeswehr in Afghanistan überhaupt eine Aussicht auf Erfolg haben kann.«
- »‚Ich denke, dass es einen Weltmarkt für vielleicht fünf Computer gibt' – Das sagte 1943 Thomas Watson, der damalige Vorstandsvorsitzende von IBM [kurze Pause] – Das Zitat zeigt wie unberechenbar technologischer Fortschritt ist. Trotzdem möchte ich in meinem heutigen Referat vorstellen, welchen Stellenwert Technik im Haushalt im Jahr 2020 haben könnte.«

Ein Mittel, das vor allem im Hauptteil einer Präsentation eingesetzt werden kann, ist die klare Benennung von Thesen oder Entscheidungsmöglichkeiten. So können schon frühzeitig Hinweise für die darauf folgende Diskussion gegeben werden. Mögliche Diskussionsansätze können hier direkt angesprochen werden, zum Beispiel so: »Es gibt also drei Möglichkeiten: Einen sofortigen Ausstieg aus der Atomkraft, einen 10-Jahres-Plan zum Ausstieg oder der Ausstieg aus dem Atomausstieg.« Zur Einleitung der Diskussion ist es hilfreich, am Ende der Präsentation noch einmal die Kernaussagen zusammenzufassen und das Gespräch förmlich einzuleiten. In der Regel ist es besser am Schluss der Präsentation keine eigene Meinung zu äußern, da dies die Gefahr birgt, dass niemand dem besser informierten Dozenten widersprechen möchte und keine Diskussion zustande kommt. Zum guten Stil gehört es, sich nach Ende der Präsentation zu erkundigen, ob es noch Fragen zum Vortrag gibt.

Für die weitergehende Recherche zum Thema Präsentation bzw. Rhetorik sei insbesondere auf die Publikation »Die Macht der Rhetorik. Besser reden – mehr erreichen« von R. Braun verwiesen. Sie bildet eine gute Basis, um sich mit dem Thema Rhetorik, das unglaublich viele verschiedene Facetten besitzt, auseinanderzusetzen. Doch die Fähigkeit, überzeugend zu reden, lernt man schlussendlich erst dadurch, dass man wiederholt vor und mit anderen Menschen spricht.

Moderation
In der Diskussion muss der Moderator auf verschiedene Dinge achten. Die erste Aufgabe des Moderators ist, von der Präsentation zur Diskussion überzuleiten. Dazu kann er auf mögliche Fragen der Zuhörer eingehen oder eine vorbereitete Frage in den Raum stellen. Ein Beispiel dafür wäre »Im Anschluss an meinen Vortrag stellt sich die zentrale Frage: »Wie soll sich die Regierung nun verhalten?« Wie reagiert man als Moderator, wenn sich die Diskutanten bezüglich der Antworten auf die Eingangsfrage schnell einigen können? In diesem Fall

sollte der Referent weitere Argumente parat haben, die im bisherigen Konsens unberücksichtigt blieben und die Mitbewerber somit zur weiteren, tiefergehenden Argumentation anregen. Der Vortragende sollte genug Argumente vorbereitet haben, um eine 10-minütige Diskussion moderieren zu können – vorausgesetzt, dass nicht explizit in den Vorbereitungsunterlagen eine andere Zeitdauer für die Diskussion genannt wird.

Eine zusätzliche Aufgabe des Moderators ist es, einer zu starken Einseitigkeit der Diskussion entgegenzuwirken. Wird also nur für oder gegen eine Haltung argumentiert, sollte er dazu in der Lage sein das ein oder andere Argument einzuwerfen, dass die vorherrschende Meinung in Frage stellt. Der Bewerber sollte also immer vorab Pro- und Contra-Argumente gesammelt haben. Hilfreich ist es, eine Tabelle zu erstellen, in der auf der einen Seite die Pro- und auf der anderen die Contra-Argumente eingetragen werden. Somit ist im Vorfeld dafür gesorgt, dass der Moderator eine ungefähr gleiche Anzahl an Argumenten für oder gegen die eine Position einwerfen kann (vgl. untenstehenden Abschnitt »Stichwortzettel für eine Präsentation mit Moderation«).

Zudem liegt es am Moderator, alle Teilnehmer der Runde in die Diskussion zu integrieren. Diese Aufgabe ist besonders anspruchsvoll, weil der Moderator parallel auf mehrere Dinge achten muss. Dazu gehört erstens, in kurzer Zeit ein Gespür dafür zu entwickeln, ob ein Zuhörer von besonders aktiven Diskussionsteilnehmern eingeschüchtert ist und sich deshalb nicht zu Wort meldet. Zweitens fällt darunter, dass er darauf achten muss, selbst nicht zu sehr in die Debatte einzugreifen und Diskussionsteilnehmern Redezeit zu nehmen. Drittens gehört dazu, dass der Moderator seine Körpersprache kontrolliert und allen Zuhörern signalisiert, dass er sie als wichtige Teilnehmer in der Diskussionsrunde sieht. Eine Diskussion ist dann optimal, wenn sich eine Eigendynamik entwickelt und der Moderator überflüssig ist. Folglich sollte es Aufgabe des Moderators sein, der Diskussion zu einer Eigendynamik zu verhelfen und selbst im Hintergrund zu bleiben. Entgegen der Meinung vieler Bewerber zeichnet es den Moderator gerade nicht aus, wenn er der präsenteste Diskussionsteilnehmer ist. Vielmehr sollte er versuchen, eine für die anderen Diskussionsteilnehmer angenehme Autorität zu entwickeln, die nach dem Prinzip eingreift: so wenig wie möglich und so viel wie nötig.

Gegen Ende der Diskussionszeit kann der Moderator die Argumente des Gesprächs noch einmal zusammenzufassen, einen möglichen Konsens (Synthese) aus dem Gespräch formulieren und die Teilnehmer fragen, ob auch sie diesen Konsens als Essenz von Vortrag und Diskussion verstehen. Diese Zusammenfassung kann sich z. B. so anhören: »Abschließend möchte ich zusammenfassen: Insgesamt sehen wir den Weg einer priveligierten EU-Partnerschaft für die Türkei als sinnvollstes Ergebnis. Es besteht aber auch Einigkeit darüber, dass die Türkei das Recht haben sollte, der EU beizutreten, wenn sie den eingeschlagenen Weg fortführt. Kann jeder dieser Zusammenfassung zustimmen?«

Stichwortzettel für eine Präsentation mit Moderation
Freies Vortragen ist wichtig, damit ein Thema bei den Zuhörern ankommt und ihr Interesse weckt, mitzudiskutieren. Als Gedankenstütze für einen gelungenen Vortrag hat sich ein Stichwortzettel – als einfacher Zettel oder in Form von Karteikarten – bewährt.

Ein Stichwortzettel kann in zweierlei Hinsicht eine Hilfe sein: Erstens ist er ein Rettungsanker, wenn man einmal den Faden in seinem Vortrag verloren hat. Selbst den erfahrensten Moderatoren entfällt während eines Vortrags mal ein Argument, das sich durch einen kurzen Blick auf den Stichwortzettel wiederfinden lässt. Hierfür muss der Stichwortzettel die Voraussetzungen erfüllen, dass er übersichtlich ist und prägnant die wichtigsten Stichworte zum Thema enthält. Zweitens kann ein Stichwortzettel die zentralen Pro- und Contra-Argumente zu einem Thema beinhalten. Eine solche Gegenüberstellung hilft, die sich anschließende Diskussion thematisch vielschichtig zu gestalten und immer eine Reserve an Argumenten zu haben, wenn den Diskussionsteilnehmern keine Argumente mehr einfallen.

Das untenstehende Beispiel illustriert die Anforderungen an einen Stichwortzettel. Zur besseren Lesbarkeit ist dieser relativ ausführlich gehalten. Für ein Referat empfiehlt es sich, statt auf ganze Sätze, auf Schlagworte zurückzugreifen, damit man die Notizen schneller überfliegen kann. Weiter unten findet sich zudem eine Vorlage für den eigenen Stichwortzettel, der sich zum Üben und als Vorlage nutzen lässt.

Der Stichwortzettel – Beispielhaft

	Struktur des Referats	
Thema des Referats	• Griffiges Thema auswählen	»Embedded Journalists – Fluch oder Segen für die Kriegsberichterstattung?«
1. Aufhänger	• Ein Aufhänger (z. B. ein Zitat, eine Zahl), der die Aufmerksamkeit der Zuhörer auf die Präsentation lenkt	»775 (!) Journalisten und Kameramänner, und damit mehr Reporter als in jedem Krieg zuvor, begleiteten die alliierten Truppen im Jahr 2003 bei ihrem Einmarsch in den Irak.«
2. Einleitung	• Einführung in das Thema • Sicherstellen, dass alle Zuhörer den gleichen Wissensstand haben • Überleitung zu den Argumenten des Hauptteils	• Embedded Journalists sind Journalisten, die »eingebettet« in Kampfverbände von einem Kriegsschauplatz berichten • Im Vietnamkrieg wurden eingebettete Journalisten erstmalig im großen Maßstab eingesetzt • Noch nie haben so viele Journalisten von einem Krieg berichtet wie im Irak-Krieg 2003 • »In meinem Referat möchte ich die Frage stellen: Sollen Medien auf eingebettete Journalisten zurückgreifen oder sollte man gänzlich auf diese – und damit auch deren Live-Informationen – verzichten?«
3. Hauptteil	• Vorstellen zentraler Pro- und Contra-Argumente • Überleitung zwischen beiden Teilen formulieren	*Vorstellung der Pro-Argumente* • Noch nie gab es so viele Informationen aus einem Kriegsgebiet • Noch nie gab es so unmittelbare Bilder aus einem Kriegsgebiet • Eingebettete Journalisten können die Emotionen der Soldaten vermitteln, weil sie Bestandteil der kämpfenden Truppen sind *Vorstellung der Contra-Argumente* • Kriegsberichterstattung wandelt sich von faktenbasierter Berichterstattung zu »Infotainment« • Journalisten, die den Streitkräften gegenüber »kritisch« eingestellt sind, werden in der Regel nicht zugelassen
4. Schlussteil & Überleitung zur Diskussion	• Zusammenfassung der zentralen Aussage(n) des Referats • Einleitung der Diskussion durch eine Frage	*Zusammenfassung* • »Wie ich in meinem Referat dargestellt habe, gibt es Argumente für und gegen den Einsatz von eingebetteten Journalisten.« *Präsentation abschließen – Überleitung zur Diskussion* • »Und damit möchte ich nun die Frage in den Raum stellen: Sollen Medien auch in Zukunft auf Embedded Journalists zurückgreifen?«

Argumente zur Diskussion

Pro	Contra
• Gute Reporter können trotz versuchter Beeinflussung weiterhin unabhängig berichten	• Militärs und Regierungen können Embedded Journalists nutzen, um eine falsche Realität zu zeigen
• Mehr Information ist immer besser als weniger – der Empfänger der Nachrichten kann selbst entscheiden, was wahr und was falsch ist	• Journalisten, die mit Soldaten zusammenarbeiten, können dazu genötigt werden, einseitig zu berichten
• Militärs können entscheiden, dass bestimmte Passagen nicht gezeigt werden, embedded journalists liefern aber keine »falschen« Bilder	• Militärs können Embedded Journalists nutzen, um gezielt Fehlinformationen über den Kriegsgegner zu streuen oder bewusst Fehlinformationen zu verbreiten
• Embedded Journalists können die Realitäten im Kriegsgebiet unmittelbarer vermitteln, weil sie direkt mit Soldaten zusammenleben	• Die Berichterstattung durch Embedded Journalists kann zu einer Abstumpfung beim Zuschauer führen, der den Krieg als etwas »Normales« wahrnimmt

Stichwortzettel – zum Ausfüllen und Üben

Mein Thema	
Struktur des Referats	
1. Aufhänger	
2. Einleitung	
3. Hauptteil	
4. Schlussteil – Überleitung zur Diskussion	

Argumente zur Diskussion

Pro	Contra

Gruppendiskussion

Auch die Gruppendiskussion ist für einige Stiftungen, wie zum Beispiel die Studienstiftung der Deutschen Wirtschaft, die Konrad-Adenauer-Stiftung oder die Heinrich-Böll-Stiftung, ein wichtiger Bestandteil des Auswahlverfahrens. Die Gruppendiskussion unterscheidet sich in zwei Punkten von der Diskussion, die sich an eine von einem Bewerber vorbereitete Präsentation anschließt. Erstens wird das Thema durch die Gutachter, nicht durch die Bewerber, vorgegeben. Zweitens dauert diese Diskussion in der Regel mindestens eine Stunde und ist damit deutlich länger als das selbst vorbereitete Gespräch. Einige Themen, die in der Vergangenheit bei Auswahlseminaren diskutiert wurden, sind:

- »Sollten Killerspiele verboten werden?«
- »Sollte Deutschland Soldaten in den gefährlichen Süden Afghanistans schicken?«
- »Was für ein Unternehmenskonzept, das einen Mehrwert für die Gesellschaft bietet, sollte bei einem Wettbewerb für Unternehmensneugründungen eingereicht werden?«

Anders ist bei dieser Diskussion auch, dass es keinen Moderator gibt – es sei denn, die Gruppe bestimmt einen Teilnehmer als Moderator. Wie die anderen Formate auch bietet die Gruppendiskussion den Gutachtern die Möglichkeit, zu beobachten, ob ein Bewerber über bestimmte studien- und praxisrelevante Schlüsselqualifikationen verfügt. Im Falle der Gruppendiskussion sind dies zum Beispiel die Fähigkeiten, seine eigene Meinung auch gegen Widerstände vertreten zu können, Argumente anderer berücksichtigen zu können und einen Konsens zwischen unterschiedlichen Einstellungen herstellen zu können. Eine gute Möglichkeit, insbesondere in konfliktreichen Diskussionen einen Konsens herzustellen, ist das Harvard-Konzept, das nun vorgestellt wird.

Das Harvard-Konzept
Mit konträren Meinungen umzugehen, stellt eine besondere Herausforderung für Diskussionsteilnehmer dar, insbesondere wenn am Ende ein Kompromiss erreicht werden soll. Eine Methode, um scheinbar unüberbrückbare Meinungen zu einem Konsens zu führen, ist das Harvard-Konzept. Hierbei handelt es sich um eine durch den amerikanischen Rechtswissenschaftler Roger Fisher entwickelte, ergebnisorientierte Methode des Verhandelns. Die vier Maximen des Konzeptes sind:
1. Menschen und Probleme getrennt voneinander behandeln
2. Nicht Positionen, sondern Interessen in den Mittelpunkt stellen
3. Vor der Entscheidung verschiedene Wahlmöglichkeiten entwickeln
4. Das Ergebnis auf objektiven Entscheidungskriterien aufbauen

Der erste Aspekt bezieht sich darauf, dass Diskussionen oftmals emotional geführt werden und Gesprächsteilnehmer Gefühle und objektive Argumente vermischen. Das kann dazu führen, dass andere Diskussionsteilnehmer zunehmend gegen eine Person statt gegen deren Meinung argumentieren. Damit dass nicht passiert, gilt es, objektive Argumente in der Diskussion anzuführen und Menschen und Probleme getrennt voneinander zu betrachten. Der zweite Punkt besagt, dass in einer Diskussion »Positionen« von »Interessen« getrennt werden müssen. Der Begriff »Position« ist definiert als die Meinung eines Gesprächsteilnehmers. Diese kann sich von seinen Interessen unterscheiden. Beispiele für Positionen sind:
- »Ich bin gegen Atomenergie«
- »Ich bin für Studiengebühren«
- »Ich denke, dass das deutsche Schulsystem dreigliedrig bleiben soll.«

Was die drei Aussagen gemein haben, ist, dass sich durch sie auf eine einzige Handlungsalternative festgelegt wird. In einer Diskussion mit konträren Meinungen wird sich typischerweise nach Aussprechen einer solchen Aussage bei einigen Teilnehmern eine »innere Opposition« bilden, die sich in entgegen gesetzten Meinungen niederschlägt. Das Erfahren von Opposition führt dazu, dass sich die Diskussionsteilnehmer noch tiefer in ihren Positionen »vergraben« und ein Konsens in weite Ferne rückt. In einer Diskussion sollte statt über Positionen über die Interessen der Diskussionsteilnehmer gesprochen werden. Haben Gesprächsteilnehmer Positionen bezogen, ist eine Rückkehr zu einer sachlichen Diskussion durch das Stellen von »Warum-Fragen« möglich. Sind erst einmal die Interessen identifiziert, ist ein Konsens oftmals möglich. Ein Beispiel hierfür ist die Diskussion über den Ausstieg aus der Atomenergie. Typischerweise werden einige Diskussionsteilnehmer dafür, andere dagegen sein. Die Aktualität und Brisanz des Themas wie auch die konträren Positionen hierzu können dazu führen, dass die Diskussion schnell emotional wird. Dabei ist es durchaus möglich, dass Gegner und Befürworter das Interesse »Sicherheit in der Energiegewinnung« teilen: So mag der eine argumentieren, dass es zu einem atomaren Unfall in Deutschland kommen kann, während ein anderer sagt, dass es besser ist, Atomenergie in sicheren deutschen Kraftwerken zu gewinnen, als sie aus Nuklearkraftwerken aus dem Ausland zu importieren, die geringere Sicherheitsstandards haben. Ist dieses gemeinsame Interesse identifiziert und ausgesprochen, ist eine Konsenslösung möglich.

Der dritte und vierte Punkt besagen, dass die Chancen auf einen erfolgreichen Ausgang der Diskussion dadurch gesteigert werden können, dass im Verlauf des Gesprächs Wahlmöglichkeiten erarbeitet werden. Eine Auswahl an unterschiedlichen Diskussionsausgängen ermöglicht es einzelnen Teilnehmern mit abweichenden Meinungen, einer Lösung zuzustimmen. Damit dies gelingt, müssen alle Teilnehmer die Lösungsvorschläge einschätzen können, was wiederum nur dann gelingen kann, wenn die Vorschläge auf objektiv nachprüfbaren Eigenschaften beruhen.

Als ein Beispiel für das Wirken des Harvard-Konzepts, insbesondere der Fokussierung auf Interessen, nennt Fisher die israelisch-ägyptischen Verhandlungen um die Rückgabe der Sinai-Halbinsel im Jahr 1978. Der Hintergrund war, dass es israelischen Truppen im Sechs-Tage-Krieg von 1967 gelungen war, zahlreiche Gebiete der arabischen Nachbarstaaten zu besetzen, darunter die Sinai-Halbinsel, die vor Kriegsbeginn zu Ägypten gehörte. Israel entschied sich aufgrund von Sicherheitsinteressen für eine dauerhafte Besetzung des Sinais. Angesichts der militärischen Bedrohung durch umliegende arabische Staaten sollten Pufferzonen um die israelischen Staatsgrenzen vor 1967 errichtet werden. Ägypten unter Präsident Sadat war daran interessiert, den an Israel verlorenen Sinai zurück zu erhalten. Seine Position war es, den Sinai von Israel zurückzufordern. Die israelische Position war, den Sinai nicht zurückzugeben und ihn stattdessen als

> **Tipp**
>
> Eine ausführliche Beschreibung des Harvard-Konzepts findet sich in dem Buch »Das Harvard-Konzept« (amerikanischer Originaltitel: »Getting to Yes«) von R. Fisher, W. Ury und B. Patton, erschienen im Campus Verlag.

Pufferzone zu nutzen. Nach langen Verhandlungen konnte mithilfe des amerikanischen Präsidenten Carter ein Konsens zwischen den scheinbar unvereinbaren Positionen hergestellt werden. So wurde ein Tauschhandel »Land gegen Sicherheit« vereinbart, in dessen Folge sich israelische Truppen vom Sinai zurückzogen und die Halbinsel gleichzeitig demilitarisiert wurde.

Typen von Gruppendiskussionen
Je nach Auswahlverfahren kann die Gruppendiskussion ganz unterschiedlich gestaltet sein. Die Stiftung der Deutschen Wirtschaft weist zum Beispiel jedem Teilnehmer der Runde eine Meinung zu, die dieser dann erfassen und im Gespräch vertreten muss. Andere Stiftungen geben der Gruppe hingegen nur das Thema vor und beobachten dann, wie sich die Gruppe organisiert und die Diskussion des Themas strukturiert. Auch die Dauer der Debatte, die Anzahl der Teilnehmer sowie der Umfang bereitgestellter Hilfsmittel (Stift und Papier, Tafel, Flip-Chart, etc.) variiert.

Von allen möglichen Abschnitten im persönlichen Bewerbungsverfahren ist die Gruppendiskussion derjenige, der am schwierigsten vorzubereiten ist. Das liegt zum einen daran, dass der Bewerber keinen Einfluss auf das Thema hat und zum anderen daran, dass der Verlauf des Gespräches von der Zusammensetzung der Gruppe abhängt. Gerade deshalb sollte man sich vor Beginn der Debatte einige vorbereitende Gedanken machen. Ziel der Gruppendiskussion sollte es sein, die Meinungen aller Teilnehmer zu sammeln und daraus die bestmögliche Lösung zu erarbeiten. Daher ist es falsch, davon auszugehen, man müsse seine Meinung auf jeden Fall durchsetzen und sich als besonders durchsetzungsfähig profilieren.

Gesprächskultur
Zunächst ist es hilfreich, sich noch einmal die wesentlichen Grundsätze einer Diskussion vor Augen zu halten. Der wichtigste Grundsatz ist, dass man seinen Gesprächspartner über die Dauer der gesamten Debatte Respekt entgegen bringt. Dieser Respekt muss sich im tatsächlichen Diskussionsverhalten widerspiegeln. Beispiele für gute Diskussionssitten sind:
- Immer höflich und sachlich bleiben
- Sein Gegenüber aussprechen lassen
- Auf die Meinung anderer Bewerber eingehen
  (und nicht zum Beispiel im Anschluss an die Äußerung eines Mitbewerbers einfach das Thema wechseln)
- Keinen anderen Diskussionsteilnehmer bloß stellen
  (auch wenn dessen Beitrag falsch war)

Was passiert, wenn diese »guten Sitten« nicht eingehalten werden, lässt sich oftmals in Polit-Talkshows beobachten: Die Diskussion läuft aus dem Ruder und da sich die Diskussionsteilnehmer immer weiter verfeinden, ist ein Konsens kaum noch zu erreichen. Kommt es zu einer solchen Situation, sind es vor allem die aggressiven Diskussionsteilnehmer, die Sympathien beim Publikum verlieren, wohingegen diejenigen, die versuchen zu schlichten und auf eine sachliche Diskussion beharren, punkten können. Es bewährt sich gerade in öffentlichen Diskussion, einen »kühlen Kopf« zu bewahren: Das heißt, sich auch dann auf Sachargumente zu konzentrieren bzw. die Sachlichkeit der Debatte wiederherzustellen, wenn man sich persönlichen Angriffen ausgesetzt sieht.

Die eigene Rolle
Zudem ist es wichtig, sich vorab einige Gedanken darüber zu machen, welche Rolle in entscheidenden Situationen der Diskussion eingenommen werden soll. Auch wenn jede Gruppendiskussion ihren eigenen Lauf nehmen wird, gibt es doch einige kritische Momente, die in Gesprächen wiederkehren. Dazu gehören:
- Der Auftakt des Gespräches, in dem Unsicherheit darüber besteht, wie und wer die Diskussion anstoßen soll
- Ein Moment im Verlauf der Debatte, an dem es schwer scheint, Meinungsverschiedenheiten zu überbrücken
- Ein Abschnitt in der Diskussion, in dem einige Teilnehmer unsachlich werden und sich ggf. sogar persönlich angreifen
- Der Abschluss der Diskussion, wenn die Ergebnisse des Gespräches zusammengefasst werden

Wie sich ein Bewerber in diesen Situationen verhalten möchte, liegt ganz an ihm selbst. Allerdings gibt es einige Erfolgsrezepte, an die man, wenn sie zu einem passen, anknüpfen kann. Hierzu gehört es, am Anfang der Diskussion »das Eis zu brechen«, zum Beispiel dadurch, dass man eine kurze Vorstellungsrunde oder eine mögliche Struktur für das weitere Vorgehen vorschlägt. Gute Strategien, um eine festgefahrene Diskussion zu überbrücken, sind:
- Die bisher genannten Argumente noch einmal zusammenzufassen und Diskussionsteilnehmer, die sich bislang eher im Hintergrund gehalten haben, um ihre Meinung zu bitten (zum Beispiel so: »Deine Meinung haben wir noch gar nicht gehört – was meinst du denn eigentlich dazu?«)
- Eine demokratische Abstimmung vorzuschlagen, in der sich die Gruppe entscheidet, in welche Richtung man weiter diskutieren möchte

Wenn die Diskussion tatsächlich aus dem Ruder läuft, sollte man überlegen, ob man sich in erster Linie aus persönlichen Angriffen heraushält und im Hintergrund verbleibt oder ob man die Rolle eines Moderators übernehmen will und aktiv versucht, die Diskussion zur Sachlichkeit zurückzuführen.

Checkliste: Präsentation, Moderation und Gruppendiskussion

	Aufgaben	Erledigt
Präsentation und Moderation	Ein geeignetes Thema identifiziert und Grundstruktur der Präsentation überlegt	☐
	Stichwortzettel erstellt	☐
	Schriftliche Ausarbeitung in den Vortragsstil überführt	☐
	Wenn zugelassen bzw. gefordert: Powerpoint-Präsentation und Handouts ausgearbeitet	☐
	Das Vortragen der Präsentation geübt (zum Beispiel vor Freunden, der Familie oder einem Spiegel)	☐
Gruppen-diskussion	Wichtige Gesprächsregeln verinnerlicht	☐
	Gedanken über die Rolle gemacht, die in der Diskussion eingenommen werden soll	☐
	Überlegt, wie zu Beginn »das Eis gebrochen« werden und am Schluss die Diskussion zusammengefasst werden kann	☐

Tipp

Dresscode am Auswahltag
»Um kaum ein Thema wird vorher so viel Wind gemacht. Erlaubt ist, was gefällt und worin man sich wohl fühlt, solange einen die Prüfer nicht mit einem Landstreicher verwechseln. Und: Anzug und Krawatte können zu Hause bleiben, das kommt in einer Jugendherberge doch ziemlich lächerlich rüber.«
Benjamin Loy auf spiegel-online.de[12]

4. Der Auswahltag

Auch die beste Vorbereitung auf Interview, Diskussion oder Klausur kann eine gewisse Restnervosität nicht verhindern. Oftmals tauchen noch kurz vor den entscheidenden Gesprächen Fragen oder Zweifel auf. Einige Fragen, wie zum Beispiel »Was soll ich anziehen?« lassen sich durch rechtzeitige Vorbereitung sehr gut lösen. Zweifel an den eigenen Erfolgschancen können vielfach durch Reflexion entkräftet werden. Trotzdem wird sich ein gewisses Maß an Anspannung nie vermeiden lassen – und das ist auch gut so. Diese Anspannung ist notwendig, weil sie die Konzentration und Leistungsfähigkeit erhöht. Dieses Kapitel befasst sich mit Fragen, die sich bei vielen Bewerbern kurzfristig vor oder am Tag des Auswahlverfahrens stellen. Dazu wird eine Methode präsentiert, die helfen soll, die Erkenntnisse aus dem Auswahlprozess für zukünftige Bewerbungssituationen nutzbar zu machen.

Dresscode

Jeder Bewerber stellt sich die Frage: »Was soll ich anziehen?« Die Sorge, eventuell falsch angezogen zu sein, ist fast immer unbegründet. In vielen Bewerbungen hat sich gezeigt, dass es gut tut, sich schon einige Tage vor dem Termin des Auswahlgespräches für ein bestimmtes Outfit zu entscheiden. Wichtig ist, dass man sich in der Kleidung wohl fühlt und vor allem, dass man selbst das Gefühl hat, dem Anlass entsprechend angezogen zu sein. Für den einen kann das bedeuten, dass Jeans, Poloshirt und Pullover ausreichen, wohingegen ein anderer sich erst dann angemessen angezogen fühlt, wenn er Stoffhose und Sakko trägt. Für Studentinnen wie für Studenten gilt, dass man mit Kostüm bzw. Anzug und Krawatte in der Regel overdressed ist und sich vermutlich schnell unbehaglich fühlen wird. Die Wahl der Kleiderordnung sollte natürlich auch zu einem gewissen Grad von der Ausrichtung des Stipendienprogramms und dem Ort des Auswahlverfahrens abhängig gemacht werden.

Allgemein gilt, dass besonders Unternehmen, unternehmensnahe Stiftungen sowie Stiftungen mit exklusivem Anspruch auf einen guten Kleidungsstil achten. In diesen Fällen kann es gut sein, dass auf Hosenanzug oder Kostüm bzw. auf Anzug und Krawatte Wert gelegt wird. Ebenso ist es wahrscheinlich, dass bei einem Bewerbungsverfahren in einem guten Hotel viel eher auf gute Kleidung wert gelegt wird, als bei einem Auswahltag in einer Jugendherberge. Wer immer noch unsicher hinsichtlich des Kleidungsstils ist, der kann entweder ganz offen Kontakt zum jeweiligen Studienwerk aufnehmen und nachfragen oder sich bei der Wahl seines Outfits an der folgenden »Wäscheliste« orientieren.

Checkliste: Dresscode

	Kleidung		Erledigt
Schülerinnen/Studentinnen	Schuhe	Leder- oder Stoffschuhe	☐
		Kein übermäßig hoher Absatz	
	Hose/Rock	Jeans, Stoffhose oder -rock	☐
	Oberteil	Gebügelte Bluse oder einen schlichten Pullover	☐
		Nicht zu viele Farben kombinieren und auf grelle Farben verzichten	
	Accessoires	Kein allzu auffälliger Schmuck	☐
		Make-up dezent verwenden	
Schüler/Studenten	Schuhe	Leder- oder Stoffschuhe	☐
		Keine Turnschuhe	
	Hose	Eine ordentliche Jeans oder Stoffhose	☐
		Keine Jeans im Vintage-Style	
		Hose vorab bügeln oder zur Reinigung bringen	
	Hemd und Pullover	Ein schlichtes Poloshirt oder Oberhemd	☐
		Poloshirt oder Oberhemd vorher bügeln	
		Je nach Jahreszeit ein schlichter Pullover oder ein Sakko	

Timing

Wie bei allen Bewerbungen gilt: Pünktlichkeit ist Pflicht! Insbesondere wenn man nicht genau weiß, wo sich das Gesprächszimmer oder der Tagungsort befindet, sollte man mindestens eine halbe Stunde »Suchzeit« einplanen. Dreißig Minuten mögen nach viel Zeit klingen, doch es kann schnell passieren, dass man den Bus oder Zug verpasst oder sich die Suche nach dem Büro des Gesprächspartners vor Ort schwieriger als erwartet gestaltet.

Nervosität in den Griff bekommen

Vor der persönlichen Bewerbung sollte man beruhigt und selbstbewusst auf das bislang Geleistete zurückschauen. Es ist bereits ein Erfolg, dass die schriftliche Bewerbung bei den Repräsentanten der Stiftung das Interesse geweckt hat, den Bewerber kennenzulernen, der sich hinter den Unterlagen verbirgt. Es besteht also kein Grund, die eigenen Leistungen kleinzureden oder vor dem Gutachter bzw. den Mitbewerbern eingeschüchtert zu sein.

An dieser Stelle sollen zwei Techniken vorgestellt werden, die den Bewerber im Vorfeld der mündlichen Bewerbung dabei unterstützen, zusätzliche Sicherheit zu gewinnen und Selbstbewusstein aufzubauen. Die erste Technik ist das sogenannte »Anchoring« – eine einfache Methode, sich in eine positive Stimmung zu versetzen und gezielt Erinnerungen an frühere Erfolge zu aktivieren. Die zweite

Technik ist die »3x3 Methode«. Hierbei geht es darum, seine drei wichtigsten persönlichen Stärken zu identifizieren und diese gezielt im Auswahlverfahren zu kommunizieren.

Anchoring

Das Anchoring (Englisch für »Ankern« bzw. »Verankerung«) hilft dabei, sich vor einer Herausforderung in eine selbstsichere Stimmung zu versetzen. Ausgelöst werden die positiven Gefühle über einen sogenannten Trigger, der Erinnerungen und Gefühle reaktiviert, die man erfahren hat, als man eine vergangene Herausforderung gemeistert hat. Praktisch kann ein Trigger z. B. in einem simplen Schnipsen mit den Fingern, einem Klatschen oder einem anderen Zeichen bestehen.

»War es nicht ein gutes Gefühl, als man das Praktikumsangebot erhalten hat?« oder »War es nicht ein gutes Gefühl, in der letzten Klausur alle Fragen beantworten zu können?«. Solch positive Gefühle sollte man nicht brach liegen lassen, sondern sie mit in das Bewerbungsgespräch nehmen. Man vollzieht das Anchoring anhand von vier Schritten, die im Folgenden erläutert werden:

- positive Gefühle erinnern
- positive Situation nacherleben
- Anker setzen
- Anker einsetzen

> **Tipp**
>
> Eine ausführliche Beschreibung des Anchoring findet sich im Buch »NLP für Dummies« von R. Ready und K. Burton, erschienen im Wiley-VCH Verlag.

Wenn man die Nervosität vor einem Bewerbungsgespräch oder einer Präsentation im Rahmen einer Stipendienbewerbung bekämpfen möchte, liegt es nahe, sich positive Gefühle aus einer anderen Prüfungs- oder Bewerbungssituation vor Augen zu führen. Das kann die erfolgreich absolvierte Klausur sein; das kann aber auch etwas Kleines wie ein erfolgreiches Gespräch auf einer Karrieremesse oder ein gutes Feedback von einem Professor sein. Wichtig ist allein, sich an eine Situation zu erinnern, in der man sich in seiner eigenen Haut richtig wohl und selbstsicher gefühlt hat.

Ist solch eine Situation gefunden, sollte man sich kurz zurückziehen und einige Momente darauf verwenden, diese Situation noch einmal nachzuempfinden. Anchoring ist dann besonders erfolgreich, wenn man alle Facetten des positiven Erlebnisses nachempfindet. Dazu gehört zum Beispiel die Erinnerung daran,

- ob man positiv angespannt oder ganz entspannt war
- ob man gelächelt hat oder vielleicht einen zielgerichteten Blick hatte
- wie warm oder kalt es an dem Ort war
- wie sich die eigene Stimme angehört hat

Kurzum: Beim Anchoring sollte man alle seine Sinne dazu einsetzen, eine positive Erfahrung nachzuempfinden.

In dem Moment, in dem man die stärksten Emotionen empfindet, sollte man seinen »persönlichen Anker« setzen. Dieser verankert sich z. B. über das erwähnte Schnipsen mit zwei Fingern, das Ballen der Hand zur Faust oder das Auflegen der Hand auf die Stirn. Auf diese Weise sind die positiven Gefühle mit einer einfachen Bewegung verbunden. Das nächste Mal, wenn »der Anker geworfen« wird, erinnert sich unser Gehirn sofort an die positiven Gefühle und aktiviert eine positive, selbstsichere Stimmung. Diese kann nun in das Interview mitgenommen werden.

Es ist wichtig anzumerken, dass Anchoring nicht bei jedem Menschen gleich funktioniert. Während sich der eine eine positive Situation nur einmalig vor Augen führen muss, muss der andere diese Situation mehrmals nachempfinden und seinen Anker »auffrischen«. Und auch die Art des Ankers, die Menschen nutzen, ist ganz unterschiedlich: Einige Menschen nehmen eine Handbewegung, andere hören ein bestimmtes Lied, das sie an bisherige Erfolge erinnert. Wieder andere Menschen schauen sich ein bestimmtes Foto an. Ergo muss muss jeder für sich selbst herausfinden, welcher Anker am besten für ihn funktioniert.

Wer mehr zu dem Thema Anchoring erfahren möchte, der findet hierzu bei Wikipedia hilfreiche Einträge.

> **Tipp**
>
> **Ein Lied als Anker**
> »Wer sich nichts unter einem Anker vorstellen kann, sollte sich an die Bilder der deutschen Nationalmannschaft vor ihren Spielen bei der WM 2006 erinnern: Vor jedem Spiel hat sich das Team in der Kabine mit einem Lied von Xavier Naidoo eingestimmt und die Erinnerungen an die erfolgreichen vorherigen Spiele wieder wach gerufen. Das Lied war ein Anker für die Nationalspieler.«
> *Ein erfolgreicher Bewerber*

Die 3x3 Methode
Wie das Anchoring ist auch die 3x3 Methode eine Technik, um zusätzliche Selbstsicherheit zu gewinnen. Der Ausgangspunkt der »3x3 Methode« ist die Stärken-Tabelle. In diese Tabelle sollten die drei wichtigsten persönlichen Stärken eingetragen werden, die einem für die Bewerbung am wichtigsten erscheinen und mit denen man am Auswahltag besonders überzeugen möchte. Unter Stärken fallen hier sowohl Hard als auch Soft Skills: Unter dem Begriff Hard Skills werden solche Fähigkeiten zusammengefasst, die zum einen erlernbar und zum anderen messbar sind. Zu den Hard Skills gehören ausgeprägtes Fachwissen (belegbar zum Beispiel durch Noten, Teilnahme an Arbeitsgemeinschaften, etc.) und Methodenkompetenz (belegbar durch Zertifikate, Ausbildungsabschlüsse, etc.). Der Begriff Soft Skills beinhaltet eine ganze Reihe an nicht-messbaren Fähigkeiten, die sich auf das eigene Selbstbild und den Umgang mit anderen Menschen bezieht. Beispiele für Soft Skills sind Eigenverantwortlichkeit, die Möglichkeit zur Selbstreflexion, Teamfähigkeit und Kritikfähigkeit. Konkret könnte also »Mein gutes Fachwissen« genauso wie »Meine Fähigkeit mit Menschen zu arbeiten« als eine Stärke aufgenommen werden. Wichtig ist, dass die Stärken präzise formuliert und mit Beispielen belegt werden.

Wählt jemand zum Beispiel »Meine guten rhetorischen Fähigkeiten« als eine Stärke aus, die er im Auswahlverfahren einsetzen möchte, dann sollten ihm Stichworte wie »Freies Sprechen«, »Blickkontakt halten« oder »Fähigkeit zur Argumentation« zur Beschreibung einfallen. Er sollte dazu in der Lage sein, Beispiele zu nennen, in welcher Situation er diese Stärke schon einmal erfolgreich eingesetzt hat. Im persönlichen Auswahlverfahren kommuniziert man diese Stärke, indem man während der Präsentation Blickkontakt zu den Mitbewerbern hält, Aussagen durch intuitiv gewählte Beispiele erläutert und im Gespräch mit den Interviewpartnern das Gesagte veranschaulicht.

Wird hingegen »Mein Fachwissen« als Stärke aufgenommen, sollten Stichworte wie »Gute Noten im Abitur«, »Erfolgreiche Seminarteilnahme«, etc. in die Tabelle aufgenommen werden. Auf die Frage, welche Stärken man in die Studienförderung einer Stiftung einbringt, kann man dann selbstbewusst antworten: »Ich bin davon überzeugt, dass ich ein überdurchschnittlich gutes Studium absolvieren werde!«

3x3 Methode - Die Stärken-Tabelle

	Individuelle Stärke	Beschreibung	Beispiele für die Stärke
1			
2			
3			

Eine befüllte Stärken-Tabelle hilft dabei, das sich der Bewerber vor dem Auswahlverfahren noch einmal in Erinnerung ruft, dass es gute Gründe dafür gibt, dass er ein Stipendium erhält. Damit die Methode funktioniert, ist es wichtig, die eigenen Stärken realistisch einzuschätzen. Es geht nicht darum, möglichst wohlklingende Vorzüge zu formulieren, sondern positive Eigenschaften, auf die man selbst stolz ist.

Es ist wichtig, dass die Stärken schriftlich in der nachstehenden Tabelle fixiert werden (natürlich können auch andere Formate, als die dieses Buches, hierfür gewählt werden). Die Schriftlichkeit ist deshalb von Bedeutung, weil jeder Mensch dazu neigt, Gedanken schnell wieder zu vergessen oder je nach Tagesstimmung zu revidieren. Werden Ideen aber schriftlich fixiert, werden sie automatisch ehrlicher reflektiert und abgespeichert.

Es gibt noch einen weiteren Grund, warum es wichtig ist, dass man seine Stärken schriftlich festhält: Mit Sicherheit werden auf diese Auswahlgespräche weitere für Praktika, eine Festeinstellung oder andere Stipendienprogramme folgen. Jedes Interview, egal ob gut oder schlecht verlaufen, ist eine entscheidende Chance für das nächste zu lernen. Zwei Fragen, die man sich nach jedem Interview stellen sollte, sind: »Ist es mir gelungen meine Stärken richtig herauszustellen?« und »Habe ich die richtigen Stärken ausgewählt?« Somit kann der Bewerber immer überprüfen, wie er im »Eifer des Gefechtes« punkten kann.

An dieser Stelle kommt mit der Feedback-Tabelle der zweite Teil der 3x3 Methode ins Spiel. In dieser Tabelle soll im Anschluss an das Interview festgehalten werden, wie die vorab formulierten Stärken bei den Gesprächspartnern angekommen sind. Aus den Ergebnissen kann man für die Zukunft lernen, ob die relevanten Stärken angesprochen bzw. eingesetzt wurden und wie gut dies funktioniert hat. Dieser Schritt macht natürlich nur dann Sinn, wenn man sich die Tabelle vor dem nächsten Interview noch einmal ansieht. Mit Sicherheit findet jeder Bewerber nach jedem Interview einige Aspekte, die richtig gut gelaufen sind. Auch diese Punkte gilt es, sich für das nächste Interview zu merken! Genauso gibt es sicherlich auch Dinge, die nicht gut funktioniert haben und an denen vor dem nächsten Interview gearbeitet werden sollte.

3x3 Methode – Die Feedback-Tabelle

	Stärke	War die Eigenschaft für die Gesprächspartner relevant?	Wie wurde die Stärke kommuniziert?
1			
2			
3			

Im dritten Schritt der 3x3 Methode muss überlegt werden, ob die drei genannten Stärken in zukünftigen Interviews weiter verfolgt werden sollten und wenn ja, wie diese Stärken weiter ausgebaut werden können. Ebenso ist es denkbar, eine neue Eigenschaft in die Tabelle aufzunehmen. Ein wichtiger Aspekt dabei ist die Analyse, welche Stärken die Aussicht auf Erfolg erhöht haben und welche Eigenschaften die Interviewer nicht überzeugen konnten. Ein Indiz dafür, dass eine Stärke überzeugt hat, ist, dass sie im Gespräch vertieft wird oder natürlich, dass sie beim Feedback positiv hervorgehoben wurde. Im Umkehrschluss hatte eine Stärke vermutlich kaum positiven Einfluss, wenn sie vom Interviewer übergangen wurde bzw. das Gespräch schnell auf ein anderes Thema gelenkt wurde. Für die Evaluierung der eigenen Stärken dient die Kontrolltabelle. In die erste Spalte wird dabei eine Stärke eingetragen, die in zukünftigen Interviews die Aussicht auf Erfolg erhöhen kann. Dies kann eine der ursprünglichen Stärken sein, aber auch eine Eigenschaft, die sich erst im Verlauf des Bewerbungsprozesses als besonders hilfreich erwiesen hat. In die zweite Spalte wird eingetragen, wie man noch weiter an diesen Eigenschaften feilen, sie also perfektionieren kann. Vielleicht ist die individuelle Stärke auch schon sehr gut ausgeprägt, aber es mangelt noch an der geeigneten Form diese zu kommunizieren. Beides sollte in die dritte Spalte eingetragen werden. Sowohl hinsichtlich der Verbesserung einzelner Stärken als auch in Bezug auf eine optimierte Kommunikation ist es wichtig zu reflektieren, welche Stellen in Gespräch, Präsentation oder Diskussion Raum für Verbesserung bieten.

Bei der 3x3 Methode ist es wichtig, dass die eigenen Erfahrungen möglichst schnell nach dem Interview aufgeschrieben werden, denn nur so sind die Erinnerungen frisch genug, um daraus lernen zu können. Im Idealfall sollte die Selbstkontrolle noch am selben Tag in die Tabellen eingetragen werden. Mehr als zwei Tage sollten allerdings nicht vergangen sein, bevor die Beobachtungen in der Tabelle festgehalten werden. Im Übrigen, die 3x3 Methode lässt sich leicht auch auf Schwächen anwenden. Es ist annähernd sicher, dass in einem Interview irgendwann die Frage nach den zwei oder drei größten Schwächen gestellt wird. Eine Anwendung der 3x3 Methode ermöglicht es dann zu sagen: »Diese drei Schwächen sehe ich an mir, aber ich habe die Schwäche erkannt und habe mir folgende Maßnahmen überlegt, um an diesen Schwächen zu arbeiten.« Eine solche Aussage zeugt von der Fähigkeit zur Reflexion und der Bereitschaft, sich weiterzuentwickeln und macht mit Sicherheit einen guten Eindruck.

3x3 Methode – Die Kontrolltabelle

	Stärke	Weitere Verbesserungsmöglichkeit	Erfolgreiche Kommunikationsmöglichkeit
1			
2			
3			

Exkurs: Wettbewerbe

Wettbewerbe sind ein weiterer interessanter Weg, schon frühzeitig sein akademisches Können zu nutzen, den Kontakt zu ähnlich interessierten Menschen zu suchen und Verbindungen zu potenziellen Arbeitgebern herzustellen. Prinzipiell geht es darum, einen Beitrag einzureichen, der das Thema des Wettbewerbs in den Mittelpunkt stellt. Je nach Art der Ausschreibung kann es sich bei dem Beitrag um eine eigens dafür angefertigte Ausarbeitung, eine universitäre Abschluss- oder Forschungsarbeit, ein Kunstwerk oder Ähnliches handeln. Anders als bei einem Stipendium wird also nicht die Person an sich, sondern eine konkrete Arbeit prämiert. Neben Unternehmen loben Stiftungen, Hochschulen, Interessenverbände, Bundes- und Landesministerien und sogar der Bundespräsident Preise für wissenschaftliche Nachwuchsleistungen aus. Die Teilnahme an Wettbewerben hat für Schüler wie für Studenten eine ganze Reihe von Vorteilen. Dazu gehören unter anderem

- die Chance, schon frühzeitig mit schulischem bzw. akademischem Können Geld zu verdienen
- die Perspektive auf immaterielle Förderung
- die Möglichkeit, mit Menschen in Kontakt zu treten, die ähnlich interessiert und engagiert sind
- die Aussicht auf Auszeichnung des eigenen Könnens und Engagements

Insbesondere die Perspektive auf immaterielle Förderung wird im Zusammenhang mit Wettbewerben oftmals unterschätzt. Tatsächlich gibt es aber eine Vielzahl von Ausschreibungen, bei denen die einzelnen Teilnehmer bzw. die teilnehmenden Teams durch Mentoren bei der Erstellung des Wettbewerbsbeitrags unterstützt werden. Eine Wettbewerbsteilnahme kann sich gleich in mehrfacher Hinsicht positiv auf die Karriereentwicklung auswirken. Unternehmen, die Wettbewerbe ausschreiben, bieten erfolgreichen Teilnehmern oftmals an, miteinander in Kontakt zu bleiben oder laden die Schüler bzw. Studenten direkt zu einem Praktikum ein. Zudem ist eine erfolgreiche Wettbewerbsteilnahme ein Differenzierungsmerkmal im Lebenslauf. Die Teilnahme zeigt, dass man nicht nur großes Interesse an einem Thema hat, sondern auch dazu bereit ist, sich einer zusätzlichen Herausforderung abseits von Schule bzw. Studium zu stellen. Übrigens kann, je nach Wettbewerb, auch eine Platzierung unter den Top 10 oder unter den Top 20 als eine erfolgreiche Teilnahme im Lebenslauf bezeichnet werden.

1. Erfolg bei Wettbewerben

Obwohl akademische Nachwuchswettbewerbe in der Regel mit attraktiven Geld- und/oder Sachpreisen dotiert sind, ist die Anzahl der final eingereichten Wettbewerbsbeiträge oftmals gering. Hierfür gibt es im Wesentlichen drei Gründe: Erstens sind die ausgeschriebenen Wettbewerbsthemen teilweise so speziell, dass sie nur eine geringe Anzahl von Schülern bzw. Studenten ansprechen. Zweitens gehen viele Schüler und Studenten fälschlicherweise davon aus, dass so viele Menschen an Wettbewerben teilnehmen, dass ihre eigenen Erfolgschancen gering sind und daher auf eine Teilnahme verzichten. Drittens gibt es eine große Zahl von Schülern und Studenten, die den Aufwand einer solchen Herausforderung scheuen. In der Konsequenz bedeutet dies, dass bei ernsthafter Anstrengung die Chancen, erfolgreich an einem Wettbewerb teilzunehmen, eventuell diesen sogar zu gewinnen, gut stehen. Um die Erfolgsaussichten noch weiter zu erhöhen, werden in den folgenden Abschnitten einige bewährte Tipps vorgestellt.

Rechtzeitige Suche

Der erste Schritt zu einer erfolgreichen Teilnahme an einem Wettbewerb ist die Suche nach einer geeigneten Ausschreibung. Der Idealfall ist, dass sich eine Ausschreibung findet, die zu einer bereits geschriebenen oder noch zu erstellenden Seminar- oder Abschlussarbeit passt. In diesem Fall ist der zusätzliche Arbeitsaufwand gering. An einigen Hochschulorten schreiben Hochschulen, Fakultäten oder lokale Institutionen wie die Industrie- und Handelskammern Preise für herausragende Bachelor-, Master-, Diplom- oder Magisterarbeiten aus. Um an einem solchen Wettbewerb teilzunehmen, ist es in der Regel nur notwendig, ein Anschreiben sowie eine Zusammenfassung zu formulieren und diese gemeinsam mit der eigentlichen Arbeit abzuschicken. Findet sich kein solcher Wettbewerb oder ist bislang noch keine Arbeit im Studium verfasst worden, so bietet es sich an, die folgenden drei Schritte bei der Suche nach einem geeigneten Wettbewerb zu befolgen:
- Recherche
- Wettbewerbs- und Themenauswahl
- Absprache

Im ersten Schritt geht es darum, sich im Internet oder auch an der Schule bzw. der Universität über ausgeschriebene Wettbewerbe zu informieren. Wie im Fall von Stipendien gilt, dass sich Ausschreibungen an ganz unterschiedliche Zielgruppen wenden. Es gibt regionale wie bundesweite Ausschreibungen und es gibt genauso Wettbewerbe, die sich nur an Studenten eines bestimmten Fachbereichs richten, wie auch solche, die Studierenden aller Fachbereiche offen stehen. Verschiedene Institutionen bieten im Internet einen

Überblick über Wettbewerbe für Schüler, Auszubildende und Studenten. Die wichtigsten Informationsquellen sind in der folgenden Infobox zusammengefasst.

Suchmaschinen für Wettbewerbe

Anbieter	Beschreibung	Link
Arbeitsgemeinschaft bundesweiter Schülerwettbewerbe	Linksammlung von bundesweiten Schülerwettbewerben	www.bundeswettbewerbe.de
Deutscher Bildungsserver	Auflistung von Wettbewerben für Schüler, Auszubildende und Studenten	www.bildungsserver.de/wettbew.html
Bundesministerium für Bildung und Forschung (BMBF)	Vorstellung von staatlich geförderten Wettbewerben für Jugendliche	www.bmbf.de → Begabtenförderung → Jugendwettbewerbe
Studserv.de	Auflistung von Wettbewerben für Studenten aller Fachrichtungen	www.studserv.de/studium/wettbewerbe.php
WiWi-Online	Vorstellung von Wettbewerben für Studenten der Wirtschaftswissenschaften	www.wiwi-online.de → Studium → Förderung und Wettbewerbe → Wettbewerbe
WiWi-Treff	Vorstellung von Wettbewerben für Studenten der Wirtschaftswissenschaften	www.wiwi-treff.de → Studium → Wettbewerbe
Biz-Awards	Übersicht zu Business-Plan-Wettbewerben	www.biz-awards.de
squeaker.net	Umfassende Übersicht zu Wettbewerben und Preisen	www.squeaker.net

Bei der Wettbewerbsauswahl sollte berücksichtigt werden, dass umso besser das ausgeschriebene Thema zur eigenen Studienrichtung oder sogar zu einer bereits verfassten Haus- oder Abschlussarbeit passt, desto größer die eigene Expertise und dementsprechend desto größer die Erfolgschancen. An dieser Stelle kann auch die Überlegung angestellt werden, ob es ein Wettbewerbsthema gibt, das gut zu einem noch zu belegenden Kurs passt. In vielen Fällen werden Dozenten dankbar sein, wenn Schüler bzw. Studenten ihnen im Rahmen eines Kurses ein Hausarbeitsthema vorschlagen und sagen, dass sie die Arbeit als Beitrag für einen Wettbewerb nutzen wollen. Für den Dozenten hat dies den Vorteil, dass er sich sicher sein kann, dass die Schüler bzw. Studenten aktiv am Kurs teilnehmen. Zudem färbt eine erfolgreiche Wettbewerbsteilnahme auch immer positiv auf den Dozenten ab.

Im dritten Schritt geht es darum, das Thema des Wettbewerbsbeitrags möglichst genau zu definieren und mit dem schulischen bzw.

universitären Betreuer abzustimmen. Zu berücksichtigen ist hier unter anderem, dass das Thema so gewählt wird, dass zum einen alle relevanten inhaltlichen Aspekte abgedeckt werden und zum anderen die Problemstellung so eng definiert wird, dass eine gründliche Bearbeitung in der gegeben Zeit möglich ist.

»Customizing«

In vielen Fällen ist es so, dass akademische Problemstellung und Aufgabenstellung des Wettbewerbes, bei dem die entsprechende Arbeit eingereicht werden soll, zwar zu Teilen, aber eben nicht zu 100 Prozent deckungsgleich sind. In diesen Fällen ist es wichtig, die Arbeit auf die entsprechende Aufgabenstellung hin anzupassen und den Bezug von eigener Arbeit, Wettbewerb und Institution, die den Wettbewerb ausschreibt, zu verdeutlichen. Der wichtigste Schritt des Customizing ist, dass die Arbeit noch einmal kritisch auf dem Hintergrund des Wettbewerbsthemas durchgelesen wird. Wenn es Informationslücken zwischen Problemstellung und vorliegender Arbeit gibt, müssen diese natürlich durch zusätzliche Analysen oder Kommentare geschlossen werden. Zusätzlich kann es Sinn machen, in der Einleitung des Beitrags die Relevanz der Arbeit für den Wettbewerb bzw. für die Institution, die den Wettbewerb ausschreibt, herauszustellen. Wie ein solches Customizing aussehen kann, wird anhand des folgenden Beispiels verdeutlicht:

> **Beispiel: Wettbewerbe**
>
> Der Wirtschaftsverband von Musterstadt ruft die Studenten der lokalen Hochschule dazu auf, im Rahmen eines neuen Wettbewerbes Projektarbeiten einzureichen, die sich mit dem Thema »Strategien für Wirtschaftswachstum in Musterstadt« befassen. Alexander hat seine Bachelorarbeit zu dem Thema »Erfolgsfaktoren chinesischer Auslandsinvestitionen« verfasst. In der Arbeit betrachtet er, welche Umstände gegeben sein müssen, damit chinesische Unternehmen in einem bestimmten Land investieren und welche Faktoren dazu führen, dass diese Investitionen langfristig für das Unternehmen und das Gastland vorteilhaft sind.

Zunächst gibt es zwischen dem Thema des Wettbewerbs und dem Thema von Alexanders Bachelorarbeit keine Verbindung. Durch einige zusätzliche Ausarbeitungen ist es aber möglich, aus der Abschlussarbeit einen vielversprechenden Wettbewerbsbeitrag zu machen. In seinem Wettbewerbsbeitrag könnte Alexander die Hypothese vorstellen, dass es eine erfolgreiche Strategie für Musterstadt sein kann, ausländische Investoren für sich zu gewinnen – gerade solche aus einer aufstrebenden Wirtschaftsmacht wie China. Die theoretische Grundlage des Wettbewerbsbeitrags stellt die bestehende

---

Tipp

Wettbewerbe für Abschlussarbeiten

»Ich habe das Thema meiner Diplomarbeit bewusst so gewählt, dass ich meine Diplomarbeit als Beitrag für einen Wettbewerb der Industrie- und Handelskammer in meiner Region einreichen konnte. Zu wissen, dass meine Diplomarbeit für mich damit noch eine zusätzliche Entwicklungschance bietet, hat mich sehr angespornt! Es gibt viele Wettbewerbe für Abschlussarbeiten – ich kann nur jedem dazu raten, diese Chance zu nutzen!«
Einer der Autoren

Abschlussarbeit dar. In einem zusätzlichen Kapitel könnte Alexander mit geringem Aufwand seine ursprüngliche Hypothese überprüfen und darstellen, welche zusätzlichen Rahmenbedingungen in Musterstadt geschaffen werden müssen, damit die Stadt ein attraktives Ziel für chinesische Direktinvestitionen wird.

Eine Auswahl an Wettbewerben
Im Folgenden sind einige regelmäßig zu vergebende Preise aufgelistet. Diese Liste ist keinesfalls abschließend. Breitere Übersichten zu Wettbewerben finden sich auf den bereits oben genannten Homepages oder im monatlich erscheinenden squeaker.net-Newsletter.

Wettbewerbe für Studenten

Organisation	Wettbewerb/ Preis	Website
Adobe	Design Achievement Award	www.adobeawards.com/de
Art Directors e. V.	Nachwuchswettbewerb 2011	www.adc.de
Detecon	Mobile Award	www.mobile-award.de
DHL	Business-Simulation Discover Logistics	www.dhl-discoverlogistics.com
Deutsche Gesellschaft für Personalführung e. V.	Personalmanagement Bachelor Preis	www.dgfp.de/pm-bachelor-preis
DZ Bank	Der Karriere-Preis der DZ BANK Gruppe 2011	www.karrierepreis.de
Exist	Förderung der Zusammenarbeit von Wirtschaft und Hochschulen in einer Region durch das Bundesministerium für Wirtschaft und Technologie	www.exist.de
Förderkreis Gründungs-Forschung	Diverse Preise für wissenschaftliche Arbeiten	www.fgf-ev.de
Henkel	Career Track	www.henkelchallenge.com
L'Oréal	Brandstorm Marketingaward	www.brandstorm.loreal.com
L'Oréal	e-strat Challenge	www.reveal-thegame.com
MLP	Join the Best: Weltweites Praktikantenprogramm mit Stipendien und Bewerbungstraining	www.jointhebest.info
Oliver Wyman	Vordiplomspreise an verschiedenen Hochschulen	www.oliverwyman.de
Shell	Gourami Business Challenge von Shell	www.shell.de
Verschiedene	CEO of the future	www.future-ceo.de

Wettbewerbe für Gründer

Organisation	Regionaler Fokus	Website
BPW Nordbayern	Businessplan Wettbewerb Nordbayern	www.bpwn.de
Enable2Start	Bundesweiter Gründerwettbewerb	www.enable2start.de
Deutscher Gründerpreis	Bundesweiter Gründerwettbewerb	www.deutscher-gruenderpreis.de
Gründerpreis Bremerhaven	Bremerhaven	www.gruenderpreis.de
Innovationspreis der Deutschen Wirtschaft	Bundesweiter Innovationspreis	www.innovationspreis.com
Münchner Businessplan Wettbewerb	München	www.mbpw.de
NUK – Neues Unternehmertum	Businessplan Wettbewerb im Rheinland	www.neuesunternehmertum.de
Promotion Nordhessen	Exist-geförderte Projekte aller Branchen in Nordhessen	www.promotion-nordhessen.de
Science4Life Venture Cup	Businessplan Wettbewerb Life Sciences und Chemie	www.science4life.de
Start2Grow	Bundesweiter Gründerwettbewerb	www.start2grow.de
Startbahn-Ruhr	Medizinwirtschaft in NRW	www.startbahn-ruhr.de
Weconomy	Bundesweiter Gründerwettbewerb	www.weconomy.de
WiWo Gründerwettbewerb	Bundesweit	www.wiwo.de/gruenderwettbewerb

IV. Übersicht: Studienförderer in Deutschland

1. Die staatlichen Begabtenförderungswerke

Die Begabtenförderungswerke sind neben dem BAföG die wichtigste Säule der staatlichen Studienförderung. Seit Februar 2011 ist das »Deutschland-Stipendium« als eine weitere tragende Säule hinzugekommen (siehe Abschnitt »2. Das Deutschland-Stipendium & Hochschulspezifische Stiftungen«).

Das gemeinsame Ziel der Begabtenförderungswerke ist die »Förderung leistungsfähiger Verantwortungseliten«.[13] Um dieses Ziel zu erreichen, unterstützen die Stiftungen begabte Studenten auf zwei Arten:

Zum einen, indem sie ihnen durch die finanzielle bzw. materielle Förderung ein Studium ermöglichen, das von finanziellen Sorgen und Einschränkungen möglichst unbelastet ist.

Zum anderen, indem sie Stipendiaten im Rahmen der immateriellen Förderung neue fachliche und persönliche Perspektiven aufzeigen. Bis ins Jahr 2008 vergaben die Begabtenförderungswerke, mit Ausnahme der Studienstiftung des deutschen Volkes, Stipendien ausschließlich an Studenten, die schon mit dem Studium begonnen hatten. Als Reaktion darauf, dass talentierte Schüler oftmals aus finanziellen Gründen ein Studium nicht aufnehmen, haben einige der Begabtenförderungswerke das »Stipendium auf Probe« geschaffen. Hierfür können sich Schüler direkt nach dem Abitur bewerben. Während der Zeit der Förderung »auf Probe« haben die Neustipendiaten die gleichen Vorteile aus dem Stipendium wie die endgültig aufgenommenen Stipendiaten. Nach zwei bis drei Semestern als Stipendiat entscheidet die Stiftung über eine endgültige Aufnahme.

Finanzierungsquellen von Studenten
Inanspruchnahme und geleistete Beträge, in %, 2010

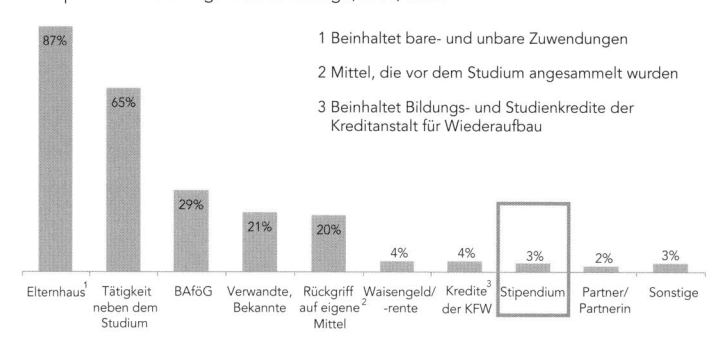

1 Beinhaltet bare- und unbare Zuwendungen
2 Mittel, die vor dem Studium angesammelt wurden
3 Beinhaltet Bildungs- und Studienkredite der Kreditanstalt für Wiederaufbau

Elternhaus[1]	Tätigkeit neben dem Studium	BAföG	Verwandte, Bekannte	Rückgriff auf eigene Mittel[2]	Waisengeld/ -rente	Kredite der KFW[3]	Stipendium	Partner/ Partnerin	Sonstige
87%	65%	29%	21%	20%	4%	4%	3%	2%	3%

Quelle: 19. Sozialerhebung des Deutschen Studentenwerks durchgeführt durch HIS Hochschul-Informations-System, 2010

Umfang der Förderung

Die Begabtenförderungswerke erhalten den Großteil ihrer finanziellen Mittel vom Bundesministerium für Bildung und Forschung (BMBF) und sind deshalb alle gleichermaßen an die Vergaberichtlinien des Ministeriums gebunden. Das heißt, keine dieser Stiftungen kann ein höheres oder niedrigeres Stipendium vergeben als eine andere. Das bedeutet aber nicht, dass jeder Stipendiat die gleiche materielle Förderung erhält. Studenten aus wohlsituierten Elternhäusern erhalten in der Regel nur ein Büchergeld in Höhe von € 80 pro Monat. Demgegenüber können Studenten, die aus einkommensschwächeren Verhältnissen stammen, auf umfangreichere finanzielle Förderung zählen. Die Höhe des Stipendiums entspricht im Höchstfall dem BAföG-Satz, der dem Studenten zustehen würde, plus dem Büchergeld. Stipendiaten, die eine Familie versorgen, haben Anspruch auf eine höhere Förderung. Die aktuelle Höhe der materiellen Leistungen nach Art der Förderung ist in der Infobox detailliert dargestellt.[14]

Materielle Förderung der Begabtenförderungswerke

Die *Grundförderung* wendet sich an Stipendiaten in Bachelor-, Master-, Diplom- oder Magisterstudiengängen. Sie umfasst:
- ein einkommensunabhängiges Büchergeld. Mit Beginn des Sommersemesters soll dies von € 80 auf € 150 steigen.[15]
- ein vom Elterneinkommen abhängiges Grundstipendium von bis zu € 585 pro Monat
- Zuschläge für Auslandsaufenthalte, deren Höhe von den Kosten im Zielland sowie den entstehenden Reisekosten abhängig sind
- einen Zuschlag von € 155 für verheiratete Stipendiaten pro Monat
- einen Zuschuss zu Kinderbetreuungskosten für Stipendiaten mit Kind ab € 113 pro Monat
- einen Beitrag zur Krankenversicherung von bis zu € 50 sowie zur Pflegeversicherung bis zu € 9 pro Monat

Die *Graduiertenförderung* wendet sich an Promotionsstudenten. Sie umfasst:
- ein einkommensunabhängiges Grundstipendium von € 1.050 pro Monat
- eine Forschungskostenpauschale von € 100 pro Monat
- Zuschläge für Auslandsaufenthalte, deren Höhe von den Kosten im Zielland sowie den entstehenden Reisekosten abhängen
- einen Zuschlag von € 155 für verheiratete Doktoranden pro Monat
- einen Zuschuss zu Kinderbetreuungskosten für Doktoranden mit Kind zwischen € 155 und € 255 pro Monat

Neben der direkten materiellen Förderung gibt es für Studenten an einzelnen Hochschulen in Deutschland auch eine indirekte finanzielle Förderung, die wenig bekannt ist. Sie besteht darin, Stipendiaten von Begabtenförderungswerken von Studiengebühren zu befreien. Dieser Erlass der Studiengebühren muss vom Stipendiaten bei der Hochschule beantragt werden. Die Regelungen zur Befreiung von Studiengebühren variieren von Hochschule zu Hochschule. Viele Universitäten und Fachhochschulen bieten diese Möglichkeit überhaupt nicht an, andere knüpfen sie an die Mitgliedschaft in einem Begabtenförderungswerk und wiederum andere gewähren sie nur für einen gewissen Zeitraum des Studiums. Es ist daher unumgänglich, sich individuell an seiner Hochschule zu diesem Thema zu informieren. Ein guter Ausgangspunkt für die Suche ist die Internetplattform »Studis Online«. Unter den Stichworten »Studiengebühren« bzw. »Studienbeiträge« finden sich hier stets aktuelle, nach Bundesländern geordnete Informationen rund um das Thema Studiengebühren. Der Link hierzu ist: www.studis-online.de/StudInfo/Gebuehren.

Während die materielle Förderung der Stipendienprogramme bei allen Begabtenförderungswerken den gleichen Kriterien unterliegt, unterscheiden sich der Umfang und die Ausrichtung der immateriellen Förderung von Werk zu Werk deutlich. So bieten politische Stiftungen viele Seminare und Fortbildungen an, die sich mit politischen Themen beschäftigen, wohingegen sich kirchen- bzw. religionsnahe Stiftungen in der immateriellen Förderung insbesondere auf theologische Themen konzentrieren.

Die zwölf Begabtenförderungswerke lassen sich nach ihrer gesellschaftlichen Ausrichtung unterscheiden. So gibt es sechs politische, zwei kirchliche, eine gewerkschaftsnahe, eine wirtschaftsnahe und eine weltanschaulich unabhängige Stiftung. Jede der sechs politischen Stiftungen steht einer der im Deutschen Bundestag vertretenen Parteien nahe. Diese Stiftungen sind die:
- Friedrich-Ebert-Stiftung (SPD)
- Friedrich-Naumann-Stiftung (FDP)
- Hanns-Seidel-Stiftung (CSU)
- Heinrich-Böll-Stiftung (Die Grünen)
- Konrad-Adenauer-Stiftung (CDU)
- Rosa-Luxemburg-Stiftung (Die Linke)

Entgegen einem gängigen Vorurteil ist keine dieser Stiftungen unmittelbar von der ihr nahe stehenden Partei abhängig. In vielen Fällen fungieren die Stiftungen für die Parteien als »Ideenfabriken«, indem sie Aufsätze und Analysen zu gesellschaftspolitischen Themen verfassen und politische Archive verwalten. So ist zum Beispiel das »Archiv der sozialen Demokratie« bei der Friedrich-Ebert-Stiftung in Bonn angesiedelt. Aufgrund ihrer politischen Ausrichtung ist bei den parteinahen Stiftungen gesellschaftliches und politisches

Engagement der Stipendiaten gern gesehen, aber weder Garantie noch Voraussetzung für ein Stipendium.

Während keine dieser Stiftungen eine Mitgliedschaft oder politische Verbundenheit zu der ihr nahe stehenden Partei verlangt, so achten sie dennoch darauf, dass ihre zukünftigen Stipendiaten das Leitbild der Stiftung teilen. Das Leitbild ist wiederum zu Teilen deckungsgleich mit den Ansichten einer Partei. Daher ist es wichtig, die Ziele der Stiftung und der jeweils nahe stehenden Partei zu kennen und sich darüber klar zu werden, ob man diese Ziele mittragen möchte. Analog zur Verbundenheit der politischen Stiftungen zu Parteien sind die konfessionellen Stiftungen den Kirchen verbunden. Das Cusanuswerk steht der katholischen Kirche und das Evangelische Studienwerk Villigst der evangelischen Kirche nahe. Das jüngste der zwölf Begabtenförderungswerke, das Ernst Ludwig Ehrlich Studienwerk, ist eine Institution für Studenten jüdischen Glaubens. Aufgrund ihrer religiösen Ausrichtung legen diese Institutionen Wert darauf, dass sich Stipendiaten mit ihrem Glauben auseinandersetzen und idealerweise in der Hochschulgemeinde engagieren. Es ist jedoch nicht so, wie oftmals vermutet, dass diese Stipendienprogramme nur Studenten offen stehen, die Theologie oder ein verwandtes Fach studieren.

Neben den politischen und religionsnahen Begabtenförderungswerken gibt es zwei Stiftungen, die Stipendien an Studenten vergeben und inhaltlich den Tarifparteien, also den Arbeitgeberverbänden bzw. den Gewerkschaften, nahestehen. Beide Stiftungen setzen sich vor allem mit der Wirtschaft und deren Einfluss auf die Gesellschaft auseinander. Während die Stiftung der Deutschen Wirtschaft den Arbeitgeberverbänden nahe steht, ist die Hans-Böckler-Stiftung den Gewerkschaften verbunden. Wie für die politischen Stiftungen gilt auch hier, dass kein Stipendiat Mitglied in einer arbeitgebernahen oder gewerkschaftlichen Organisation sein muss. Während die Stiftung der Deutschen Wirtschaft ein gewisses Interesse an ökonomischen Themen von ihren Stipendiaten erwartet, fördert die Hans-Böckler-Stiftung vor allem Studenten, die soziale bzw. gewerkschaftliche Standpunkte vertreten. An den jeweiligen Leitbildern orientiert sich auch die Suche der beiden Stiftungen nach Stipendiaten. So ist es ein besonderes Ziel der Hans-Böckler-Stiftung, sozial benachteiligten Jugendlichen ein Studium bzw. weiterführende Bildung zu ermöglichen. Demgegenüber sucht die Stiftung der Deutschen Wirtschaft Studenten aller Fachrichtungen, die sich in Wirtschaft und Gesellschaft gleichermaßen engagieren möchten.

Das älteste und größte Begabtenförderungswerk ist die Studienstiftung des deutschen Volkes. Anders als die vorher genannten Förderwerke ist sie politisch, konfessionell und weltanschaulich unabhängig. Ihre Aufgabe besteht allein in der Förderung begabter Studenten und Doktoranden. Auch die Studienstiftung des deutschen Volkes erwartet von ihren Stipendiaten gesellschaftliches

Engagement, jedoch stehen bei ihr akademische Leistungen stärker im Vordergrund als bei den anderen elf Förderwerken.

Im Folgenden werden die zwölf staatlichen Begabtenförderungswerke in Deutschland umfassend porträtiert und deren Bewerbungsverfahren detailliert vorgestellt. Vorsicht: Auch wenn es sich bei jedem der zwölf Werke um ein staatlich finanziertes Begabtenförderungswerk handelt, überwiegen in der Studienförderung oftmals die Unterschiede anstatt der Gemeinsamkeiten! Einen aktuellen Überblick über die Gemeinsamkeiten und Unterschiede der Begabtenförderungswerke in der Studienförderung bietet zusätzlich die Internetseite der Arbeitsgemeinschaft der Begabtenförderungswerke der Bundesrepublik Deutschland: stipendiumplus.de.

Studienstiftung des deutschen Volkes

Homepage	www.studienstiftung.de
Adresse	Studienstiftung des deutschen Volkes e. V. Ahrstraße 41 53175 Bonn
Gründungsjahr	1925
Gesellschaftliche Ausrichtung	Die Studienstiftung des deutschen Volkes ist konfessionell, ethisch und politisch unabhängig Sie steht für die Förderung besonders begabter junger Menschen ein
Adressaten	Abiturienten Studierende Doktoranden
Anzahl von Stipendiaten	Derzeit mehr als 10.500 Stipendiaten
Anzahl von Alumni	Ca. 50.000
Prominente Alumni	Wolfgang Ketterle, Erwin Neher, Robert Huber, Manfred Eigen und Hans Jensen, alle Nobelpreisträger Dr. Claus Kleber, Journalist Dr. Frank Schirrmacher, Mitherausgeber der Frankfurter Allgemeinen Zeitung Dr. Hans-Magnus Enzensberger, Autor Anselm Kiefer, Künstler Alexander Dibelius, Deutschland Chef von Goldman Sachs
Stipendium	Immaterielle Förderung Materielle Förderung Netzwerk
Bewerbungsfristen	Bei Vorschlag: keine Bei Selbstbewerbung: Anfang Januar bis Mitte Februar Bei Bewerbung für ein Sonderprogramm: individuelle Bewerbungsfristen

Beschreibung

Die Studienstiftung des deutschen Volkes ist das älteste deutsche Begabtenförderungswerk. Sie wurde 1925 gegründet und ist damit um ein Jahr älter als die Friedrich-Ebert-Stiftung. Zu den Beweggründen der Gründung dieser Einrichtung schreibt Rolf-Ulrich Kunze: »Die Gründung der Studienstiftung des deutschen Volkes im Jahr 1925 war eine Reaktion auf die extreme soziale Notlage derjenigen Vertreter der lost generation des Ersten Weltkriegs, die an die Universitäten im besiegten Reich zurückgefunden hatten.«[16] Das Leitbild ist, besonders begabten Studenten ein umfassendes und erfolgreiches Studium zu ermöglichen. Dabei ist die Stiftung frei von politischer, konfessioneller oder weltanschaulicher Bindung. Mit aktuell mehr als 10.500

Stipendiaten ist die Stiftung zugleich das größte deutsche Begabtenförderungswerk (Stand Dezember 2010).[17] Beinahe die Hälfte aller Studenten, die von Begabtenförderungswerken in Deutschland gefördert werden, sind Stipendiaten der Studienstiftung des deutschen Volkes. Anders als die politischen Begabtenförderungswerke, liegt der Fokus allein auf der Vergabe von Stipendien. Dies ist ein Grund dafür, dass deren immaterielle Förderung eine der umfassendsten überhaupt ist. Stipendiaten wird unter anderem angeboten, an Sommerakademien, studienfachspezifischen Tagungen und Exkursionen mit den lokalen Hochschulgruppen und deren Vertrauensdozenten teilzunehmen. Zudem steht es jedem Stipendiaten offen, an einem Sprachkurs im In- oder Ausland teilzunehmen.

Von vielen Studenten wird die Studienstiftung des deutschen Volkes als das renommierteste deutsche Förderwerk angesehen. Das liegt zum einen daran, dass akademische Leistungen das mit Abstand wichtigste Bewertungskriterium sind. Zwar wird auch gesellschaftliches und politisches Engagement sehr geschätzt, es nimmt jedoch gegenüber den wissenschaftlichen Leistungen einen untergeordneten Stellenwert ein. Zum anderen ist der gute Ruf auch dadurch begründet, dass viele der bisher geförderten Stipendiaten (ca. 50.000) zentrale Rollen in Wissenschaft und Gesellschaft eingenommen haben. Nicht wenige haben sich sogar einen Platz in der Geschichte gesichert. So sind die Nobelpreisträger Wolfgang Ketterle, Erwin Neher, Robert Huber, Manfred Eigen und Hans Jensen genauso Alumni der Studienstiftung wie der Theologe Eugen Drewermann oder die Professorin Gesine Schwan.

Das Renommee der ist auch dadurch begründet, dass bis zum Jahr 2009 der Zugang zum Auswahlverfahren allein über einen Fremdvorschlag möglich war. Da nicht alle Vorschlagsberechtigten ihr Vorschlagsrecht proaktiv wahrnehmen (siehe hierzu auch das Kapitel »Kein Vorschlag«), lohnt es sich für gute Abiturienten und Studenten in jedem Fall z. B. auf ihren Oberstudiendirektor oder Professor zuzugehen, und mit diesen über einen möglichen Vorschlag zu sprechen.

Seit 2010 steht überdies jedem Studenten die Möglichkeit der Selbstbewerbung bei der Studienstiftung offen.

Neben der allgemeinen Studienförderung bietet die Studienstiftung des deutschen Volkes eine Reihe von exklusiven Stipendienprogrammen an, die Studenten und/oder Graduierten internationales Studieren bzw. Forschen ermöglichen. Diese Programme werden oftmals von privaten Stiftungen wie der Haniel Stiftung, der Alfried Krupp von Bohlen und Halbach-Stiftung oder der ZEIT-Stiftung finanziert, jedoch von der Studienstiftung operativ geleitet. Die finanzielle und ideelle Förderung in diesen Programmen geht in der Regel über die der allgemeinen Studienförderung weit hinaus. So werden in einigen Stipendienprogrammen Studiengebühren bis zu einer Höhe von € 25.000

> **Tipp**
>
> **Die Unabhängigkeit der Studienstiftung des deutschen Volkes**
> »Die Studienstiftung des deutschen Volkes ist unabhängig von Parteien und anderen Gruppierungen. Die Stiftung erwartet also nicht, dass das eigene Engagement zum Beispiel eine besondere konfessionelle oder politische Richtung hat. Das fand ich für mich sehr angenehm, denn im Verlauf des Studiums durchlebt man eine erhebliche persönliche Entwicklung, sodass man sich nicht zwangsläufig am Ende noch mit der anfangs gewählten Parteistiftung identifizieren kann. Praktisch ist zum Beispiel die Möglichkeit, im Intranet der Studienstiftung auf Auslandskontakte in vielen Ländern zugreifen zu können. Eine Freundin von mir kam so zu einem Forschungspraktikum in den USA.«
> *Swantje, Stipendiatin der Studienstiftung des deutschen Volkes*

> **Tipp**
>
> Mehr Insider-Informationen finden Sie auf squeaker.net/studienstiftung

pro Jahr von der Studienstiftung bzw. ihren Kooperationspartnern getragen. Zu diesen Programmen zählen unter anderem das:
- McCloy Academic Scholarship-Programm, das jungen Menschen mit internationaler Arbeitserfahrung ermöglicht, einen Master-Studiengang an der John F. Kennedy School der Harvard University zu absolvieren
- China Stipendien-Programm, welches Studenten ermöglicht, in China zu studieren und praktische Erfahrungen zu sammeln
- ERP-Programm, das es Graduierten ermöglicht, einen Master- oder PhD-Studiengang an einer amerikanischen Spitzenuniversität zu absolvieren
- Bucerius-Jura-Programm, das es Juristen mit Prädikatsexamen möglich macht, nach Abschluss des Studiums in einem internationalen Rahmen zu forschen oder einen LL.M bzw. Master-Abschluss im Ausland zu erwerben

Für alle Sonderprogramme ist eine Selbstbewerbung möglich. Der Vorschlag durch einen Professor ist nicht notwendig. Auf ihrer Homepage stellt die Studienstiftung unter www.studienstiftung.de/stipendienprogramme.html ausführliche Informationen zu diesen Programmen zur Verfügung.

Interview mit Frau Cordula Avenarius von der Studienstiftung des deutschen Volkes

Was sind die Leitmotive der Studienstiftung des deutschen Volkes?
Unsere Leitmotive sind »Leistung, Initiative, Verantwortung«.

Worin unterscheidet sich die Studienstiftung des deutschen Volkes von anderen Begabtenförderungswerken?
Die Studienstiftung ist das größte und das älteste Begabtenförderungswerk. Sie ist politisch, konfessionell und weltanschaulich unabhängig. Für die Aufnahme kann man vorgeschlagen werden oder sich mit einem Test selbst bewerben.

Welche Förderung beinhaltet ein Stipendium der Studienstiftung des deutschen Volkes neben der materiellen Unterstützung?
Beratung durch Vertrauensdozenten am Hochschulort und Referenten in der Geschäftsstelle. Umfangreiches wissenschaftliches Programm (u.a. Sommerakademien, Wissenschaftliche Kollegs, Sprachkurse, Wochenendseminare mit den Schwerpunkten Wissenschaft, Wirtschaft und Lehramt).

Welche Eigenschaften sollte jemand mitbringen, der sich um ein Stipendium Ihrer Stiftung bewirbt?
Geeignete Kandidatinnen und Kandidaten zeichnen sich durch ihre Leistungsstärke, breite Interessen, eine tolerante Persönlichkeit und ihre soziale Verantwortung aus.

Welche schulischen bzw. akademischen Leistungen muss ein erfolgreicher Bewerber erbringen?
Die Schulleiter, Prüfungsämter und Professoren schlagen ihre besten Kandidaten für eine Förderung durch die Studienstiftung vor. Diese Kandidatinnen und Kandidaten haben in der Regel sehr gute Noten. Darüber hinaus können sich Studierende im ersten und zweiten Semester mit einem Test selbst bewerben.

In welchem Verhältnis bewertet die Studienstiftung des deutschen Volkes gesellschaftliches Engagement zu akademischen Leistungen?
Beides ist sehr wichtig: Neben hervorragenden fachlichen Leistungen erwartet die Studienstiftung des deutschen Volkes breite Aktivitäten und Interessen neben dem Studium.

Wie ist das persönliche Bewerbungsverfahren der Studienstiftung des deutschen Volkes aufgebaut?
Eine Vorauswahl erfolgt nur bei den Doktoranden und im Rahmen der besonderen Stipendienprogramme. Alle anderen vorgeschlagenen Bewerber sowie diejenigen Studenten, die sich selbst beworben haben und zu den Testbesten gehörten, werden direkt zu einem Auswahlverfahren eingeladen. Unabhängige Kommissionen entscheiden über die Aufnahme in die Studienstiftung. Keine Rolle bei der Auswahl spielen politische Überzeugung, Weltanschauung und Religion. Erstakademiker sowie Studierende mit Migrationshintergrund sind in unserer Förderung besonders willkommen.

Welche Fragen sollte ein Bewerber auf jeden Fall beantworten können?
Motivation und Ziele im Studium.

Welche Bedeutung spielen Fachfragen in den Auswahlgesprächen?
Reine Wissensfragen zu einem willkürlichen Thema sind die Ausnahme. Vielmehr sollten größere Zusammenhänge erkannt werden.

Können Sie ein Beispiel von einem Bewerber geben, der Sie besonders beeindruckt hat? Wenn ja, wodurch hat er Sie beeindruckt?
Ich erinnere mich an einen Bewerber, der als angehender Journalist einen beeindruckenden Kurzvortrag über die GEZ gehalten hat. Der Vortrag war inhaltlich hervorragend, völlig frei vorgetragen und die Leitung der anschließenden Diskussion war sehr souverän.

Frau Cordula Avenarius ist Pressesprecherin der Studienstiftung des deutschen Volkes.

Realisierung kostenintensiver Vorhaben durch ein Stipendium
»Ich wurde ab dem 3. Semester von der Studienstiftung des deutschen Volkes gefördert, nachdem ich von meiner Hochschule für die Stiftung vorgeschlagen wurde und einen kurzen Auswahlprozess durchlaufen hatte. In Anschluss an die Förderung meines Studiums in Deutschland war es mir vor allem eine enorme Hilfe, dass ich während meines Masterstudiums in England an der London School of Economics im Rahmen des Hölderlin-Programms gefördert wurde. Diese Unterstützung vonseiten der Studienstiftung in Kooperation mit dem Unternehmen Allianz hat es mir letztendlich überhaupt erst ermöglicht, das recht kostenintensive Studium in London zu realisieren.«
Markus, Stipendiat der Studienstiftung des deutschen Volkes

Bewerbung

Der Weg in die Studienstiftung des deutschen Volkes führt über eine Bewerber-Vorauswahl und das Auswahlseminar. Die Vorauswahl kann der Bewerber auf zwei Arten meistern, entweder er wird für die Studienstiftung vorgeschlagen oder er entscheidet sich für die Selbstbewerbung.

Vorschlag

Das Recht, einen Schüler bzw. Studenten für die Studienstiftung des deutschen Volkes vorzuschlagen, haben
- Oberstudiendirektoren & Schulleiter (für Abiturienten)
- Hochschulprofessoren
- Prüfungsämter der Hochschulen
- mit der Studienstiftung kooperierende Schülerwettbewerbe (z. B. Jugend forscht, Bundeswettbewerb Mathematik, Bundeswettbewerb Informatik)

Abiturienten können unmittelbar nach dem erfolgreich abgeschlossenen Abitur vorgeschlagen werden. Studierende können bis zwei Semester vor Ablauf der Regelstudienzeit vorgeschlagen werden. Da diese Bedingung gleichermaßen für Bachelor- wie auch Masterprogramme gilt, kann sich ein Masterstudent immer dann vorschlagen lassen, wenn sein Masterstudium noch länger als zwei Semester dauert.

Im Anschluss an den Vorschlag sendet die Studienstiftung dem Schüler oder Studenten einen Bewerbungsbogen zu. Dem ausgefüllten Bewerbungsbogen sind weitere Unterlagen wie ein ausführlicher Lebenslauf und Zeugnisse beizulegen. Die notwendigen Gutachten müssen von den Lehrern bzw. Professoren direkt an die Studienstiftung geschickt werden. Im Gegensatz zu den anderen Begabtenförderungswerken gibt es beim Fremdvorschlag für die Studienstiftung nur bei Bewerbungen von Doktoranden eine Vorauswahl auf Basis der eingereichten Unterlagen. Das heißt, dass alle vorgeschlagenen Abiturienten und Studenten auch zur persönlichen Vorstellung eingeladen werden.

Selbstbewerbung

Mit der Selbstbewerbung hat die Studienstiftung seit Februar 2010 einen zweiten Zugangsweg zur Teilnahme am persönlichen Auswahlverfahren geschaffen, der als Ergänzung zum bisherigen Vorschlagsystem dient. Ausführliche Tipps hierzu finden sich im Abschnitt III.2 »Der Studierfähigkeitstest der Studienstiftung«. Der Test steht allen Studenten offen, die im ersten oder zweiten Semester an einer Universität oder Fachhochschule studieren. In diesem Test muss der Bewerber Diagramme interpretieren, Texte auswerten, Analogien bilden und räumliches Vorstellungsvermögen beweisen.

Tipp

Die immaterielle Förderung der Studienstiftung des deutschen Volkes

»Die immaterielle Förderung der Studienstiftung ist großartig. Zum einen bietet die Stiftung selbst umfangreiche Seminarangebote an, in denen man sich in seinem Fach oder auch in ganz anderen Bereichen weiterbilden kann und neue Leute kennenlernt. Zum anderen gibt es die Stiftungstreffen an der Hochschule. Unser Vertrauensdozent hat dabei mit uns studien- oder unispezifische Fragen diskutiert und einmal pro Semester haben wir einen gemeinsamen Ausflug zu einer Ausstellung oder einem ähnlichen Event unternommen.«

Eine Alumna der Studienstiftung des deutschen Volkes

Will man die Chance einer Selbstbewerbung nutzen, muss man sich zunächst für den Auswahltest auf der Homepage der Studienstiftung registrieren. Die Deadline zur Anmeldung sollte der Bewerber rechtzeitig auf der Homepage der Studienstiftung einsehen. Für die Teilnahme am Test ist eine Gebühr in Höhe von € 50 bzw. € 25 (reduzierter Satz) fällig. Der eigentliche Test findet an zwei Stichtagen im Frühjahr in bundesweiten Testzentren statt. Die Testbesten werden anschließend zum mündlichen Auswahlverfahren der Studienstiftung eingeladen.

Auswahlseminar
Pro Jahr veranstaltet die Studienstiftung mehr als 200 Auswahlseminare im gesamten Bundesgebiet, zu dem die Bewerber anreisen. Das Auswahlseminar besteht aus Einzelinterviews, einem Referat und Gruppendiskussionen. Jeder Bewerber ist während des Seminars Teil einer fünf- bis sechsköpfigen Gruppe. Vor dieser Gruppe hält er ein von ihm vorbereitetes Referat und moderiert eine sich an das Referat anschließende Diskussion. So ist jeder Teilnehmer einmal als Referent bzw. Moderator und mehrmals als Diskussionsteilnehmer gefragt.

Verhalten beim Auswahlseminar der Studienstiftung des deutschen Volkes
»Viele von den Bewerbern am Auswahlwochenende waren aufgeregt, manche trugen eine aufgesetzte Coolness zur Schau. Die Atmosphäre war nett, mit vielen interessanten Gesprächen der Bewerber untereinander. Am letzten Tag fanden wir uns mit einigen Bewerbern zusammen, um uns das Buch von Dieter Bohlen anzuhören. Auch das hat zumindest meiner Aufnahme in die Studienstiftung offensichtlich keinen Abbruch getan. Zukünftige Bewerber sollten also keine übertriebene Angst davor haben, außerhalb der Gespräche unangenehm aufzufallen, und müssen sich keine Gedanken darüber machen, wie man Fleisch besonders formvollendet zerlegt, in welchem Winkel Gabel und Messer nach dem Essen auf dem Teller platziert werden oder welches Buch man mitnehmen sollte, um intellektuell zu wirken.«
Swantje, Stipendiatin der Studienstiftung des deutschen Volkes

Friedrich-Ebert-Stiftung (FES)

Homepage	www.fes.de
Adresse	Friedrich-Ebert-Stiftung Abteilung Studienförderung Godesberger Allee 149 53175 Bonn
Gründungsjahr	1925
Namensgeber	Friedrich Ebert (1871-1925), erster Reichspräsident der Weimarer Republik
Gesellschaftliche Ausrichtung	Die FES steht der Sozialdemokratischen Partei Deutschlands (SPD) nahe Die Stiftung engagiert sich in politischen Fragen und steht für soziale bzw. sozialdemokratische Werte ein
Adressaten	Studierende Promovierende
Anzahl von Stipendiaten	Derzeit rund 2.700 Stipendiaten und Stipendiatinnen
Anzahl von Alumni	Ca. 16.000
Prominente Alumni	Dr. Gerhard Schröder Dr. Frank-Walter Steinmeier, Bundesaußenminister a.D. Dr. Michael Naumann, Journalist und Kulturstaatsminister a. D. Anne Will, Journalistin
Stipendium	Ideelle Förderung Materielle Förderung Netzwerk
Bewerbungsfristen	Keine für die allgemeine Förderung Im ersten Hochschulsemester für das »Stipendium auf Probe« (30. Juni oder 31. Dezember)

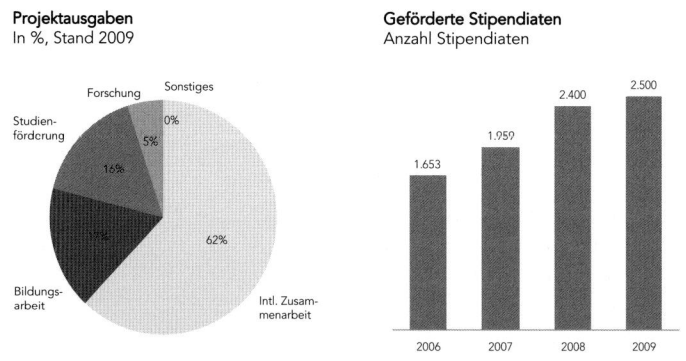

Projektausgaben
In %, Stand 2009

- Sonstiges: 0%
- Forschung: 5%
- Studienförderung: 16%
- Bildungsarbeit: 1%
- Intl. Zusammenarbeit: 62%

∑ 117,1 Millionen Euro

Geförderte Stipendiaten
Anzahl Stipendiaten

- 2006: 1.653
- 2007: 1.959
- 2008: 2.400
- 2009: 2.500

Quelle: Friedrich Ebert-Stiftung Jahresbericht 2009, die linke Grafik enthält nur Ausgaben für den gemeinnützigen Zweck der Stiftung
Neuere Zahlen liegen vor: http://library.fes.de/pdf-files/fes/03208/jb-2009.pdf. Der Jahresbericht 2010 wird derzeit erstellt.

Beschreibung

Die Friedrich-Ebert-Stiftung steht der SPD nahe und ist die älteste politische Stiftung in Deutschland. Die Idee für eine der Sozialdemokratie verbundene Stiftung entstammt dem Testament des ersten Reichspräsidenten der Weimarer Republik, Friedrich Ebert (1871-1925). Von Beginn an war die Studienförderung eine Kernaufgabe der Friedrich-Ebert-Stiftung. In der Zeit der Weimarer Republik war es der Einrichtung ein besonderes Anliegen, Kindern aus sozial benachteiligten Arbeiterfamilien durch ein Stipendium ein Studium zu ermöglichen. Das Ziel, gesellschaftlich schlechter gestellte Studierende zu fördern, verfolgt die Friedrich-Ebert-Stiftung noch heute intensiv. Ein Beispiel hierfür ist der Solidaritätsfonds der Stiftung, mit dessen Hilfe ausländischen Studenten, die aufgrund von politischen, ethnischen oder religiösen Gründen in ihrer Heimat verfolgt werden, ein Studium in Deutschland ermöglicht wird. Ebenso tritt die Stiftung noch heute für eine Gleichbehandlung von Frauen und Männern an Hochschulen ein. So ist es ihr ein großes Anliegen, junge Mütter im Studium zu unterstützen und ihnen die Aufnahme bzw. Fortführung eines Hochschulstudiums trotz der Doppelbelastung durch Studium und Familie zu ermöglichen. Intensiv verfolgt sie das Ziel, zum Abbau von Bildungsbarrieren beizutragen. Junge Menschen aus hochschulfernen oder finanziell schlechter gestellten Familien werden explizit aufgefordert, sich um ein Stipendium zu bewerben.

Trotz der traditionellen Verbundenheit mit der Arbeiterbewegung ist die Friedrich-Ebert-Stiftung auch in ökonomischen Fragen engagiert und gut in der Wirtschaft vernetzt. Eine wichtige Schnittstelle zwischen Wirtschaft und Stiftung ist der Managerkreis der Friedrich-Ebert-Stiftung. Diesem wirtschaftspolitischen Forum gehören Entscheidungsträger aus Unternehmen und Verbänden an, die der Stiftung verbunden sind. Allerdings ist die Verbindung von Unternehmen und Stiftung bei der Friedrich-Ebert-Stiftung weniger eng als zum Beispiel bei der Konrad-Adenauer-Stiftung oder der Stiftung der Deutschen Wirtschaft. Besonders ausgeprägt ist das Netzwerk der Friedrich-Ebert-Stiftung im Bereich der nationalen und internationalen Politik. Das liegt zum einen daran, dass die Stiftung über eine lange Geschichte und über eine Tradition des Austausches mit sozialdemokratischen Organisationen aus aller Welt verfügt. Zum anderen liegt es natürlich auch daran, dass die Friedrich-Ebert-Stiftung, gemessen an ihren Ausgaben, die größte parteinahe Stiftung Deutschlands ist. Die umfangreichen finanziellen Mittel, die ihr zur Verfügung stehen, ermöglichen es, das große Netzwerk internationaler Büros zu pflegen.

In der deutschen Politik ist die Stiftung vor allem als »Think Tank« der SPD und als Institution der politischen Bildung von Bedeutung. Inhaltlich befasst sie sich unter anderem mit den Themen »Bildungs- und Hochschulpolitik« und »Politische Teilhabe und Stärkung des

---

Das Selbstverständnis der Friedrich-Ebert-Stiftung
»Die Friedrich-Ebert-Stiftung ist sehr stolz auf ihre Geschichte als älteste politische Studienstiftung in Deutschland und auf ihren Gründer Friedrich Ebert. Die Stiftung versteht sich als Hüter der Tradition und Geschichte der Sozialdemokratie, so besitzt sie das weltweit größte Archiv zur internationalen Arbeiterbewegung.«
Ein Alumnus der Friedrich-Ebert-Stiftung

> **Stipendiatisches Engagement in der Friedrich-Ebert-Stiftung**
> »Die Ebert-Stiftung unterscheidet sich von anderen Stiftungen vor allem dadurch, dass die Stipendiaten viel selbst in die Hand nehmen. Zum Beispiel organisieren die Stipendiaten das Seminarprogramm selbst und verwalten das Intranet der Stiftung.«
> *Ein Alumnus der Friedrich-Ebert-Stiftung*

gesellschaftlichen Zusammenhalts«. International nimmt die Stiftung, die Büros in über 100 Ländern unterhält, eine wichtige Rolle in den Bereichen Demokratieförderung, Entwicklungspolitik und internationale Zusammenarbeit ein.

Im Zeitraum von 2006 bis 2008 hat die Friedrich-Ebert-Stiftung die Anzahl der Neustipendiaten von rund 350 auf 800 mehr als verdoppelt. 2010 wurden rund 2700 Studierende und Promovierende aus dem In- und Ausland durch die Stiftung gefördert. 19 Prozent der Ebert-Stipendiaten sind Migranten bzw. stammen aus Familien mit Migrationshintergrund.[18] Um auch jungen Studenten eine Perspektive im Bereich Stipendien zu bieten, vor allem aber auch um den Anteil von Stipendiaten aus einkommensschwachen Familien oder mit Migrationshintergrund zu erhöhen, bietet die Friedrich-Ebert-Stiftung Erstsemestern das »Stipendium auf Probe« an. Damit soll der Übergang von Schule zur Hochschule erleichtert und die Entscheidung für ein Studium unterstützt werden. Die Stipendiaten auf Probe erhalten für zwei bis drei Semester die volle immaterielle und materielle Studienförderung der Stiftung, bevor über eine endgültige Aufnahme durch einen Auswahlausschuss entschieden wird.

Bewerbung

In der allgemeinen Förderung gibt es bei der Friedrich-Ebert-Stiftung keine Bewerbungsfristen, weshalb die Onlinebewerbung prinzipiell jederzeit abgeschickt werden kann. Da das Bewerbungsverfahren bei der Friedrich-Ebert-Stiftung aber bis zu einem halben Jahr dauern kann und die Stiftung gleichzeitig eine gewisse Mindestförderungsdauer erwartet, ist es wichtig, sich nicht zu spät im Studium um eine Förderung zu bewerben. Die Bewerbung kann erfolgen bis zum Ende des

- 6. Semesters, für Diplom-, Magister- oder Staatsexamensstudiengänge
- 3. Semesters für Bachelorstudiengänge
- 1. Semester bei 4-semestrigen Aufbau- bzw. Master-Studiengängen.

Wer sich für ein Stipendium auf Probe bewerben möchte, muss die Onlinebewerbung bis Mitte des ersten Hochschulsemesters ausgefüllt haben (Fristen: 30. Juni und 31. Dezember). Die Bewerbung kann auch vor Studienbeginn auf den Weg gebracht werden. In diesem Fall wird lediglich eine Hochschulzulassung oder Studienplatzzusage benötigt, welche den Bewerbungsunterlagen beizulegen ist.

Die schriftliche Bewerbung für ein Stipendium der Friedrich-Ebert-Stiftung ist umfangreich, unterscheidet sich aber inhaltlich kaum von der Bewerbung bei anderen politischen Stiftungen. Erst nach der Online-Bewerbung werden geeignete Kandidaten und

Kandidatinnen aufgefordert, ihre Unterlagen innerhalb kurzer Zeit in doppelter Ausführung einzureichen. Für die Bewerbung muss die bereits erfolgte Online-Bewerbung ausgedruckt und unterschrieben werden, in der Fragen zur Person, der bisherigen schulischen und universitären Laufbahn und dem eigenen Engagement gestellt werden. Diesem Ausdruck müssen ein ausführlicheres Motivationsschreiben, zwei Gutachten, ein tabellarischer und ein maximal zweiseitiger ausformulierter Lebenslauf, ein Passfoto sowie die Kopien der bisher erworbenen Zeugnisse beigelegt werden. Bei Bewerbungen von Studenten sind die Gutachten zweier Professoren notwendig, bei Bewerbungen von Abiturienten müssen die Gutachten durch Lehrer verfasst werden. Im letzteren Fall sind natürlich keine benoteten Leistungsnachweise einer Universität notwendig. Ein guter Einstieg, um sich über die Friedrich-Ebert-Stiftung zu informieren und den Bewerbungsprozess einzuleiten, ist dabei die frühzeitige Auseinandersetzung mit der Person und Biografie Friedrich Eberts.

> **Tipp**
>
> Ein Weg sich viel Aufwand zu ersparen ist die Online-Bewerbung bei der Friedrich-Ebert-Stiftung. Unter www.fes.de/studienfoerderung/bewerbung gilt es, ein Online-Formular auszufüllen. Belegende Unterlagen wie Zeugnisse oder Fachgutachten, müssen erst dann eingereicht werden, wenn die Stiftung zu dem Entschluss gekommen ist, dass der Bewerber für ein Stipendium in Betracht kommt.

> **Bewerbungsgespräche bei der Friedrich-Ebert-Stiftung**
>
> »Meine beiden Interviews bei der Friedrich-Ebert-Stiftung waren sehr unterschiedlich. Das erste Gespräch führte ich mit einem BWL-Professor. Er wollte von mir insbesondere wissen, warum ich Betriebswirtschaftslehre studiere. Danach sprachen wir einige Zeit über mein politisches Engagement. Das zweite Interview führte ein Mitarbeiter der Stiftung mit mir. Der Interviewer war einige Zeit für die Stiftung in Entwicklungsländern tätig gewesen. Er wollte von mir zum Beispiel wissen, wie ich denn als angehender Betriebswirt zur Entwicklungspolitik stehen würde. Da er immer wieder nachhakte, war es gut, dass ich meine Argumentation recht strukturiert aufgebaut hatte und klar sagte, wenn ich zu etwas nicht genau Bescheid wusste.«
> *Ein Alumnus der Friedrich-Ebert-Stiftung*

Im Anschluss an eine erfolgreiche schriftliche Bewerbung lädt die Friedrich-Ebert-Stiftung Bewerber zu zwei Interviews ein. Eines der beiden Gespräche wird von einem Vertrauensdozenten an der eigenen oder einer in der Nähe liegenden Hochschule geführt, das zweite von einem Mitglied des Auswahlausschusses. Beide Interviews finden an unterschiedlichen Tagen und Orten statt und dauern jeweils ungefähr eine Stunde. Letztendlich entscheidet der Auswahlausschuss auf Grundlage der schriftlichen Bewerbungsunterlagen und der Gutachten der Interviewer über die endgültige Aufnahme des Bewerbers in den Kreis der Stipendiaten der Friedrich-Ebert-Stiftung.

> **Tipp**
>
> Mehr Insider-Informationen finden Sie auf squeaker.net/ebert

Friedrich-Naumann-Stiftung für die Freiheit

Homepage	www.freiheit.org
Adresse	Friedrich-Naumann-Stiftung für die Freiheit
	Abteilung Begabtenförderung
	Karl-Marx-Straße 2
	14482 Potsdam-Babelsberg
Gründungsjahr	1958: Gründung der Stiftung
	1973: Start des Stipendienprogramms
Namensgeber	Friedrich Naumann (1860-1990), evangelischer Theologe und deutscher Politiker
Gesellschaftliche Ausrichtung	Die Friedrich-Naumann-Stiftung steht der freien Demokratischen Partei Deutschlands (FDP) nahe
	Die Stiftung engagiert sich in politischen Fragen und steht für freiheitliche bzw. liberale Werte ein
Adressaten	Studierende
	Doktoranden
Anzahl von Stipendiaten	Derzeit rund 850 Stipendiaten
Anzahl von Alumni	Ca. 2.000
Prominente Alumni	Guido Westerwelle, Bundesaußenminister
	Elahiu von Erlenbach, Dirigent
Stipendium	Immaterielle Förderung
	Materielle Förderung
	Netzwerk
Bewerbungsfristen	Alljährlich bis zum 15. Mai oder 15. November für die allgemeine Förderung
	Alljährlich bis zum 30. Juni für das »Stipendium auf Probe«

Projektausgaben
in %, Stand 2010

- Sonstiges: 3%
- Studienförderung: 11%
- Bildungsarbeit: 14%
- Internationale Zusammenarbeit: 72%

∑ 36,6 Millionen Euro

Ausgaben der Studienförderung
in %, Stand 2010

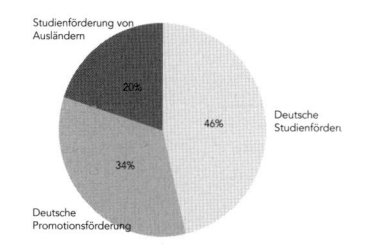

- Studienförderung von Ausländern: 20%
- Deutsche Studienförderung: 46%
- Deutsche Promotionsförderung: 34%

∑ 5,2 Millionen Euro
~850 Stipendiaten

Quelle: Friedrich Naumann-Stiftung - Jahresbericht 2010, die linke Grafik enthält nur Ausgaben für den gemeinnützigen Zweck der Stiftung

Beschreibung

Die »Friedrich-Naumann-Stiftung für die Freiheit«, so der volle Name der Stiftung, steht der FDP nahe. Sie wurde Ende der 50er Jahre von liberalen Politikern, unter ihnen der damalige Bundespräsident Theodor Heuss, ins Leben gerufen. Seitdem engagiert sie sich in Fragen der liberalen Politik auf nationaler wie auf internationaler Ebene. Zu den wichtigsten Vertretern der Friedrich-Naumann-Stiftung zählt der 2009 verstorbene Soziologe und ehemalige Bundestagsabgeordnete Lord Ralf Dahrendorf, der von 1982 bis 1987 Vorstand der Stiftung war. Bei ihrem Wirken innerhalb Deutschlands sieht sich die Friedrich-Naumann-Stiftung in der Vordenkerrolle für liberale Politik und tritt für einen demokratischen, nach liberalen Gesichtspunkten strukturierten, Rechtsstaat ein. Ähnlich wie andere parteinahe Stiftungen, verfügt auch die Friedrich-Naumann-Stiftung über eine Vielzahl von Auslandsbüros, die sich der internationalen Zusammenarbeit und Demokratieförderung widmen.

Das Stipendienwerk der Friedrich-Naumann-Stiftung nahm 1973 seine Tätigkeit auf. In der Studienförderung verfolgt die Friedrich-Naumann-Stiftung das Ziel, ihren Stipendiaten Kompetenz und Verantwortungsbewusstsein zusammen mit einer liberalen Grundhaltung zu vermitteln. Aktuell unterstützt die Friedrich-Naumann-Stiftung rund 850 Studenten.[19] Um ein Stipendium zu erhalten, sollte ein Bewerber Begabung, charakterliche Qualitäten sowie idealerweise auch liberales politisches oder gesellschaftliches Engagement vorweisen können. Diese Kriterien sind für die Stiftung von großer Bedeutung und spielen bei der Auswahl neuer Stipendiaten eine zentrale Rolle. Bisher konnten Studenten erst ab dem dritten Studiensemester ein Stipendium der Friedrich-Naumann-Stiftung erhalten, doch seit dem Jahr 2008 bietet die Stiftung das »Stipendium auf Probe« schon ab dem ersten Semester an. Dieses Stipendium richtet sich an Schüler und Erstsemester mit sehr guten schulischen Noten. Bewerbungsschluss für das Probestipendium ist jeweils der 30. Juni eines Jahres.

Eine Besonderheit der Stiftung ist, dass es keine Unterschiede zwischen deutschen und ausländischen Stipendiaten gibt. Das ideelle Angebot der Stiftung ist vielfältig: So nimmt der Stipendiat zu Beginn typischerweise an einer Einführungsveranstaltung und einem Grundlagenseminar zum Liberalismus teil. Darüber hinaus kann er sich im Stipendiaten-Konvent und bei einer Vielzahl selbst organisierter Seminare sowie in Arbeitskreisen und Initiativen engagieren. Mit der Aufnahme als Stipendiat ist außerdem der Zugang zu stiftungsinternen Ressourcen, insbesondere dem Alumni-Netzwerk »Verband der Stipendiaten und Altstipendiaten (VSA)«, verbunden.

Die Friedrich-Naumann-Stiftung

»Die Friedrich-Naumann-Stiftung ist meiner Meinung nach eine stark durch die FDP bzw. deren Jugendorganisation, die JuLis, geprägte Stiftung. Der Anteil der Stipendiaten mit Migrationshintergrund ist hoch. Die Stiftung bietet viele Seminare und Studienreisen an. In meiner Förderungszeit lag der Fokus dabei auf Osteuropa. Pro Jahr muss jeder Stipendiat zwei Pflichtseminare, die jeweils an einem Wochenende stattfinden, besuchen.«
Ein Alumnus der Friedrich-Naumann-Stiftung

> **Das Förderangebot der Friedrich-Naumann-Stiftung**
>
> »Ähnlich wie an meiner Hochschule nimmt auch in der Förderung der Friedrich-Naumann-Stiftung die Mitgestaltung des Programms durch die Studenten eine zentrale Rolle ein. So kommt ein breit gefächertes Angebot an intellektueller Förderung zustande, das weitaus mehr vermittelt als liberales Gedankengut. Die Seminar-Infrastruktur der Stiftung bietet die einmalige Chance, sich mit einem selbst gewählten Thema auf hohem akademischem Niveau auseinanderzusetzen. Als Stipendiatin konnte ich schon an mehreren Seminaren teilnehmen, welche eigenverantwortlich von anderen Mitgliedern und Stipendiaten initiiert wurden. Einen zusätzlichen Mehrwert liefert außerdem die tatkräftige Unterstützung bei der Umsetzung eigener Seminarideen. Die gewonnenen Anregungen aus den verschiedensten Vorträgen haben mich dabei oft bei Seminar- und Hausarbeiten im Studium inspiriert. Als Studentin eines international ausgerichteten Studiengangs begrüße ich insbesondere die unbürokratische, schnelle und vor allem individuelle Unterstützung der Stiftung im Bezug auf die Auslandsförderung.«
> *Patricia, Stipendiatin der Friedrich-Naumann-Stiftung*

Bewerbung

Um eine Vorstellung vom Selbstverständnis der Friedrich-Naumann-Stiftung zu bekommen, ist es wichtig, sich über den Begriff Liberalismus zu informieren. Da der Gedanke von der individuellen Freiheit im Mittelpunkt des Liberalismus steht, ist es ebenfalls wichtig, zu überlegen, welche Rolle »Freiheit« für die eigene Person spielt. Eine Möglichkeit, diese Überlegungen zu vertiefen, bietet die Beschäftigung mit der Arbeit des Soziologen Lord Dahrendorf.

Die schriftliche Bewerbung bei der Friedrich-Naumann-Stiftung erfolgt anhand eines Bewerbungsbogens. Diesem Bogen müssen aktuelle Zeugnisse beigefügt werden. Im Falle der Bewerbung für das normale Stipendienprogramm ist außerdem ein tabellarischer Lebenslauf bzw. im Falle der Bewerbung auf das »Probestipendium« ein ausführlicher Lebenslauf erforderlich. Wie bei allen politischen Stiftungen gilt, dass politisches Engagement, zum Beispiel bei den Jungen Liberalen oder bei einer liberalen Hochschulgruppe, gern gesehen wird, aber kein Muss ist. Zudem müssen zwei Gutachten von Hochschullehrern bzw. beim Probestipendium ein Gutachten von einem Lehrer eingereicht werden.

Jeder Bewerber, der mit seiner schriftlichen Bewerbung erfolgreich war, wird zum persönlichen Auswahlverfahren der Stiftung eingeladen. Dieses findet an einem einzigen Tag statt und schließt ein ca. 45- bis 60-minütiges Gespräch mit einer drei- bis vierköpfigen Jury ein. Typischerweise werden in diesem Gespräch der Lebenslauf des Bewerbers sowie dessen Kenntnisse zum Liberalismus und zur Person Friedrich Naumanns diskutiert. Ebenso kann es im Gespräch um Fragestellungen aus dem Studiengebiet des Bewerbers oder um tagespolitische Themen gehen.

> **Tipp**
>
> **Tipps für die Bewerbung bei der Friedrich-Naumann-Stiftung**
>
> »Ich kann zukünftigen Bewerbern vor allem zwei Tipps geben. Erstens sollte man unbedingt den eigenen Lebenslauf und die Selbstauskunft, die man ausfüllt, im Griff haben. Das heißt, man sollte in der Lage sein, seine eigenen Entscheidungen begründen zu können. Zweitens sollte man zeigen, dass man eine eigene Perspektive auf die Dinge hat, die in dem Auswahlgespräch diskutiert werden.«
> *Ein Alumnus der Friedrich-Naumann-Stiftung*

> **Tipp**
>
> Mehr Insider-Informationen finden Sie auf squeaker.net/naumann

Hanns-Seidel-Stiftung (HSS)

Homepage	www.hss.de
Adresse	Institut für Begabtenförderung der Hanns-Seidel-Stiftung
	Lazarettstrasse 33
	80636 München
Gründungsjahr	1967
Namensgeber	Hanns Seidel (1901-1961), CSU-Vorsitzender und ehemaliger bayerischer
	Ministerpräsident
Gesellschaftliche Ausrichtung	Die HSS steht der Christlich Sozialen Union (CSU) nahe
	Die Stiftung engagiert sich in politischen Fragen und steht für christlich-soziale
	Werte ein
Adressaten	Studenten
	Doktoranden
Anzahl von Stipendiaten	Derzeit rund 900 Stipendiaten
Anzahl von Alumni	Ca. 2.500
Prominente Alumni	Ulrich Wilhelm, Intendant Bayerischer Rundfunk
	Joachim Hermann, Bayerischer Staatsminister des Innern
	Ludwig Spänle, Bayerischer Staatsminister für Unterricht und Kultur
Stipendium	Immaterielle Förderung
	Materielle Förderung
	Netzwerk
Bewerbungsfristen	Alljährlich zum
	15. Januar und 15. Juli für Universität
	15. Mai und 15. November für Hochschule (HAW)
	15. Januar und 15. Juli für Bewerbungen um das journalistische Förderprogramm
	15. Januar, 15. Mai und 15. Juli für Promotion

Anzahl der Stipendiaten
Stand 2010

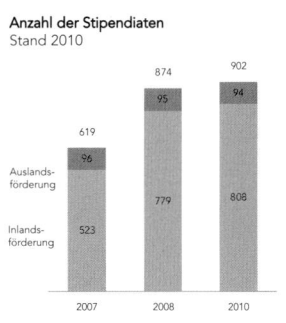

	2007	2008	2010
Auslandsförderung	96	95	94
Inlandsförderung	523	779	808
Gesamt	619	874	902

Quelle: Hanns Seidel-Stiftung Jahresbericht 2010

Beschreibung

Die Hanns-Seidel-Stiftung steht der CSU nahe und teilt deren politische Leitmotive. 15 Jahre nach ihrer Gründung im Jahre 1967 begann die Stiftung 1982 mit der Studienförderung. Wie die anderen politischen Stiftungen engagiert sie sich im In- und Ausland. Die Auslandstätigkeit hat die Hanns-Seidel-Stiftung mittlerweile auf 72 Länder ausgeweitet, wobei sie sich unter anderem mit Programmen zur Armutsbekämpfung beschäftigt. 2010 förderte sie rund 900 Studierende.[20]

»Im Dienst von Demokratie, Frieden und Entwicklung« ist das Motto der Hanns-Seidel-Stiftung. So versucht sie, junge Menschen zur aktiven Auseinandersetzung mit den Grundwerten und Möglichkeiten der Demokratie zu bewegen. Zugleich sieht sich die Hanns-Seidel-Stiftung dazu verpflichtet, konservative Werte zu bewahren. Entsprechend dieser Zielsetzung sucht die Stiftung Stipendiaten, die eine konservative Grundhaltung mit politischem und gesellschaftlichem Engagement verbinden. Es sollen vor allem solche Studenten finanziell und ideell gefördert werden, die überdurchschnittliche Schul- und Studienleistungen vorweisen können und sich in gesellschaftlichen Organisationen stark engagieren. Auch wenn sich die Hanns-Seidel-Stiftung in ihrer politischen Arbeit auf Bayern konzentriert, steht sie auch nicht-bayerischen Studenten bzw. Studenten, die außerhalb Bayerns studieren, offen. Die Hanns-Seidel-Stiftung bietet neben den normalen Universitäts- und Fachhochschulstipendienprogrammen auch das »Journalistische Stipendiatenprogramm für Stipendiaten (JFS)« an. Dieses Programm eröffnet Nachwuchsjournalisten die Möglichkeit, neben der Studienförderung an speziellen Seminaren und Fachtagungen teilzunehmen, die auf die Arbeit in der Medienbranche vorbereiten.

Neben der materiellen Förderung bietet die Stiftung im Bereich der immateriellen Förderung ein reichhaltiges Angebot, zu dem mehrtägige Seminare und Studienfahrten gehören. Dabei geht es darum, den Stipendiaten einen vertieften Einblick in das politische und gesellschaftliche Geschehen zu vermitteln. Hochschulgruppen und Fachforen bieten überdies die Möglichkeit, sich im lokalen und fachlichen Rahmen zu engagieren. Seit 1992 gibt es den »Club der Altstipendiaten«, der das Engagement ehemaliger Stipendiaten bündelt. Ende 2010 waren bereits fast 2.500 ehemalige Stipendiaten dem Verein beigetreten.

Bewerbung

Neben den üblichen Bewerbungsunterlagen (Antragsformular, tabellarischer und/oder ausführlicher Lebenslauf, Zeugnisse und Gutachten) erwartet die Hanns-Seidel-Stiftung von ihren Bewerbern auch ein einseitiges Exposé, in dem diese ihre Motivation für eine

Bewerbung bei der Stiftung erläutern. Die schriftliche Bewerbung bei der Hanns-Seidel-Stiftung unterscheidet sich in zwei Punkten von anderen Begabtenförderungswerken: Erstens müssen sowohl das Exposé als auch der ausführliche Lebenslauf handschriftlich verfasst werden. Zweitens muss nur eines der beiden einzureichenden Gutachten von einem Hochschullehrer geschrieben werden. Das zweite Gutachten soll Auskunft über die Persönlichkeit und das gesellschaftliche Engagement des Bewerbers geben und kann durch eine Person außerhalb des Hochschulbetriebs abgefasst werden.

An die erfolgreiche schriftliche Bewerbung schließt sich eine umfangreiche Auswahltagung an, die ein ganzes Wochenende umfasst. Die genauen Bestandteile des Auswahlverfahrens variieren je nachdem, ob es sich um eine Auswahltagung der Universitätsförderung, der Hochschulförderung (HAW), der Promotionsförderung oder des journalistischen Förderprogramms handelt. Wichtige Bestandteile der Veranstaltungen sind eine Klausur mit Fragen zum Allgemeinwissen, eine Gruppendiskussion sowie ein abschließendes Einzelgespräch. Zusätzlich muss im Falle der Universitätsförderung noch ein Aufsatz geschrieben werden.

Tipp

Mehr Insider-Informationen finden Sie auf squeaker.net/seidel

---

Gruppendiskussionen in der Bewerbung bei der Hanns-Seidel-Stiftung
»Zunächst möchte ich sagen, dass die Gruppendiskussion und Aufsatzthemen bei der Auswahltagung häufig Bezug zu den aktuellen gesellschaftlichen und politischen Diskussionen haben. Daher ist die Information und Auseinandersetzung mit diesen Themen durch Lesen von Zeitungen, Internetrecherchen etc. sehr zu empfehlen, falls dies nicht ohnehin aufgrund der eigenen Interessen geschieht. Darüber hinaus sollte zumindest ein Grundwissen über das politische Umfeld in Deutschland und der eigenen Heimat vorhanden sein, da je nach Hintergrund der Prüfer in den Einzelgesprächen verschiedene Schwerpunkte gesetzt werden können.«
Bernhard, Stipendiat der Hanns-Seidel-Stiftung auf arbeiterkind.de[21]

Heinrich-Böll-Stiftung

Homepage	www.boell.de
Adresse	Heinrich-Böll-Stiftung Schumannstr.8 10117 Berlin
Gründungsjahr	1987
Namensgeber	Heinrich Böll (1917-1985), Schriftsteller und Nobelpreisträger
Gesellschaftliche Ausrichtung	Die Heinrich-Böll-Stiftung steht der Partei »Bündnis 90/Die Grünen« nahe, arbeitet aber von dieser unabhängig. Die Stiftung versteht sich als think tank, engagiert sich in politischen Fragen und steht besonders für Ökologie und Nachhaltigkeit wirtschaftlichen und politischen Handels ein.
Adressaten	Studierende Doktoranden
Anzahl von Stipendiaten	Ca. 1.000 Stipendiaten/Jahr
Anzahl von Alumni	Ca. 2.600
Prominente Alumni[22]	Dr. Rangin Dadfar Spanta, ehemaliger Außenminister Afghanistans Ole von Uexküll, Direktor der Right Livelihood Award Foundation, welche den Alternativen Nobelpreis vergibt Dr. Franziska Brantner, MdEU, Bündnis 90/Die Grünen
Stipendium	Immaterielle Förderung Materielle Förderung Netzwerk
Spezielle Stipendienprogramme	Medienvielfalt, anders: Junge Migrantinnen und Migranten in den Journalismus Promotionskollegs
Bewerbungsfristen:	In der Regel 1. März und 1. September eines Jahres

Verteilung der Stipendiaten
In %, Stand 2009

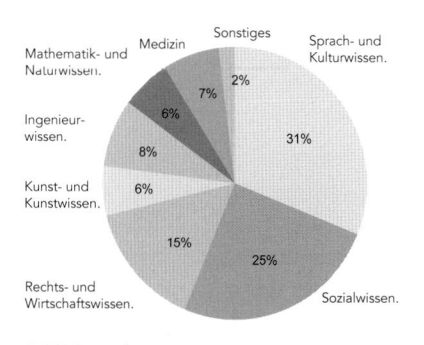

- Mathematik- und Naturwissen.: 6%
- Medizin: 7%
- Sonstiges: 2%
- Sprach- und Kulturwissen.: 31%
- Ingenieurwissen.: 8%
- Kunst- und Kunstwissen.: 6%
- Rechts- und Wirtschaftswissen.: 15%
- Sozialwissen.: 25%

∑ 976 Stipendiaten

Quelle: Heinrich Böll-Stiftung Jahresbericht 2009

Beschreibung

Die Heinrich-Böll-Stiftung präsentiert sich als »die grüne politische Stiftung« und teilt Werte wie Nachhaltigkeit und ökologisches Handeln, Selbstbestimmung und Gleichberechtigung mit der Partei Bündnis 90/Die Grünen. Gesellschaftspolitisches Engagement ist daher ein wichtiges Aufnahmekriterium für Bewerber dieser Stiftung. Begabte Studenten und Doktoranden werden ermutigt, die Gesellschaft und auch das Stiftungsleben aktiv mitzugestalten.

Die Heinrich-Böll-Stiftung bezeichnet sich selbst als »die grüne politische Stiftung« und teilt die politische Richtung der Partei Bündnis 90/Die Grünen. Wie auch die anderen politischen Stiftungen engagiert sie sich im In- und im Ausland. Dabei ist sie besonders in den Bereichen Ökologie, nachhaltiges Wirtschaften, Demokratieförderung, Menschenrechtsentwicklung sowie Selbstbestimmung tätig. Ebenfalls tritt sie für die Gleichstellung kultureller und ethnischer Minderheiten ein. Wie ihr Namensgeber, der Literaturnobelpreisträger Heinrich Böll, will die Heinrich-Böll-Stiftung für »[die] Verteidigung der Freiheit, Zivilcourage, streitbare Toleranz und die Wertschätzung von Kunst und Kultur als eigenständige Sphären des Denkens und Handelns« eintreten. Leitmotiv der Stiftung ist Bölls Ausspruch »Einmischung ist die einzige Möglichkeit, realistisch zu bleiben«. Im Jahr 2010 hatte die Stiftung Ausgaben von rund 46,5 Millionen Euro, welche neben der Studien- und Promotionsförderung insbesondere für das internationale Engagement der Stiftung und für die politische Bildungsarbeit verwendet wurden.

Der Anteil der Sozial- und Geisteswissenschaftler in der Heinrich-Böll-Stiftung ist auffallend hoch, auch wenn die Stiftung sich aktiv darum bemüht, ihr Angebot für Naturwissenschaftler auszubauen. Vor allem Studierende mit einem Umweltschwerpunkt (Klima, Energie, Ökologie) sind besonders aufgefordert, sich bei der Heinrich-Böll-Stiftung zu bewerben. Weitere Zielgruppen sind insbesondere Migranten und Studierende aus nicht-akademischen Elternhäusern. International liegen die regionalen Schwerpunkte des Studienwerks in den EU-Nachbarländern, den GUS-Staaten, im Nahen Osten und Nordafrika. Im Bereich der immateriellen Förderung ist das Stiftungsleben durch ein hohes Engagement der Stipendiaten geprägt, die unter anderem an der Organisation des Jahrgangstreffens der Stipendiaten, dem »Campus«, mitwirken. Gleich zu Beginn der Förderung werden die neuen Stipendiaten in einem Einführungsseminar mit der Stiftung, ihren Zielsetzungen und dem Prinzip der stipendiatischen Partizipation bekannt gemacht. In verschiedenen Seminaren, Workshops, internationalen Kongressen oder auf Studienfahrten wird versucht, zum einen die persönlichen und fachlichen Kompetenzen der Stipendiaten zu erweitern und zum anderen das gemeinsame Netzwerk enger zu knüpfen. Diese Partizipationsmöglichkeiten gibt es auf internationaler, nationaler und lokaler Ebene. Beispiele hierfür sind der Sommercampus, Regional-, Arbeits- und Ad-hoc-Gruppen sowie der StipendiatInnenrat.

> **Stipendiaten in der Heinrich-Böll-Stiftung**
> »Der Heinrich-Böll-Stiftung ist es sehr wichtig, dass sie ihren Stipendiaten eine ‚familiäre Atmosphäre' vermittelt. Insbesondere persönliche Individualität soll dabei stark gefördert werden. Die Stiftung zeichnet sich auch durch einen sehr hohen Mitbestimmungsanteil der StipendiatInnen aus. Diese gestalten das politische Leben der Stiftung aktiv mit, sie sind in allen wichtigen Gremien der Stiftung sowie in den Auswahlkommissionen selbst vertreten. Inhaltlich liegt der Schwerpunkt besonders auf dem Aspekt der Völkerverständigung, wobei viel im Bereich internationale Beziehungen gearbeitet wird. Weitere wichtige Themen umfassen die Bereiche Ökologie und Gleichstellung von Frauen und Männern.«
> *Hannah, Stipendiatin der Heinrich-Böll-Stiftung*

Bewerbung

Eine Selbstbewerbung bei der Heinrich-Böll-Stiftung ist für deutsche Bewerber schon vor dem 1. Semester möglich (Förderung ab Studienbeginn), wobei Bewerbungsfristen zu beachten sind. Internationale Bewerber können sich ausschließlich um eine Förderung im Masterstudium in Deutschland bewerben und müssen einen ersten berufsqualifizierenden Studienabschluss nachweisen. Das gesamte Bewerbungsverfahren dauert ca. 4 Monate.

Der Bewerbungsprozess besteht aus drei Etappen: schriftliche Bewerbung, Gespräch mit einem Vertrauensdozenten und Auswahlworkshop. In der schriftlichen Bewerbung ist ein Motivationsschreiben, ein Lebenslauf, mindestens ein Fachgutachten eines Professors sowie ein Gutachten über das gesellschaftliche und politische Engagement durch eine dritte Person einzureichen. Wenn die schriftliche Bewerbung erfolgreich verläuft, findet ein Gespräch mit einem Vertrauensdozenten statt. Dieses dauert circa eine Stunde. In diesem Gespräch sollte man sich auf persönliche und auf fachliche Fragen einstellen. Außerdem ist es wichtig, Rede und Antwort stehen zu können, wenn es um die Frage geht, warum die Bewerbung gerade bei dieser Stiftung erfolgt. Der Auswahlworkshop beinhaltet eine Gruppendiskussion mit anderen Bewerbern und ein persönliches Auswahlgespräch mit der Auswahlkommission. In der Gruppendiskussion gilt es, in Kleingruppen von circa acht Personen über ein aktuelles gesellschaftspolitisches Thema zu diskutieren. Im individuellen Auswahlgespräch sitzen den Bewerbern bis zu vier Mitglieder aus der Auswahlkommission gegenüber, was für einen Schüler oder junge Studenten durchaus ungewohnt sein kann. Fragen, die hierbei erwartet werden können, beziehen sich auf die Studien-Leistungen und -Vorhaben, das gesellschaftspolitische Engagement, aber auch auf die Biographie, die soziale Herkunft oder die Familie.

> **Tipp**
> Mehr Insider-Informationen finden Sie auf squeaker.net/boell

Die Bewerbung bei der Heinrich-Böll-Stiftung
»Ich denke, dass bei meiner Bewerbung vor allem auf das gesellschaftliche Engagement Wert gelegt wurde, da ich dazu im Auswahlworkshop befragt wurde. Mein Vorteil bei der Bewerbung war, dass ich mich schon als Abiturientin bewerben konnte, weil ich vorher START-Stipendiatin gewesen war.[23] In meiner Gruppendiskussion herrschte ein unglaublich tolles Klima. Niemand hat versucht, sich herauszuheben und andere in Grund und Boden zu diskutieren. Die Gruppe kam sogar zu einem Konsens. Die Interviewer in meinem Einzelgespräch waren sehr nett und haben nicht versucht, mich aus der Reserve zu locken. Sie haben mir stets das Gefühl gegeben, dass meine Persönlichkeit wichtig ist und meine Ansichten viel Wert haben. Auch in den Pausen des Auswahlworkshops herrschte eine sehr freundliche Atmosphäre. Man tauschte sich über alles Mögliche aus, aber zu keiner Zeit hatte ich das Gefühl eines Konkurrenzkampfes.
Erstens rate ich jedem, einfach er selbst zu sein. Es nützt nichts, die Stiftung hoch zu loben und vorzugeben, dass man sich extrem für grüne Politik interessiert. Denn die Repräsentanten der Stiftung wissen selbst, dass man sich bewirbt, weil man Geld fürs Studium braucht. Wichtig ist vor allem, dass man sich mit den Werten der Stiftung identifizieren kann. Zweitens, bei der Heinrich-Böll-Stiftung wird neben einer guten Studienleistung besonders auf gesellschaftspolitisches Engagement geachtet. Herausragende Noten sind nicht unbedingt erforderlich, viel wichtiger ist es, dass man seine Studienwahl begründen kann, sich gesellschaftspolitisch engagiert und sich dieses Engagement in einen breiteren Kontext allgemeiner Lebensplanung einordnen lässt.«
Xenia, Stipendiatin der Heinrich-Böll-Stiftung

Konrad-Adenauer-Stiftung (KAS)

Homepage	www.kas.de
Adresse	Konrad-Adenauer-Stiftung e. V. Rathausallee 12 53757 Sankt Augustin
Gründungsjahr	1964
Namensgeber	Konrad Adenauer (1876-1967), ehemaliger Oberbürgermeister von Köln und erster Bundeskanzler der Bundesrepublik Deutschland
Gesellschaftliche Ausrichtung	Die KAS steht der Christlich Demokratischen Union (CDU) nahe Die Stiftung engagiert sich in politischen Fragen und steht für christlich-demokratische bzw. konservative Werte ein
Adressaten	Studierende an Universitäten und Fachhochschulen Studierende und Doktoranden von künstlerisch orientierten Aufbaustudiengängen
Anzahl von Stipendiaten	Derzeit rund 3.000 Stipendiaten
Anzahl von Alumni	Ca. 11.000
Prominente Alumni	Dr. Thomas de Maizière, Bundesminister der Verteidigung Christian Wulff, Bundespräsident Klaus-Peter Siegloch, Journalist
Stipendium	Ideelle Förderung Materielle Förderung Netzwerk
Bewerbungsfristen	In der Regel jeweils bis zum 15. Januar für das folgende Sommersemester und bis zum 1. Juli für das folgende Wintersemester

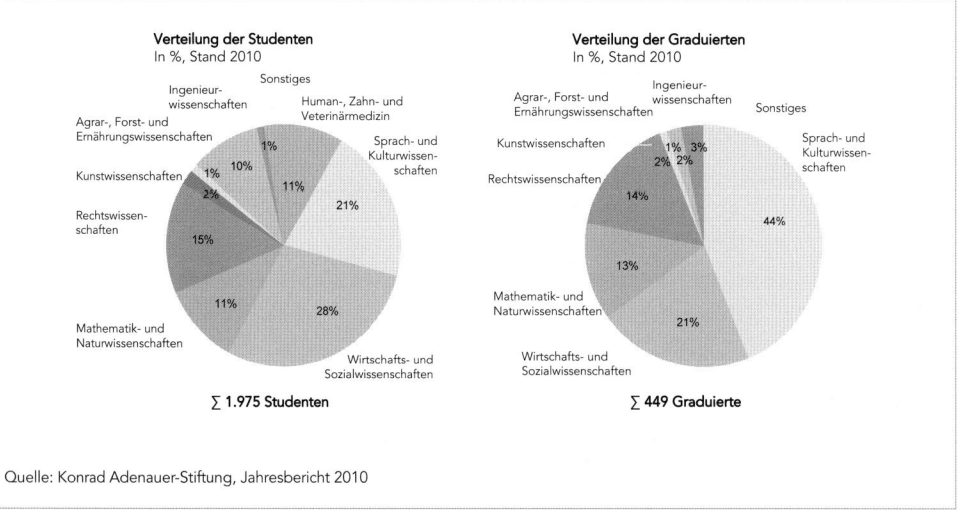

Verteilung der Studenten
In %, Stand 2010

- Sonstiges: 1%
- Ingenieurwissenschaften: 10%
- Agrar-, Forst- und Ernährungswissenschaften: 1%
- Kunstwissenschaften: 2%
- Rechtswissenschaften: 15%
- Mathematik- und Naturwissenschaften: 11%
- Wirtschafts- und Sozialwissenschaften: 28%
- Sprach- und Kulturwissenschaften: 21%
- Human-, Zahn- und Veterinärmedizin: 11%

∑ 1.975 Studenten

Verteilung der Graduierten
In %, Stand 2010

- Ingenieurwissenschaften: 1%
- Sonstiges: 3%
- Agrar-, Forst- und Ernährungswissenschaften: 2%
- Kunstwissenschaften: 2%
- Rechtswissenschaften: 14%
- Mathematik- und Naturwissenschaften: 13%
- Wirtschafts- und Sozialwissenschaften: 21%
- Sprach- und Kulturwissenschaften: 44%

∑ 449 Graduierte

Quelle: Konrad Adenauer-Stiftung, Jahresbericht 2010

Beschreibung

Seit ihrer Gründung im Jahr 1964 trägt die Konrad-Adenauer-Stiftung den Namen des ersten Bundeskanzlers der Bundesrepublik Deutschland. Sie ging aus der bereits 1955 gegründeten »Gesellschaft für christlich-demokratische Bildungsarbeit« hervor und steht der Partei Christlich-Demokratische Union (CDU) nahe. Die Konrad-Adenauer-Stiftung hat ihren Hauptsitz in Sankt Augustin bei Bonn. In Berlin unterhält sie die Akademie der Konrad-Adenauer-Stiftung, welche als Forum für den Dialog zu zukunftsrelevanten Fragen aus den Bereichen Politik, Wirtschaft, Kirche, Gesellschaft und Wissenschaft fungiert. Der Einfluss des Namensgebers auf die Arbeit der Stiftung ist heute noch in einer Vielzahl der Zielsetzungen der Institution erkennbar. Nach dem Zweiten Weltkrieg war es der CDU-Politiker Konrad Adenauer, der für eine demokratische Verfassung der jungen Bundesrepublik Deutschland eintrat und diese an die westlichen Alliierten und das westliche Militärbündnis band. Noch heute verfolgt die Konrad-Adenauer-Stiftung mit ihrem Bereich »Europäische und internationale Zusammenarbeit« das Ziel, demokratische Strukturen speziell in Schwellen- und Entwicklungsländern zu fördern. Außerdem tritt sie für die europäische Einigung und die Intensivierung der transatlantischen Beziehungen ein.

In ihrem Begabtenförderungswerk fördert die Konrad-Adenauer-Stiftung aktuell rund 3000 Stipendiatinnen und Stipendiaten aller Fachrichtungen.[24] Seit ihrer Gründung hat die Stiftung rund 11.000 Studenten gefördert. Damit ist die Konrad-Adenauer-Stiftung nach der Studienstiftung des deutschen Volkes das zweitgrößte Begabtenförderungswerk in Deutschland.

Ein wesentlicher Maßstab für die Auswahl der Bewerber sind die zum Zeitpunkt der Bewerbung erbrachten Studienleistungen. Diese sollten einen überdurchschnittlichen akademischen Abschluss erwarten lassen. Neben den schulisch-fachlichen Leistungen wird ein Engagement im politischen, sozialen, kirchlichen oder kulturellen Bereich vorausgesetzt. Weitere wichtige Kriterien für die Auswahl sind die Fähigkeit, gut mit anderen Menschen kommunizieren zu können, und die Bereitschaft, eigene Standpunkte zu vertreten, ohne dabei die Meinung anderer zu ignorieren. Zu guter Letzt sollte ein Bewerber sich mit den Zielen und Wertvorstellungen der Stiftung identifizieren können.

Die ideelle Förderung unterscheidet sich von der anderer Stiftungen dadurch, dass Hilfen für den Berufseinstieg und für Auslandssemester bereitgestellt werden. Das Interesse der Konrad-Adenauer-Stiftung an einer starken transatlantischen Bindung zeigt sich auch in ihrer Studienförderung, so unterhält die Stiftung unter anderem Austauschprogramme mit diversen amerikanischen Universitäten. Aufgrund ihrer Größe kann die Stiftung ihren Stipendiatinnen und

Stipendiaten ein engmaschiges Netz persönlicher Ansprechpartner und Vertrauensdozenten bereitstellen. So hat die Stiftung bundesweit über 160 Vertrauensdozenten sowie Stipendiatengruppen an 130 Hochschulorten. Die Förderung klassifiziert vier Adressaten von Stipendien:

- Deutsche Studierende aller Fachrichtungen (Studienförderung)
- Ausländische Studierende und Graduierte (Ausländerförderung)
- Studierende mit Berufsziel Journalist (Journalistische Nachwuchsförderung)
- Promovierende (Promotionsförderung)

Bewerbung

Bewerben können sich alle Abiturienten und Studenten (unter 32 Jahren), die mindestens zwei Jahre lang die Möglichkeit haben werden, am Programm der ideellen Förderung teilzunehmen. Auch Bewerbungen von Studierenden mit dem Studienziel Bachelor müssen daher zu einem Zeitpunkt erfolgen, ab dem noch mindestens vier Semester Regelstudienzeit verbleiben, wobei hier ein Masterstudium mit eingerechnet werden kann. Bewerber müssen bei der schriftlichen Bewerbung folgende Unterlagen einreichen (Vordrucke sind im Internet unter www.kas.de/stipendien verfügbar):

- Ausgefüllter Bewerbungsbogen
- Ausführlicher Lebenslauf (drei bis vier Seiten)
- Zwei Gutachten, darunter eines von einem Hochschullehrer (bzw. Lehrer) und eines von einer dritten Person, die Aussagen zur Person und ihrem gesellschaftlichen Engagement machen kann
- Schulische und/oder universitäre Zeugnisse
- Sonstiges (zum Beispiel Immatrikulationsbescheinigung und Arbeitszeugnisse)

Ist die schriftliche Bewerbung erfolgreich, erfolgt eine Einladung zu einem zweitägigen Auswahlseminar, das in der Regel an einem Wochenende stattfindet. Dieses besteht aus einem schriftlichen Test, einer Gruppendiskussion und einem Einzelgespräch. Im schriftlichen Test, mit dem das Auswahlverfahren beginnt, müssen die Bewerberinnen und Bewerber zunächst eine Reihe von Fragen zu Politik, Wirtschaft und Zeitgeschehen beantworten. In Anschluss daran findet eine nach Studiengängen differenzierte Gruppendiskussion vor einer dreiköpfigen Jury statt. Die aus fünf oder sechs Bewerbern bestehende Gruppe muss aus drei Themen eines auswählen und dieses anschließend diskutieren. Eine typische Fragestellung in einer Gruppendiskussion bei einem Auswahlseminar der Konrad-Adenauer-Stiftung ist die Frage nach der Aktualität des Konzepts der Sozialen Marktwirtschaft. Auch andere Themen, die maßgeblich von Vordenkern der deutschen Christdemokratie, wie Konrad Adenauer

---

Die Konrad-Adenauer-Stiftung

»Schon im ersten Semester habe ich an der Uni die Werbung der Stiftungen gesehen und so erst von ihnen erfahren. Als ich mich auf der Seite www.kas.de über die Konrad-Adenauer-Stiftung informierte, war mir schnell klar, dass genau diese Stiftung zu mir passt. Trotzdem habe ich mich zunächst nicht getraut, mich zu bewerben. Erst am Ende des zweiten Semesters habe ich nach einem Info-Abend aller Stiftungen, der meinen Eindruck von einem »Eliteklub« revidierte, den Entschluss gefasst, mich zu bewerben.«
Isabell, Stipendiatin der Konrad-Adenauer-Stiftung auf arbeiterkind.de

und Ludwig Erhard, beeinflusst wurden oder die im Fokus der Tagespolitik stehen, werden gerne als Fragestellung gewählt. Bleibt nach der ersten Diskussionsrunde noch Zeit, kann ein weiteres Thema diskutiert werden. Abschließend absolviert der Bewerber ein persönliches Einzelgespräch vor derselben Jury, die auch die Gruppendiskussion beobachtet hat. In diesem Gespräch geht es vor allem um den Lebenslauf des Bewerbers, dessen Ergebnisse im schriftlichen Test und dessen Verhalten in der Gruppendiskussion. Dazu kommen oftmals noch fachliche, persönliche und politische Fragen. Es gilt festzuhalten, dass der Bewerber im Vorfeld einer Bewerbung bei der Konrad-Adenauer-Stiftung intensiv aktuelle politische bzw. gesellschaftliche Debatten beobachten und reflektieren sollte. Hierzu ist besonders die Lektüre von Zeitungen, das Verfolgen politischer Debatten im Fernsehen sowie die Recherche auf der Internetseite der Konrad-Adenauer-Stiftung zu empfehlen.

Tipp

Mehr Insider-Informationen finden Sie auf
squeaker.net/adenauer

Tipps für die Bewerbung bei der Konrad-Adenauer-Stiftung
»Als ich die Einladung zum Auswahltag bekam, hatte ich ein etwas mulmiges Gefühl angesichts der Anforderungen. Doch schon bei diesem ersten Seminar habe ich die typische KAS-Atmosphäre erlebt: Das intensive Zusammensein mit Gleichgesinnten, der Austausch bei der Gruppendiskussion am Nachmittag sowie an der Bar am Abend. Hilfreich für das Auswahlverfahren waren intensive Zeitungslektüre, ein gesundes Selbstbewusstsein sowie Klarheit über die Frage, warum man sich gerade bei der Konrad-Adenauer-Stiftung bewirbt.«
Jan, Stipendiat der Konrad-Adenauer-Stiftung

Rosa-Luxemburg-Stiftung (RLS)

Homepage	www.rosaluxemburgstiftung.de
Adresse	Rosa-Luxemburg-Stiftung Studienwerk Franz-Mehring-Platz 1 10243 Berlin
Gründungsjahr	1999
Namensgeber	Rosa Luxemburg (1871-1919), Sozialdemokratin und bedeutende Vertreterin der europäischen Arbeiterbewegung
Gesellschaftliche Ausrichtung	Die RLS steht der Partei »Die Linke« nahe Die Stiftung engagiert sich in politischen Fragen und steht insbesondere für Werte des demokratischen Sozialismus ein
Adressaten	Studierende Doktoranden
Anzahl von Stipendiaten	Derzeit rund 800 Stipendiaten
Anzahl von Alumni	Ca. 1.100
Prominente Alumni[25]	Jan Korte (deutscher Politiker) Yvonne Ploetz (deutsche Politikerin)
Stipendium	Ideelle Förderung Materielle Förderung Netzwerk
Bewerbungsfristen	30. April und 31. Oktober eines Jahres

Projektausgaben
In Millionen Euro, Stand 2009

- Sonstiges Forschung: 4%
- Publikationen: 3%
- Kongresse und Tagungen: 3%
- Intl. Zusammenarbeit: 1%
- Studienförderung: 27%
- (größter Anteil): 62%

∑ 18,3 Millionen Euro

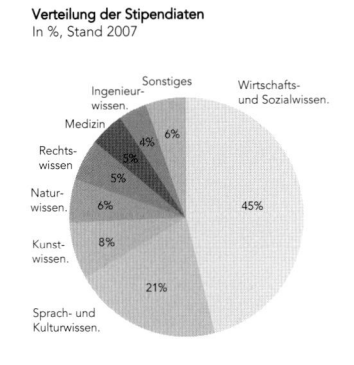

Verteilung der Stipendiaten
In %, Stand 2007

- Sonstiges: 4%
- Ingenieurwissen.: 6%
- Medizin: 5%
- Rechtswissen.: 6%
- Naturwissen.: 8%
- Kunstwissen.: 21%
- Sprach- und Kulturwissen.: 45%
- Wirtschafts- und Sozialwissen.

Quelle: Rosa Luxemburg-Stiftung Jahresbericht 2009, die linke Grafik enthält nur Ausgaben für den gemeinnützigen Zweck der Stiftung

Beschreibung

Die Fördertätigkeit der Rosa-Luxemburg-Stiftung begann im Jahr 1999. Die Stiftung entwickelte sich aus dem 1990 in Berlin gegründeten Verein »Gesellschaftsanalyse und politische Bildung e. V.«. Die Stiftung bezeichnet sich selbst als »linke politische Stiftung« und steht der Partei »Die Linke« nahe.[26] Sie zielt vor allem drauf ab, einen Beitrag zur Diskussion von Themen wie »Demokratisierung politischer Willensbildung« oder »Soziale Gerechtigkeit und Solidarität« zu leisten.

Um die politische Herkunft der Rosa-Luxemburg-Stiftung zu verstehen, ist es wichtig, die Geschichte Rosa Luxemburgs zu kennen. Ihr Wirken, ebenso wie das der Stiftung heute, fand im Spannungsfeld von Sozialdemokratie und Sozialismus statt. Ein wichtiger Schritt vor einer Bewerbung bei dieser Stiftung ist es, sich den Unterschied zwischen diesen beiden Begriffen zu verdeutlichen. Während die SPD und die Friedrich-Ebert-Stiftung die Vertretung der Sozialdemokratie für sich in Anspruch nehmen, stehen »Die Linke« und die Rosa-Luxemburg-Stiftung für einen demokratischen Sozialismus.

> **Netzwerk-Perspektiven in der Rosa-Luxemburg-Stiftung**
> »Bei der Rosa-Luxemburg-Stiftung treffen die gesamte Breite der deutschen Linken sowie andere interessante Menschen aufeinander, was den Austausch zwar nicht immer unstrittig, aber erfrischend und gewinnbringend macht. Wer in linken Strukturen Karriere machen möchte, für den ergeben sich in diesen auch Netzwerkmöglichkeiten. Für Menschen, die sich neben der Förderung ein Karriere-Netzwerk in der Wirtschaft aufbauen möchten, sind andere Stiftungen zu empfehlen. Nur die allerwenigsten bewerben sich bei der Rosa-Luxemburg-Stiftung mit Fokus auf Netzwerk und Karriere, sondern es geht fast allen vorrangig um die gemeinsame Diskussion.«
> *Ein Stipendiat der Rosa-Luxemburg-Stiftung*

Seit der Gründung hat das Studienwerk fast 1.100 Stipendiaten gefördert. Aktuell befinden sich ca. 800 Studierende und Doktoranden in der Förderung. Jährlich werden rund 200 Stipendiaten, 40 davon Doktoranden, neu in die Stiftung aufgenommen.[27] Der Anteil der Promotionsstudenten an der Stipendiatenschaft der Rosa-Luxemburg-Stiftung nimmt tendenziell zu. Ihren Stipendiaten möchte die Rosa-Luxemburg-Stiftung eine Plattform für die kritische Analyse von Gesellschaftsstrukturen und Wirtschaftssystemen bieten. Im Zentrum soll dabei die Diskussion um die zeitgemäße Verwirklichung des »demokratischen Sozialismus« stehen. Die Stiftung sieht sich hierbei vor allem als ein sozialistischer »Think-Tank« politiknaher Organisationen. International ist sie vor allem in sozialdemokratischen bzw. sozialistischen Strukturen aktiv. Dazu gehören soziale Bewegungen, Nichtregierungsorganisationen und linke Intellektuelle.

Die Studienförderung der Stiftung setzt ebenso wie die anderer Begabtenförderungswerke auf gute fachliche Leistungen sowie ausgeprägtes gesellschaftliches und soziales Engagement. Diese

---

> **Die Stipendiaten der Rosa-Luxemburg-Stiftung**
> »Die Rosa-Luxemburg hat unter allen Stiftungen zusammen mit der Hans-Böckler-Stiftung den höchsten Anteil an sozial bedürftigen StipendiatInnen, das heißt solchen Stipendiaten, die nicht nur Büchergeld erhalten. Das ist ein Resultat der gesellschaftspolitischen Grundprinzipien, auf denen die Stiftung aufbaut. Diesen Prinzipien entsprechend versucht die Stiftung, StipendiatInnen in Entscheidungen einzubinden, zum Beispiel durch stipendiatische VertreterInnen im Auswahlausschuss oder den stipendiatischen SprecherInnenrat.«
> *Nina, Stipendiatin der Rosa-Luxemburg-Stiftung*

> **Das Besondere an der Rosa-Luxemburg-Stiftung**
> »Das Besondere an der Rosa-Luxemburg-Stiftung ist für mich in erster Linie, dass sie Raum für wirkliche gesellschaftliche Alternativen bietet, also solche, die fernab des Kapitalismus liegen und die Gerechtigkeit für alle Menschen und die Natur einfordern.«
> *Reinhold, Stipendiat der Rosa-Luxemburg-Stiftung*

> **Tipp**
>
> Mehr Insider-Informationen finden Sie auf
> squeaker.net/luxemburg

Förderkriterien orientieren sich an den Idealen der Namensgeberin Rosa Luxemburg. Im Zentrum steht dabei das Anliegen, für den Ausgleich sozialer, politischer oder geschlechtlicher Unterschiede einzutreten. Daher werden bei vergleichbarem Engagement und vergleichbaren Leistungen Frauen, sozial Bedürftige und Menschen mit Behinderungen bevorzugt. Ein weiterer, die Auswahl beeinflussender Faktor, ist das Interesse der Stiftung, verstärkt Stipendiaten mit interkulturellem Hintergrund zu fördern.

Die ideelle Förderung beginnt mit dem obligatorischen Einführungsseminar, das vor allem dem Kennenlernen dient. Darüber hinaus findet einmal jährlich eine von den Stipendiaten selbst organisierte Ferienakademie statt. Diese wird durch eine Reihe von Seminaren zu Themen wie »Techniken und Methoden des wissenschaftlichen Arbeitens« ergänzt. Die Förderung umfasst zudem Bildungsreisen, Besuche von Parlamentsabgeordneten oder Vergünstigungen bei Buchkäufen. Stiftungseigene Arbeitskreise dienen dazu, dass sich die Stipendiaten mit fachlichen und gesellschaftspolitischen Themen auseinandersetzen. Auf speziellen Seminaren für Doktoranden haben Promovierende die Möglichkeit, sich über den Stand ihrer Arbeiten auszutauschen.

Bewerbung

Die Förderung durch die Rosa-Luxemburg-Stiftung beginnt mit dem zweiten Semester. Dabei sollte der Bewerber zum Zeitpunkt der Bewerbung noch mindestens vier Studiensemester vor sich haben. Die Förderung richtet sich sowohl an in- als auch an ausländische Studierende aller Fachrichtungen, die an einer deutschen Universität oder Fachhochschule studieren.

Es gibt zwei unterschiedliche Programme, die sich in den Voraussetzungen und im Förderumfang unterscheiden. Diese Programme heißen »Studienstipendium für InländerInnen« und »Studienstipendium für AusländerInnen«. Im Folgenden liegt der Fokus auf dem erstgenannten Stipendienprogramm. Das Aufnahmeverfahren besteht aus einer schriftlichen und einer mündlichen Bewerbungsphase. Zunächst sind die folgenden Unterlagen einzureichen:

- Ausgefüllter Bewerbungsbogen
- An- bzw. Motivationsschreiben
- Tabellarischer Lebenslauf
- Auflistung gesellschaftlichen Engagements
- Begründungsschreiben zur Studienwahl bzw. zum Studium
- Gutachten eines Dozenten, das Bezug auf Studienleistungen und Engagement des Bewerbers nimmt
- Kopien von Zeugnissen
- Wenn vorhanden: Kopie des letzten BAföG-Bescheides

> **Tipp**
>
> **Bewerbung bei der Rosa-Luxemburg-Stiftung**
> »Auch bei dieser linken Stiftung gilt: vollständige und saubere Unterlagen einreichen. Mein Interview mit dem Vertrauensdozenten gestaltete sich sehr angenehm und dauerte zwei Stunden, da wir uns in eine tiefe und spannende Diskussion verstrickt hatten. Ich denke, dass neben guten akademischen Leistungen bei der RLS ein glaubhaftes soziales, politisches oder künstlerisches Engagement zählt.«
> *Ein Stipendiat der Rosa-Luxemburg-Stiftung*

An die erfolgreiche schriftliche Bewerbung schließt sich ein Gespräch mit einem Vertrauensdozenten an. Bei diesem geht es üblicherweise um aktuelle politische Themen und um den persönlichen Hintergrund des Bewerbers. Der Interviewer verfasst im Anschluss an das Gespräch ein Gutachten über den Kandidaten. Auf Basis dieses Gutachtens sowie der eingereichten Unterlagen entscheidet ein aus Professoren und Stipendiaten bestehender Auswahlausschuss, ob der Bewerber förderungswürdig ist und in die Studienförderung der Stiftung aufgenommen wird.

Tipp

Hilfestellungen für die Gespräche bei der Rosa-Luxemburg-Stiftung
»Mein Tipp wäre für das Gespräch: offen und ehrlich sein, Stärken der Arbeit herausstellen, aber auch klar benennen, wenn man von irgendwas – noch – keine Ahnung hat. Auch aus dem Gespräch mit anderen StipendiatInnen habe ich den Eindruck gewonnen, dass sich die VertrauensdozentInnen oft für BewerberInnen und deren Bewerbung stark machen.«
Heinz-Jürgen, Stipendiat der Rosa-Luxemburg-Stiftung

Cusanuswerk – Bischöfliche Studienförderung

Homepage	www.cusanuswerk.de
Adresse	Cusanuswerk Baumschulallee 5 53115 Bonn
Gründungsjahr	1956
Namensgeber	Nikolaus von Kues (1401-1464), Kardinal und Universalgelehrter
Gesellschaftliche Ausrichtung	Das Cusanuswerk steht der katholischen Kirche nahe und tritt dementsprechend insbesondere für christliche Werte ein
Adressaten	Studierende Doktoranden
Anzahl von Stipendiaten	Derzeit rund 900 Stipendiaten
Anzahl von Alumni	Ca. 5.000
Prominente Alumni	Hans Tietmeyer, Bundesbankpräsident a. D. Oskar Lafontaine, Politiker Norbert Lammert, Bundestagspräsident Wolfgang Herrmann, Präsident der Technischen Universität München
Stipendium	Immaterielle Förderung Materielle Förderung Netzwerk
Bewerbungsfristen	Alljährlich zum 1. Juli für die Erstsemesterförderung 1. Mai für Studenten an Universitäten 1. September für Master-Studierende 1. Februar und 1. Juli für Studenten an Fachhochschulen 1. Januar, 1. Mai und 1. September für Promotionsstudenten Abweichende Termine gelten für Studenten an Musikhochschulen und Kunstakademien

Beschreibung

Das Cusanuswerk wurde im Jahr 1956 durch die katholische Bischofskonferenz nach dem Vorbild des evangelischen Studienwerks Villigst gegründet. Mit der Gründung einer eigenen Studienförderung verfolgten die deutschen Bischöfe das Ziel, engagierte und leistungsstarke katholische Studenten »innerlich zu formen« und diese auf ihrem Weg in zentrale gesellschaftliche Positionen zu unterstützen.[28] Anfangs stand das konfessionell gebundene Begabtenförderungswerk nur männlichen Studenten offen, obwohl schon damals einige Kirchenmänner den steigenden Bedarf an weiblichen Führungskräften voraussagten und die gleichberechtigte Förderung von Frauen forderten. Ab

Mitte der 1960er Jahre veränderte sich die Ausrichtung der Studienförderung des Cusanuswerkes zusehend. So nahm das Cusanuswerk 1966 die ersten Studentinnen auf. Im Zuge der 68er-Bewegung nahm das Begabtenförderungswerk zudem Abstand vom Anspruch der reinen Eliteförderung. Heute gibt es im Cusanuswerk mehr Stipendiatinnen als Stipendiaten und mit dem ausschließlich für weibliche Stipendiaten geöffneten »Karriereförderprogramm« möchte das Cusanuswerk einen Beitrag dazu leisten, die Präsenz von Frauen in Führungspositionen zu erhöhen. Das Cusanuswerk bekennt sich zur Elitenbildung, macht aber deutlich, dass es diese als »Befähigung und Herausforderung zum Dienst in der Gemeinschaft« versteht.[29]

Die immaterielle Förderung des Cusanuswerkes unterscheidet sich von der nicht-konfessioneller Begabtenförderungswerke durch ihre geistliche Komponente. So wird den Stipendiaten neben Sommer- und Auslandsakademien und Stipendiatentreffen auch die Teilnahme an Klosterwochenenden und Exerzitien angeboten.

> **Die immaterielle Förderung durch das Cusanuswerk**
> »Die Gemeinschaftserfahrung mit anderen Stipendiaten und Ehemaligen zeichnet das Cusanuswerk besonders aus! Darüber hinaus unterscheidet sich das Cusanuswerk von anderen Stiftungen vor allem durch das geistliche Rahmenprogramm zu dem unter anderem geistliche Betreuung während der Akademien oder Exerzitien gehören.«
> *Patrick, Stipendiat des Cusanuswerks*

> **Kolloquien beim Cusanuswerk**
> »Beide Kolloquien fanden in produktiver und sympathischer Atmosphäre statt. Im Cusanus-Kolloquium geht es mehr um das Studium und den Bewerber. Im Gemeinde-Kolloquium (Gespräch mit dem Pfarrer der Hochschulgemeinde) geht es dezidiert um den eigenen Glauben. Mein Tipp für Bewerber: Interessen neben dem Studium konsequent verfolgen und überzeugend zu argumentieren. Oft wurde mir die Frage gestellt, warum ich mich ausgerechnet für das Cusanuswerk und die katholische Kirche interessiere: Auf diese Frage müssen Bewerber vorbereitet sein. Prinzipiell gilt aber, dass ein Engagement bei der katholischen Kirche definitiv keine übergeordnete Rolle spielt. Die katholische Konfession ist allerdings Voraussetzung für eine Bewerbung.«
> *Philipp, Stipendiat des Cusanuswerks*

Bewerbung

Beim Cusanuswerk ist eine Bewerbung sowohl auf Vorschlag wie auch durch Eigeninitiative möglich. Das Vorschlagsrecht haben Schulleiter, Professoren, Mitglieder der Hochschulgemeinde sowie Alumni des Cusanuswerkes.

Studenten, die gerade erst ihr Studium aufnehmen, können sich um die Erstsemesterförderung bewerben. Während diese in der materiellen und immateriellen Förderung der »normalen« Förderung gleich gestellt ist, findet die Vorauswahl der Bewerber rein auf Grundlage von Personalbogen, Abiturzeugnis und ausführlichem Lebenslauf statt.

Das Bewerbungsverfahren gliedert sich in die Vor- und Hauptauswahl. Zur Vorauswahl muss der Bewerber einen ausgefüllten Bewerbungsbogen, einen ausführlichen Lebenslauf, eine Kopie des Abiturs und eine Immatrikulationsbescheinigung an das Cusanuswerk

> **Das Netzwerk des Cusanuswerks**
> »Das Netzwerk der Stiftung ist gut, da viele Alumni zum Beispiel in der Wirtschaft oder Politik (insbesondere in der CDU) erfolgreich sind: Ein Beispiel dafür ist die Bildungsministerin Annette Schavan. Außerdem eröffnet die Unterstützung durch die katholische Kirche viele Einblicke in die Arbeit der Kirchen in Deutschland und man lernt viele Multiplikatoren aus diesem Bereich kennen.«
> *Philipp, Stipendiat des Cusanuswerks*

schicken. All diejenigen Studenten, die die Vorauswahl erfolgreich durchlaufen, werden anschließend gebeten, weitere Unterlagen für die Hauptauswahl einzureichen. Dazu gehören ein Leistungsnachweis, ggf. Kopien von Hochschulzeugnissen (Vordiplom, Bachelorzeugnis oder Ähnliches), zwei Fachgutachten von Professoren des eigenen Hauptfaches und ein Gutachten der Hochschulgemeinde. Besteht noch kein Kontakt zur Hochschulgemeinde, ist es notwendig, sich zügig nach der Bestätigung der Teilnahme am Hauptverfahren beim zuständigen Hochschulpfarrer zu melden und um einen Termin zu bitten. Die Eindrücke, die der Pfarrer aus diesem Treffen gewinnt, bilden dann die Grundlage seines Gutachtens. In der weiteren Hauptauswahl wird jeder Bewerber zu einem Gruppeninterview mit einem Mitbewerber und einem Mitarbeiter des Cusanuswerkes eingeladen. Auf Basis der Bewerbungsunterlagen, der wissenschaftlichen und geistlichen Gutachten und des abschließenden Kolloquiums wird über die Aufnahme des Bewerbers in die Studienförderung entschieden.

> **Tipp**
>
> Mehr Insider-Informationen finden Sie auf squeaker.net/cusanus

Evangelisches Studienwerk Villigst

Homepage	www.evstudienwerk.de
Adresse	Evangelisches Studienwerk e. V. Villigst Iserlohner Str. 25 58239 Schwerte
Gründungsjahr	1948
Namensgeber	Haus Villigst, der Tagungsort der Stiftung in Schwerte
Gesellschaftliche Ausrichtung	Das Evangelische Studienwerk Villigst steht der evangelischen Kirche nahe und tritt vor allem für christlich-protestantische Werte ein
Adressaten	Studierende Doktoranden
Anzahl von Stipendiaten	Derzeit rund 1.100 Stipendiaten
Anzahl von Alumni	Ca. 6.500
Prominente Alumni	Hermann Scheer, Träger des Alternativen Nobelpreises Henning Scherf, Oberbürgermeister von Bremen a. D. Roger Willemsen, Publizist Margot Käßmann, ehem. Ratsvorsitzende der Evangelischen Kirche in Deutschland
Stipendium	Immaterielle Förderung Materielle Förderung Netzwerk
Bewerbungsfristen	1. März und 1. September eines Jahres

Beschreibung

Das Evangelische Studienwerk mit Sitz im Haus Villigst bei Schwerte (Nordrhein-Westfalen) ist das Begabtenförderungswerk der evangelischen Kirchen in Deutschland. Das Studienwerk wurde im Jahr 1948 gegründet.

Die Gründung der Stiftung war durch das Versagen protestantischer Akademiker während des Dritten Reiches motiviert. Mit der Stiftung setzten die protestantischen Kirchen ein Zeichen dafür, dass sie sich mit in der Verantwortung für die Ausbildung des akademischen Nachwuchses sehen. Zugleich wollten die Kirchen damit einen Einfluss darauf nehmen, dass die neuen Eliten eine geistige Bindung haben und für Werte wie Demokratie, Widerspruchstoleranz, soziale Verantwortung und die Würde des Menschen einstehen. Das Studienwerk beschäftigt sich vor allem mit ethischen und gesellschaftlichen Fragen der verschiedenen Wissenschaften.

> **Das Besondere am Studienwerk Villigst**
> »Im Evangelischen Studienwerk Villigst stehen nicht Noten und Leistungen, sondern soziales Engagement und Persönlichkeit im Vordergrund.«
> *Clara, Stipendiatin des Evangelischen Studienwerks Villigst*

> **Tipp**
>
> **Das Auswahlverfahren des Evangelischen Studienwerks Villigst**
> »Im Vorauswahlgespräch achten die Prüfer zum einen auf das Auftreten und zum anderen natürlich auf das Wissen des Bewerbers. Ziel ist es, den Bewerber besser kennenzulernen und zu schauen, ob er ins Evangelische Studienwerk passt. Dabei werden gezielt auch solche Fragen gestellt, die sehr schwer oder gar nicht beantwortet werden können. Ich empfehle jedem, bei solchen Fragen nicht zu resignieren, sondern Bezug zu vorhandenem Wissen herzustellen und Unwissenheit offen zuzugeben.«
> *Clara, Stipendiatin des Evangelischen Studienwerks Villigst*

Eine Besonderheit des Studienwerks ist, dass neue Stipendiaten für die Gesamtdauer ihres Studiums aufgenommen werden. Es gibt also keine Probezeit. Daher kann das Studienwerk zurzeit auch nur dann Studenten in einem Master-Studiengang fördern, wenn diese schon in ihrem Bachelor-Studium durch das Studienwerk gefördert wurden. Die jährliche Förderung teilt sich auf etwa 850 Studierende aller Studienfächer an Universitäten und Fachhochschulen in der Grundförderung und 250 Promovierende in der Graduiertenförderung auf.[30]

Prinzipiell fördert die Stiftung nur protestantische Studierende. In besonderen Fällen werden aber auch Studenten ohne Konfession bzw. mit einem anderen Glauben gefördert. Das Evangelische Studienwerk fördert auch Studierende aus Mitgliedsstaaten der Europäischen Union für das komplette Studium in Deutschland. Wer in die Stiftung aufgenommen wurde, wird meist noch vor dem Beginn seines ersten Fördersemesters eingeladen, an einem viertägigen Einführungsseminar in Villigst teilzunehmen. Die frischgebackenen »Villigster« besiegeln den Förderungsvertrag mit der Stiftung und verpflichten sich während und in Anschluss an die Förderungszeit verschiedenartige stipendiatische Aufgaben, wie zum Beispiel die Vertretung der Stiftung bei Hochschulveranstaltungen, mitzugestalten.

Wie bei anderen Begabtenförderungswerken auch, basiert der Umfang der materiellen Förderung auf den Richtlinien des Bundesministeriums für Bildung und Forschung (BMBF). Neben der finanziellen Unterstützung gibt es ein breites, oft von Stipendiaten selbst organisiertes Angebot an Beratungen und Möglichkeiten, sich über das eigene Studienfach hinaus zu bilden.

Bewerbung

Die Stiftung nimmt an zwei Terminen im Jahr neue Stipendiatinnen und Stipendiaten auf. Jeder Student kann sich innerhalb der Fristen auf eigene Initiative hin bewerben. Wichtig ist, dass zum Zeitpunkt des Auswahlverfahrens das 5. Hochschul- bzw. das 4. Fachhochschulsemester nicht überschritten ist. Bewerber sollten gute fachliche Leistungen und Engagement in kirchlichen, sozialen, politischen oder gesellschaftlichen Bereichen nachweisen können. Zum Bewerbungsverfahren gehören die schriftliche Bewerbung und ein zweistufiger Auswahlprozess. Zunächst gilt es, fristgerecht die vollständige schriftliche Bewerbung einzureichen. Diese umfasst die folgenden Unterlagen:

- Zwei ausgefüllte Personalbögen
- Ein Lebenslauf, sowohl in tabellarischer als auch in ausführlicher Form (2-4 Seiten)
- Ein Erfahrungsbericht, der Auskunft über das vergangene Schul- oder Studienjahr, mögliche Berufstätigkeit, Zivildienst, Bundeswehrzeit, Praktika oder Ähnliches und über die Studienmotivation gibt (2-3 Seiten)

> **Tipp**
>
> Mehr Insider-Informationen finden Sie auf
> squeaker.net/villigst

- Ein fachliches Gutachten und ein Gutachten, welches das gesellschaftliche Engagement erläutert
- Bescheinigungen und Zeugnisse (zum Beispiel Kopie der Zugangsberechtigung für das Studium, Studienergebnisse)

Ist die schriftliche Bewerbung erfolgreich, wird der Bewerber zu einem Vorauswahlgespräch eingeladen. Dieses dauert etwa 30 Minuten und wird im nächstgelegenen Hochschulort durchgeführt. Im Gespräch werden von einem oder mehreren Interviewern markante Punkte des Lebenslaufs, der Verlauf des Studiums, aktuelle Geschehnisse oder ähnliche Themen angesprochen. Im Anschluss an dieses Gespräch findet die zweitägige Hauptauswahl, die letzte Stufe des Bewerbungsprozesses, im Haus Villigst statt. Am ersten Tag wird zwei Mal in Gruppen von etwa zehn Bewerberinnen und Bewerbern diskutiert. Die Diskussionen werden von mehreren Gutachtern beobachtet und beurteilt. Die Diskussionsthemen unterscheiden sich zwar thematisch, haben aber oftmals einen aktuellen Bezug. Überdies muss vor einer der Gesprächsrunden jeder Bewerber ein dreiminütiges Statement zu einem Kurzfilm abgeben, den alle Bewerber gemeinsam angeschaut haben. Am zweiten Tag der Hauptauswahl schließen sich halbstündige Einzelgespräche an. In diesen wird in vielen Fällen auf erlerntes Fachwissen, auf Allgemeinbildung und weitere Aspekte, die den Interviewpartner persönlich interessieren, eingegangen. Insgesamt dauert das Bewerbungsverfahren des Evangelischen Studienwerks Villigst circa fünf Monate.

> **Tipp**
>
> **Atmosphäre beim Auswahlverfahren**
> »Das Umfeld bei der Hauptauswahl durch das Evangelische Studienwerk ist mir in sehr positiver Erinnerung geblieben: Die Betreuer waren sehr nett und Haus Villigst ist wirklich eine tolle Unterkunft. Wir waren rund 50 Bewerber (in meinem Block) und die Atmosphäre war zugleich angespannt und angenehm. Mein Tipp an zukünftige Bewerber ist, nicht vorschnell negative Schlüsse aus Mimik und Gestik der Auswähler zu ziehen.«
> *Julia, Stipendiatin des Evangelischen Studienwerks Villigst*

Ernst Ludwig Ehrlich Studienwerk (ELES)

Homepage	www.eles-studienwerk.de
Adresse	Ernst Ludwig Ehrlich Studienwerk e. V.
	Postfach 120852
	10598 Berlin
Gründungsjahr	2009
Namensgeber	Ernst Ludwig Ehrlich (1921 – 2007), deutsch-schweizerischer Historiker und Religionswissenschaftler jüdischen Glaubens, der sich für den christlich-jüdischen Dialog eingesetzt hat
Gesellschaftliche Ausrichtung	Das Ernst Ludwig Ehrlich Studienwerk steht der jüdischen Kirche nahe und tritt für die Förderung der jüdischen Identität ein
Adressaten	Abiturienten
	Studenten
	Doktoranden
Anzahl von Stipendiaten	Derzeit rund 80 Stipendiaten
Stipendium	Immaterielle Förderung
	Materielle Förderung
	Netzwerk

Beschreibung

Bis in das Jahr 2009 existierten in Deutschland mit dem Cusanuswerk und dem Studienwerk Villigst zwei Begabtenförderungswerke, die eine religiöse Gesellschaftsausrichtung hatten. In Anbetracht von mehr als 100.000 Menschen, die sich heute in jüdischen Gemeinden organisieren, und bundesweit circa 8.000 deutsch-jüdischer Studenten klaffte eine Lücke in der Landschaft der Begabtenförderungswerke. Die Gründung des Ernst Ludwig Ehrlich Studienwerks schließt diese Lücke, indem es sich der Förderung von Studenten und Promovierenden widmet, die jüdischen Glaubens sind oder deren Werdegang und Studium einen klaren Bezug zum Judentum haben.

Als jüngstes Begabtenförderungswerk bekennt sich auch das Ernst Ludwig Ehrlich Studienwerk zu dem Gedanken, dass eine erfolgreiche Weiterentwicklung von Staat und Gesellschaft Verantwortungseliten bedarf. Zugleich beruft sich das Studienförderwerk auf den hohen Stellenwert, den Bildung im Judentum einnimmt, und knüpft an die Vielzahl jüdischer Wissenschaftler, Schriftsteller, Künstler und Politiker an, welche die deutsche Geschichte geprägt haben. Erklärtes Ziel des eingetragenen Vereins ist es, »eine Lücke der Geschichte [zu] schließen und Begabungen in der jüdischen Gemeinschaft fördern«. Das Studienwerk steht unter der Schirmherrschaft des Präsidenten des Zentralrats der Juden in Deutschland.

Im Rahmen des Benno-Jacob-Stipendienprogramms und des Benno-Jacob-Visiting-Scholar-Programms unterstützt das Studienwerk zudem angehende jüdische Gelehrte aus dem Ausland bei einem Studium in Deutschland.

Bewerbung

Zu den Grundvoraussetzungen einer Bewerbung beim Ernst Ludwig Ehrlich Studienwerk zählt, dass der Bewerber an einer Universität oder einer pädagogischen Hochschule in Deutschland, einem EU-Mitgliedsland oder der Schweiz immatrikuliert ist. Bewerben können sich Studenten, die noch mindestens fünf Semester Studienzeit vor sich haben – im Fall eines angestrebten viersemestrigen Masterstudiums reichen einem Bachelor- Studenten auch vier Semester.

Dem evangelischen Studienwerk Villigst ähnlich richtet sich das Ernst Ludwig Ehrlich Studienwerk nicht allein an Studenten und Doktoranden jüdischen Glaubens. Vielmehr stellt die »Zugehörigkeit zur jüdischen Gemeinschaft« in Deutschland ein Bewerbungskriterium dar – ein nicht-jüdischer Bewerber muss also darlegen können, dass seine akademische und persönliche Laufbahn einen engen Bezug zum Judentum aufweist. Zu den Bewerbungsanforderungen gehört daher neben überdurchschnittlichen Schul- und Studienleistungen Engagement in der jüdischen Gemeinde, in studentischen Organisationen, im sozialen Bereich oder in der Jugendarbeit

Die Bewerbung beim Ernst Ludwig Ehrlich Studienwerk besteht aus einem schriftlichen und mündlichen Auswahlverfahren. Die schriftlichen Bewerbungsunterlagen umfassen, neben einem ausführlichen Lebenslauf, ein Motivationsschreiben, zwei akademische Gutachten und ein Referenzschreiben eines Vertreters einer jüdischen Institution. Neben Studenten können sich auch Abiturienten bewerben: An die Stelle des akademischen Gutachtens treten dann zwei Referenzschreiben, eines vom Schulleiter und eines von einem weiteren Lehrer.

Kann der Bewerber durch seine schriftliche Bewerbung den Auswahlausschuss des Studienwerks von sich überzeugen, wird er zu einem Auswahlseminar eingeladen. Im Auswahlseminar führt der Bewerber zwei persönliche Gespräche mit Vertretern der Stiftung. In einem der Gespräche geht es primär um die Persönlichkeit des Bewerbers und im anderen schwerpunktmäßig um fachliche Fragestellungen.

Stiftung der Deutschen Wirtschaft (sdw) – Studienförderwerk Klaus Murmann

Homepage	www.sdw.org
Adresse	Stiftung der Deutschen Wirtschaft im Haus der Deutschen Wirtschaft Studienförderwerk Klaus Murmann Breite Straße 29 10178 Berlin
Gründungsjahr	1994
Namensgeber	Klaus Murmann, deutscher Unternehmer und ehemaliger Präsident der Bundesvereinigung der Deutschen Arbeitgeberverbände (BDA)
Gesellschaftliche Ausrichtung	Die sdw ist konfessionell und politisch unabhängig. Alle Stiftungsaktivitäten sind unter dem Leitsatz »Wir stiften Chancen!« darauf ausgerichtet, dass Jugendliche und junge Erwachsene ihre Potenziale ausschöpfen können. Als Bildungsstiftung der Deutschen Wirtschaft fördert die sdw junge Menschen, die etwas erreichen wollen.
Anzahl von Stipendiaten	Derzeit rund 1.700 Stipendiaten (Stand: 2010)
Anzahl von Alumni	Ca. 1.300
Prominente Alumni[31]	Lien Heidenreich, Head of Cultural Programmes Goethe Institut Südafrika Matthias Wesselmann, Geschäftsführer fischerAppelt tv media GmbH Jana Hecker, Executive Director Goldman Sachs Group
Stipendium	Immaterielle Förderung Materielle Förderung Netzwerk
Bewerbungsfristen	Keine festen Fristen für Studenten an Universitäten (Semesteranzahl beachten) 15. Januar und 15. August für Promotionsstudenten

Verteilung der Stipendiaten
In %

- Promotionsförderung: 13%
- Studienförderung: 87%

Stipendiaten der sdw
Nach Fachrichtung, in Prozent

- Wirtschaftswissenschaften: 24%
- Lehramt: 20%
- Mathematik- und Naturwissenschaften: 13%
- Ingenieurwissenschaften: 14%
- Sprach- und Kulturwissenschaften: 10%
- Rechtswissenschaften: 5%
- Sozialwissenschaften: 5%
- Medizin: 2%
- Sonstiges

∑ 1.681 Stipendiaten
Quelle: Jahresbericht der sdw 2010

Beschreibung

Die im Jahr 1994 gegründete Stiftung der Deutschen Wirtschaft (sdw) ist im Bereich der Bildung und Qualifizierung tätig. Das Studienförderwerk Klaus Murmann fördert begabte und engagierte Studierende. Der Namensgeber und Initiator dieses Werks war von 1987-1996 Präsident der Bundesvereinigung der Deutschen Arbeitgeberverbände (BDA). 2001 übernahm er den Vorstandsvorsitz der Stiftung der Deutschen Wirtschaft.

Leitmotiv der Stiftung ist es, die unternehmerische Grundhaltung junger Menschen zu stärken und ihr gesellschaftliches Engagement zu fördern und zu unterstützen. Sie wendet sich an engagierte Studierende und Promovierende aller Fachbereiche und Hochschularten, die das Potenzial für Führungsaufgaben in Wirtschaft und Gesellschaft mitbringen. Die sdw ermutigt ausdrücklich Studierende aus Elternhäusern ohne akademische Erfahrungen, sich um ein Stipendium zu bewerben. Derzeit fördert die sdw ca. 1.700 Studierende und Promovierende. Jährlich werden rund 300 neue Stipendiaten aufgenommen.

Das Studienförderungswerk Klaus Murmann ist eines der zwölf Begabtenförderungswerke, die vom Bundesministerium für Bildung und Forschung (BMBF) unterstützt werden. Kontinuierliches Engagement leisten darüber hinaus Unternehmensverbände, Unternehmer, unternehmensnahe Stiftungen sowie der im Jahr 1996 gegründete Förderverein der sdw, der über 100 Mitgliedsunternehmen zählt.

Von der engen Vernetzung mit der Wirtschaft profitieren die Stipendiaten in vielerlei Hinsicht: Den Stipendiaten stehen über 150 Veranstaltungen pro Jahr offen. Dazu zählen Akademien und Seminare, Dialogforen mit Unternehmen, Trainings und Workshops zur Förderung von Schlüsselkompetenzen sowie spezielle Veranstaltungen für Promovierende. Das Programm »Studienkolleg« richtet sich speziell an Lehramtsstudierende, die in der Schule frühzeitig Verantwortung übernehmen wollen. Ein wichtiger Programmbaustein des Studienförderwerks ist zudem das Gemeinschaftsprojekt »Herausforderung Unternehmertum«, mit dem die Heinz Nixdorf Stiftung und die sdw an den Unternehmergeist der Stipendiaten appellieren.

Alle Stipendiaten sind in regionale Stipendiatengruppen integriert. Sie werden vor Ort jeweils von einem Vertrauensdozenten, einem Vertrauensmanager, einem Vertrauensschulleiter und ggf. einem Alumni-Mentor betreut. Derzeit ist das Studienförderwerk an 45 Hochschulstandorten in Deutschland und in drei Universitätsstädten im Ausland (London, Paris und Zürich) vertreten.

Bewerbung

Bei der sdw können sich Studierende und Promovierende aller Fachrichtungen und Hochschularten bewerben. Die Aufnahme in die Stiftung setzt zunächst Eigenaktivität voraus, indem der Bewerber eine Selbstbewerbung auf den Weg bringt. Die Stiftung ist an der

Förderung von jungen Menschen interessiert, die überdurchschnittliche Leistungen erbringen, die ihre persönliche Entwicklung zielstrebig angehen und sich gleichzeitig für das Gemeinwohl engagieren.

Das Bewerbungsverfahren erfolgt in drei Stufen: Im ersten Schritt erfolgt die schriftliche Bewerbung beim regionalen Vertrauensdozenten. Erfüllt der Kandidat die Kriterien, findet ein erstes Vorgespräch mit dem Vertrauensdozenten statt. Überzeugt der Bewerber im persönlichen Gespräch, erhält er die Einladung zum zentralen Auswahlverfahren der Stiftung der Deutschen Wirtschaft nach Berlin. Im Gegensatz zu Studierenden bewerben sich Promovierende direkt bei der Stiftung. Ihre schriftliche Bewerbung entscheidet über die Einladung zum zentralen Auswahlverfahren.

Die Stiftung der Deutschen Wirtschaft

»Als Studentin der Wirtschaftswissenschaften ist die Verbindung zur Stiftung der Deutschen Wirtschaft natürlich offensichtlich. Diese drückt sich aber nicht nur in der Namensgebung aus, sondern auch in den Leitsätzen der sdw. Die Förderung des ‚unternehmerischen Denkens und Handelns in gesellschaftlicher Verantwortung' steht dabei an oberster Stelle. Des Weiteren profitiere ich bei der sdw besonders vom starken Kontakt zur Praxis. So finden die meisten Seminare und Akademien in Kooperation mit Unternehmen statt. Das bedeutet allerdings nicht, dass diese die sdw nur finanziell unterstützen, sondern dass sich auch immer die Möglichkeit bietet, Vertreter aus Wirtschaft und Politik kennen zu lernen. Für mich ist es dabei besonders interessant, was die Unternehmensvertreter, also Personen aus der Praxis, für Ansichten haben und inwiefern das mit den theoretischen Einschätzungen übereinstimmt, die ich an meiner Hochschule gelernt habe. Ein weiterer Punkt, der mir bei meinem Stipendium sehr wichtig ist, ist der Blick in andere Bereiche. So stehen zwar viele Seminare in Bezug zur Wirtschaft, aber sehr oft bilden andere Themen den Vordergrund. Zum Beispiel gibt es Veranstaltungen zum Umweltschutz, zur EU oder zur Bildung. Der interdisziplinäre Austausch findet aber nicht nur bei Seminaren statt, sondern ständig, da die Stipendiatengruppen regional gebildet werden und sich Studenten sämtlicher Fachrichtungen treffen und austauschen können. Zusammenfassend würde ich sagen, dass die sdw eine Stiftung ist, die in starkem Kontakt zur Wirtschaft und zu den Unternehmen steht, aber dabei trotzdem einen Blick über den Tellerrand des eigenen Studienfachs hinaus ermöglicht. Genau diese Kombination hebt die sdw meiner Meinung nach von den anderen Begabtenförderungswerken ab.«

Simone, Stipendiatin der Stiftung der Deutschen Wirtschaft

Das Auswahlverfahren findet zweimal im Jahr statt, einmal im Frühjahr und einmal im Herbst. Während dieses zweitägigen Assessment-Centers schreiben alle Bewerber einen Aufsatz, stellen sich einem Einzelgespräch, absolvieren eine Gruppenarbeit und halten eine Präsentation zu einem vor Ort erarbeiteten Thema. Besonderer Bestandteil für alle Kandidaten ist das persönliche Feedback-Gespräch im Anschluss an das Assessment-Center. Es findet unabhängig von einer Aufnahme ins Studienförderwerk statt und ermöglicht allen Teilnehmern, eine wertvolle Einschätzung der eigenen Fähigkeiten und Qualifikationen für die persönliche Weiterentwicklung mitzunehmen.

Tipp

Mehr Insider-Informationen finden Sie auf squeaker.net/sdw

Interview mit Herrn Dirk Schuran, Juror des Studienförderwerks Klaus Murmann

Was sind die Leitmotive des Studienförderwerks Klaus Murmann?
Ein zentrales Motiv ist das »unternehmerische Denken«. »Unternehmerisches Denken« ist bei der sdw nicht als kaufmännisches Denken zu verstehen sondern als die Bereitschaft sich zu engagieren, interdisziplinär zu arbeiten und Überdurchschnittliches zu erreichen. Ein weiteres wichtiges Leitmotiv ist gesellschaftliches Verantwortungsbewusstsein. Stipendiaten der Stiftung der Deutschen Wirtschaft müssen bereit sein Ihr Talent für die Gesellschaft einzusetzen.

Welche Bedeutung hat »Networking« in der Stiftung der Deutschen Wirtschaft?
Die Stiftung der Deutschen Wirtschaft bietet Ihren Stipendiaten ein großartiges Netzwerk – so bieten Unternehmen, die sich in der sdw engagieren, Stipendiaten Seminare an, in denen interdisziplinäre Fähigkeiten vertieft werden können. Mindestens genauso wichtig ist das stipendiatische Netzwerk: Bei Seminaren, lokalen Stammtischen oder dem jährlichen Ballabend haben Stipendiaten die Chance andere Stipendiaten aus unterschiedlichen Fachrichtungen kennen zu lernen und sich auszutauschen. Aber auch für das Netzwerk der sdw gilt, was für alle Netzwerke gilt: Man muss selbst Zeit investieren, um profitieren zu können.

Welche Eigenschaften sollte jemand mitbringen, der sich um ein Stipendium der Stiftung der Deutschen Wirtschaft bewirbt?
Natürlich erwartet die sdw von Ihren Stipendiaten sehr gute Studienleistungen. Die sdw sucht aber vor allem junge Menschen, die vielseitig aufgestellt sind und in mehr als nur einer Disziplin überdurchschnittliches erreichen wollen. So kann es durchaus sein, dass ein Physik-Student, der in der Schule im Physik Leistungskurs überzeugt hat, im Studium sehr gute Noten schreibt und Physik-Tutor ist, sich aber abseits dessen nicht engagiert oder interessiert, nicht in die Förderung aufgenommen wird, weil ihm genau diese Vielseitigkeit fehlt.

In welchem Verhältnis bewertet das Studienförderwerk Klaus Murmann gesellschaftliches Engagement zu akademischen Leistungen?
Gesellschaftliches Engagement nimmt einen sehr hohen Stellenwert ein – wiederum gilt: Die sdw sucht Studenten, die bereit sind »über den Tellerrand zu schauen« und Erfahrungen außerhalb ihres Studienfachs zu sammeln. Im Auswahlverfahren wird dieses Engagement diskutiert – Bewerber, die vermeintliches Engagement vorschieben, um ein Stipendium zu kommen, haben keine Erfolgschance.

Welche Fragen sollte ein Bewerber auf jeden Fall beantworten können?
Es ist wichtig über aktuelle Nachrichten informiert zu sein, auch eine gute Allgemeinbildung ist wichtig. Zudem sollten alle wichtigen Veränderungen im Lebenslauf erklärbar sein – aber wer es in die persönliche Auswahlrunde geschafft hat, hat in der Regel kein Problem damit.

Können Sie ein Beispiel von einem Bewerber geben, der Sie besonders beeindruckt hat? Wenn ja, wodurch hat er Sie beeindruckt?
Mich beeindrucken alle Studenten, die herausragende Leistungen erreichen und es trotzdem schaffen ihren Horizont über ihr Studium heraus zu erweitern. Zuletzt haben mich drei Studenten beeindruckt, die beim Auswahlverfahren gemeinsam eine Gruppendiskussion geführt haben – alle drei sind in die Förderung aufgenommen worden. So unterschiedlich die drei Persönlichkeiten waren, so fair und interessant war ihre Diskussion. Anstatt einfach zu versuchen, sich in der Diskussion durchzusetzen, wurde darauf geachtet, dass alle Teilnehmer in das Gespräch integriert waren und jede Meinung gehört wurde.

Dirk Schuran ist Leiter Medienkooperationen der WELT-Gruppe und Mitglied im Auswahlausschuss des Studienförderwerks Klaus Murmann

---

Tipp

Das Assessment-Center bei der Stiftung der Deutschen Wirtschaft
»Meine Empfehlungen an zukünftige Bewerber für das Assessment-Center sind: 1. Beim Schreiben des Essays gilt: Struktur, Struktur, Struktur. 2. In der Gruppenarbeit zählt das Gruppenergebnis: Zu einem guten Ergebnis kann man zum Beispiel dadurch beitragen, dass man entweder den Prozess oder das Produkt voranbringt und allgemein offen, aber ergebnisorientiert argumentiert. 3. Vor dem Einzelgespräch sollte man sich unter anderem überlegen: »Warum die sdw?«, »Warum ich?«, »Warum ich und die sdw?« 4. Für die Einzelpräsentation zählt nicht nur das »Was?«, sondern auch das »Wie?«.«
Ali, Stipendiat der Stiftung der Deutschen Wirtschaft

Hans-Böckler-Stiftung

Homepage	www.boeckler.de
Adresse	Hans-Böckler-Stiftung
	Abteilung Studienförderung
	Referatsleitung: Dietrich Einert
	Hans-Böckler-Str. 39
	40476 Düsseldorf
Gründungsjahr	1977
Namensgeber	Hans Böckler (1875-1951), deutscher Politiker und Gewerkschaftsfunktionär
Gesellschaftliche Ausrichtung	Die Hans-Böckler-Stiftung steht dem Deutschen Gewerkschaftsbund (DGB) nahe
	Die Stiftung ist besonders in Fragen der betrieblichen Mitbestimmung engagiert
Anzahl von Stipendiaten	Derzeit rund 2.400 Stipendiaten
Prominente Alumni	Björn Engholm, Ministerpräsident Schleswig Holsteins a. D.
	Michael Sommer, DGB Vorsitzender
	Harald Schartau, Politiker
	Peter Märthesheimer, Drehbuchautor
Stipendium	Immaterielle Förderung
	Materielle Förderung
	Netzwerk
Bewerbungsfristen	Alljährlich zum
	28. Februar und 30. September für Gewerkschaftsmitglieder und für
	Bewerbungen über Vertrauensdozenten
	1. Februar und 1. September für Bewerbungen über die Stipendiatengruppen
	Anträge auf Promotionsförderung können jederzeit eingereicht werden

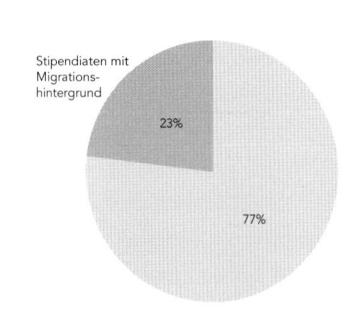

Stipendiaten der Hans Böckler-Stiftung[1]
Nach Familienhintergrund/ in Prozent

- Stipendiaten mit Migrationshintergrund: 23%
- 77%

∑ ~2.400 Stipendiaten

Stipendiaten der Hans Böckler-Stiftung[1]
Nach Fachrichtung/ in Prozent

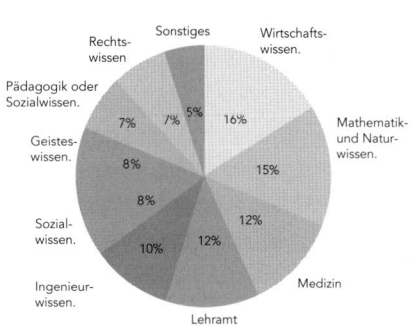

- Rechtswissen.: 7%
- Sonstiges: 5%
- Wirtschaftswissen.: 16%
- Pädagogik oder Sozialwissen.: 7%
- Geisteswissen.: 8%
- Mathematik- und Naturwissen.: 15%
- Sozialwissen.: 8%
- Medizin: 12%
- Ingenieurwissen.: 10%
- Lehramt: 12%

∑ ~2.400 Stipendiaten

1 Daten beziehen sich nur auf Neu-Stipendiaten
Quelle: Hans Böckler-Stiftung 2010

Beschreibung

Als gewerkschaftsnahe Stiftung wurde die Hans-Böckler-Stiftung im Jahr 1977 vom Deutschen Gewerkschaftsbund (DGB) in Düsseldorf gegründet. Sie entstand aus dem Zusammenschluss der zwei Vorläuferorganisationen »Hans-Böckler-Gesellschaft« und »Stiftung Mitbestimmung«. Namensgeber der Stiftung ist der erste DGB-Vorsitzende Hans Böckler (1875-1951). Als Vorsitzender des DGB war Böckler maßgeblich für die Verankerung der Arbeitnehmermitbestimmung in deutschen Unternehmen verantwortlich.

Als Haupttätigkeitsfelder definiert die Hans-Böckler-Stiftung die Förderung von Mitbestimmung, Forschung und Bildung. Innerhalb der Mitbestimmungsförderung beschäftigt sich die Hans-Böckler-Stiftung mit unterschiedlichen, gewerkschaftspolitisch relevanten Themen der betrieblichen Mitbestimmung, der Arbeitsmarktpolitik, der Bildung sowie der Wirtschaftspolitik. Zentrale Tätigkeitsfelder sind außerdem Chancengleichheit, Vereinbarkeit von Beruf und Familie, Mindestlöhne und prekäre Arbeitsverhältnisse. Im Tätigkeitsbereich der Forschungsförderung unterstützt die Hans-Böckler-Stiftung wissenschaftliche Projekte in den Bereichen Gesellschaft und Arbeitswelt. Darüber hinaus ist die Stiftung Träger des Wirtschafts- und Sozialwissenschaftlichen Instituts (WSI) sowie des Instituts für Makroökonomie und Konjunkturforschung (IMK). Als dritten und letzten Bereich fördert die Hans-Böckler-Stiftung die Bildung. Aktuell unterstützt sie mit ihrer Studienförderung rund 2.400 Stipendiaten.[32] Sie fokussiert sich dabei auf studieninteressierte Berufstätige, Studenten und Doktoranden, deren Familien keine akademische Tradition haben. Sie spricht insbesondere junge Menschen an, die aktiv für gewerkschafts- oder gesellschaftspolitische Themen eintreten. Jährlich stehen der Stiftung für die Studienförderung durch das BMBF ca. € 12 Millionen zur Verfügung.

Um Studenten aus Familien ohne akademische Tradition gezielt zu fördern und Schülern den Zugang zum Studium zu erleichtern, ist die »Böckler-Aktion Bildung« entstanden. Diese Aktion wird im Kapitel »Stipendienprogramme für Schüler und Studenten mit Migrationshintergrund« ausführlich dargestellt. Sie wendet sich nicht ausschließlich an Migranten, sondern steht grundsätzlich allen Schülern und Studenten, für die eine finanzielle Förderung im Studium besonders notwendig ist, offen. Aus der gewerkschafts- und gesellschaftspolitischen Ausrichtung der Institution ergibt sich, dass die Stiftung insbesondere Schüler bzw. Studenten als Stipendiaten aufnimmt, die neben ihrem gesellschaftlichen Engagement auch ihre wirtschaftliche Bedürftigkeit nachweisen können. Aus diesem Grund werden viele Studierende gefördert, die den sogenannten »Zweiten Bildungsweg« eingeschlagen haben.

Die finanziellen Zuwendungen der Studienförderung entsprechen den Vorgaben des Bundesministeriums für Bildung und Forschung (BMBF). In der materiellen Förderung bietet die Stiftung vielfältige Möglichkeiten, sich mit gewerkschafts-, gesellschaftspolitisch-, karriere- und studienrelevanten Themen auseinanderzusetzen: So werden jährlich rund 100 Seminare, Workshops und Tagungen auf zentraler und regionaler Ebene durchgeführt. Sowohl die Seminare als auch die Beratung sind auf die persönliche und die fachliche Weiterentwicklung der Stipendiaten hin ausgerichtet. So kann jeder Stipendiat aktuelle universitäre Fragestellungen wie zum Beispiel das Verfassen einer Abschlussarbeit mit seinem Vertrauensdozenten diskutieren. Ebenso kann er sich mit Mitstipendiaten in den studienspezifischen Cluster-Seminaren über aktuelle wissenschaftliche Fragestellungen austauschen. Das stipendiatische Netzwerk geht weit über die Stipendiat-Betreuer-Beziehung hinaus. So steht den Geförderten ein breites Netz aus aktuellen und ehemaligen Stipendiaten offen. Eine wichtige Rolle spielen dabei die Stipendiatengruppen, die als Regionalgruppen an den Universitäten vor Ort sind und das Mentoring-Programm für den Berufseinstieg.

Bewerbung

Die Hans-Böckler-Stiftung bietet verschiedene Bewerbungsverfahren an, die voneinander unterschieden werden müssen. Hintergrund hierfür ist die Motivation der Stiftung, Chancengleichheit herzustellen und Bewerbern mit verschiedenen Hintergründen gleichermaßen faire Bedingungen innerhalb der Bewerbungsverfahren zu ermöglichen.

Bewerbungsverfahren der Hans-Böckler-Stiftung

Gewerkschaftliches Verfahren	Ergänzendes Verfahren	Böckler-Aktion-Bildung
Bewerber wird durch eine Gewerkschaft vorgeschlagen. Dafür notwendig ist die Mitgliedschaft in einer Gewerkschaft bzw. Engagement im Sinne der Stiftung.	Bewerber bewirbt sich über einen Vertrauensdozenten bzw. über eine Stipendiatengruppe. Beim Zweiten Bildungsweg ist zudem die Bewerbung über eine Gewerkschaft möglich.	Bewerber bewirbt sich direkt bei der Stiftung in Anschluss an sein Abitur bzw. während der Abiturphase (Fristen sind meist zwischen Mai und November).

Für die Studienförderung der Hans-Böckler-Stiftung kann man, ähnlich wie bei der Studienstiftung des deutschen Volkes, nur von Dritten vorgeschlagen werden. Eine Ausnahme stellt hier die Bewerbung für die »Böckler-Aktion Bildung« dar. Eigeninitiative ist aber trotzdem möglich, zum Beispiel indem Dritte dazu ermutigt werden, einen Vorschlag zu unterbreiten. Diesen mittelbaren Einfluss kann der interessierte Bewerber entweder über das

> **Die Hans-Böckler-Stiftung**
> »Eines der Ziele, das die Stiftung durch ihre Förderung verfolgt, ist, dass die Stipendiatinnen und Stipendiaten nach Abschluss ihres Studiums soziale Verantwortung in der Gesellschaft wahrnehmen und das im Idealfall in attraktiven und anspruchsvollen Positionen. Die Hans-Böckler-Stiftung unterscheidet sich in einem zentralen Punkt von den anderen großen Förderwerken in Deutschland: in ihrem Anspruch und Streben zur Chancengleichheit im deutschen Bildungswesen beizutragen. Das heißt konkret, dass auch die sozialen und finanziellen Hintergründe der einzelnen Kandidaten Kriterien sind, die bei der Entscheidung über die Förderung betrachtet werden. Ich schätze an der Hans-Böckler-Stiftung sehr, dass sie ihre Stipendiaten zu eigenverantwortlichem, kritischem und vor allem zu sozialem Denken und Handeln ermuntert. Eigeninitiative wird gefordert und gefördert. Die Stiftung und alle Stipendiaten, die ich bisher kennenlernen durfte, sind in hohem Maße engagiert, hilfsbereit und tolerant. Dies zeigt sich bei den vielen Seminaren, Diskussionen, der Arbeit in der lokalen Stipendiatengruppe oder bei vielen anderen Angeboten der Stiftung. Sie sind wichtige Bausteine der breit gefächerten immateriellen Förderung. Zudem ist der Austausch mit Stipendiaten aus ähnlichen, aber auch völlig unterschiedlichen Fachrichtungen eine große fachliche und persönliche Bereicherung. Es ist mir abschließend sehr wichtig zu betonen, dass es unzählige Beispiele gibt, die zeigen, dass Arbeitgeber und Arbeitnehmer durchaus gemeinsame Interessen verfolgen. Ich sehe darin absolut keinen Widerspruch, als angehender Betriebswirt von der Hans-Böckler-Stiftung gefördert zu werden.«
> *Johannes, Stipendiat der Hans-Böckler-Stiftung*

»gewerkschaftliche Verfahren« oder das »ergänzende Auswahlverfahren« einsetzen. Für alle Bewerbungsverfahren sind die folgenden Unterlagen im Bewerbungsverfahren einzureichen:

- Ausgefüllter spezifischer Bewerbungsbogen (online verfügbar)
- Tabellarischer Lebenslauf
- Beschreibung des gesellschaftlichen Engagements
- Zeugnisse
- Empfehlungsschreiben (falls vorhanden)

Das gewerkschaftliche Verfahren
Für gewerkschaftlich organisierte Studenten ist das gewerkschaftliche Bewerbungsverfahren relevant. In diesem Fall ist ein Vorschlag durch den DGB oder eine im DGB organisierte Einzelgewerkschaft möglich. Diese leiten die Bewerbung mit einem entsprechenden Gutachten an die Stiftung weiter. Daran schließt sich eine Weiterleitung an die örtliche Stipendiatengruppe und einen Vertrauensdozenten an, die mit dem Bewerber einen Termin für ein Gutachtergespräch vereinbaren. Bewerber werden sowohl von Vertrauensdozenten begutachtet, die insbesondere die »Studierfähigkeit« bewerten als auch von Stipendiaten, die die derzeitige Lebenssituation und das vorhandene Engagement einschätzen. Beide Gutachten, die direkt an die Stiftung eingereicht werden, sind gleich gewichtet. Dies ist zugleich im deutschlandweiten Vergleich ein Alleinstellungsmerkmal, da die Hans-Böckler-Stiftung als einzige deutsche Studienstiftung ihre

Stipendiaten direkt am Auswahlprozess beteiligt. Ist die Entscheidung des Auswahlgremiums gefallen, erhält der Bewerber eine positive oder negative Antwort. Auch eine negative Antwort bedeutet nicht zwangsweise den Misserfolg der Bewerbung: Divergieren beispielsweise zwei Gutachten über einen Bewerber stark, so kann die sogenannte »Kleine Kommission« über die Aufnahme eines Bewerbers final entscheiden.

Erfolgskriterien einer Bewerbung bei der Hans-Böckler-Stiftung

»Im Bewerbungsverfahren wurde besonders auf das Motivationsschreiben Wert gelegt, worauf in drei Interviews eingegangen wurde. Die ersten beiden Interviews wurden von einer Altstipendiatin und einem Professor der Universität geführt. Das dritte Interview war vor einem Ausschuss, welcher aus Vorsitzenden der Stiftung sowie führenden Gewerkschaftern bestand. Es wurde insbesondere gefragt, wie man sich während und nach dem Studium im Sinne der Hans-Böckler-Stiftung aktiv engagieren kann. Die Hans-Böckler-Stiftung hat ein sehr großes internes Netz, ein großes Angebot an Seminaren, Projekten, Praktika und vieles mehr. Es geht der Stiftung nicht nur um materielle, sondern vielmehr um ideelle Förderung, wobei der Förderungshöchstsatz mit € 665 trotzdem sehr hilfreich sein kann.«
Nicole, Stipendiatin der Hans-Böckler-Stiftung

Das ergänzende Verfahren

Gesellschaftspolitisch engagierte Studenten, die keine Gewerkschaftsmitglieder sind, sich aber grundsätzlich mit den Werten und Zielen der Gewerkschaftsbewegung identifizieren können, haben die Möglichkeit, sich im »ergänzenden Auswahlverfahren« über die örtlichen Stipendiatengruppen oder über Vertrauensdozenten direkt um ein Stipendium zu bewerben. Die Kontaktdaten lokaler Ansprechpartner können über die Stiftung erfragt werden.

Zunächst findet ein ausführliches Gutachtergespräch statt. Im Anschluss daran verfasst der Gutachter eine persönliche Bewertung des Kandidaten. Vorschlagsgutachten und Unterlagen werden an die Vorauswahlausschüsse weitergeleitet und dort diskutiert. Ist der Vorschlag über die Stipendiatengruppe erfolgt, wird das Gutachten dem stipendiatischen Vorauswahlausschuss vorgelegt. Entscheidet dieser positiv, wird der Vorschlag an die Stiftung weitergeleitet und ein Gutachten durch einen Vertrauensdozenten angefordert. Ist der Vorschlag jedoch über den Vertrauensdozenten erfolgt, wird das Gutachten dem Auswahlausschuss der Vertrauensdozenten vorgelegt. Bei positiver Bewertung fordert die Stiftung ein stipendiatisches Gutachten an. Nachdem der Stiftung beide Gutachten vorliegen, tagt das Auswahlgremium. Ist die Entscheidung des Auswahlgremiums gefallen, findet ein weiteres Gespräch statt. Dieses dient insbesondere dem gegenseitigen Kennenlernen.

Insgesamt muss für alle Bewerbungsverfahren mit einer Dauer von vier bis fünf Monaten gerechnet werden.

Tipp

Mehr Insider-Informationen finden Sie auf
squeaker.net/boeckler

2. Das Deutschland-Stipendium & Hochschulspezifische Stiftungen

Viele Studenten verbinden mit »Stipendien« in erster Linie die oben vorgestellten Begabtenförderungswerke. Eine große Bedeutung nehmen aber – oftmals weniger bekannt – hochschulspezifische Stipendienprogramme ein.

Ein Beispiel hierfür ist das zum Sommersemester 2011 eingeführte Deutschland-Stipendium. Das Deutschland-Stipendium unterscheidet sich von den im vorherigen Kapitel dargestellten Begabtenförderungswerken vor allem dadurch, dass dessen Finanzierung zu gleichen Teilen aus staatlichen und privaten Mitteln erfolgt und die Auswahl der Stipendiaten über die jeweilige Hochschule erfolgt. Auch die Ausgestaltung der ideellen Förderung steht der das Stipendium vergebenden Hochschule frei. Die materielle Förderung der Stipendiaten beträgt – im Gegensatz zu den Begabtenförderungswerken – unabhängig vom Einkommen der Eltern immer € 300 pro Monat. Das Deutschland-Stipendium wird im Anschluss an diese Einleitung ausführlich in einem Portrait vorgestellt.

Die steigende Bedeutung hochschulspezifischer Stiftungen (die teilweise aber keine Stipendien vergeben) wird durch die schiere Anzahl von Stiftungen an und für Universitäten deutlich: Laut dem Bundesverband Deutscher Stiftungen gibt es derzeit 820 Stiftungen, die gemäß ihrer Satzung eine Hochschule fördern. Inzwischen wurden 19 deutsche Hochschulen in die Trägerschaft von Stiftungen überführt. Zum einen gehören hierzu Institutionen wie die Universität Göttingen oder die Europa-Universität Viadrina Frankfurt (Oder), die von Stiftungen des öffentlichen Rechts getragen werden. Zum anderen befinden sich darunter private Hochschulen wie die Bucerius Law School in Hamburg oder die WHU - Otto Beisheim School of Management in Vallendar. Ebenso umfasst dies Hochschulen in kirchlicher Trägerschaft.

In der Übersicht »1. Hochschulspezifische Stipendienprogramme« sind rund 120 Studienförderer – nach Bundesländern geordnet – aufgelistet, die Stipendien an ausgewählten Hochschulen vergeben. Da sich die Übersicht auf Universitäten und Fachhochschulen konzentriert, deren Studentenschaft 10.000 Studenten übersteigt, sollten sich gerade Studenten von kleineren Institutionen über dieses Buch hinaus zu Stipendienprogrammen an ihrer Hochschule informieren.

> »Die Vergabe von Freiplätzen und Teilerlässen, welche Studenten meiner Uni vollständig oder zu einem großen Teil von der Zahlung der Studiengebühren befreien, war einer der Hauptgründe für mich, an der WHU zu studieren. Das unkomplizierte Bewerbungsverfahren um das hochschuleigene Stipendium, an dessen Ende für mich der komplette Erlass der Studiengebühren stand, hat mir damals als Schüler eine große Sorge abgenommen – denn dadurch wusste ich noch vor Beginn des Studiums, dass ich keinen Euro Studiengebühren in meinem Bachelorstudium zahlen würde. Ich sehe meinen Freiplatz als großen Vertrauensvorschuss, den mir meine Uni entgegenbringt.«
> *Michael, Stipendiat und Student an der der WHU - Otto Beisheim School of Management*

Bewerbung bei einem hochschulspezifischen Stipendienprogramm
»Das Bewerbungsverfahren beim Stipendienprogramm der Uni Bochum war sehr einfach gestaltet. Online musste ein Formular ausgefüllt werden, in dem neben der Abiturnote der letzte Notendurchschnitt und die letzten Klausurergebnisse eingetragen werden sollten. Zudem musste in einem dafür vorgesehenen Textfeld das gesellschaftliche Engagement anhand von Beispielen belegt werden. Die Vorauswahl wurde von den Fakultäten getroffen. Diese schlugen der Universitätsleitung förderungswürdige Kandidaten vor, die zu einem Auswahlgespräch mit dem Rektor eingeladen wurden. Die Auswahlgespräche, an dem jeweils vier Kandidaten, der Rektor und eine Assistentin teilnahmen, fanden in einer sehr angenehmen Atmosphäre statt. Ich wurde von meiner Fakultät vorgeschlagen und zu diesem Gespräch eingeladen. Ganz zu Beginn des Gespräches wurde darauf hingewiesen, dass sich die Gesprächsteilnehmer nicht in einer Konkurrenzsituation befänden – was zugegeben auch schwierig geworden wäre, da die Teilnehmer aus unterschiedlichen Fachrichtungen kamen. Der Rektor stellte die Fragen: Zunächst sollte sich jeder persönlich vorstellen, anschließend sollte geschildert werden, wie man zu seinem Studienfach gefunden hatte. Dabei achteten die Assistentin und der Rektor auf gleiche Redeanteile der Kandidaten. Ich schilderte relativ umfassend meine Motivation, Elektrotechnik zu studieren. Des Weiteren wurde zum Beispiel nach Kritik am eigenen Studiengang gefragt. Der Rektor wollte die Gelegenheit nutzen, um einen Einblick in die Studiensituation zu bekommen. Zum Schluss wurde ich noch nach dem Motto der Uni gefragt. Da weder ich noch einer der anderen Teilnehmer dieses nennen konnte, wurde es uns vom Rektor angegeben. Er versah dies mit der Aufforderung, sich spontan zu den Inhalten des Mottos zu äußern.«
Markus, Bewerber für den Bildungsfonds der Ruhr-Universität Bochum

IV. Deutsche Förderer

Deutschland-Stipendium

Homepage	www.deutschland-stipendium.de
Adresse	Eine Bewerbung ist über alle deutschen Hochschulen möglich, die das Deutschland-Stipendium anbieten
Beginn der Förderung	Sommersemester 2011
Träger	Das Stipendium wird zur Hälfte aus Mitteln des Bundesministeriums für Bildung und Forschung und zur anderen Hälfte aus Fördergeldern privater Förderer finanziert
Fokus der Förderung	Begabte und leistungsstarke Studenten, die an einer von rund 400 deutschen Hochschulen immatrikuliert sind
Adressaten	Studenten
Stipendium	Materielle Förderung ggf. immaterielle Förderung und Netzwerk
Zahlen & Fakten	Zum Sommersemester 2011 sollen nach Planung der Bundesregierung bis zu 10.000 Plätze in dem neuen Stipendienprogramm zur Verfügung stehen Mittelfristig sollen über das Stipendium acht Prozent der Studenten an deutschen Hochschulen gefördert werden

Beschreibung

Das Deutschland-Stipendium ist zum Sommersemester 2011 gestartet und soll schon im ersten Jahr bis zu 10.000 Studenten finanziell fördern – was ungefähr 0,5% der 2,2 Mio. deutschen Studenten entsprechen würde[33]. Erklärtes Ziel der Bundesregierung ist es, diese Zahl bereits im kommenden Jahr zu verdoppeln und mittelfristig den Anteil der Stipendiaten (nicht nur Stipendiaten des Deutschland-Stipendiums) an der Studentenschaft um acht Prozent bzw. 160.000 Studenten auf insgesamt elf Prozent anzuheben.

Schon das Rechenbeispiel zeigt, dass sich die Politik mit der Konzeption des Deutschland-Stipendiums ein ambitioniertes Ziel gesetzt hat. Das ist auch der Grund, warum die derzeitige Bildungsministerin Anette Schavan dies als »Revolution« bezeichnet.[34] Ein wesentlicher Grund für den Optimismus der Ministerin ist der große Erfolg des NRW-Stipendienprogramms, welches für das Deutschland-Stipendium Pate stand. Das NRW-Stipendium, das sich – wie der Name schon sagt – ausschließlich an Studenten an nordrhein-westfälischen Hochschulen richtet, ist selbst noch jung: die ersten Stipendiaten wurden im Wintersemester 2009/10 in die Förderung aufgenommen.

Ein wichtiges Ziel des Deutschland-Stipendiums ist die Etablierung einer deutschen Stipendienkultur, die durch öffentliche Partnerschaften zwischen Hochschulen, Wirtschaft und Privatpersonen getragen wird. Das Stipendium soll sehr guten Studenten ein Studium

Rechenbeispiel
Rund 2,2 Mio. Menschen studieren in Deutschland

Circa acht Prozent davon sollen das Deutschland-Stipendium erhalten:
8% x 2,2 Mio
≈ 160.000 Studenten

Leistungen pro Monat:
160.000 x € 300
= € 48 Mio./Monat
€ 48 Mio x 12
= € 576 Mio./Jahr

Private und öffentliche Zuschüsse (50-50) pro Jahr:
50% x € 576 Mio.
= € 288 Mio./Jahr

ohne finanzielle Zwänge ermöglichen und dazu beitragen, Schülern aus sozial schwächeren Familien den Weg zu einem Hochschulabschluss zu erleichtern.

Jeder Stipendiat des Deutschland-Stipendiums erhält eine finanzielle Unterstützung in Höhe von € 300 pro Monat – unabhängig vom Einkommen der Eltern. Für BAföG berechtigte Studenten ist besonders interessant, dass die € 300 zusätzlich zum BAföG Satz gezahlt werden und den BAföG-Anspruch nicht verringern. Die Förderung erfolgt für mindestens zwei Studiensemester und maximal bis zum Ende der Regelstudienzeit.

Stipendienplätze im Programm werden nicht durch die Bundesregierung »verordnet« sondern folgen aus dem Engagement eines privaten Förderers, ein Stipendium finanzieren zu wollen. Zu den privaten Förderern können Privatpersonen (z. B. Alumni oder Angestellte einer Hochschule), Stiftungen und Unternehmen zählen. Erklären sich diese bereit, € 150 pro Monat für ein Stipendium zu stiften, gibt das Bundesministerium für Bildung und Forschung die gleiche Summe hinzu. Jeder privat gespendete Euro wird somit durch einen Euro der öffentlichen Hand gefördert.

Um mehr Anreize für privates Engagement zu schaffen, werden den Förderern Gestaltungsmöglichkeiten für den von ihnen geschaffenen Stipendienplatz eingeräumt: So können diese auswählen, an welcher Hochschule sie ein Stipendium stiften möchten und welche Fachrichtung bzw. welcher Studienabschnitt (Bachelor und/oder Masterstudium) gefördert werden soll. Die Hochschulen müssen jedoch sicherstellen, dass mindestens ein Drittel aller hochschuleigenen Deutschland-Stipendien fachungebunden vergeben werden. Mindestens 33% aller Stipendien einer Hochschule sind also immer freie Stipendien und stehen allen Hochschulstudenten – unabhängig vom Studienfach – zur Verfügung. Die Konzipierung des Bewerbungsverfahrens und die Auswahl der Stipendiaten liegen in jedem Fall bei den Hochschulen.

Den Förderern steht es offen, neben der finanziellen Förderung von Stipendiaten auch ideelle Förderungen an den Hochschulen anzustoßen und den Kontakt zu ihren Stipendiaten zu suchen. Ideelle Angebote können z. B. Angebote für Praktika oder Seminarangebote sein.

Bewerbung

Die Bewerbung um ein Deutschland-Stipendium findet über die jeweilige Hochschule statt. Die Vergabe eines Deutschland-Stipendiums steht allen staatlich anerkannten deutschen Hochschulen offen. Das Stipendium richtet sich in der allgemeinen Förderung an alle Studenten einer Hochschule und in der fokussierten Förderung an bestimmte Studentengruppen der Hochschule.

Die Tatsache, dass das Stipendium bundesweit vergeben wird, bedeutet nicht, dass es deutschlandweit gleiche Bewerbungskriterien gibt. Während sich die Definition des Bewerberkreises (z. B. nach Fachrichtung oder persönlichen Merkmalen) nach den Wünschen des Stifters richten kann, liegt die konkrete Ausgestaltung des Bewerbungsverfahrens und die Bewerberauswahl eines Stipendiums immer bei der Hochschule. Hieraus folgt, dass sich die Bewerbungsmodalitäten je nach Universität unterscheiden können.

Es ist in jedem Fall sinnvoll, sich zum einen über die eigene Hochschule zu informieren und zum anderen zu überlegen, welche Ziele ein Stifter durch eine Förderung verfolgt und warum er mit der Hochschule zusammen ein Stipendium vergeben möchte.

Vereinfacht gesagt, entsteht ein Deutschland-Stipendium immer auf folgende zwei Arten:
1. ein Stifter geht proaktiv auf die Hochschule seiner Wahl zu und schlägt vor, ein (fokussiertes) Stipendium zu vergeben. Ein Beispiel hierfür ist, wenn ein Unternehmen der Region einer nahen Universität anbietet, 5 Studenten der Ingenieurwissenschaften über ein Stipendium zu fördern. Ein anderes Beispiel wäre, dass sich eine vermögende Privatperson dafür entscheidet, zwei Jahre lang einem herausragenden Studenten der Kunstwissenschaft ein Stipendium bereit zu stellen
2. die Hochschule geht gezielt auf potentielle Förderer zu und überzeugt diese von der Förderung eines Teils ihrer Studenten

Unabhängig von der vergebenden Hochschule wendet sich das Deutschland-Stipendium an Studienanfänger und Studenten, die gute fachliche Leistungen und gesellschaftliches Engagements (z. B. Engagement an der eigenen Hochschule) vorweisen können. Vielfach werden die Hochschulen auch persönliche Merkmale der Bewerber berücksichtigen können, d.h. zum Beispiel insbesondere Studenten mit Migrationshintergrund fördern können. Es ist Aufgabe der Universitäten und Fachhochschulen festzulegen, was die jeweils wichtigsten Kriterien sind. Empfehlenswert ist zuallererst ein Blick auf denjenigen Teil der Homepage der Alma Mater, auf der erläutert wird, was bei der Bewerbung um das Deutschland-Stipendium zu beachten ist.

Das Bewerbungsverfahren umfasst in jedem Fall eine schriftliche Bewerbung, in welcher schulische bzw. akademische Leistungen sowie gesellschaftliches Engagement beschrieben werden. Ggf. kann sich an das schriftliche Bewerbungsverfahren ein persönliches Auswahlgespräch oder ein Assessment Center anschließen.

»Die ‚freien Stipendien' werden in einer Auswahlkommission auf die Fakultäten verteilt, zum Beispiel zur Förderung von leistungsstarken Studierenden mit Migrationshintergrund, weiblichen Studierenden, Studierenden aus Nichtakademikerfamilien, Studierenden mit besonderem sozialen Engagement oder besonderen Pflege- oder Erziehungsverpflichtungen.«
Petra Bölling, Leiterin der Hochschulförderung an der Universität Duisburg-Essen[35]

Studienbeitragsstiftungen

Im Jahr 2007 haben mit der Universität Duisburg-Essen und der Fachhochschule Münster die ersten beiden Hochschulen in Deutschland Studienbeitragsstiftungen gegründet. Inzwischen sind die Universität Dortmund sowie die Fachhochschulen Bochum und Köln hinzugekommen. Das Vermögen dieser Stiftungen stammt dabei aus den Studiengebühren der Studenten der jeweiligen Hochschule. Während an der Universität Duisburg-Essen mindestens fünf Prozent der Studiengebühren in die Stiftung fließen, sind es an der FH Münster sogar 20 Prozent. Die Erträge daraus kommen der Universität und den Studenten, zum Beispiel in Form von Stipendien, zugute. An der Fachhochschule Münster werden seit 2008 zwei Arten von Stipendien vergeben:

1. Leistungsstipendien: Diese werden an Studenten vergeben, die überdurchschnittliche akademische Leistungen erbracht und sich neben dem Studium gesellschaftlich engagiert haben
2. Schwerpunktstipendien: Diese werden an Studenten einer besonderen Zielgruppe vergeben (Im Jahr 2008 waren dies Studenten aus Nicht-EU Ländern)

Die Universität Duisburg-Essen hat mit ihrer Studienbeitragsstiftung auch die Unterstützung von Studenten im Blick, deren Studium ohne externe Unterstützung in Gefahr wäre.

Die Bewerbung um ein Stipendium einer Studienbeitragsstiftung läuft über die jeweilige Hochschule. Die Bewerbungsanforderungen unterscheiden sich dabei von Universität zu Universität. Im Allgemeinen ist die Vergabe der Stipendien an die Erfüllung bestimmter Kriterien wie eines bestimmten Notendurchschnitts oder eines maximal zur Verfügung stehenden Einkommens geknüpft. Einen Sonderfall stellt das Verfahren an der FH Münster dar. Hier treffen je zwei Studenten und zwei Professoren des jeweiligen Fachbereiches eine Entscheidung darüber, welche Bewerbung »förderungswürdig« bzw. »besonders förderungswürdig« ist. Die endgültige Entscheidung über die Stipendienvergabe trifft der Stiftungsrat, in dem vier Studenten, zwei Professoren und zwei externe Vertreter sitzen. 2008 bewarben sich 117 Studenten. 100 von ihnen erhielten schließlich ein Stipendium.

Das Modell einer aus Studiengebühren finanzierten, hochschuleigenen Stiftung hat auch an anderen Fachhochschulen und Universitäten in Deutschland Anklang gefunden: So vergab im Sommersemester 2009 die Studienbeitragsstiftung »Quality in Education« der Hochschule Bochum erstmals Stipendien. Weitere Hochschulen in Nordrhein-Westfalen und Niedersachsen denken darüber nach, möglichst schnell solche Stiftungen ins Leben zu rufen. Schon heute hat die TU Dortmund ein Stipendiensystem eingeführt, bei dem sozial bedürftigen Studenten mit sehr guten Noten die Studiengebühren zurückerstattet werden. Die TU Braunschweig investiert fünf Prozent der Gesamteinnahmen aus Studiengebühren in Stipendien für Studenten. Die Universität Mannheim hat eine hochschuleigene Förderung sowohl für die besten Studenten einer Fachrichtung als auch für sehr gute Studenten aus Familien ohne akademische Tradition eingerichtet. Besonders attraktiv beim Angebot der Universität Mannheim ist, dass Stipendiaten neben der ohnehin schon großzügigen Förderung ein Jobangebot als studentische Hilfskraft gemacht wird.

3. Unabhängige Stipendienprogramme

Fällt der Name »Stiftung«, wird vielfach nur der Bezug zu den zwölf Begabtenförderungswerken hergestellt. Dieser exklusive Bezug ignoriert, dass es weitere fördernde Institutionen gibt, die den staatlich finanzierten Studienförderern in vielen Punkten ähnlich sind.

Stiftungen wie der Kölner Gymnasial- und Stiftungsfonds und das Reemtsma Begabtenförderungswerk vergeben ebenfalls Stipendien an begabte Studenten aller Fachrichtungen. Da diese Stiftungen ihr Geld nicht vom Bundesministerium für Bildung und Forschung erhalten, können sie über die Höhe der materiellen Förderung selbst entscheiden. In der Regel liegt die maximale Fördersumme aber unter der der staatlichen Begabtenförderungswerke. Ein weiterer Unterschied zwischen staatlichen und unabhängigen Begabtenförderungswerken ist, dass nicht alle privaten Einrichtungen eine immaterielle Förderung anbieten. Während die Förderung durch den Kölner Gymnasial- und Stiftungsfonds zum Beispiel ein umfangreiches geistiges Förderprogramm umfasst, unterstützt das Reemtsma Begabtenförderungswerk seine Stipendiaten »nur« mit finanziellen Mitteln. In den folgenden Abschnitten werden diese beiden Institutionen detailliert vorgestellt.

Kölner Gymnasial- und Stiftungsfonds

Homepage	www.stiftungsfonds.org
Adresse	Kölner Gymnasial- und Stiftungsfonds
	Stadtwaldgürtel 18
	50931 Köln
Gründungsjahr	1800
Namensgeber	Benannt nach der Stadt Köln, in der die Stiftung gegründet wurde
Fokus der Förderung	Förderung begabter junger Schüler und Studenten
Adressaten	Schüler
	Studenten
Anzahl von Stipendiaten	Rund 400 Stipendiaten
Stipendium	Immaterielle Förderung
	Materielle Förderung
Bewerbungsfristen	Für Schüler bestehen keine Bewerbungsfristen
	Für Studenten gelten die Fristen vom 15. Februar bis 15. März sowie vom 15. August bis 15. September eines Jahres

Beschreibung

Der Kölner Gymnasial- und Stiftungsfonds ist die älteste aller hier vorgestellten Stiftungen. Der Stiftungsfonds wurde bereits im Jahr 1800 als Verwaltung, also eine Art Dachstiftung, für zahlreiche Bildungsstiftungen der Stadt Köln ins Leben gerufen. Seitdem sind weit über 100 Stiftungen unter seinem Dach neu gegründet worden. Auch wenn der Name etwas anderes suggeriert, unterstützt der Kölner Gymnasial- und Stiftungsfonds nicht nur Schüler und Studenten aus oder in der Stadt Köln. Der Name trägt lediglich der Tatsache Rechnung, dass der Fonds in Köln gegründet wurde und dort seinen Sitz hat.

Heute sind rund 275 Stiftungen unter dem Dach des Kölner Gymnasial- und Stiftungsfonds zusammengefasst. Diese engagieren sich vor allem in der Bildungsförderung und vergeben Stipendien sowohl an Studenten als auch an Schüler. Jährlich werden über den Fonds rund 130 Stipendien für Studenten und rund 40 Stipendien für Schüler an weiterführenden Schulen vergeben. Das Fördervolumen beträgt insgesamt rund eine Million Euro. Für einzelne Förderprojekte stehen jährlich ungefähr € 130.000 zur Verfügung. Pro Jahr werden rund 80 Studierende und 20 Schüler neu in das Förderprogramm aufgenommen. Darüber hinaus werden jährlich rund 280 Schüler- und rund 75 Studienstipendien über die 87 aktiven Familienstiftungen vergeben. Gefördert werden junge Menschen mit wissenschaftlicher Begabung, die bereit sind, gesellschaftliche Verantwortung zu übernehmen. In der Fördertätigkeit besitzt der Netzwerkgedanke für die Stiftung ein sehr hohes Gewicht. Für Stipendiaten kann die finanzielle Förderung je nach Fördermaßnahme € 100 bis zu maximal € 5.000 betragen. Ein »typisches« Stipendium zur Finanzierung der allgemeinen Lebenshaltung unterstützt die Stipendiaten jährlich mit etwa € 3.000 bis € 3.500. Zusätzlich steht Stipendiaten eine Reihe von immateriellen Fördermaßnahmen zur Verfügung - dies schließt Seminare bzw. Workshops zu einer Vielzahl studien- und berufsrelevanter Themen sowie ein Mentoringprogramm ein.

Bewerbung

Schüler

Schüler werden vom Kölner Gymnasial- und Stiftungsfonds bereits ab der zehnten Klasse, in begründeten Fällen auch früher, gefördert. Der Bewerber sollte in seiner Schullaufbahn die Erlangung der Hochschulreife anstreben und die Durchschnittsnote der Zeugnisse des letzten Schuljahres sollte mindestens 2,0 betragen. Das Bewerbungsverfahren ist auf die schriftliche Bewerbung beschränkt. Das heißt, dass die Stiftung einzig und allein auf Basis der eingesandten Unterlagen die Auswahlentscheidung trifft. Einzusenden sind folgende Dokumente:

- Ausgefüllter Bewerbungsbogen
- An- bzw. Motivationsschreiben
- Tabellarischer Lebenslauf
- Zeugnisse (Abiturzeugnis, Bescheinigungen über Praktika)
- Einnahmen- und Kostenaufstellung der Familie (mit Nachweisen)
- Ein Gutachten bzw. Empfehlungsschreiben der Schule

Studenten

Das Bewerbungsverfahren für Studenten umfasst die schriftliche Bewerbung und die Teilnahme an einem Auswahltag. In der Vorauswahl stellt der Kölner Gymnasial- und Stiftungsfonds den Anspruch an die Bewerber, dass deren Durchschnittsnote im Abitur bei mindestens 2,0 und die Durchschnittsnoten der Studienleistungen mindestens bei 2,5 liegt. Für die schriftliche Bewerbung müssen folgende Dokumente an die Stiftung gesandt werden:
- Ausgefüllter Bewerbungsbogen
- An- bzw. Motivationsschreiben
- Tabellarischer Lebenslauf
- Zeugnisse (Abiturzeugnis, Bescheinigungen über Praktika und über die Studienergebnisse)
- Einnahmen- und Kostenaufstellung der Familie (mit Nachweisen)
- Mindestens ein aussagekräftiges Gutachten bzw. Empfehlungsschreiben eines Lehrstuhls der eigenen Hochschule

Ist die schriftliche Bewerbung erfolgreich, so wird der Bewerber im Rahmen der Bewerbertage im April bzw. Oktober zu einem Auswahlverfahren nach Köln eingeladen. Hierbei absolviert er ein Einzelgespräch mit zwei Prüfern, das sich oftmals an den eingereichten Unterlagen orientiert. Hinzu kommt eine textbasierte Gruppendiskussion sowie eine Gruppenaufgabe.

Reemtsma-Begabtenförderungswerk

Homepage	www.begabtenfoerderungswerk.de
Adresse	Reemtsma Begabtenförderungswerk Max-Born-Straße 4 22761 Hamburg
Gründungsjahr	1957
Stifterunternehmen	Die Reemtsma Cigarettenfabriken wurden 1910 gegründet, haben ihren Hauptsitz in Hamburg und sind heute vollständig im Besitz des britischen Unternehmens Imperial Tobacco Group. An den Standorten in Deutschland besitzt Reemtsma derzeit rund 2.000 Mitarbeiter und erwirtschaftete 2007 einen Umsatz von rund € 751 Millionen
Fokus der Förderung	Förderung begabter Schüler und Studenten, die finanzielle Unterstützung für ihr Studium benötigen
Adressaten	Schüler Studierende
Stipendium	Immaterielle Förderung Materielle Förderung
Bewerbungsfristen	31. Januar und 31. Juni eines Jahres Unterlagen können bis maximal zwei Monate vor den Stichtagen, aber nicht früher, eingesandt werden

Beschreibung

Das Reemtsma Begabtenförderungswerks wurde 1957 durch das Engagement der Brüder Reemtsma gegründet. Die Idee hinter der Gründung war, dass jede Begabung durch eine fundierte Ausbildung weiterentwickelt werden solle, und dies auch zentrale Aufgabe der Gesellschaft sei. So möchte das Förderwerk einen Beitrag zu mehr Chancengleichheit leisten und begabtem Nachwuchs neue Möglichkeiten der persönlichen Weiterentwicklung eröffnen. Vor allem geht es der Stiftung darum, dass Bildung keine Frage des Geldes ist. Daher wendet sie sich an talentierte Studenten und Schüler aus einkommensschwachen Verhältnissen. Im Jahr 2008 verfügte die Studienstiftung über ein Kapital von € 4 Millionen und im Jahr 2009 über ein Stipendienaufkommen von € 252.000. Seit ihrer Gründung hat die Stiftung rund 5.000 Stipendiaten in die Studienförderung aufgenommen. Die materielle Förderung beträgt für Schüler monatlich € 105 und für Studenten € 155. Studenten mit abgeschlossener Berufsausbildung erhalten eine Förderung in Höhe von € 130. Darüber hinaus existiert eine Stiftungsplattform, die dem Austausch der Ehemaligen dient.

Bewerbung

Bewerben können sich für das Reemtsma Begabtenförderungswerk zum einen Schüler in der der Oberstufe (12. und 13. Klasse) und zum anderen Studenten, die an einer deutschen Fachhochschule oder Universität immatrikuliert sind. Letztere können sich ab dem ersten Fachsemester bewerben. Wichtig ist herauszustellen, dass sich die Förderung durch das Reemtsma Begabtenförderungswerk nicht allein auf Mitarbeiter des Unternehmens Reemtsma sowie deren Verwandte beschränkt, sondern vielmehr allen förderungswürdigen Studenten und Schüler offen steht.

Neben den schulischen bzw. universitären Leistungen legt die Stiftung in einer Bewerbung Wert darauf, dass der Bewerber eine »besondere Begabung für die angestrebte Ausbildung« erkennen lässt und das Einkommen der Eltern gewisse Grenzen nicht überschreitet. Darüber hinaus sollte ein zukünftiger Stipendiat sozial engagiert sein. Das Bewerbungsverfahren umfasst allein die schriftliche Bewerbung: In dieser sind ein Motivationsschreiben sowie Belege und Zeugnisse an die Stiftung zu senden. In Anschluss daran erhält der Bewerber die stiftungseigenen Bewerbungsunterlagen zugesandt. Eine Auswahlkommission entscheidet nach Eingang auch dieser Unterlagen abschließend über die Stipendienvergabe. Dies dauert zwischen acht und zwölf Wochen.

4. Regionale Stipendienprogramme

Es gibt eine Vielzahl von Stiftungen, Städten und Bundesländern, die Stipendien nur an Bewerber vergeben, die aus einer bestimmten Stadt oder aus einem bestimmten Bundesland stammen. Genauso kann es ein Kriterium sein, dass Bewerber in einer bestimmten Region zur Schule gehen oder ihr Studium in einem klar abgegrenzten Einzugsgebiet absolvieren. Neben der Herkunft bzw. dem Studienort sind für viele dieser regionalen Studienförderer Begabung und/oder Bedürftigkeit wichtige Kriterien bei der Auswahl ihrer Stipendiaten. In einigen regionalen Stipendienprogrammen privater Stiftungen spiegeln sich auch Lokalpatriotismus und die soziale Einstellung des Stifters wider.

Im Gegensatz dazu finanzieren Städte und Bundesländer Stipendienprogrammen nicht nur aus rein sozialen Motiven, sondern verstehen diese auch als ein Mittel im Wettbewerb um die besten Nachwuchskräfte (vgl. Abschnitt »Gründe, ein Stipendium zu vergeben«). Entgegen einer weitverbreiteten Annahme ist es aber nicht so, dass lokale Stiftungen nur Studenten »vor Ort« fördern. Im Gegenteil: Institutionen wie die Studienförderung der Landesstiftung Baden-Württemberg sind gerade darauf ausgerichtet, eine internationale Ausbildung ihrer Stipendiaten zu ermöglichen und zu unterstützen.

Viele regional engagierte Studienstiftungen haben keine eigene Internetseite und nicht jede Gemeinde, die die Söhne und Töchter der Stadt fördert, weist auf ihrer Homepage auf die Fördertätigkeit hin. Dies macht die Suche nach den ausgefallenen, aber oftmals attraktiven Stipendien schwer. Auf den folgenden Seiten werden einige der bekanntesten und größten regionalen Stipendienprogramme detailliert vorgestellt. In der Übersicht »2. Regionale Studienförderer« sind zudem mehr als 100 weitere regionale Studienförderer, nach Bundesländern geordnet, aufgelistet. Weiterführende Informationen zu regionalen Studienförderern bieten die Datenbanken von der AOK Unilife und von e-fellows.net. Ein weiteres probates Mittel bei der Suche nach regionalen Stipendien ist die Recherche auf Internetpräsenzen regionaler Tageszeitungen. Grund ist, dass viele Zeitungen gerne über Stipendienprogramme und Wettbewerbe ortsansässiger Stiftungen berichten.

> **Tipp**
>
> Gerade bei kleinen und regional ausgerichteten Stiftungen ist der persönliche Kontakt zu den Vertretern dieser Institutionen besonders wichtig. Deshalb ist ein Anruf, in dem man sein Interesse an der Institution bekundet, oftmals zielführender als eine E-mail.

Landesstiftung Baden-Württemberg

Homepage	www.landesstiftung-bw.de
Adresse	Landesstiftung Baden-Württemberg gGmbH Im Kaisemer 1 70191 Stuttgart
Gründungsjahr	2000
Fokus der Förderung	Unterstützung junger Menschen bei der Durchführung eines Auslandsaufenthaltes
Adressaten	Schüler Studenten Berufstätige
Stipendium	Materielle Förderung Netzwerk

Beschreibung

Die Landesstiftung Baden-Württemberg ist laut dem Bundesverband Deutscher Stiftungen gemessen an ihrem Vermögen die viertgrößte und gemessen an ihren Ausgaben sogar die zweitgrößte Stiftung privaten Rechts in Deutschland.[36] Das Vermögen von rund € 2,4 Milliarden stammt aus der Privatisierung von Unternehmensanteilen, die zuvor vom Land Baden-Württemberg gehalten wurden.

Der Stiftungszweck dieser Institution ist es »die Zukunftsfähigkeit des Landes Baden-Württemberg zu stärken und zu sichern«.[37] Um dieses Ziel zu erreichen, übernimmt die Stiftung eine Vielzahl von Aufgaben in den Bereichen Bildung, Forschung, Soziales und Kultur. Im Bereich Bildung tut sich die Stiftung unter anderem durch die Vergabe von Stipendien an inländische und ausländische Schüler und Studenten hervor. Bekannte Programme der Stiftung sind unter anderem »Talent im Land« (siehe Abschnitt »Stipendien für Schüler und Studenten mit Migrationshintergrund«) und das Eliteprogramm für Postdoktoranden. Für Studenten ist vor allem das »Baden-Württemberg-Stipendium« interessant. Mit diesem Stipendium unterstützt die Landesstiftung Studenten, die für eine Weile im Ausland leben wollen. Dabei bietet dieses Programm Fördermöglichkeiten für Auslandssemester genauso wie für Auslandspraktika und richtet sich an Schüler, Studenten und Berufstätige. Neben sehr guten akademischen Leistungen ist die Immatrikulation an einer baden-württembergischen Hochschule ein zentrales Auswahlkriterium dieser Stiftung.

Landesstiftung Baden-Württemberg

»Das Baden-Württemberg-Stipendium unterstützt Studierende in Baden-Württemberg während eines Auslandsstudiums, es wird aber auch in einer Variante für Berufstätige und Schüler angeboten. Gehaltsabhängig erhält man eine Förderung, Studierende der Berufsakademien erhalten mindestens € 100, Studierende sonstiger Hochschulen mindestens € 400. Meines Wissens ist die Landesstiftung Baden-Württemberg die einzige Stiftung, die auch Berufsakademiestudenten bei einem Auslandsstudium unterstützt. Neben dem im Sommer in wechselnden Hochschulstädten stattfindenden Jahrestreffen gibt es nationale und internationale Regional Chapter mit unterschiedlichen Veranstaltungsangeboten. Besonders das Jahrestreffen bietet gute Networking-Gelegenheiten. Der Dialog mit mit-Stipendiaten wird gefördert, ebenso besteht eine gewisse Affinität mit der Politik, das Jahrestreffen 2008 besuchte zum Beispiel der Ministerpräsident Baden-Württembergs.«

Laura, Stipendiatin der Landesstiftung Baden-Württemberg

Bewerbung

Das Auswahlverfahren der Landesstiftung Baden-Württemberg für die Förderung eines Auslandsaufenthaltes besteht nur aus einer schriftlichen Bewerbung. Zu den einzureichenden Unterlagen gehört neben einem Bewerbungsbogen, dem Lebenslauf, einem einseitigen Motivationsschreiben, Zeugnissen und einem Empfehlungsschreiben eines Professors auch der Nachweis über geeignete Sprachkenntnisse. Es wird kein einheitliches Format über den Nachweis der Fremdsprachenkenntnisse vorgegeben. Die Prüfung dieses Nachweises findet in der Regel im zuständigen Auslandsamt statt. Sämtliche Unterlagen sind beim Akademischen Auslandsamt der jeweiligen Hochschule einzureichen. Eine direkte Bewerbung bei der Landesstiftung ist nicht möglich.

Max Weber-Programm – Elitenetzwerk Bayern

Homepage	www.max-weber-programm.de
Adresse	Studienstiftung des deutschen Volkes e. V. Max Weber-Programm Ahrstraße 41 53175 Bonn
Gründungsjahr	2005
Namensgeber	Maximilian Carl Emil Weber (1864-1920), Vordenker aus dem Bereich der Soziologie und Wissenschaftstheorie
Fokus der Förderung	Hochbegabte Studenten an bayerischen Hochschulen
Adressaten	Studierende
Anzahl von Stipendiaten	Derzeit befinden sich ca. 1.000 Stipendiaten in der Förderung Pro Jahr werden 400 neue Stipendiaten aufgenommen Im Jahr 2011 sollen 1.800 Studenten durch das Max Weber-Programm gefördert werden
Anzahl von Alumni	Derzeit 40
Stipendium	Materielle Förderung Immaterielle Förderung Netzwerk
Bewerbungsfristen	Können von Jahr zu Jahr variieren

Beschreibung

Das Max Weber-Programm ist eine der vier Säulen des bayerischen Elitenetzwerkes, das im Jahr 2005 vom Freistaat Bayern ins Leben gerufen wurde. Mit dem Elitenetzwerk will Bayern Nachwuchswissenschaftlern exzellente Arbeitsbedingungen bieten und seine Wettbewerbsposition gegenüber ausländischen Wissenschaftsstandorten verbessern. Die anderen drei Bestandteile des Elitenetzwerkes sind die Elitestudiengänge, die Doktorandenkollegs und die Forschungsstipendien.

Die Chancen des Max Weber-Programms zeigen sich, wenn es als ein Teil des Elitenetzwerkes betrachtet wird, denn im Max Weber-Programm sollen begabte Schüler und Studenten gefördert werden. Diese Förderung kann bzw. soll auf ein Studium in einem der Elitestudiengänge vorbereiten. Zusätzlich kann sich an das Studium eine Promotion in einem der Doktorandenkollegs, ggf. mit einem Forschungsstipendium, anschließen.

Das Max Weber-Programm steht nur Studenten an bayerischen Hochschulen offen. Zwar wird es durch das Land Bayern und die Vereinigung der bayerischen Wirtschaft finanziert, für die Ausgestaltung der immateriellen Förderung und die Vergabe der finanziellen Unterstützung ist jedoch die Studienstiftung des deutschen Volkes zuständig.

Genau wie die Studienstiftung selbst ist auch das Max Weber-Programm keiner politischen oder religiösen Weltanschauung verbunden. Dabei lässt das Elitenetzwerk eine Doppelförderung durch sich selbst und ein weiteres Förderwerk generell zu, wobei aber die finanzielle Unterstützung in der Zweitförderung entfällt (vgl. Abschnitt »Die gezielte Suche nach mehreren Stipendien«).

Bei der Stipendiatenauswahl für das Max Weber-Programm nehmen schulische und akademische Leistungen die wichtigste Rolle ein. Zielsetzung des Programms ist es, die begabtesten Studenten in Bayern zu fördern. Im Bezug auf die Förderung der Stipendiaten haben fachliche und persönlichkeitsbildende Unterstützung den gleichen hohen Stellenwert. Die immaterielle Förderung umfasst Veranstaltungen zum interdisziplinären Austausch, ein differenziertes wissenschaftliches Zusatzangebot und eine Reihe berufsbezogener Veranstaltungen. Ergänzt wird dies durch eine individuelle Betreuung durch Mentoren an den bayerischen Hochschulen und die starke Vernetzung der Stipendiaten untereinander. Um die Internationalität der Ausbildung zu begünstigen, steht den Stipendiaten zudem eine finanzielle Förderung von Auslandsvorhaben offen. Jeder Stipendiat des Max Weber-Programms erhält eine Bildungspauschale in Höhe von € 480 pro Semester.

Das Max Weber-Programm
»Das Elitenetzwerk Bayern setzt Maßstäbe auf dem Gebiet der Hochbegabtenförderung an Hochschulen und eröffnet begabten jungen Menschen besondere wissenschaftliche Chancen.«
Dr. Wolfgang Heubisch, Bayerischer Staatsminister für Wissenschaft, Forschung und Kunst[38]

Bewerbung

Der schnellste Weg in das Max Weber-Programm führt über den Vorschlag eines bayerischen Gymnasiums. Die Grundvoraussetzung für den Vorschlag ist eine sehr gute Abiturnote und ein Studienplatz an einer bayerischen Hochschule. Schüler, die vorgeschlagen worden sind, werden zur Prüfung für besonders Begabte beim Ministerialbeauftragten (MB) eingeladen. In der MB-Prüfung werden die Bewerber in fünf Fächern geprüft. Diese sind: Deutsch, eine Fremdsprache, Geschichte, Mathematik, eine Naturwissenschaft. Eines der fünf Fächer kann vom Kandidaten durch ein Abiturfach ersetzt werden. Wer diese Prüfung erfolgreich besteht, wird in das Max Weber-Programm aufgenommen.

Studenten an einer Hochschule in Bayern, (das schließt auch nicht-bayerisch-stämmige Studenten ein), können sich ab dem dritten Fachsemester selbst um eine Förderung durch das Programm bewerben. Zudem ist jederzeit ein Vorschlag durch einen Professor, das Prüfungsamt oder den Vertreter eines Elitestudiengangs möglich. Im Gegensatz zu Schülern, die für die Förderung vorgeschlagen werden, müssen sich Studenten nicht der MB-Prüfung stellen, sondern werden zu einem Auswahlseminar eingeladen. Die Auswahlseminare sind aufgebaut wie die der Studienstiftung des deutschen Volkes, das heißt, es finden zwei Einzelgespräche sowie Gruppendiskussionen mit eigenem Referat statt (siehe Stiftungsporträt »Studienstiftung des deutschen Volkes«). Nur wenn die Zahl der Bewerber sehr groß ist, kann es vorab eine Auswahl auf Grundlage der schriftlichen Bewerbungsunterlagen geben.

Stiftung Maximilianeum

Homepage	maximilianeum.mhn.de
Adresse	Stiftung Maximilianeum Max-Plank Straße 1 81627 München
Gründungsjahr	1852
Namensgeber	Maximilian II. (1811-1864), König von Bayern
Fokus der Förderung	Hochbegabte Studenten, die aus Bayern oder der linksrheinischen Pfalz stammen und einen Abiturschnitt von 1,0 haben
Anzahl von Stipendiaten	Rund 40-50 Stipendiaten Pro Jahr werden 6-8 Neu-Stipendiaten aufgenommen
Prominente Alumni	Werner Heisenberg, Physik Nobelpreisträger Franz Josef Strauß und Eugen Ritter von Knilling, ehem. Ministerpräsidenten Bayerns Carl Amery und Ulrike Draesner, Schriftsteller
Stipendium	Materielle Förderung in Form von freier Kost und Logis im Maximilianeum in München sowie freier Zugang zu einer Bibliothek und Versorgung durch das Personal des Maximilianeums Immaterielle Förderung

Beschreibung

Im Jahr 1852 gründete der bayerische König Maximilian II. die Stiftung Maximilianeum, die noch heute gerne als die »S-Klasse unter den Stipendien« bezeichnet wird.[39] König Maximilian II. war ein großer Förderer der Künste und Wissenschaften und wollte es den besten bayerischen Schulabgängern unabhängig von ihrer sozialen Herkunft ermöglichen, frei von jeglichen materiellen Zwängen zu studieren und sie somit für den Staatsdienst zu gewinnen. Dafür stellte der König den Stipendiaten Wohnräume im Prunkbau und heutigen Sitz des bayerischen Parlamentes, dem Maximilianeum, bereit und stellte Ihnen Bedienstete zur Seite, die das Kochen, Waschen und Putzen für die Stipendiaten übernahmen. Diesen Service bekommen die Maximer noch heute geboten.

Der elitäre Ruf der Stiftung Maximilianeum lässt sich durch die umfangreiche, exklusive Förderung der Stipendiaten, das anspruchsvolle Auswahlverfahren, für das per se nur bayerische und pfälzische Schüler zugelassen werden, und die erfolgreichen Alumni der Stiftung erklären. So zählen unter anderem die ehemaligen bayerischen Ministerpräsidenten Eugen Ritter von Knilling und Franz Josef Strauß genauso zu den Absolventen wie der Physik-Nobelpreisträger Werner Heisenberg oder Schlagerkomponist Michael Kunze (»Ein Bett im Kornfeld«).

Bewerbung

Die grundlegendsten Bedingungen für die Aufnahme in die Stiftung entstammen nach wie vor dem Willen des Stifters. So können bis heute nur Studenten gefördert werden, die über bayerisches Indigenat, also das bayerische Heimatrecht verfügen. Hierzu zählen Schüler und Studenten die einige Zeit in Bayern oder der linksrheinischen Pfalz gelebt haben. Zudem müssen potenzielle Stipendiaten ein »christliches Glaubensbekenntnis und tadellose sittliche Führung« vorweisen können und dürfen weder Medizin noch Theologie studieren.[40] Die einzige Änderung, die der Wille des Stifters hinsichtlich der Zulassungskriterien erfahren hat, ist, dass heute auch Studentinnen die Förderung offen steht. Zu den weiteren formellen Kriterien gehört, dass der potenzielle Stipendiat von seiner Schule für das Stipendium vorgeschlagen wird und ein Abiturzeugnis von 1,0 vorweisen kann. Dabei darf keine Leistung unter 13 Punkten liegen. Im eigentlichen Auswahlverfahren müssen sich die Bewerber dann zwei Prüfungen stellen. Zuerst erfolgt die Prüfung durch den Ministerialbeauftragten für die Gymnasien des jeweiligen Bezirks (vgl. Abschnitt »Bewerbung« beim Max Weber-Programm). Darauf folgt die Maximsprüfung im Bayerischen Staatsministerium für Unterricht und Kultus, wo der Bewerber Fragen beantworten muss, die von rund einem Dutzend Lehrern gestellt werden. In diesen Prüfungen muss der Bewerber die Breite seines Wissens und seiner Interessen unter Beweis stellen. Für Bewerber aus der Pfalz entfällt die erste Stufe des Auswahlverfahrens. Sie müssen sich nur der Maximsprüfung stellen. Das Ergebnis dieser Auslese ist, dass von den rund 400 Schülern, die jedes Jahr im Einzugsgebiet der Stiftung Maximilianeum ihr Abitur mit der Traumnote 1,0 machen, sechs bis acht in die Förderung aufgenommen werden.

NRW-Stipendienprogramm

Homepage	www.innovation.nrw.de
Adresse	Eine Bewerbung ist über die jeweilige Hochschule im Bundesland Nordrhein-Westfalen möglich
Beginn der Förderung	Wintersemester 2009/10
Träger des Stipendienprogramms	Das Stipendium wird zur Hälfte aus Mitteln des Landes Nordrhein-Westfalen und zur Hälfte aus Fördergeldern der Wirtschaft finanziert
Fokus der Förderung	Begabte und leistungsstarke Studenten, die an einer von 33 Hochschulen in Nordrhein-Westfalen immatrikuliert sind
Adressaten	Studenten
Stipendium	Materielle Förderung
Zahlen & Fakten	Zum Wintersemester 2010/11 gab es insgesamt 2.600 NRW-Stipendiaten Bis 2015 soll der Anteil der Stipendiaten an nordrhein-westfälischen Hochschulen von heute zwei Prozent auf zehn Prozent erhöht werden

Beschreibung

Mit der Zielsetzung, langfristig die Zahl der Stipendiaten an nordrhein-westfälischen Hochschulen auf zehn Prozent der Gesamtstudentenschaft zu erhöhen und diese in ihrem Studium verstärkt zu unterstützen, startete die ehemalige schwarz-gelbe Landesregierung in Nordrhein-Westfalen zum Wintersemester 2009/10 das NRW- Stipendienprogramm.

Mit diesem Programm werden drei Ziele der Bildungspolitik verfolgt: Erstens soll für den Bildungs- und Wissenschaftsstandort Nordrhein-Westfalen geworben werden, zweitens soll herausragenden Studenten ein Studium frei von materiellen Zwängen ermöglicht werden und drittens soll dadurch Schülern aus sozial schwächeren Familien der Weg zu einem Hochschulabschluss erleichtert werden. Jeder Stipendiat des NRW-Stipendienprogramms erhält eine finanzielle Unterstützung in Höhe von € 300 pro Monat - unabhängig vom Einkommen der Eltern. Gefördert werden Bachelorstudenten sowie Studenten, die im Anschluss an ihr Bachelorstudium einen Masterstudiengang absolvieren.

Mit dem Stipendienprogramm betrat das Land Nordrhein-Westfalen einen neuen Weg: Private Geldgeber investieren € 150 pro Monat für ein Stipendium, das Land verdoppelt diese Summe. Den Unternehmen und Personen, die dieses Programm fördern, werden quasi als Gegenleistung gewisse Gestaltungsmöglichkeiten eingeräumt. Sie können auswählen, an welcher Hochschule und in welchen Studiengängen gefördert werden soll. Zudem können sie Einfluss auf die Auswahlkriterien nehmen und in direkten Kontakt mit den Stipendiaten treten.

Bewerbung
Die Bewerbung um ein NRW-Stipendium findet über die jeweilige Hochschule statt. Insgesamt nehmen 33 der 36 Hochschulen in Nordrhein-Westfalen am Programm teil. Die höchsten Kontingente vergeben die Universitäten RWTH Aachen, Essen-Duisburg und Bochum. Bei den Fachhochschulen liegen die FH Köln und Niederrhein an der Spitze.[41]

Die Kontingentgrößen je Hochschule entwickeln sich dynamisch. Da die Hochschulen einen Teil der Stipendiengelder selbst eintreiben müssen, vergeben sie die Förderung eigenverantwortlich. Somit unterscheiden sich auch der potenzielle Bewerberkreis und das Bewerbungsverfahren von Hochschule zu Hochschule. Im Allgemeinen steht die Förderung allen begabten Studienanfänger und Studenten, die sehr gute fachliche Leistungen vorweisen können, offen. Viele Universitäten und Fachhochschulen erklären auf ihren Homepages, was bei der Bewerbung um ein NRW-Stipendium am jeweiligen Hochschulstandort zu beachten ist. In der Regel umfasst das Bewerbungsverfahren nur die schriftliche Bewerbung, teilweise findet die Auswahl rein auf Basis von schulischen bzw. akademischen Leistungen statt.

Weitere regionale Studienförderer
Die vier vorgestellten Stipendienprogramme gehören zu den größten bzw. bekanntesten regionalen Stipendienprogrammen. Neben diesen gibt es eine Vielzahl weniger bekannter Stiftungen und Unternehmen, die Studenten aus oder in einer bestimmten Region fördern.

Besonders gute Chancen einen Platz in einem regional-orientierten Stipendienprogramm zu erhalten, haben Studenten in oder aus einem der südlichen Bundesländer Bayern oder Baden-Württemberg – hier ist die Zahl der Stiftungen, die einheimische Schüler und Studenten fördern, besonders groß. Gute Chancen haben auch Studenten aus traditionsreichen Handelsstädten wie Hamburg, Oldenburg, Frankfurt oder Nürnberg. Zudem gibt es einige Stipendien mit regionalem Bezug für Studenten der Theologie.

Interessant ist es zudem für angehende Doktoranden sich über die Graduiertenförderung des jeweiligen Bundeslandes zu informieren, in dem sie die Promotion anstreben. Eine Übersicht über die Landesgraduiertenförderung stellen sowohl die »Gewerkschaft Erziehung und Wissenschaft« als auch die Bundesregierung im Internet zur Verfügung:
- www.gew.de/Foerderwerke_und_Stipendien_2.html
- www.buwin.de/index.php?id=235

In der Übersicht »2. Regionale Studienförderer« finden sich zudem über 100 weitere regionale Stipendienprogramme, die sich an Schüler, Studenten und Doktoranden richten.

5. Stipendienprogramme an privaten Hochschulen

Das Studium an privaten Hochschulen ist besonders kostenintensiv. Neben Studiengebühren fallen normalerweise Kosten für ein bis zwei Auslandssemester an. Um interessierten Bewerbern aus einkommensschwachen Familien trotzdem ein Studium dort zu ermöglichen, vergeben fast alle privaten Hochschulen Stipendien oder stellen Freiplätze zur Verfügung. Diese Erleichterungen sind im Normalfall nur an die finanzielle Situation des Bewerbers geknüpft und nicht an besondere Leistungen. Jedoch müssen all diejenigen, die in den Genuss dieser Programme kommen wollen, das normale Bewerbungsverfahren der Hochschulen durchlaufen.

Neben den privaten Hochschulen selbst gibt es auch einige Stiftungen, die sich auf die Förderung von Studenten an privaten Hochschulen konzentriert haben. So finanziert die Vodafone-Stiftung das Studium von Studenten mit Migrationshintergrund an ausgewählten privaten Hochschulen (vgl. Abschnitt »Stipendienprogramme für Schüler und Studenten mit Migrationshintergrund«). Die Daniela und Jürgen Westphal-Stiftung hingegen unterstützt Studenten von ausgewählten Privatuniversitäten bei der Durchführung von Auslandssemestern oder -praktika. Die Bewerbungsverfahren der Stiftungen, die Studenten an privaten Hochschulen fördern unterscheiden sich deutlich. Im Allgemeinen gilt: Je umfangreicher die finanzielle Unterstützung, desto umfangreicher das Bewerbungsverfahren. Bei Stipendienprogrammen, die auf die Förderung von Auslandsaufenthalten oder Forschungsprojekten begrenzt sind, ist in der Regel nur ein schriftliches Auswahlverfahren vorgesehen. Stiftungen, die Studiengebühren tragen und/oder große Teile der Lebenshaltungskosten übernehmen, treffen dagegen normalerweise eine Vorauswahl auf Grundlage der schriftlichen Bewerbungsunterlagen und laden diejenigen Kandidaten, die dem Anforderungsprofil der Stiftung am besten entsprechen, zu einem Auswahlseminar ein.

»Ich habe mich dafür entschieden, mein Studium mit Hilfe eines ‚umgekehrten Generationenvertrages' zu finanzieren. Das bedeutet, dass ich während des gesamten Studiums keine Studiengebühren zahle. Im Gegenzug verpflichte ich mich, nach Beendigung meines Studiums einen Rückzahlungsbetrag zu leisten, der vor allem von meinem zukünftigen Einkommen abhängt.
Die Bewerbung hierfür war ganz einfach und unproblematisch. Ich habe zunächst eine E-Mail an Brain Capital geschrieben – Brain Capital organisiert an meiner Uni den umgekehrten Generationenvertrag. Nach einem angenehmen Telefonat und Vorabgespräch bot man mir bereits die Förderung an. Für den Abschluss des umgekehrten Generationenvertrags sprach vor allem, dass ich noch nicht sicher weiß, was ich nach dem Studium machen möchte und nicht nach Studienende mit der Rückzahlung eines hohen Kredits konfrontiert sein wollte. Außerdem gefällt mir der Gedanke, über den Generationenvertrag auch nach dem Studium mit »meiner« Uni verbunden zu bleiben und einem anderen Studierenden das Studium an der WHU zu ermöglichen.«
Moritz, Student an der WHU Vallendar, der sein Studium über einen »umgekehrten Generationenvertrag« finanziert

Daniela und Jürgen Westphal-Stiftung

Adresse	Daniela und Jürgen Westphal-Stiftung zur Förderung privater Universitäten Kontakt: Fr. Henriksen Elbchaussee 208a 22605 Hamburg
Gründungsjahr	1987
Namensgeber	Dr. Jürgen Westphal, Wirtschaftsminister Schleswig-Holsteins a. D. und seine Ehefrau Daniela Westphal
Fokus der Förderung	Förderung von Auslands- oder Promotionsprojekten von Studenten ausgewählter Privathochschulen Kooperationen bestehen mit: Universität Witten-Herdecke, WHU - Otto Beisheim School of Management, EBS Oestrich-Winkel, Handelshochschule Leipzig und Bucerius Law School Hamburg
Adressaten	Schüler Studenten Promovierende und Habilitanden
Anzahl von Stipendiaten	Ca. 8 pro Jahr
Anzahl Alumni	184 (2009)
Prominente Alumni	Dr. Burkhard Schwenker, Geschäftsführer von Roland Berger Strategy Consultants Dr. Martin Butzlaff, Mitglied des Präsidiums der Universität Witten-Herdecke
Stipendium	Materielle Förderung
Bewerbungsfristen	Können von Jahr zu Jahr variieren und werden an den jeweiligen Hochschulen bekannt gegeben

Beschreibung

Die Daniela und Jürgen Westphal-Stiftung ist eine der wenigen Stiftungen in Deutschland, die ausschließlich Studenten an privaten Hochschulen fördert. Die Stiftung wurde 1987 durch das Ehepaar Westphal gegründet. Mit der Stiftung wollte der ehemalige schleswig-holsteinische Wirtschaftsminister gemeinsam mit seiner Ehefrau einen Beitrag zur Entwicklung privater Hochschulen in Deutschland leisten, welche sie als »Regulativ und Impulsgeber für das staatliche Bildungswesen« verstehen.

Die Stiftung fördert sowohl Forschungsprojekte von Doktoranden als auch Auslandsaufenthalte (Semester, Abschlussarbeiten, etc.) von Studenten. Auch vergibt sie Stipendien für besondere wissenschaftliche Zwecke. Wichtige Voraussetzungen für die Förderungen durch die Stiftung sind der gesellschaftliche Nutzen des Projektes und dessen Beitrag zum Fortschritt der Wissenschaft. Hinzu kommt die wirtschaftliche Notwendigkeit einer Förderung des Bewerbers.

Bewerbung

Üblicherweise richtet sich die Daniela und Jürgen Westphal-Stiftung im Herbst eines jeden Jahres in einem Schreiben an die Dekane der assoziierten Hochschulen, in dem die Richtlinien zur Stipendienvergabe sowie die Anforderungen an eine Bewerbung konkretisiert sind. Bewerber sollten sich an den Vertrauensdozenten der jeweiligen Hochschule richten, über den die Bewerbung stattfindet. Die Professoren sichten die Bewerbungen an ihrer Hochschule und geben ihr Votum zu jeder einzelnen Bewerbung ab. Dieses Votum reichen die Dozenten zusammen mit den Bewerbungen an die Stiftung weiter, welche dann die endgültige Entscheidung trifft.

25 weitere Stipendienprogramme an privaten Hochschulen

Hochschule	Stipendienprogramme
Bucerius Law School	Bucerius-Stipendium
	Stipendium der Vodafone-Stiftung
	Stipendium der Daniela und Jürgen Westphal-Stiftung
ESCP-EAP Berlin	Hertie-Stipendium
EBS Oestrich-Winkel	eXebs Bildungsfond
	Friedrich J. Schoening International Scholarship
	Stipendium der Vodafone-Stiftung
	Stipendium der Daniela und Jürgen Westphal-Stiftung
Handelshochschule Leipzig	e-fellows / Verbundnetzgas AG Stipendien
	Stipendium der Daniela und Jürgen Westphal-Stiftung
Heilbronn Business School	Stipendien der Dieter Schwarz-Stiftung
Hertie School of Governance	Stipendium der Hertie-Stiftung
International School of Management Dortmund	Universitätseigene Stipendien
Jacobs University Bremen	Universitätseigenes Stipendienprogramm für Studenten
	Stipendium der Vodafone-Stiftung
PFH Göttingen	Das Niedersachsenstipendium (Stipendium der Hochschule)
Universität Witten Herdecke	Kuratoriumsstipendien
	Helmut-Bertram-Preis für Wirtschaftswissenschaften
	Stipendium der Daniela und Jürgen Westphal-Stiftung
WHU - Otto Beisheim School of Management	Universitätseigene Stipendien
	Stipendium der Vodafone-Stiftung für Studenten mit Migrationshintergrund
	Stipendium der Daniela und Jürgen Westphal-Stiftung
	»InPraxi Diversity Stipendium«
Zeppelin University	Stipendium der Vodafone-Stiftung für Studenten mit Migrationshintergrund
	brand eins Master-Stipendium
	Bachelor- und Masterstipendien der Universität

6. Studienfachspezifische Stipendienprogramme

Die staatliche Studienförderung, so wie sie von den Begabtenförderungswerken, dem DAAD und anderen durch Steuergelder finanzierten Institutionen wahrgenommen wird, richtet sich gleichermaßen an Studenten aller Fachrichtungen.

Die durch Privatpersonen oder Unternehmen initiierte Studienförderung wendet sich hingegen oftmals nur an Studenten, Doktoranden und Habilitanden eines bestimmten Faches. Zu einem großen Teil bezieht sich dies auf den wissenschaftlichen Nachwuchs in natur-, ingenieur-, wirtschafts- und rechtswissenschaftlichen Fächern. Diese Fokussierung auf wirtschaftsbezogene bzw. wirtschaftsrelevante Fächer hat unterschiedliche Gründe: Privatpersonen, die über ein Vermögen verfügen, das sie ganz oder teilweise der akademischen Nachwuchsförderung zur Verfügung stellen wollen, haben dieses oftmals als Selbstständiger oder leitender Angestellter in der Wirtschaft verdient. Häufig fühlen sie sich ihrem Berufsstand verpflichtet und wollen daher junge Menschen fördern, in »ihre Fußstapfen zu treten«. Unternehmen wiederum vergeben Stipendien zum einen um gesellschaftliche Verantwortung zu übernehmen, zum anderen anderen aber auch unter dem Gesichtspunkt der frühzeitigen Kontaktaufnahme zu begabten Nachwuchskräften.

In diesem Kapitel werden Stipendienprogramme vorgestellt, die Studenten wirtschaftsrelevanter Studiengänge fördern. Unterschieden wird hierbei zwischen Stipendien für Studenten technisch-naturwissenschaftlicher Studienfächer und Stipendien für Studenten in wirtschaftswissenschaftlichen sowie juristischen Studiengängen. Ein großer Teil dieser Stipendienprogramme wird von unternehmensnahen Stiftungen bzw. Stipendienprogrammen organisiert. Deshalb ist diesem Typ Studienförderer auch der gesonderte Abschnitt »Unternehmensnahe Stiftungen« gewidmet. Dabei ist zu beachten, dass es Studienförderer gibt, die Studenten mehrerer verwandter Fachbereiche fördern, sich also nicht nur auf einen einzelnen Studiengang konzentrieren. Umso enger das Stipendienprogramm mit einem Unternehmen verbunden ist, desto wahrscheinlicher ist es, dass das Programm auf Studenten zugeschnitten ist, die unter Recruiting-Gesichtspunkten für das Unternehmen interessant sind.

So vergibt beispielsweise die Claas-Stiftung, die von dem gleichnamigen Hersteller von Landmaschinen ins Leben gerufen wurde, jährlich die Helmut-Claas-Stipendien an angehende Ingenieure sowie angehende Wirtschafts- und Agrarwissenschaftler. Gleichermaßen unterstützt die Siemens-Stiftung Studenten der Ingenieur- und Naturwissenschaften. Stiftungen und Unternehmen, die Studenten unterschiedlicher Fachbereiche fördern, werden in diesem Buch jeweils nur dem Fachbereich zugeordnet, den sie schwerpunktmäßig fördern. Die Beispiele zeigen aber, dass es ratsam ist, nicht nur im eigenen Studienfach nach Stipendienprogrammen, sondern auch

> »Neben zahlreichen Freiplätzen, einkommensabhängigen Teilerlässen der Studiengebühren, der Option eines umgekehrten Generationenvertrags und etlichen anderen Unterstützungsangeboten zur Studienfinanzierung lobt die Hochschule inzwischen auch mehrere Leistungsstipendien aus. Ziel hiervon ist, dass jeder Studierende sein Studium erfolgreich abschließen kann – ganz unabhängig davon, aus welchem Elternhaus er/sie stammt.
> Ich war einer der ersten Studenten, die mit einem Leistungsstipendium – einem 50%igen Teilerlass auf die Studiengebühren im Masterstudium – ausgezeichnet wurde. Neben der generellen Würdigung meiner akademischen Leistungen bedeutet dies einen konkreten Gegenwert für meine Anstrengungen.«
> *Matthias, Stipendiat und Student an der WHU - Otto Beisheim School of Management*

im Umfeld solcher Studienfächer, die an den eigenen Fachbereich angrenzen oder komplementär zu diesem sind.

Unternehmensnahe Stiftungen

Unternehmensnahe Stiftungen sind solche Stiftungen, die entweder von Unternehmen oder von Unternehmern ins Leben gerufen worden sind. Laut dem Bundesverband deutscher Stiftungen fallen rund 2.000 aller Stiftungen in Deutschland unter diese Kategorie. Ihr Gesamtvermögen wird auf ca. € 18 Milliarden geschätzt. Gemessen an ihrem Vermögen sind die größten deutschen Unternehmens- bzw. unternehmensnahen Stiftungen die Robert Bosch Stiftung (€ 5,2 Milliarden), die Dietmar Hopp Stiftung (€ 4,0 Milliarden), die Else Kröner-Fresenius-Stiftung (€ 2,4 Milliarden) und die Volkswagen Stiftung (€ 2,3 Milliarden).[42] Unternehmensstiftungen werden aber nicht nur durch große Unternehmen bzw. Unternehmer gegründet, sondern erfreuen sich auch im Mittelstand großer Beliebtheit. Oftmals gründen mittelständische Unternehmer Stiftungen um das generationenübergreifende Fortbestehen ihres Unternehmens zu sichern oder um einen Teil der Unternehmensgewinne in Projekte zu investieren, die einem bestimmten sozialen Zweck oder dem Unternehmensstandort zugute kommen.

Bei Weitem nicht alle unternehmensnahen Stiftungen engagieren sich in der Studienförderung und nur wenige der unternehmensnahen Stiftungen, die dies tun, haben die Stipendienvergabe als einzigen Stiftungszweck. Gleichwohl ist das Volumen der Studienförderung durch diese Stiftungen enorm. Zudem ist die Unterstützung durch eine unternehmensnahe Stiftung für Schüler und Studenten sehr attraktiv. So fällt der Förderbetrag des einzelnen Stipendiums bei unternehmensnahen Stiftungen teilweise sehr großzügig aus und in vielen Fällen hilft das der Stiftung nahestehende Unternehmen gerne bei der Suche nach einem Praktikumsplatz oder einer Festanstellung. In diesem Abschnitt werden das FellowsProgramm von Oliver Wyman, die Haniel Stiftung und die Dr. Jost-Henkel-Stiftung vorgestellt, die allesamt von Unternehme(r)n ins Leben gerufen wurden und Studenten unterschiedlicher Fachrichtungen fördern. Im Abschnitt »Stipendien für Studenten der Rechts- und Wirtschaftswissenschaften« wird zusätzlich das Online-Stipendium von e-fellows präsentiert.[43] e-fellows organisiert ein durch verschiedene Unternehmen getragenes Stipendienprogramm. Anders als die vorher genannten Institutionen ist e-fellows aber keine Stiftung, sondern ein von Unternehmen unterschiedlicher Branchen ins Leben gerufenes Karriere-Netzwerk. Auf die Unterschiede zwischen unternehmensnahen Stiftungen und durch Unternehmen finanzierte Stipendienprogramme wird im folgenden Abschnitt näher eingegangen.

Besonderheiten beim Bewerbungsprozess

Das Verhältnis von unternehmensnahen Stiftungen zum Stiftungsunternehmen ist in vielen Punkten dem Verhältnis von parteinahen Stiftungen zur Partei ähnlich. Vor allem drei Gemeinsamkeiten fallen auf: Erstens teilen sowohl parteinahe wie auch unternehmensnahe Stiftungen die Leitmotive, die zentrale Persönlichkeiten des Unternehmens bzw. der Partei aufgestellt haben. Solche Personen können im Falle einer unternehmensnahen Stiftung der Unternehmensgründer oder ein Geschäftsführer sein, im Fall einer parteinahen Stiftung ein ideologischer Vordenker, der Gründer der Partei oder ein Parteivorsitzender. Trotz dieser inhaltlichen Verbundenheit sind zweitens unternehmensnahe wie auch politische Stiftungen rechtlich eigenständig. Somit können sie ihr gesellschaftliches Engagement frei gestalten. Drittens verfolgen beide Arten von Organisationen als Stiftungen keine kommerziellen, sondern gesellschaftliche Ziele.

Zunächst ist festzustellen, dass sich aufgrund dieser Ähnlichkeiten die Bewerbung bei unternehmensnahen Studienstiftungen normalerweise nicht wesentlich von denen bei sonstigen Studienförderern unterscheidet. Diese Gemeinsamkeiten sollten zudem mit dem Missverständnis aufräumen, dass derjenige, der sich bei einer unternehmensnahen Stiftung bewirbt, gleichzeitig auch eine Bewerbung bei dem Stiftungsunternehmen einreicht. Stiftung und Unternehmen sind unabhängig voneinander und verfolgen unterschiedliche Ziele. Ein Unternehmen verfolgt kommerzielle Ziele, weil es Geld verdienen muss. Eine Stiftung muss kein Geld verdienen, sie muss das Stiftungskapital bzw. die daraus anfallenden Zinsen gemäß ihrem Stiftungszweck sinnvoll investieren. Somit geht es in der Bewerbung nicht darum, die eigenen beruflichen Qualifikationen in den Vordergrund zu stellen, sondern zu verdeutlichen, dass man einen Beitrag zur Erfüllung des Stiftungszwecks leisten kann. Je nach Stiftung kann dieser Beitrag schon damit geleistet sein, dass ein erfolgreiches Studium absolviert wird. Zudem zeigt der Vergleich von parteinaher und unternehmensnaher Stiftung, dass es wichtig ist, sich nicht nur mit der Stiftung an sich auseinanderzusetzen, sondern auch mit Personen und Organisationen, die ihr nahestehen. Im Falle von parteinahen Stiftungen sind dies im Wesentlichen eine Partei, ideologische Vordenker, Parteigründer und Politiker. Im Falle von Unternehmen sind es ein Unternehmen, der Unternehmensgründer und ggf. wichtige, frühere bzw. der momentane Geschäftsführer.

Die Situation ist im Übrigen eine gänzlich andere, wenn es um die Bewerbung bei einem Stipendienprogramm geht, welches direkt durch eines oder mehrere Unternehmen organisiert und finanziert wird. Ein Beispiel hierfür ist das Karriere-Netzwerk e-fellows, das ein eigenes Stipendienprogramm unterhält. Das Netzwerk hat sich zum Ziel gesetzt, akademisch sehr gute Studenten wirtschaftsrelevanter

Fächer mit Partnerunternehmen und -hochschulen in Kontakt zu bringen. Ein anderes Beispiel ist die MAN Studienförderung: In diese können Studenten aufgenommen werden, die als Auszubildende oder Praktikanten einen guten Eindruck im MAN Konzern hinterlassen haben und nach absolviertem Studium eine Anstellung bei MAN anstreben. Solche Stipendienprogramme sind keine Stiftungen im eigentlichen Sinne, sondern Teilbereiche eines Unternehmens oder, wie im Falle von e-fellows, eigenständige Unternehmen. Gesucht werden Studenten, Doktoranden und Habilitanden, die als zukünftige Mitarbeiter in das bzw. die Unternehmen passen. Folglich spielen hierfür, anders als bei der Bewerbung bei einer Stiftung, akademische und berufliche Qualifikationen eine große Rolle.

Oliver Wyman Fellows

Homepage	www.oliverwyman.com/de/fellows
	www.squeaker.net/de/Karriere/Oliver-Wyman-Consulting
Adresse	Oliver Wyman Consulting GmbH
	Marstallstraße 11
	80539 München
Start des Stipendiums	2008
Unternehmen	Oliver Wyman ist eine der weltweit führenden Topmanagementberatungen. Mehr als 3 Mitarbeiter von Oliver Wyman sind in 50 Metropolen in 25 Ländern vertreten.
Adressaten	Studenten, die vor einem Auslandssemester stehen und einen Berufseinstieg in der Unternehmensberatung anstreben
Stipendium	Materielle Förderung
	Netzwerk
Stipendium	Materielle Förderung
	Immaterielle Förderung
	Praktikumsangebot in der Topmanagementberatung
	Karrierenetzwerk

Beschreibung

Das »FellowsProgramm« von Oliver Wyman General Management Consulting ist ein maßgeschneidertes Stipendienprogramm für Studenten, die vor einem Auslandssemester stehen und nach dem Studienabschluss einen Berufseinstieg in der Strategieberatung anstreben.

Oliver Wyman ist eine international tätige Topmanagementberatung mit Büros in 50 Metropolen in 25 Ländern. Im deutschsprachigen Raum ist Oliver Wyman mit Büros in Berlin, Düsseldorf,

Frankfurt, Hamburg, München und Zürich vertreten. Das »Fellows-Programm« ist eine Chance für Studierende, die Förderung für ein Auslandssemester zu erhalten, praktische Erfahrung in der Strategieberatung zu sammeln und sich ein Netzwerk im Unternehmen Oliver Wyman aufzubauen. Die materielle Förderung umfasst einen Reisekostenzuschuss, einen Laptop –, den der Stipendiat im Anschluss an das Stipendium behalten darf –, sowie ein Abonnement der Zeitschrift »Economist«. Mit dem Stipendium ist zugleich ein Praktikum im Münchener Büro von Oliver Wyman verbunden. Interessenten für das Stipendienprogramm sollten sehr gute akademischen Leistungen, erste Berufserfahrung in Form von Praktika bei namhaften Unternehmen sowie Interesse an einem Einstieg in die Topmanagementberatung mitbringen.

Bewerbung

Da das Fellows-Stipendium mit einem Praktikumsangebot verbunden ist, läuft der Auswahlprozess analog zur Praktikumsbewerbung ab und erfordert eine schriftliche Bewerbung. Zu den schriftlichen Bewerbungsunterlagen zählen Anschreiben, Lebenslauf sowie Schul-, Universitäts- und Praktikumszeugnisse. Im Vorfeld zu den Interviews werden interessante Kandidaten zu einem 20-minütigen analytischen Test eingeladen, der online durchgeführt wird. Im persönlichen Teil des Auswahlverfahrens finden drei Interviews mit Beratern von Oliver Wyman statt. Die Interviews bestehen typischerweise aus zwei Abschnitten: Im Teil »Personal Fit« werden der Werdegang eines Bewerbers sowie die Motivation für die Bewerbung bei Oliver Wyman besprochen. Im Fallstudien-Teil stellt der Interviewer dem Bewerber eine Problemstellung aus dem Aufgabenfeld der Unternehmensberatung vor und bittet ihn, einen Lösungsweg zu skizzieren. Mit den Fallstudien machen sich die Berater ein Bild davon, wie gut Bewerber in der Lage sind, mit Herausforderungen umzugehen, vor denen ein Unternehmensberater typischerweise steht. Ein besonderes Augenmerk liegt darauf, ob sich Bewerber dem Problem in einer strukturierten und logisch nachvollziehbaren Art und Weise nährt. Kleinere Rechenaufgaben können Bestandteil der Fallstudie sein. Diese gehen aber in der Regel nicht über die Grundrechenarten hinaus.

> **Tipp**
> Zu Fallstudien in Interviews Wichtig ist, sich genau über die Aufgabenstellung im Klaren zu sein, eine Struktur zu entwerfen und diese für die Beantwortung der Fallstudie zu nutzen. Dabei können bekannte Frameworks – wo sinnvoll – genutzt werden, man sollte sich aber nicht von ihnen einschränken lassen. Eine individuelle Struktur, die zu einer präzisen Antwort führt, ist der Königsweg!
> *Carolin Klotz, Associate bei Oliver Wyman*

> **Tipp**
> Mehr Insider-Informationen finden Sie auf squeaker.net/ OliverWyman_Fellows

Haniel Stiftung

Homepage	www.haniel-stiftung.de
Adresse	Haniel Stiftung Franz Haniel Platz 6-8 47119 Duisburg
Gründungsjahr	1988
Stifterunternehmen	Die Franz Haniel & Cie. GmbH ist ein weltweit agierender Konzern, der mehr als 50.000 Mitarbeitern beschäftigt und einen Umsatz von fast € 30 Milliarden erwirtschaftet (2007)
Fokus der Förderung	Förderung von jungen Menschen, die eine internationale Ausbildung anstreben Schwerpunkt auf den osteuropäisch- bzw. asiatisch- europäischen Austausch
Adressaten	Studierende Promovierende und Habilitanden
Stipendium	Materielle Förderung Netzwerk
Stipendienprogramme[44]	Asienprogramm: Für Studenten, die ein Auslandssemester oder ein Praktikum in Asien absolvieren wollen Osteuropaprogramm: Für Studenten mit wirtschaftswissenschaftlichem Schwerpunkt, die Auslandserfahrung in Osteuropa sammeln wollen Haniel Programm der Studienstiftung des deutschen Volkes: Für Studenten mit wirtschaftlichem Interesse, die ein Aufbaustudium (MBA, LL.M., etc.) im Ausland absolvieren wollen McCloy Scholarship: Für herausragenden Studenten, die einen »Master of Public Policy« an der Harvard University absolvieren möchten (in einer Kooperation mit der Studienstiftung des deutschen Volkes)

Beschreibung

Die Haniel Stiftung wurde 1988 durch die Franz Haniel & Cie. GmbH gegründet. Auch wenn sie nicht immer unmittelbar in Erscheinung tritt, ist die Haniel Stiftung eine der aktivsten Stiftungen privaten Rechts im Bereich der Studienförderung. Von den insgesamt sechs Stipendienprogrammen, welche die Haniel Stiftung (mit-)finanziert, werden zwei operativ von der Studienstiftung des deutschen Volkes durchgeführt.

Besonders interessant ist die Stiftung für Studenten mit Wirtschaftsfokus und Interesse an den dynamischen Wachstumsmärkten Osteuropas und Asiens. Die Haniel Stiftung unterstützt jährlich eine Vielzahl deutscher Studenten, die akademische oder praktische Erfahrung in einem osteuropäischen oder asiatischen Land sammeln wollen. Sie zeichnet sich neben der großzügigen finanziellen Unterstützung vor allem durch die umfangreiche immaterielle Förderung und das Netzwerk der aktuellen und ehemaligen Studenten (»Young Leaders Network«) aus. So wird Studenten im Rahmen der ideellen Förderung die Teilnahme an Fachkongressen, die die Stiftung organisiert, ermöglicht. Jährlich werden etwa 90 neue Stipendiaten in das Netzwerk aufgenommen, das zu einer Plattform europäisch-osteuropäisch-asiatischen Austausches geworden ist. Insgesamt umfasst es bereits rund 1.000 ehemalige und aktuelle Stipendiaten.

Neben der immateriellen ist auch die materielle Förderung äußerst attraktiv: Diese kann unter Umständen, abhängig vom konkreten Förderprojekt und -programm, mehrere Tausend Euro betragen

Bewerbung

Die Bewerbung um einen Platz im Haniel Stipendienprogramm beinhaltet lediglich die schriftliche Bewerbung: In einem Motivationsschreiben muss der Bewerber darlegen, für welchen Zweck er das jeweilige Stipendium beantragt und was ihn für die Aufnahme in das Programm qualifiziert. Darüber hinaus müssen der Bewerbung ein tabellarischer Lebenslauf sowie ein Gutachten eines Hochschuldozenten beigelegt werden.

Eine Ausnahme bilden hierzu die Stipendienprogramme, die von der Studienstiftung des deutschen Volkes betreut, aber von der Haniel Stiftung teilweise oder vollständig finanziert werden. Wer sich hier bewerben möchte, sollte hinsichtlich der Bewerbungskriterien auf der Internetseite der Studienstiftung recherchieren.

Dr. Jost-Henkel-Stiftung

Homepage	www.henkel.de/karriere
Adresse	Dr. Jost Henkel-Stiftung Henkelstraße 67 40191 Düsseldorf
Gründungsjahr	1958
Stifterunternehmen	Die Henkel KGaA wurde 1876 gegründet und ist heute eines der weltweit führenden Konsumgüterunternehmen. Henkel hat insgesamt 55.000 Mitarbeiter
Fokus der Förderung	Förderung begabter Studenten aller Fachbereiche, die finanzielle Unterstützung für ihr Studium benötigen
Adressaten	Studierende Doktoranden
Stipendium	Immaterielle Förderung Materielle Förderung

Beschreibung

Die Dr. Jost Henkel-Stiftung wurde anlässlich des 25-jährigen Firmenjubiläums des Enkels des Firmengründers Dr. Jost Henkel im Jahr 1958 gegründet. Kerngedanke des Stifters bei der Gründung der Stiftung war, dass auch finanziell benachteiligte Kinder die Möglichkeit erhalten sollten, ein Studium aufzunehmen. Daher ist es auch ein Ziel der Stiftung, dass begabte junge Menschen, die ein Studium durchführen wollen, während ihres Studiums keinem Nebenerwerb aus rein finanziellen Motiven nachgehen müssen.

Anders als die meisten weiteren unternehmensnahen Stiftungen deckt die Dr. Jost Henkel-Stiftung ein sehr breites Studienfeld ab. Wichtig ist dabei, dass die erlangten Kenntnisse im Studium für die gesellschaftliche und wirtschaftliche Entwicklung in der Zukunft wichtig sind. Dazu zählen zurzeit unter anderem Studien der Wirtschafts-, Sozial-, Natur- und Ingenieurwissenschaft. Darüber hinaus ist die Stiftung bemüht, Projekte mit privaten Initiativen im Bildungsbereich zu betreuen. Eine Besonderheit der Stiftung ist die individuelle Betreuung der Stipendiaten, die durch den persönlichen Kontakt und die Möglichkeit, bei Henkel Praktika zu absolvieren oder Diplomarbeiten bzw. Dissertationen zu verfassen, gestärkt wird.

Die Förderung beginnt nach dem Vordiplom bzw. Abschluss des Bachelorstudiums und umfasst die Vermittlung von Praktika, auch von Auslandsaufenthalten, sowie weitere studentische Projekte. Bei Auslandsaufenthalten muss jedoch nachgewiesen werden, dass die erlangten Kenntnisse nur im Ausland erreicht werden konnten und eine gleichwertige Ausbildung in Deutschland nicht möglich war.

Bewerbung

Bewerber für die Studienförderung sollten über exzellente Studienleistungen verfügen und, den Prinzipien des Gründers der Stiftung folgend, eine finanzielle Unterstützung besonders benötigen.

Das Bewerbungsverfahren umfasst die schriftliche und mündliche Bewerbung. In der schriftlichen Bewerbung, die komplett online abgewickelt werden kann, sind ein ausgefüllter Antrag der Stiftung, ein tabellarischer Lebenslauf sowie diverse Bescheinigungen einzureichen. Darüber hinaus werden zwei Professoren-Gutachten über das geplante Studienvorhaben sowie über die persönliche und fachliche Eignung des Antragstellers angefordert.

Erfolgreiche schriftliche Bewerber werden anschließend im mündlichen Auswahlverfahren zu einem persönlichen Vorstellungsgespräch in die Konzernzentrale nach Düsseldorf eingeladen. Hierbei ist überdies ein Eignungstest, der berufliche und persönliche Fähigkeiten und Talente prüft, zu absolvieren. Eine Kommission, bestehend aus Mitgliedern der Stiftung, entscheidet abschließend über die Stipendienvergabe.

Stipendien für Studenten der Natur- und Ingenieurwissenschaften

Deutsche Unternehmen sind in vielen Bereichen, in denen naturwissenschaftlicher und technischer Erkenntnisfortschritt über unternehmerischen Erfolg und Misserfolg entscheidet, weltweit führend. Hierzu zählen zum Beispiel Unternehmen der Chemie-, Pharmazie-, Elektro- und Automobilindustrie.

Viele dieser Firmen stehen vor einer doppelten Zwangslage: Zum einen benötigen sie kontinuierlich hoch qualifizierten Nachwuchs um kontinuierlich wachsen zu können, zum anderen sinken bzw. stagnieren aber die Zahlen der Neuimmatrikulationen in den relevanten Studienfächern. Von diesem Dilemma der Unternehmen können angehende Naturwissenschaftler und Ingenieure vor allem durch deren Angebote in der Studienförderung profitieren. So setzen Unternehmen, Branchenverbände und staatliche Institutionen verstärkt auf Stipendien, um mehr Studenten für ein Studium im Bereich der naturwissenschaftlichen oder technischen Fächer zu begeistern.

Ein Beispiel hierfür ist das Förderprogramm der Universität Oldenburg, das ab dem Wintersemester 2009/10 besonders begabte Studienanfänger des Fachs Physik mit einem Stipendium fördert. Das Stipendium umfasst den kompletten Erlass der Studiengebühren in den ersten vier Studiensemestern und garantiert eine Stelle als studentische Hilfskraft. Einen anderen, grundlegenden Ansatz verfolgt der Verband der chemischen Industrie und die Bayer Stiftung indem sie Stipendien an Studenten vergeben, die Chemie bzw. ein naturwissenschaftliches Fach, auf Lehramt studieren. Ziel dieser Initiative ist es, durch eine bessere Ausbildung von Lehrpersonal im Bereich der Naturwissenschaften in Zukunft mehr Schüler für ein naturwissenschaftliches Studium begeistern zu können.

Bei der Suche nach einem Stipendium haben Studenten der Ingenieurwissenschaften sogar noch einen zweiten großen Vorteil: Die Begeisterung vieler aktiver und ehemaliger Ingenieure für ihren Beruf. Aufgrund ihrer Leidenschaft für die Ingenieurstätigkeit und die Loyalität zu ihrem Berufsstand haben nicht wenige ehemalige Ingenieure Studienfonds eingerichtet, die den technischen Nachwuchs fördern sollen. Ein gutes Beispiel für solch einen Studienfonds ist die 1964 vom ehemaligen Krupp-Ingenieur Erich Müller ins Leben gerufene »Prof. Dr. Ing. Erich-Müller-Stiftung« (vgl. Liste im Abschnitt »Stipendien für Studenten der Natur- und Ingenieurwissenschaften«). Diese Stiftung war die erste Stiftung, die unter dem Dach des Stifterverbandes für die Deutsche Wissenschaft gegründet worden. Seit ihrer Gründung hat sie 350 begabte Studenten der Ingenieur- und Naturwissenschaften gefördert (letztere allerdings nur, wenn ein erkennbarer praktischer Bezug des Studiums bestand).

Ingenieure als Studienförderer

»Was ich bei meiner Firma verdient und nicht zum eigenen Lebensunterhalt benötigt habe, soll durch den von mir nachstehend angeordneten Stiftungsfonds als Zeichen meiner Dankbarkeit wieder zum Wohl des technischen Nachwuchses verwendet werden.«

Aus dem Testament Erich Müllers, Ingenieur und ehemaliges Vorstandsmitglied der Krupp AG[45]

In diesem Abschnitt werden mit der Bayer- und der Evonik Stiftung zwei unternehmensnahe Studienförderer vorgestellt, die sich besonders in der Studienförderung von Studenten der Naturwissenschaften hervortun.

Bayer Science & Education Foundation

Homepage	www.bayer-stiftungen.de
Adresse	Bayer Science & Education Foundation Kaiser-Wilhelm-Allee 1 51368 Leverkusen
Gründungsjahr	1923/2007
Stifterunternehmen	Die Bayer AG ist eines der weltweit größten Unternehmen in den Bereichen Chemie und Pharmazie
Fokus der Förderung	Auslandsstipendien für besondere Studienvorhaben im Bereich der Natur- & Ingenieurwissenschaften, Medizin, Lehramt für naturwissenschaftliche Fächer sowie nicht-akademische Lehrberufe im Bereich Technik, Naturwissenschaften und Gesundheitswesen
Adressaten	Auszubildende Studierende
Stipendium	Materielle Förderung Immaterielle Förderung Netzwerk
Stipendienprogramme	Otto-Bayer-Stipendium (Natur- und Ingenieurwissenschaften) Carl-Duisberg-Stipendium (Human- und Veterinärmedizin) Kurt-Hansen-Stipendium (Lehramt für die Naturwissenschaften) Hermann-Strenger-Stipendium (nicht-akademische Ausbildungsberufe / Technik, Naturwissenschaften, Gesundheitswesen)
Bewerbungsfristen	Juni - Juli Kann von Jahr zu Jahr variieren

Beschreibung

Der Erfolg von Bayer als Erfinderunternehmen beruht auf exzellenter Forschung in Naturwissenschaft, Technik und Medizin. Daher ist die Förderung von Spitzenwissenschaften ein zentrales Anliegen der Bayer Stiftungen. Bereits 1923 etablierte Dr. Carl Duisberg – einer der Gründungsväter von Bayer – die ersten Stipendienprogramme für Studierende. Diese hatten das Ziel, jungen, ambitionierten Menschen bei besonderen Studienvorhaben im Ausland zu helfen. Diese lange Tradition setzt die Bayer Science & Education Foundation fort und unterstützt ihre Alumni nicht nur finanziell, sondern auch ideell durch Netzwerke, besondere Jobangebote und wissenschaftlichen Austausch.

Neben den Auslandsstipendien fördert die Bayer Science & Education Foundation über das Deutschlandstipendienprogramm der Bundesregierung auch inländische Studienprojekte von Studierenden der Natur- und Ingenieurwissenschaften und der Medizin. Zudem vergibt sie Reisestipendien für ausländische Doktoranden, die an der jährlichen Lindauer Nobelpreisträger-Tagung teilnehmen. Die Bewerbungsverfahren für diese beiden Stipendienprogramme laufen über die jeweiligen Partnerorganisationen: die in das Deutschlandstipendienprogramm aufgenommenen Universitäten sowie die Stiftung Lindauer Nobelpreisträger-Tagung.

Evonik Stiftung

Homepage	www.evonik-stiftung.de
Adresse	Evonik Stiftung Rellinghauser Str. 1-11 45128 Essen
Gründungsjahr	2003
Stifterunternehmen	Evonik Industries AG ist ein führendes Spezialchemieunternehmen aus Essen
Fokus der Förderung	Unterstützung von begabten Nachwuchswissenschaftlern im Bereich der Naturwissenschaften mit jährlich wechselnden Schwerpunkten
Adressaten	Studierende bei Master- und Diplomarbeiten Doktoranden und Postdoktoranden bei ihren wissenschaftlichen Arbeiten
Stipendium	inhaltliche und finanzielle Förderung
Stipendienprogramme	Stipendium Evonik Stiftung Werner-Schwarze-Stipendium

Beschreibung

Seit dem 1. Januar 2009 führt die Evonik Stiftung mit Sitz in Essen die Aktivitäten der 2003 gegründeten Degussa Stiftung fort. Die Stiftungsgeschichte reicht jedoch weiter zurück: Die 1954 gegründete Degussa-Hermann-Schlosser-Stiftung sowie die 1991 gegründete Degussa-Konrad-Henkel-Stiftung wurden 2003 in die Degussa Stiftung integriert. Die Stiftung hat sich von Anfang an der Idee der Kultur- und Wissenschaftsförderung verschrieben.

Der Evonik Vorstand hat im Internationalen Jahr der Chemie das nachhaltige Engagement der Evonik Stiftung im Bereich von Forschung und Wissenschaft weiter gestärkt und das Stiftungskapital um 2 Millionen € erhöht.

Im Rahmen der Studienförderung unterstützt die Evonik Stiftung begabte und engagierte Nachwuchswissenschaftler bei ihren Promotionen, Postdocs sowie Diplom- und Masterarbeiten. Zur gezielten Förderung setzt die Stiftung jährliche Themenschwerpunkte fest, da sie sowohl auf die wissenschaftliche Ausrichtung als auch eine persönliche Betreuung Wert legt. Jedem Stipendiaten wird ein Mentor zur Seite gestellt, der Praxiseinblicke ermöglicht und wertvolle Kontakte vermittelt. Auch die Anschaffung von Fachliteratur und der Besuch von wissenschaftlichen Tagungen werden unterstützt. Auf Wunsch können die Stipendiaten auch am Förderprogramm »Evonik Perspectives« der Evonik Industries AG teilnehmen.

Bewerbung

Das Auswahlverfahren der Evonik Stiftung: Zu Beginn steht die persönliche Kontaktaufnahme mit der Evonik Stiftung. Entspricht das Forschungsvorhaben dem jährlichen Themenschwerpunkt, sendet die Stiftung ein Anforderungsprofil zu den Bewerbungsunterlagen. Gute bis sehr gute Studienleistungen werden vorausgesetzt. Neben einer klaren Themenbeschreibung sind ein detaillierter Arbeitsplan und ein Motivationsschreiben obligatorisch. Ebenso ist ein Gutachten des betreuenden Professors einzureichen. Um auch die finanzielle Notwendigkeit eines Stipendiums beurteilen zu können, werden Fragen zu den Familien- und Einkommensverhältnissen gestellt.

Nach Prüfung der Bewerbungsunterlagen durch die wissenschaftlichen Experten der Stiftung werden ausgewählte Kandidaten zu einem persönlichen Gespräch eingeladen.

Abschließend werden Kandidaten dem Stiftungsvorstand empfohlen, der letztendlich über die Aufnahme in das Förderprogramm entscheidet.

35 weitere Stipendienprogramme für Studenten der Natur- und Ingenieurwissenschaften

Förderer / Stipendium	Geförderte Fachbereiche	Adressaten	Förderumfang
Airbus Deutschland – Walther-Blohm-Stiftung www.walther-blohm-stiftung.de Airbus Deutschland GmbH Hünefeldstr. 1-5, Abt. ETR 28199 Bremen	Ingenieurwissenschaften Luft- und Raumfahrttechnik	Studenten an Fachhochschulen und technischen Hochschulen	Finanzielle Unterstützung für Projektarbeiten
Aventis Foundation – Karl Winnacker-Fonds www.aventis-foundation.org Industriepark Höchst Geb. F 821 65926 Frankfurt/Main	Naturwissenschaften	Habilitanden	Jährliche Unterstützung
Boehringer Ingelheim Fonds www.bifonds.de Schlossmühle Grabenstraße 46 55262 Heidesheim	Naturwissenschaften Mathematik Medizin	Doktoranden Habilitanden	Monatliche Unterstützung
Claas-Stiftung – Helmut-Claas-Stipendium www.claas-stiftung.de Claas-Stiftung Postfach 1163 33426 Harsewinkel	Agrarwissenschaften Ingenieurwissenschaften Wirtschaftswissenschaften	Studenten	Finanzielle Förderung
Deutsche-Telekom-Stiftung www.telekom-stiftung.de Graurheindorfer Str. 153 53117 Bonn	Naturwissenschaften Informatik Mathematik Ingenieurwissenschaften	Doktoranden	Monatliche Unterstützung
Deutsche-Telekom-Stiftung www.telekom-stiftung.de Graurheindorfer Str. 153 53117 Bonn	Lehramtskandidaten der MINT Fächer (Mathematik, Informatik, Naturwissenschaften und Technik)	Studenten in NRW	Monatliche Unterstützung
Dr. Albert-Hloch-Stiftung für Studierende der Chemie Universität Frankfurt Marie-Curie-Str. 9 60439 Frankfurt am Main	Naturwissenschaften Chemie	Studenten des Fachbereichs Chemie an der Universität Frankfurt	Finanzielle Unterstützung

IV. Deutsche Förderer

Förderer / Stipendium	Geförderte Fachbereiche	Adressaten	Förderumfang
Dr. Friedrich-Jungheinrich-Stiftung Am Stadtrand 35 22047 Hamburg	Wirtschaftswissenschaften Maschinenbau Wirtschaftsingenieurwesen	Studenten und Promovierende, die Maschinenbau oder Wirtschaftsingenieurwesen an der Helmut-Schmidt-Universität Hamburg studieren	Finanzielle Unterstützung Promotionsmöglichkeit Netzwerk
Dr. Georg Scheuing-Stiftung für Studium und Promotion Universität Mainz Förderungsberatung Forum universitatis 1 55128 Mainz	Naturwissenschaften Chemie Pharmazie	Studenten Promovierende	Finanzielle Unterstützung
Dr. Helmut-Robert-Gedächtnis-Stiftung Christian-Albrechts-Universität Kiel Christian-Albrechts-Platz 4 24118 Kiel	Medizin Musikwissenschaften Naturwissenschaften	Studenten aus Niedersachsen oder Schleswig-Holstein, die an der Universität Kiel studieren	Finanzielle Unterstützung
Eva-Wolzendorf-Stipendium – Zentrale Frauenbeauftragte der Freien Universität Berlin Rudeloffweg 25-27 14195 Berlin	Naturwissenschaften Mathematik	Studenten der Freien Universität Berlin	Finanzielle Unterstützung
Floyd und Lili Biava-Stiftung für Studierende und Promovierende Carl von Ossietzky Universität Oldenburg Postfach 2503 26111 Oldenburg	Naturwissenschaften Biologie Chemie Physik Informatik Wirtschaftswissenschaften	Studenten Promovierende an der Universität Oldenburg	Finanzielle Unterstützung für Reisen
Fritz und Eugenie-Übelhör-Stiftung www.nuernberg.de/internet/referat2/stipendien.html Theresienstraße 1 90403 Nürnberg	Naturwissenschaften Biologie Chemie Mathematik Pharmazie Physik Informatik Medizin	Söhne alteingesessener Nürnberger Familien aus Freidenkerkreisen, aus freireligiösen Gemeinden, jüdischen Glaubens, ggf. protestantischen Glaubens	Finanzielle Unterstützung

Förderer / Stipendium	Geförderte Fachbereiche	Adressaten	Förderumfang
Henry-Ford-Stipendium für Frauen – RWTH Aachen Templergraben 55 52062 Aachen	Ingenieurwissenschaften Maschinenbau	Studentinnen der RWTH Aachen	Finanzielle Unterstützung
Hermann-Reissner-Stiftung – Universität Stuttgart Fakultät Luft- und Raumfahrttechnik und Geodäsie Pfaffenwaldring 27, Zimmer 02 70569 Stuttgart	Ingenieurwissenschaften Luft- und Raumfahrttechnik	Studenten	Finanzielle Unterstützung
Honsel – Dr.-Ing. eh. Fritz Honsel-Stiftung www.honsel.com c/o Honsel AG Fritz-Honsel-Straße 30 59872 Meschede	Ingenieurwissenschaften Wirtschaftswissenschaften	Studenten Doktoranden	Finanzielle Unterstützung
www.cyberbuzz.gatech.edu/wsf/nef	Naturwissenschaften Biotechnologie Elektrotechnik Informatik Wirtschaftswissenschaften Wirtschaftsingenieurwesen	Studenten der Hochschulen TU Dresden, TU Chemnitz, TU Berlin	Master-Studium am Georgia Institute of Technology
Johann-Konen-Stipendienstiftung – Stipendienstelle der TU München Arcisstr. 21 80290 München	Naturwissenschaften Chemie (Lehramt) Ingenieurwissenschaften Bauwesen Wirtschaftswissenschaften Sozialwissenschaften	Studenten aus München	Finanzielle Unterstützung
K+S Aktiengesellschaft www.k-plus-s.com/de/karriere/berufswege/stipendien Bertha-von-Suttner Str. 7 34131 Kassel	Agrarwissenschaften Ingenieurwissenschaften Bergbau Elektro-, Energie- und Kraftwerkstechnik Maschinenbau Verfahrenstechnik Naturwissenschaften Chemie Wirtschaftswissenshaften Wirtschaftsinformatik Wirtschaftsingenieurwesen Betriebswirtschaft	Studenten	Unterstützung pro Semester Praktikum oder Werksstudententätigkeit bei K+S

IV. Deutsche Förderer

Förderer / Stipendium	Geförderte Fachbereiche	Adressaten	Förderumfang
Karl-Gückinger-Stiftung – Johannes-Gutenberg-Universität Dekan des Fachbereichs 19 Saarstaße 21 55099 Mainz	Naturwissenschaften Chemie Pharmazie	Studenten Promovierende Nachwuchswissenschaftler	Finanzielle Unterstützung
MAN Aktiengesellschaft Landsberger Str. 110 80339 München www.man.de/MAN/de/Karriere MAN-Studienfoerderung	Ingenieurwissenschaften Elektrotechnik Informatik Maschinenbau Wirtschaftsingenieurwesen Wirtschaftswissenschaften	Studenten, die bereits Berufserfahrung bei MAN gesammelt haben	Fachliche Beratung Ggf. finanzielle Unterstützung
Max und Martha Scheerer-Stiftung www.scheerer-stiftung.de Stiftungsrat der Max und Martha Scheerer-Stiftung Hauptstraße 1 73033 Göppingen	Ingenieurwissenschaften	Studenten, die im Kreis Göppingen geboren worden sind und/oder ihr Abitur in einer Göppinger Schule abgelegt haben	Finanzielle Unterstützung
Max-Buchner-Forschungsstiftung www.dechema.de/mbf DECHEMA-Haus Theodor-Heuss-Allee 25 60486 Frankfurt	Naturwissenschaften Biotechnologie Chemische Technik Umweltschutz Verfahrenstechnik	Nachwuchswissenschaftler	Finanzielle Unterstützung
Nachlass Przemysler-Przemyslav für Physik – Ludwigs-Maximilians-Universität München Geschwister-Scholl-Platz 1 80539 München	Naturwissenschaften Physik	Begabte und bedürftige Studenten, Doktoranden, Habilitanden	Finanzielle Unterstützung
Prof. Dr.-Ing. Erich Müller-Stiftung im Stifterverband für die Deutsche Wissenschaft e. V. Postfach 16 44 60, 45224 Essen	Ingenieurwissenschaften Elektrotechnik Maschinenbau Materialwissenschaften Naturwissenschaften Chemieingenieurwesen Umwelttechnik	Studenten von Universitäten und technischen Hochschulen	Monatliche Unterstützung

Förderer / Stipendium	Geförderte Fachbereiche	Adressaten	Förderumfang
Reiner Lemoine-Stiftung www.reiner-lemoine-stiftung.de i.d. Verwaltung der Deutschen Stiftungsagentur Gut Gnadental Nixhütter Weg 85 41468 Neuss	Ingenieurwissenschaften Regenerative Energien	Doktoranden	Finanzielle Unterstützung
RWE Power Engineers Abteilung PHS-E Stüttgenweg 2 50935 Köln	Ingenieurwissenschaften Bauingenieurwesen Bergbau-, Rohstoffwesen Elektrotechnik Maschinenbau Verfahrenstechnik Wirtschaftsingenieurwesen Naturwissenschaften Nuclear Applications Physik	Studenten in Master- oder Diplomstudien- gängen	Finanzielle Unterstützung Mentoringpro- gramm Praktikumsplatz bei RWE
Salzgitter AG Abteilung Führungskräfte www.salzgitter-ag.de/ de/Jobs_Karriere/ Studium/Stipendium Markus Rottwinkel Eisenhüttenstr. 99 38239 Salzgitter	Ingenieurwissenschaften Eisenhüttenkunde Elektrotechnik Maschinenbau Metallurgie Verfahrenstechnik Werkstoffingenieurwesen Werkstoffwissenschaften	Studenten	Finanzielle Unterstützung Mentoring- programm Praktikums- plätze bei Salzgitter
Scheubeck-Jansen-Stiftung www.reinhausen.com/de Hermann-Köhl-Str. 2 93049 Regensburg	Ingenieurwissenschaften Wirtschaftswissenschaften	Bachelorstudenten, die eine Ausbildung bei einem Unterneh- men der Reinhausen Gruppen absolviert haben	Finanzielle Unterstützung
Thomas Gessmann-Stiftung im Stifterverband für die Deutsche Wissenschaft e. V. Barkhovenallee 1 45239 Essen Eine Bewerbung ist nur durch einen Vorschlag der jeweiligen Hochschule möglich	Ingenieurwissenschaften Naturwissenschaften	Begabte Studenten an baden-württembergi- schen Hochschulen, denen die finanziellen Mitteln fehlen, um ein Studium in der Regelstudienzeit zu beenden	Finanzielle Unterstützung

Förderer / Stipendium	Geförderte Fachbereiche	Adressaten	Förderumfang
ThyssenKrupp Technologies – Rheinstahl-Stiftung www.rheinstahl-stiftung.de Am Thyssenhaus 1 45128 Essen	Maschinenbau Elektrotechnik Wirtschaftsingenieurwesen Schiffbau	Studenten im Hauptstudium	Finanzielle Unterstützung Mentoringprogramm
Unitech Programm für Studierende – Bewerbung über www.unitech-international.org	Naturwissenschaften Physik Informatik Ingenieurwissenschaften	Studierende der RWTH Aachen	Finanzielle Unterstützung
Verband der Chemischen Industrie e. V. (VCI) – Chemiefonds Stipendium fonds.vci.de Mainzer Landstraße 55 60329 Frankfurt am Main	Naturwissenschaften Chemie	Doktoranden	Monatliche Unterstützung
Verband der Chemischen Industrie e. V. (VCI) – Kekulé-Stipendium fonds.vci.de Mainzer Landstraße 55 60329 Frankfurt am Main	Naturwissenschaften Chemie	Doktoranden, die nach abgeschlossenem Studium den Studienort wechseln	Monatliche Unterstützung Umzugskosten-Pauschale
Verband der Chemischen Industrie e. V. (VCI) – Stipendium für Lehramtskandidaten fonds.vci.de Mainzer Landstraße 55 60329 Frankfurt am Main	Naturwissenschaften Chemie (Lehramt)	Studenten, die Chemie auf Lehramt studieren	Monatliche Unterstützung

IV. Deutsche Förderer

Stipendien für Studenten der Rechts- und Wirtschaftswissenschaften

Für kaum einen Bereich ist das Angebot an Stipendienprogrammen so umfangreich, wie für den Fächerbereich Wirtschafts- und Rechtswissenschaften. Das große Angebot an Förderprogrammen resultiert unter anderem daraus, dass Unternehmen aus primär wissensgetriebenen Branchen wie Finanzdienstleistungen, Unternehmensberatung und Wirtschaftsprüfung ständig neue Wege suchen, »High Potentials« frühzeitig auf sich aufmerksam zu machen und an sich zu binden. Um in diesem Wettbewerb nicht zurückzufallen, bauen auch Industrieunternehmen ihre Stipendienprogramme kontinuierlich aus. So gibt es eine Reihe von Unternehmen, Kanzleien und unternehmensnahen Stiftungen, die Stipendien- und Förderprogramme für angehende Kaufleute und Juristen anbieten.

Eine exklusive Fördermöglichkeit, die bisher nur in diesem Fachbereich existiert, sind die Stipendienprogramme von Bewerbungsplattformen wie e-fellows und WiWi-Online. Im Vergleich zu Stipendien, die von einzelnen Unternehmen vergeben werden, haben diese Programme für Stipendiaten den Vorteil, dass sie in Kontakt mit einer Vielzahl von Unternehmen kommen und aus einer Vielzahl alternativer Förderangebote auswählen können. Zugleich beinhalten diese Programme in der Regel aber keine finanzielle Förderung.

Ebenso wie Ingenieure können auch Nachwuchskaufleute und -juristen davon profitieren, dass es Absolventen ihrer Fachrichtung gab und gibt, denen die Unterstützung ihres Berufsstands von solcher Wichtigkeit war, dass sie Studienfonds ins Leben gerufen haben. Einige dieser Studienfonds vergeben Stipendien an Studenten, Doktoranden und Habilitanden. Ein Beispiel für eine Stiftung, die von einem Juristen gegründet wurde und sich gleich in mehrfacher Hinsicht für Forschung und Ausbildung in diesem Fach einsetzt, ist die ZEIT-Stiftung. Die vom Richter, Anwalt, Verleger und Politiker Gerd Bucerius gegründete Stiftung ist nicht nur Träger der Bucerius Law School in Hamburg, sondern finanziert auch das von der Studienstiftung des deutschen Volkes organisierte Bucerius-Jura-Programm (vgl. Stiftungsporträt: »Studienstiftung des deutschen Volkes«).

Anders als im Fall von Natur- und Ingenieurwissenschaften ist es aber so, dass es auf dem Arbeitsmarkt eher ein Über- als ein Unterangebot an Betriebswirten und Kaufleuten gibt. Die Folge dieses Angebotsüberhangs ist, dass sich Studenten dieser Fachbereiche durch sehr gute Noten, außeruniversitäres Engagement, Sprachkenntnisse und Praxiserfahrung abheben müssen, um gute Chancen bei einer Bewerbung bei einem Top-Unternehmen zu haben. Ähnliches gilt auch für die Bewerbung um ein Stipendium, das nur für Wirtschafts- und/oder Rechtswissenschaftler ausgeschrieben ist.

Angehende Kaufleute und Juristen haben vor allem zwei Hebel, um ihre Chancen auf ein studienfachbezogenes Stipendium zu erhöhen. Der erste und zweifelsohne unvermeidbare Hebel ist, hart zu arbeiten, gute Noten zu erzielen und frühzeitig Praxiserfahrung zu sammeln. Der zweite Hebel ist eine gezielte Suche: Betriebswirte und Juristen sind per se zunächst einmal akademische Generalisten, wobei sie sich durch die Wahl der Vertiefungen aber zu Spezialisten in einem bestimmten Teilbereich entwickeln können.

In der Tat gibt es eine Reihe von Stipendien, die nur für bestimmte Teildisziplinen der Rechts- bzw. Wirtschaftswissenschaften ausgeschrieben sind. Ein Beispiel aus dem Bereich der Rechtswissenschaft sind Stipendien, die von der Deutschen Stiftung für Recht und Informatik (DSRI) vergeben werden. Auf einen Platz im Stipendienprogramm der DSRI kann sich nur bewerben, wer in seinem Jura-Studium einen besonderen Schwerpunkt auf dem Gebiet der Rechtsinformatik setzt. Studenten der Betriebswirtschaftslehre, die an einer von insgesamt elf ausgewählten Hochschulen studieren und in ihrem Studium einen Schwerpunkt in den Bereichen Rechnungswesen, Wirtschaftsprüfung oder Steuerlehre gelegt haben, haben gute Chancen auf ein Stipendium der Deloitte-Stiftung. Gleich mehrere Chancen, ein Stipendium zu erhalten, haben angehende Kaufleute, die sich im Bereich der Logistik vertiefen. Für Studenten dieses Fachbereiches bieten unter anderem die Kühne School of Logistics and Management, die Hochschule für Logistik und Wirtschaft, die Reichard Logistik-Gruppe (in Kooperation mit der Hochschule München) und die Dr. Friedrich Jungheinrich-Stiftung (in Kooperation mit der Helmut Schmidt Universität in Hamburg) Stipendienprogramme an.

In diesem Kapitel wird zunächst das Online-Stipendienprogramm von e-fellows im Profil vorgestellt. Anschließend wird auf das durch die Schmalenbach-Gesellschaft vergebene Schmalenbach-Stipendium eingegangen, das wie kein anderes für die wissenschaftliche Studienförderung im Bereich der Betriebswirtschaftslehre steht.

e-fellows

Homepage	www.e-fellows.net
Adresse	e-fellows.net
	Sattlerstraße 1
	80331 München
Gründungsjahr	2000
Gesellschafter- und Partnerunternehmen	Deutsche Telekom
	McKinsey&Company
	Verlagsgruppe Georg von Holtzbrinck
	Weitere Partnerunternehmen aus den Bereichen Finanzdienstleistungen, Unternehmensberatung, Industrie, Rechtsberatung, etc.
Fokus der Förderung	Förderung begabter Studenten mit ausgeprägtem Interesse an Wirtschaft
Adressaten	Studenten
	Doktoranden
Anzahl von Stipendiaten	Ca. 22.000 Stipendiaten
Anzahl von Alumni	21.000 Alumni
	75.000 registrierte Mitglieder
Stipendium	Indirekte materielle Förderung
	Netzwerk

Fachrichtungen der Stipendiaten
In Prozent

- Wirtschaftswissen.: 32%
- Rechtswissen.: 24%
- Naturwissenschaften / Informatik: 20%
- Ingenieurwissenschaften: 10%
- Sonstige: 14%

∑ ~22.000 Stipendiaten

Quelle: e-fellows.net, Oktober 2010

Beschreibung

e-fellows ist ein internetbasiertes Karriere-Netzwerk, das von der Deutschen Telekom, der Unternehmensberatung McKinsey und der Verlagsgruppe Georg von Holtzbrinck im Jahr 2000 gegründet wurde. Seitdem hat e-fellows weitere Partner aus dem Wirtschafts- und Bildungssektor für sich gewinnen können. Im Gegensatz zu traditionellen Stipendienangeboten nimmt die materielle Förderung bei e-fellows eine untergeordnete Rolle ein. Die Stipendiaten des

Programms erhalten keine direkte materielle Förderung, können aber von vergünstigten bzw. kostenlosen Angeboten der e-fellows-Partnerunternehmen profitieren. Hierzu gehören beispielsweise Rabatte auf Telekommunikationspakete, kostenlose Zeitungsabonnements und ein gratis Zugang zu Fachdatenbanken.

Im Mittelpunkt der Förderung durch e-fellows steht der Netzwerkgedanke: Stipendiaten und Partnerunternehmen können über die Plattform zueinander in Kontakt treten und so ein Praktikum oder ihren Berufseinstieg vorbereiten. Besonders intensiv ist der Austausch zwischen Stipendiaten und Unternehmen im Rahmen des Mentorenprogramms. Der Stipendiat erhält dabei die Möglichkeit, Fragen zu seiner akademischen und beruflichen Karriere mit einem Mentor aus einem der Partnerunternehmen zu besprechen.

Bewerbung

Es steht jedem Studenten offen, Mitglied der e-fellows Community zu werden. Die Mitgliedschaft eröffnet einige Vorteile: So ist es möglich, einen Newsletter zu abonnieren und sich auf den Seiten von e-fellows zu Studienthemen oder Angeboten der Partnerunternehmen zu informieren. Einmal registriert, ist zudem die Bewerbung für das von e-fellows ins Leben gerufene »Online Stipendium« möglich. Derzeit sind rund 10 Prozent aller e-fellows Mitglieder auch Stipendiaten des Netzwerkes. Zur Online-Bewerbung gehört das Verfassen eines Motivationsschreibens, in dem die Gründe für die Bewerbung um ein e-fellows-Stipendium erläutert werden. Es ist sinnvoll, sich vor dem Verfassen des Motivationsschreibens auf der e-fellows Homepage mit den Angeboten des Stipendienprogramms vertraut zu machen und im Schreiben darauf hinzuweisen, welche Angebote aus welchen Gründen besonders interessant sind und wie man gedenkt, diese Angebote zu nutzen. Neben dem Motivationsschreiben muss ein Formular mit Angaben zum eigenen Lebenslauf ausgefüllt werden. Abschließend muss die schriftliche Bewerbung durch das Hochladen von Belegen zu Schulnoten oder Praktika sowie weitere Zeugnisse komplettiert werden. e-fellows prüft die schriftlichen Angaben des Bewerbers und entscheidet, ob der Bewerber in die Förderung aufgenommen wird. Ein persönliches Auswahlverfahren findet nicht statt. Die Auswahlentscheidung wird auf der Basis von Schul- und Hochschulnoten, außerschulischem Engagement, Praxiserfahrung und Studienrichtung getroffen. Da e-fellows von Privatunternehmen ins Leben gerufen wurde und für diese e-fellows eine wichtige Recruitingplattform darstellt, ist ein nachvollziehbares Interesse an wirtschaftlichen Themen eine notwendige Bedingung in der Bewerbung. Aus diesem Grund werden Studenten mit wirtschafts- und naturwissenschaftlichem oder juristischem Hintergrund bevorzugt in die Förderung aufgenommen.

Das Schmalenbach-Stipendium

Homepage	www.schmalenbach.org/schmalenbach-stipendium
Adresse	Schmalenbach-Stiftung Bunzlauer Str. 1 50858 Köln
Gründungsjahr	2007
Namensgeber	Eugen Schmalenbach (1873-1955), Professor der Universität Köln und Begründer der Betriebswirtschaftslehre als wissenschaftliche Disziplin Die Schmalenbach-Gesellschaft für Betriebswirtschaftslehre ist ein unabhängiger, eingetragener Verein deutscher Betriebswirte, der es sich zum Ziel gesetzt hat, den Dialog zwischen unternehmerischer Praxis und Wissenschaft zu fördern
Fokus der Förderung	Förderung begabter Studenten in einem betriebswirtschaftlich orientierten Studiengang
Adressaten	Studenten
Anzahl von Stipendiaten	Ziel ist die Förderung von rund 50 Stipendiaten
Stipendium	Materielle Förderung (Deckung der Studiengebühren) Immaterielle Förderung
Bewerbungsfristen	Bewerbung zum 31. Mai und 30. November

Beschreibung

Im Wintersemester 2007/08 wurde, anlässlich des 75-jährigen Gründungsjubiläums der renommierten Schmalenbach-Gesellschaft für Betriebswirtschaft e.V., die Schmalenbach-Stiftung ins Leben gerufen. Diese vergibt, mit Unterstützung der Carl-Lueg-Stiftung, das Schmalenbach-Stipendium für Studenten der Betriebswirtschaftslehre.

Die Schmalenbach-Gesellschaft ist ein gemeinnütziger Verein, dem über 1.600 persönliche Mitglieder und rund 250 Unternehmen, darunter nahezu alle der 100 größten deutschen Unternehmen, angehören. Das Ziel der Gesellschaft ist es, den Dialog und die Zusammenarbeit von betriebswirtschaftlicher Forschung, Lehre und wirtschaftlicher Praxis zu verbessern. Die Zielsetzung des Schmalenbach-Stipendiums ist es auch, finanziell schlechter gestellten, engagierten Studenten ein Studium der Betriebswirtschaftslehre zu ermöglichen. Zu diesem Zweck sollen dauerhaft bis zu 50 Studenten für jeweils bis zu vier Semester materiell und immateriell unterstützt werden. Die finanzielle Förderung umfasst die Übernahme von Studienbeiträgen bis maximal € 500 pro Semester. Zur immateriellen Förderung gehört unter anderem eine beitragsfreie Mitgliedschaft bei der Schmalenbach Gesellschaft, freier Zugang zum Deutschen Betriebswirtschafter-Tag sowie Abonnements der »Zeitschrift für betriebswirtschaftliche Forschung« und der »Schmalenbach Business Review«.

Bewerbung

Bewerben können sich fachlich qualifizierte und gesellschaftlich engagierte Studenten, die ein Studium mit dem Fokus Betriebswirtschaftslehre absolvieren. Gefördert werden dabei Bachelorstudenten nach der Einführungsphase, Masterstudenten oder Diplomstudenten nach dem Vordiplom. Die Förderung umfasst maximal vier Semester. Neben der fachlichen Qualifikation des Bewerbers, die anhand der universitären und schulischen Leistungen beurteilt wird, sollte sich der Bewerber durch Engagement auszeichnen. Dies kann sich beispielsweise in der Mitarbeit bzw. Mitgliedschaft in sozialen, gemeinnützigen oder politischen Einrichtungen ausdrücken. Ebenso fallen hierunter Tätigkeiten in der Hochschulverwaltung oder Auslandsaufenthalte. Auch spielen wirtschaftliche Erwägungen eine wichtige Rolle. Daher ist auch ein Nachweis über die finanzielle Unterstützungsbedürftigkeit durch Vorlage eines BAföG-Bescheids oder eines vergleichbaren Nachweises zu erbringen.

Die schriftliche Bewerbung umfasst ein Motivationsschreiben, einen tabellarischen und ausführlichen Lebenslauf sowie Belege des eigenen Engagements und Zeugnisse. Darüber hinaus sollte ein Empfehlungsschreiben eines Professors und eine Immatrikulationsbescheinigung an die Stiftung abgeschickt werden. Ein persönliches Auswahlverfahren existiert nicht: Die Entscheidung über die Aufnahme von neuen Stipendiaten trifft der Vorstand der Stiftung allein auf Basis der schriftlichen Unterlagen.

21 weitere Stipendien
für Studenten der Rechts- und Wirtschaftswissenschaften

Förderer / Stipendium	Geförderte Fachbereiche	Adressaten	Förderumfang
Anna-Magull-Stiftung – Carl von Ossietzky Universität Oldenburg Sekretariat Berufs- und Wirtschaftspädagogik Postfach 25 03 26111 Oldenburg	Wirtschaftswissenschaften Wirtschaftspädagogik	Studenten Absolventen der Carl von Ossietzky Universität Oldenburg	Finanzielle Unterstützung
Barbara Hopf-Stiftung – Universität Mannheim Schloss 68131 Mannheim	Wirtschaftswissenschaften Wirtschafts- und Berufspädagogik	Studenten Absolventen der Universität Mannheim	Finanzielle Unterstützung
Capgemini Master-Stipendium www.de.capgemini-sdm.com Carl-Wery-Straße 42 81739 München	Wirtschaftswissenschaften Wirtschaftsinformatik	Studenten in Masterstudiengängen der RWTH Aachen, TU Darmstadt, TU Kaiserslautern, TU Karlsruhe, TU München, Universität Stuttgart	Finanzielle Unterstützung Anstellungsgarantie
Citibank-Stiftung www.citibank-stiftung.de Kasernenstraße 10 40213 Düsseldorf	Wirtschaftswissenschaften	Studenten Doktoranden Habilitanden	Finanzielle Unterstützung
Deloitte-Stiftung www.deloitte-stiftung.de Eine Bewerbung ist nur über den Vertrauensdozenten der Partnerhochschulen möglich	Wirtschaftswissenschaften Finanzierung Rechnungswesen Steuerlehre	Studenten an ausgewählten Hochschulen, darunter die Universität Ulm, die WFI Ingolstadt, die Universität Hohenheim, die Universität Bamberg, die Universität Nürnberg-Erlangen	Finanzielle Unterstützung
Deutsche Stiftung für Recht und Informatik www.dsri.de	Rechtswissenschaften Rechtsinformatik Internet-Strafrecht	Studenten Doktoranden	Finanzielle Unterstützung Forschungsstipendium am Max-Planck-Institut für Doktoranden

Förderer / Stipendium	Geförderte Fachbereiche	Adressaten	Förderumfang
Dr. Friedrich-Jungheinrich-Stiftung Am Stadtrand 35 22047 Hamburg	Wirtschaftswissenschaften Logistik Ingenieurwissenschaften Maschinenbau Wirtschaftsingenieurwesen	Studenten und Promovierende, die Maschinenbau oder Wirtschaftsingenieurwesen an der Helmut-Schmidt-Universität Hamburg studieren	Finanzielle Unterstützung Promotionsmöglichkeit Netzwerk
Dr. Kurt-Hamann-Stiftung Universität Mannheim Schloss 68131 Mannheim	Wirtschaftswissenschaften Versicherungsbetriebslehre Versicherungsrecht Versicherungsmathematik	Nachwuchsforscher an der Universität Mannheim	Finanzielle Unterstützung
Dr. Michael Munkert-Stipendium – Universität Erlangen-Nürnberg Zentrale Universitätsverwaltung Schlossplatz 4 91054 Erlangen	Wirtschaftswissenschaften Steuerlehre Prüfungswesen Steuerrecht	Studenten der Universität Erlangen-Nürnberg	Finanzielle Unterstützung
Dr. Carl Clemm- und Dr. Carl Haas-Stiftung der SCA Hygiene Paper GmbH – Bewerbung über die Universität Mannheim	Wirtschaftswissenschaften Marketing	Diplomanden der Universität Mannheim	Finanzielle Unterstützung
E.On Ruhrgas Stipendienfonds – E.ON Ruhrgas E.ON Ruhrgas-Programme Norges Forskningsråd P.O. Box 2700 St. Hanshaugen 0130 Oslo Norwegen	Wirtschaftswissenschaften Rechtswissenschaften Politikwissenschaften	Studenten, Doktoranden, Nachwuchsforscher, die sich den deutsch-norwegischen Beziehungen gewidmet haben	Finanzielle Unterstützung
Ernst & Young-Stiftung Bewerbung über die Universität Mannheim	Wirtschaftswissenschaften Wirtschaftsprüfung Steuerwesen Rechnungswesen	Studenten der Universität Mannheim	Finanzielle Unterstützung

IV. Deutsche Förderer

Förderer / Stipendium	Geförderte Fachbereiche	Adressaten	Förderumfang
Floyd und Lili Biava-Stiftung für Studierende und Promovierende – Carl von Ossietzky Universität Oldenburg Postfach 2503 26111 Oldenburg	Wirtschaftswissenschaften Naturwissenschaften	Studenten Promovierende an der Carl von Ossietzky Universität Oldenburg	Finanzielle Unterstützung für Reisen
Franz von Holtzendorff'sche Stiftung – Ludwigs-Maximilians-Universität München Geschwister-Scholl-Platz 1 80539 München	Rechtswissenschaften Völkerrecht Strafrecht Strafprozessrecht Gefängniswesen	Studenten, die bedürftig sind und an der LMU München studieren	Finanzielle Unterstützung
Gustav-Schickedanz-Stiftung Bewerbung über die Universität Nürnberg-Erlangen	Wirtschaftswissenschaften Dienstleistungen Handel Internationalisierung der Wirtschaft	Promovierende der Universität Erlangen-Nürnberg	Finanzielle Unterstützung
Mannheimer Förderstipendium – Universität Mannheim Schloss 68131 Mannheim	Wirtschaftswissenschaften Wirtschaftsinformatik	Studenten aus bildungsfernen Schichten, die ein Studium der Wirtschaftsinformatik an der Universität Mannheim aufnehmen möchten	Finanzielle Unterstützung
Oliver Wyman GMC – Oliver Wyman Fellows www.oliverwyman.com/de/fellows Marstallstraße 11 80539 München	Wirtschaftswissenschaften Ingenieurwissenschaften	Studenten die einen Auslandsaufenthalt planen und an der TH Karlsruhe, der Universität Köln, der Universität Mannheim, der LMU München, der TU München oder der Universität Münster studieren	Finanzielle Unterstützung Fachliche Beratung Mentoringprogramm
Reichart Logistik Gruppe www.reichart.eu Geschäftsführung Lilienthalstrasse 2 82205 Gilching	Wirtschaftswissenschaften Logistik	Studenten	Finanzielle Unterstützung Praxisorientierung im Studium Studium an der Hochschule München

IV. Deutsche Förderer

Förderer / Stipendium	Geförderte Fachbereiche	Adressaten	Förderumfang
Richard Müller-Stiftung – Fachhochschule Wiesbaden Dekan des Fachbereiches Wirtschaft der FHW Bleichstraße 44 65183 Wiesbaden	Wirtschaftswissenschaften	Studenten Absolventen der Fachhochschule Wiesbaden	Finanzielle Unterstützung
Rolf Weber-Stiftung – Ludwigs-Maximilians-Universität München Geschwister-Scholl-Platz 1 80539 München	Rechtswissenschaften	Studenten Der LMU München	Finanzielle Unterstützung
Wissenschaftsförderung der Sparkassen-Finanzgruppe e. V. Simrockstraße 4 53113 Bonn	Wirtschaftswissenschaften Geld-, Bank- und Börsenwesen	Doktoranden	Finanzielle Unterstützung

Stipendien im Bereich Umweltschutz

Es gibt einige Felder der akademischen Praxis, die besonders gefördert werden, sich aber nicht trennscharf einem einzelnen Studienfach bzw. Fachbereich zuordnen lassen. Ein Beispiel für solch ein interdisziplinäres Feld ist der Natur- und Umweltschutz. Für die Weiterentwicklung des Umweltschutzes spielen natur- und ingenieurwissenschaftliche Fortschritte, wie die Verbesserung von Techniken zur Gewinnung regenerativer Energien oder die Entwicklung neuer energiesparender Materialien, genauso eine Rolle wie betriebswirtschaftliche Forschung zur nachhaltigen Unternehmensführung oder juristische Überlegungen zur Erweiterung des Umweltrechts.

Mit der Deutschen Bundesstiftung Umwelt ist Anfang der 90er Jahre eine Institution geschaffen worden, die sich der Weiterentwicklung des Umweltschutzes in Unternehmen widmet und eine wichtige Schnittstelle zwischen Wirtschaft und Wissenschaft bildet. Im Folgenden wird diese Stiftung vorgestellt.

Deutsche Bundesstiftung Umwelt (DBU)

Homepage	www.dbu.de
Adresse	DBU – Deutsche Bundesstiftung Umwelt An der Bornau 2 49090 Osnabrück
Gründungsjahr	1990
Geschichte	Die Stiftung wurde 1990 auf Vorschlag des Bundesministers der Finanzen, Dr. Theo Waigel, durch die Bundesrepublik Deutschland gegründet.
Fokus der Förderung	Die DBU setzt sich für Projekte in den Bereichen Umwelttechnik, Umweltforschung und Naturschutz sowie Umweltkommunikation und Kulturgüterschutz ein
Anzahl von Stipendiaten	Pro Jahr werden 60 Stipendien vergeben
Adressaten	Doktoranden, die sich mit einem von drei umweltrelevanten Themenkomplexen wissenschaftlich auseinandersetzen
Stipendium	Immaterielle Förderung Materielle Förderung
Bewerbungsfristen	15. Januar und 15. Juni

Beschreibung

Die DBU gehört mit einem Stiftungskapital von rund € 1,7 Milliarden zu den größten Stiftungen in Europa. Schwerpunkt ihrer Arbeit ist die Förderung von innovativen Projekten im Bereich des Umweltschutzes. Neben der Projektförderung unterhält die Stiftung auch ein eigenes Stipendienprogramm, in das jährlich 60 Doktoranden aufgenommen werden. Hiermit möchte die DBU die Ausbildung des hoch qualifizierten, wissenschaftlichen Nachwuchses im Bereich des Umweltschutzes fördern.

Die materielle Förderung im Stipendienprogramm der DBU beträgt monatlich € 850, wobei zusätzlich zum Stipendium eine monatliche Pauschale von € 210 für Sach- und Reisekosten vorgesehen ist. Für Doktoranden mit Kind kann die Förderung höher ausfallen. Die finanzielle Unterstützung wird für maximal 36 Monate gewährt.

Bewerbung

Die Bewerbung bei der DBU umfasst allein die schriftliche Bewerbung. Das hierfür erforderliche Bewerbungsformular kann online ausgefüllt und direkt an die Stiftung gesandt werden. Von besonderer Bedeutung bei der Bewerbung um eine Förderung durch die DBU ist, wie bei Bewerbungen um Promotionsstipendien generell, die Skizzierung des Promotionsvorhabens. Die Beschreibung muss durch eine Stellungnahme des verantwortlichen Hochschuldozenten zum Projekt komplettiert werden. Die Bewerbungsfristen der Stiftung sind jeweils der 15. Januar und der 15. Juli eines Jahres.

7. Stipendienprogramme für Schüler und Studenten mit Migrationshintergrund

Im Bezug auf das Ziel, begabten Studenten mit Migrationshintergrund verstärkt Zugang zu Stipendien sowie besonderen Förderungsmöglichkeiten anzubieten, haben staatliche und private Institutionen in den vergangenen Jahren große Anstrengungen unternommen. So rückt die gezielte Unterstützung von Studierenden mit Migrationshintergrund an deutschen Universitäten immer mehr in das Augenmerk deutscher Studienförderer und Universitäten. Auch die Förderung von Schülern mit Migrationshintergrund wird stark ausgeweitet: Hierzu tragen vor allem die Stipendienprogramme START und Talent im Land, welche in diesem Kapitel vorgestellt werden, maßgeblich bei.

> »Viele begabte Migranten entscheiden sich gegen ein Studium, oftmals aus finanziellen Gründen. Das wollen wir ändern.«
> *Katrin Dapp, Sprecherin der Friedrich-Ebert-Stiftung*[46]

Aus einer Reihe von Gründen haben sich Stiftungen das Ziel gesetzt, Schülern und Studenten mit Migrationshintergrund eine akademische Perspektive aufzuzeigen und sie bei der Realisierung ihrer persönlichen Ziele zu unterstützen. Schüler und Studenten mit Migrationshintergrund kennen den Umgang mit verschiedenen Kulturen von Kindesbeinen an und können daher innerhalb einer Stiftung und in der Gesellschaft zu mehr Vielfalt beitragen: Vielfalt bezieht sich dabei sowohl auf das Zusammenleben von Menschen verschiedenster Hintergründe, Kulturen und Religionen als auch auf Meinungspluralität. Stipendiaten mit Migrationshintergrund können zudem als Multiplikatoren für eine Verbesserung der Lebenssituation anderer Migranten wirken, da sie auf der Basis ihrer eigenen Erfahrung Dritten gegenüber authentischer und überzeugender auftreten können. Die Fähigkeit, mit verschiedenartigen Einflüssen und Kulturen integrativ umzugehen, wird überdies von Unternehmen als Schlüsselkompetenz in einem immer internationaler werdenden Umfeld gesehen.

Genau hier setzt die Stipendienförderung an. Um dies zu verdeutlichen, sind im nachfolgendem Interview einmal die Motivation und Zielsetzung des Programms Chancen der Vodafone-Stiftung dargestellt. Vodafone Chancen ist das bundesweit einzige Stipendienprogramm, welches das Studium von Menschen mit Migrationshintergrund an privaten Hochschulen fördert, und wird später in diesem Kapitel noch ausführlicher vorgestellt.

Interview mit der Vodafone-Stiftung über die Förderung von Migranten

Was ist der Hintergrund des Programms Vodafone Chancen? Warum haben Sie sich seit der Gründung des Programms exklusiv auf die Förderung von Menschen mit Migrationshintergrund konzentriert?

Schon bei der Gründung und bis heute waren und sind wir der Auffassung, dass Deutschland innovative, private Universitäten als Regulativ und Impulsgeber für das staatliche Bildungswesen braucht. Hochbegabten und sozial Bedürftigen jungen Menschen an diesen Universitäten soll das von uns für notwendig und richtig gehaltene Auslandsstudium mit Hilfe unserer Stiftung ermöglicht werden. Das gilt ebenso für Promotionen. Damit Integration gelingt, müssen die Wege zu Spracherwerb und Bildung sowie in das Arbeitsleben für junge Menschen mit Migrationshintergrund erleichtert werden. Die Voraussetzungen für ein gesellschaftlich produktives Leben ist eine umfassende schulische und akademische Bildung. Die gesellschaftspolitische Realität für Migranten in Deutschland sieht derzeit jedoch anders aus. Folglich bleibt ein immenses Potenzial ohne entsprechende Förderung ungenutzt. Die Vodafone-Stiftung möchte jungen Menschen mit Migrationshintergrund, die in der Bundesrepublik leben und arbeiten wollen, neue Bildungschancen eröffnen.

Was bringen Schüler und Studenten mit Migrationshintergrund als Stipendiaten in eine Stiftung mit, das Sie als besonders attraktiv ansehen?

Migranten eröffnen neue Sicht- und Lebensweisen durch ihre individuellen Erfahrungen in anderen Ländern und Kulturen und machen das Leben dadurch vielfältiger für uns. Auch bringen sie internationales Flair auf den Campus und erleichtern damit deutschen Studenten den Umgang mit anderen Sprachen und verschiedenen Kulturen. Wir unterstützen solche Migranten, welche den Willen haben die Integration auf ein höheres Level zu bringen. Die Stiftung möchte Vorbilder schaffen: »Integration durch Bildung«.

Welche Rolle wünschen Sie sich für Ihre Stipendiaten in der Zukunft? Wie wird sich das Programm Vodafone Chancen weiterentwickeln?

Unser Ziel ist, jungen Menschen den Weg zu ebnen, um beispielhafte Migrationskarrieren zu schaffen. Diese Vorbildcharaktere geben anderen Migranten Mut und Motivation, sich der Bildung und den sich mitbringenden »Chancen« zu öffnen. Wir hoffen durch unsere finanziellen und ideellen Förderungsangebote Karrieren zu ermöglichen, die ohne unsere Unterstützung nicht umsetzbar gewesen wären. Sehr wichtig ist uns dabei, dass unsere geförderten Absolventen soziale Unterstützung wertschätzen und versuchen, die soziale Förderung in ihre Arbeitswelt zu integrieren.

Sehen Sie eine starke Dynamik im Bereich der stipendiatischen Förderung von Migranten?

Es ist ein positiver Trend im Bereich der Förderung von Migranten zu vermuten. Die steigende Globalisierung übt Druck auf die Privathochschulen und Universitäten des Landes aus. Hochschulen schaffen internationale Campi, um ihren Studenten den Umgang mit diversen Kulturen und Sprachen zu erleichtern. Dazu gehört auch die Unterstützung und Integrierung von Migranten oder Austauschstudenten, zum Beispiel über Stipendiaten, welche durch Kooperationen mit Stiftungen oder durch Eigeninitiativen der Hochschulen ermöglicht werden.

Das Gespräch wurde im Juni 2009 mit dem Pressesprecher der Vodafone-Stiftung, Herrn Alaybeyoglu, geführt.

Für Schüler und Studenten mit Migrationshintergrund ist es aussichtsreicher denn je, sich um eine Studienförderung zu bewerben. Zum einen liegt dies an der größeren Aufmerksamkeit, die etablierte Studienförderer, wie die Begabtenförderungswerke, dem Thema schenken. Zum anderen resultiert es aus der stark wachsenden Anzahl von Stipendienprogrammen, die sich entweder ganz auf die Förderung von Schülern und Studenten mit Migrationshintergrund fokussieren oder zumindest einen wesentlichen Teil ihrer Arbeit auf diese ausgerichtet haben. Dieses Kapitel wendet sich aber nicht nur an Leser mit Migrationshintergrund, sondern an alle diejenigen, die mit Freunden, Bekannten oder Mitschülern bzw. Kommilitonen in Kontakt sind, für die eine Förderung in Frage käme, die aber bisher noch nichts von entsprechenden Förderprogrammen wissen.

Im Folgenden werden vor allem Stipendien- und Förderprogramme dargestellt, die sich ausschließlich an Bewerber mit Migrationshintergrund richten. Daher soll kurz geklärt werden, wann dies für einen Bewerber der Fall ist. Oft ist dies aufgrund ungenauer Debatten in der Öffentlichkeit nicht immer klar. So können die Kriterien hierfür von Stiftung zu Stiftung verschieden sein.

Wer hat einen Migrationshintergrund?
Wer davon ausgeht, Menschen mit Migrationshintergrund seien in Deutschland eine Minorität, liegt falsch. Laut dem Mikrozensus 2005 des Statistischen Bundesamtes haben annähernd 15 Millionen Menschen in Deutschland einen Migrationshintergrund. Das entspricht in etwa 20 Prozent der deutschen Bevölkerung.

Wer aber zählt zu diesen 20 Prozent? Gemäß der Definition des Statistischen Bundesamtes gibt es drei Gruppen von in Deutschland lebenden Menschen mit Migrationshintergrund. Erstens sind dies Menschen, die nach 1949 auf das Gebiet der Bundesrepublik oder der Deutschen Demokratischen Republik zugewandert sind. Zweitens gehören hierzu Personen, die als Deutsche geboren wurden, die aber zumindest einen zugewanderten oder als Ausländer in Deutschland geborenen Elternteil aufweisen. Drittens zählen hierzu Menschen, die in Deutschland geboren wurden, aber keine deutsche Staatsbürgerschaft haben.

Zugegebenermaßen ist diese Einteilung umständlich formuliert und kann zu Abgrenzungsproblemen führen. Die Tabelle »Migrationshintergrund« stellt die Aussagen vereinfacht dar. Anhand von Beispielen wird verdeutlicht, wann jemand einen Migrationshintergrund besitzt.

Checkliste Migrationshintergrund

	Bewerberfall	Prominente Beispiele
1	Der Bewerber ist in Deutschland geboren und beide Elternteile stammen aus dem Ausland (sind zum Beispiel »Spätaussiedler«)	Kaya Yanar, Komiker (Eltern stammen aus der Türkei) Lukas Podolski, Sportler (Eltern sind Spätaussiedler aus Polen)
2	Der Bewerber ist in Deutschland geboren und ein Elternteil stammt aus dem Ausland	Cherno Jobatey, Moderator (der Vater ist Gambier, die Mutter Deutsche) Verona Feldbusch, Moderatorin (der Vater ist Deutscher, die Mutter ist Bolivianerin)
3	Der Bewerber ist nicht in Deutschland geboren, besitzt aber die deutsche Staatsbürgerschaft	Lale Akgün, Politikerin (sie wurde in der Türkei geboren, besitzt aber die deutsche Staatsbürgerschaft)

Inklusive Förderung

Der Großteil der Studienförderer, primär die ausführlich dargestellten Begabtenförderungswerke, konzentriert sich nicht ausschließlich auf Studenten mit Migrationshintergrund. Nichtsdestotrotz sind diese für Bewerber mit Migrationshintergrund, abgesehen davon, dass sie generell sehr viel zu bieten haben, sehr attraktiv. Dies ist deswegen der Fall, da viele der exklusiven Förderprogramme, zahlenmäßig nur weit weniger Studenten fördern können, als es die Begabtenförderungswerke tun.

Auch wird die Attraktivität der Förderung dadurch gesteigert, dass verschiedene Begabtenförderungswerke wie z. B. die Hans-Böckler-Stiftung maßgeschneiderte Programme für Menschen mit Migrationshintergrund im Rahmen der allgemeinen Studienförderung entwickelt haben. Diese Maßnahmen werden durch die Entwicklung ergänzt, dass in den letzten Jahren immer mehr Begabtenförderungswerke Studenten mit Migrationshintergrund als Stipendiaten aufgenommen haben. So spielte bei der Einführung des »Stipendiums auf Probe«, also eines Stipendiums, das gleich zu Beginn des Studiums gewährt wird, die bessere Förderung von Studenten mit Migrationshintergrund eine bedeutende Rolle. Bei dem Stipendium auf Probe kann die schriftliche Bewerbung unmittelbar nach Abschluss des Abiturs an die Stiftung gesandt und das Bewerbungsverfahren komplett vor Studienbeginn durchlaufen werden. Ebenfalls erhält der Bewerber noch vor Beginn des Studiums eine Zu- oder Absage der Stiftung und hat Planungssicherheit, was die Finanzierung des Studiums durch das Stipendium angeht. Mit dieser frühen Förderung möchten die Stiftungen Schüler, die Sorgen vor den finanziellen Belastungen eines Studiums haben, dazu motivieren, sich für ein Universitätsstudium zu entscheiden.

Angebote der Begabtenförderungswerke

Im Folgenden soll eine kurze selektive Vorstellung des »interkulturellen Profils« einiger Begabtenförderungswerke gegeben werden: In der Studienstiftung des deutschen Volkes hatten laut deren Jahresbericht von 2007 und der Methodik des Statistischen Bundesamtes beispielsweise ungefähr 23 Prozent der 9.000 Stipendiaten einen Migrationshintergrund. »Das sind wirklich Erfolgsgeschichten – vom afrikanischen Flüchtling bis zum chinesischen Akademikerkind ist alles dabei«, so die Stiftungssprecherin Cordula Avenarius in einem Interview der Zeitschrift »Der Spiegel« (Der Spiegel: »Deutschlands importierte Überflieger«, 20.12.2007). Auch die Friedrich-Ebert-Stiftung hat sich das Ziel gesetzt, die Anzahl an Stipendiaten mit Migrationshintergrund stark auszubauen, so betont die Vorsitzende der Friedrich-Ebert-Stiftung Anke Fuchs: »Wir ermutigen finanziell und sozial schlechter gestellte Jugendliche nicht nur dazu, den Schritt an die Hochschulen zu wagen, sondern unterstützen und fördern ihre wissenschaftliche Ausbildung in einer umfassenden Weise.«.[47] In der Heinrich-Böll-Stiftung haben rund 30 Prozent der Stipendiaten einen Migrationshintergrund. Ein spezielles Förderprogramm wendet sich dabei an Abiturienten aus Einwanderfamilien, die Journalismus studieren wollen. Bewerber sollten hierfür hervorragende Schul- und Studienleistungen, gesellschaftspolitisches Engagement und vor allem erste Medienerfahrung, zum Beispiel Mitarbeit in einer Schülerzeitung, mitbringen. Als Stipendiat erhält man in der finanziellen Förderung ein vom Elterneinkommen abhängiges monatliches Stipendium. Darüber hinaus werden die Stipendiaten bei der Suche nach Praktika unterstützt und in speziellen Seminaren geschult.

Auch internationale Stiftungen folgen dem Trend: So unterstützt die amerikanische Fulbright-Kommission in der »Diversity Initiative« jährlich Abiturienten, Studienanfänger und Lehramtsstudierende mit Migrationshintergrund dabei, an einem sechswöchigen Summer-School-Kurs an amerikanischen Universitäten teilzunehmen. Im Jahr 2008 wurden so insgesamt 26 Schüler und Studierende gefördert. Das Programm soll in der Zukunft aufgrund der hohen Akzeptanz ausgebaut werden.

Böckler-Aktion Bildung
Beschreibung

Unter dem Motto »Du studierst! Wir zahlen« hat die gewerkschaftsnahe Hans-Böckler-Stiftung zum Wintersemester 2007/2008 die »Böckler-Aktion Bildung. Mut machen. Perspektiven schaffen« unter dem Dach der Studienförderung ins Leben gerufen. Dabei wurden aus rund 600 Bewerbungen 201 Stipendiaten für die Studienförderung ausgewählt. Bemerkenswert daran ist, dass 45 Prozent der Stipendiaten in diesem Programm Migranten sind bzw. Eltern haben, die nach Deutschland zugewandert sind. Die Bewerbung findet vor Studienbeginn statt; die Böckler-Aktion Bildung richtet sich also an junge Menschen, deren Studium noch nicht begonnen hat. Die materielle und immaterielle Förderung setzt hierbei ab dem ersten Semester ein und orientiert sich an den Vorgaben des Bundesministeriums für Bildung und Forschung und den Förderkriterien der Hans-Böckler-Stiftung. In vielen Fällen kann die Aktion die materielle Höchstförderung der Begabtenförderungswerke in Höhe von € 585 zuzüglich eines monatlichen Büchergeldes von € 80 auszahlen.

Bewerbung beim Studienkompass

»Ich bin eine ehemalige Stipendiatin der START-Stiftung und habe erst vor Kurzem mein Abitur gemacht. Auf die Böckler-Aktion Bildung und die Hans-Böckler-Stiftung bin ich durch eine Informationsveranstaltung von START aufmerksam geworden. Bei dieser gaben aktuelle Stipendiaten verschiedener Stiftungen Tipps zu Studienplanung und Stipendienbewerbung. Ich habe mich am Stand der Hans-Böckler-Stiftung informiert und konnte mich auf Anhieb mit ihren Werten identifizieren. Anschließend habe ich mir über die Homepage der Stiftung die notwendigen Informationen besorgt und mich direkt beworben.

Meine Stipgruppe ist sehr aufgeschlossen, hat uns als »Neue« sehr herzlich empfangen und sofort integriert. Ich bin sehr froh darüber, mich Böckler-Stipendiatin zu nennen. Denn neben der finanziellen Förderung bietet die ideelle Förderung den Studenten die Möglichkeit, sich individuell zu entwickeln und über den Tellerrand zu schauen. Darüber hinaus ist das Stipendium eine Entlastung für mich und meine Eltern und ist die Grundlage dafür, dass ich mich voll und ganz auf mein Studium konzentrieren kann.«

Eine Stipendiatin der Hans-Böckler-Stiftung, Zugang über die Böckler-Aktion Bildung

---

Bewerbung

Die Böckler-Aktion Bildung wendet sich an junge Menschen, die gerade ihre Hochschulreife erworben haben bzw. kurz vor dem Schulabschluss stehen und ihr Studium zum Zeitpunkt der Bewerbung noch nicht aufgenommen haben. Bewerben können sich Schüler bzw. Abiturienten direkt bei der Hans-Böckler-Stiftung, was in den anderen Programmen der Böckler-Stiftung nicht möglich ist. Ein wesentliches Kriterium für die Förderung ist die wirtschaftliche Lage des Bewerbers. Das Familieneinkommen sollte bei den Bewerbern so niedrig bemessen sein, dass ein vollständiger BAföG-Anspruch vorliegt. Analog zu den Förderkriterien der Böckler-Stiftung sollte der Bewerber gesellschaftliches Engagement zeigen und Interesse für gewerkschaftspolitische Themen vorhanden sein.

Bewerbung bei der Böckler-Aktion Bildung

»Im Jahr 2007 wurde ich durch meine Eltern und eine Anzeige in einer Zeitung auf die Böckler-Aktion Bildung aufmerksam. Dabei handelte es sich um ein neues Stipendiatenprogramm der Hans-Böckler-Stiftung, welches engagierten jungen Menschen, die durch ihr Elternhaus keine finanzielle Unterstützung für ein Studium erhalten können, trotzdem ein Studium ermöglicht. Da ich mich in meiner Schulzeit vielfach ehrenamtlich in verschiedenen Bereichen engagiert habe, und auch meine Eltern finanziell nicht in der Lage waren mir ein Studium zu finanzieren, habe ich mich für das Stipendium beworben. Dies ging unkompliziert über eine schriftliche Bewerbung, der bereits vorgefertigte Unterlagen beigefügt werden mussten.

Nach einiger Zeit bekam ich dann einen Brief, in dem stand, dass ich in die engere Wahl gekommen bin und zu zwei Gutachtengesprächen eingeladen werde. Kurze Zeit später erhielt ich dann einen Anruf von einem Stipendiaten einer Stipendiatengruppe, der mich zu einem Gespräch einlud. Zur Erklärung ist hier beizufügen, dass Stipendiaten der Hans-Böckler-Stiftung – ganz im Sinne der Mitbestimmung – einen großen Einfluss auf die Aufnahme von neuen Stipis haben und das Gutachten, welches sie für den Bewerber schreiben, mit ausschlaggebend für dessen Aufnahme ist. Also habe ich mich mit dem Stipendiaten getroffen und wir haben ein nettes ca. 45-minütiges Gespräch geführt. Hierbei ging es um Allgemeines, politische Interessen, Freizeitgestaltung, Familie und vieles mehr. Ich habe das Gespräch als sehr nett empfunden und es hat mir die Möglichkeit gegeben, alle noch offenen Fragen direkt von einem „Internen" beantwortet zu bekommen.

Einige Tage später erhielt ich eine zweite Einladung zu einem Gutachtengespräch von einem Vertrauensdozenten der Böckler-Stiftung. Vertrauensdozenten sind Universitätsmitarbeiter (meist Professoren, die selber Stipendiaten der HBS waren oder der HBS sehr nahestehen). Ich war vor diesem Gespräch sehr nervös, habe ich doch noch nie zuvor ein Gutachtengespräch mit einem Professor geführt. Doch alle Nervosität war unbegründet. Der Vertrauensdozent war sehr nett und auch das Gespräch mit ihm hat mehr an eine nette Unterhaltung als an eine »Begutachtung« erinnert.

Nach diesen Gesprächen verging einige Zeit, bevor ich wieder etwas von der HBS gehört habe. Dann endlich kamen der Brief und eine Einladung zu einem weiteren Gespräch nach Hannover. Dazu konnte ich mir kostenlos die Bahnfahrkarten bestellen und ein paar Wochen später war ich auch schon im Zug. Dort musste ich vor einem Auswahlkomitee die letzten noch offenen Fragen beantworten. Nur wenige Tage nach diesem Gespräch kam auch schon der freudige Brief, dass ich in die Studienförderung aufgenommen wurde. Seitdem bin ich Stipendiatin bei der HBS und genieße neben der materiellen Förderung auch noch viele Angebote der immateriellen Förderung wie Seminare, Sprachschulen, Praktikaprogramme und vieles mehr. Durch die Stipgruppe, mit der wir uns einmal im Monat treffen, habe ich viele Tipps für das Studium und auch Hilfe in Problemlagen erhalten. Wir verstehen uns untereinander sehr gut, und wenn mal was schief läuft, greifen wir uns gegenseitig unter die Arme. Als Stipendiatin darf ich jetzt auch Gutachten für Bewerber verfassen und habe die Möglichkeit, in verschiedenen Gremien mitzuwirken. Dank der Hans-Böckler-Stiftung kann ich mein Studium ohne finanzielle Probleme zügig durchführen und hoffe, dieses in wenigen Semestern abschließen zu können.«

Anne, Stipendiatin der Hans-Böckler-Stiftung, Zugang über die Böckler-Aktion Bildung

Der Studienkompass

Homepage	www.studienkompass.de
Adresse	Stiftung der Deutschen Wirtschaft Breite Straße 29 10178 Berlin
Gründungsjahr	2007
Fokus der Förderung	Schüler, die eine Schule in einer der kooperierenden Städte besuchen. Die Zahl dieser Städte steigt kontinuierlich
Anzahl von Stipendiaten	375 Stipendiaten Pro Jahr werden 200 Neu-Stipendiaten aufgenommen
Stipendium	Immaterielle Förderung
Bewerbungsfristen	Februar bis Anfang März

Beschreibung

Der Studienkompass wurde 2007 von der Accenture-Stiftung, der Deutsche-Bank-Stiftung und der Stiftung der Deutschen Wirtschaft ins Leben gerufen und gewann 2008 den Wettbewerb »365 Orte im Land der Ideen«. Im Jahr 2008, ein Jahr nach der Gründung, nahm der Studienkompass bereits 200 Schüler neu in die Förderung auf. Damit befinden sich derzeit ca. 375 Stipendiaten im Programm.

Der Studienkompass richtet sich an Schüler, die vor der Entscheidung stehen, sich an einer Hochschule einzuschreiben oder eine Ausbildung zu beginnen. Zum einen ist es Ziel des Studienkompasses, mehr Schüler zur Aufnahme eines Studiums zu motivieren und ihnen einen erfolgreichen Start an der Universität zu ermöglichen. Zum anderen soll der Studienkompass Schülern bei der Wahl eines Ausbildungsberufes zur Seite stehen, falls sie sich gegen ein Studium entscheiden. Das Hauptaugenmerk wird auf Schüler gelegt, die aus familiären, sozialen oder wirtschaftlichen Gründen ohne einen Impuls von außen kein Studium aufnehmen würden. Die Förderung ist allein ideeller Art. Der Studienkompass bietet seinen Stipendiaten eine durchgehende individuelle Betreuung - vom Übergang von der Schule in die Universität bis zum Ende des ersten Studienjahres. Besonders stark fördert der Studienkompass den Austausch zwischen Stipendiaten, die sich in einer ähnlichen Studiensituation befinden, also zum Beispiel dasselbe Fach studieren. Alle Stipendiaten des Studienkompasses erhalten eine professionelle Beratung rund um das Thema Studienorientierung und Studienwahl, mit deren Hilfe sie ihre Stärken bzw. Schwächen identifizieren können. Auf dieser Basis werden Empfehlungen erarbeitet, die dem Stipendiaten eine Auskunft darüber geben, welche Studienrichtungen besonders gut zu ihm passen. Durch Exkursionen an Hochschulen soll überdies der Lebensabschnitt »Studium« greifbarer gemacht werden. Ziel ist es, dass nach etwa anderthalb Jahren jeder Stipendiat für sich entscheiden kann, was genau er nach dem Abitur machen möchte. Dabei soll selbstverständlich eines geweckt werden: Vorfreude auf ein Studium.

Selbstinitiative ist integraler Bestandteil des Programms: An jedem Studienkompass-Standort gibt es eine Regionalgruppe, die regelmäßige Treffen veranstaltet und durch Vertrauenspersonen bei verschiedensten Aktivitäten unterstützt wird. Jede dieser Gruppen besitzt darüber hinaus einen »Lotsen«. Dieser ehrenamtlich tätige Erwachsene steht den Stipendiaten bei Fragen als direkter Ansprechpartner zur Verfügung.

Bewerbung beim Studienkompass

»Von selbst wäre ich wohl nicht auf die Idee gekommen, mich beim Studienkompass zu bewerben. Die Oberstufenkoordinatorin meiner Schule hat eine Gruppe von Schülern, mich eingeschlossen, auf dieses Programm aufmerksam gemacht. Nachdem ich mich ein bisschen näher mit dieser Möglichkeit beschäftigt habe und auf dem Informationsabend eines anderen Hamburger Gymnasiums war, stand für mich fest, dass ich mich für den Studienkompass bewerben möchte. Schließlich hatte ich nichts zu verlieren und würde Hilfe auf meinem Weg ins Studium bekommen. Da ich mich noch überhaupt nicht entscheiden konnte, was ich nach dem Abitur studieren möchte, kam mir dieses Hilfeangebot sehr gelegen.
Das Auswahlverfahren war recht unkompliziert. Am Eingang wurden wir begrüßt und anschließend zu den Räumen geleitet. Bei dem Auswahlverfahren wurden uns Fragen zu verschiedenen Themen gestellt. Der Auswahltest am Computer bestand teilweise aus mathematischen Aufgaben, zum anderen Teil aus Verständnisfragen und ein großer Teil bestand aus Fragen zu unserem privaten Umfeld bzw. was wir in unserem Leben für Erfahrungen gemacht haben und wie wir mit bestimmten Situationen umgegangen sind. Nachdem alle Fragen beantwortet waren, konnten wir wieder gehen.«
Manuela, Alumna des Studienkompass

Bewerbung

Gefördert werden vor allem Schüler mit Migrationshintergrund und/oder Schüler, in deren Familie es keine akademische Tradition gibt. Überdies müssen sich die Bewerber drei Jahre vor dem Abitur befinden. Der erste Schritt der Bewerbung findet online statt und besteht aus der Registrierung auf der Internetseite der Stiftung. Dies sollte im Zeitraum von Februar bis Anfang März geschehen. Neben der Online-Bewerbung besteht der Bewerbungsprozess aus einem schriftlichen Teil (Einverständniserklärung der Eltern, Empfehlungsschreiben eines Lehrers) und einem Auswahltest. Der Auswahltest dauert zwei Stunden und wird direkt in ausgewählten Schulen vor Ort am Computer durchgeführt. Er besteht aus zwei Teilen: zum einen aus einem Test zur Messung der allgemeinen Lernfähigkeit und zum anderen aus einem Fragebogen zur Selbsteinschätzung persönlicher Kompetenzen.

Exklusive Förderung

Im Gegensatz zu der inklusiven Förderung wenden sich die im Folgenden beschriebenen Förderprogramme exklusiv, also ausschließlich an Schüler bzw. Studenten mit Migrationshintergrund. Ein besonderer Vorteil dieses Stipendientyps ist, dass sich innerhalb der Stiftung Menschen mit ähnlich vielfältigen persönlichen Biografien und Erfahrungen treffen. So kennt zum Beispiel jeder der Stipendiaten einer solchen Stiftung den Umgang mit mindestens zwei verschiedenen Kulturen. Das ermöglicht den fördernden Institutionen wiederum, Programme genau so zu entwickeln, dass diese den besonderen Stärken und Entwicklungspotenzialen der Stipendiaten Rechnung tragen. Aufgrund deren hoher Stipendiatenzahlen und der besonders attraktiven Förderung, soll in diesem Abschnitt ausführlich auf das Stipendienprogramm Vodafone Chancen, die Otto-Benecke-Förderung und die Schülerstipendien START bzw. Talent im Land eingegangen werden.

Vodafone Chancen

Homepage	www.vodafone-stiftung.de
Adresse	Vodafone-Stiftung Deutschland gGmbH Am Seestern 1 D-40547 Düsseldorf
Gründungsjahr	2003
Stifterunternehmen	Die Vodafone Group wurde 1847 gegründet und ist gemessen an der Kundenanzahl das zweitgrößte Mobilfunkunternehmen der Welt. 2008 beschäftigte das Unternehmen 63.000 Mitarbeiter und erwirtschaftete einen Umsatz von € 50,3 Milliarden
Fokus der Förderung	Förderung besonders begabter junger Menschen mit Migrationshintergrund, die ein Studium an einer von fünf renommierten deutschen Privathochschulen aufnehmen möchten
Anzahl von Stipendiaten	40-50 Stipendiaten Pro Jahr werden 20 neue Stipendiaten aufgenommen
Stipendium	Materielle Förderung Immaterielle Förderung Netzwerk
Bewerbungsfristen	Bewerbung immer zum Wintersemester

Beschreibung

Als eine der größten unternehmensverbundenen Stiftungen in Deutschland wurde die Vodafone-Stiftung im Jahr 2003 gegründet. Damit ist sie eine vergleichsweise junge Stiftung. Neben der Studienförderung führt die Stiftung Projekte mit der Zielsetzung durch, gesellschaftlichen Wandel mitzugestalten. Das Förderprofil der Vodafone-Stiftung steht unter dem Leitmotiv »Erkennen. Fördern. Bewegen.« Aus diesem Motto leiten sich die drei Hauptaktivitätsbereiche der Stiftung ab: Bildung, Soziales und Gesundheit sowie Kunst und Kultur.

Im Rahmen ihres Studienförderprogramms »Vodafone Chancen« hat die Stiftung 2006 erstmalig Stipendien vergeben. Pro Jahr werden 20 Studenten in die Förderung aufgenommen. Es ist zugleich das erste und bislang einzige Programm, das Stipendien an Abiturienten mit Migrationshintergrund vergibt, die ein Studium an einer deutschen Privathochschulen planen, dieses aber nicht finanzieren könnten. Die Hochschulen, an denen das Förderprogramm angeboten wird, sind die European Business School (EBS) in Oestrich-Winkel, die Bucerius Law School (BLS) in Hamburg, die WHU - Otto Beisheim School of Management in Vallendar, die Zeppelin University (ZU) in Friedrichshafen und die Jacobs University (JUB) in Bremen.

Das Stipendium beinhaltet eine großzügige finanzielle und immaterielle Förderung: So übernimmt die Stiftung nicht nur die Studiengebühren für das gesamte Bachelor-Studium von bis € 30.000 Euro, sondern zahlt überdies eine monatliche Unterstützung von bis zu € 585. Dieser monatliche Geldbetrag soll den Stipendiaten der Finanzierung des persönlichen Lebensunterhaltes dienen. Auch werden bis zu einer Höchstgrenze die Kosten für bestimmte Lernmittel von der Stiftung übernommen.

Im September eines jeden Jahres kommen die frischgebackenen Stipendiaten in einem Einführungsseminar in Berlin erstmalig mit der immateriellen Förderung der Vodafone-Stiftung in Berührung. Das Seminar dauert drei bis vier Tage. Dabei werden die neuen Stipendiaten feierlich in die Stiftung aufgenommen. Im Rahmen dieser Veranstaltung wird den Geförderten die Teilnahme an einer Reihe von Workshops, wie zum Beispiel Rhetorikschulungen, Führungen in Museen und andere Gruppenaktivitäten angeboten. Im Verlauf des Studiums unterstützt die Stiftung ihre Stipendiaten bei Praktikums- und Auslandsaufenthalten und ermöglicht es ihnen, sich ein Netzwerk in verschiedenen akademischen und gesellschaftlichen Gruppen zu schaffen. Zur Förderung gehört auch, dass jeder Stipendiat einen persönlichen Mentor zur Seite gestellt bekommt, der bereits über Berufserfahrungen verfügt. Des Weiteren werden den Stipendiaten regelmäßig Seminare angeboten, die sie in ihrer Persönlichkeitsentwicklung und in der Verbesserung ihrer Soft Skills unterstützen sollen.

Bewerbung

Insgesamt dauert das Bewerbungsverfahren der Vodafone-Stiftung gut zwei Monate. Von den Bewerbern erwartet die Vodafone-Stiftung überdurchschnittliche schulische Leistungen und vor allem soziales Engagement. Da die Förderung für das komplette Bachelorstudium von drei Jahren gilt, ist eine Bewerbung ausschließlich beginnend zum ersten Semester möglich. Eine weitere Grundvoraussetzung für die Förderung ist, dass der Bewerber einen Anspruch auf BAföG hat. In der Bewerbungsphase sowie jeweils zum Jahresanfang muss der Stiftung ein Überblick über das Einkommen der Eltern gegeben werden. So wird sichergestellt, dass jeder Stipendiat im Sinne der Vodafone-Stiftung finanziell förderungswürdig ist. Grundvoraussetzung für eine Förderung ist die erfolgreiche Bewerbung um einen Studienplatz an einer der Privathochschulen, an denen die Stiftung Stipendien vergibt. Sobald eine Studienplatzzusage vorliegt, gilt es die schriftliche Bewerbung mit Lebenslauf, Zeugnissen, einem handschriftlichen Motivationsschreiben und dem stiftungsspezifischen Bewerbungsbogen an die Vodafone-Stiftung zu senden. Ist die schriftliche Bewerbung erfolgreich, folgt die Einladung zu einem persönlichen Auswahlgespräch, bei dem eine Beurteilung durch

---

Das Programm Vodafone Chancen

»Gerade wenn es um Bildung geht, strebt die Stiftung an, zur Integration durch Bildungsförderung beizutragen. So wird es Jugendlichen mit Migrationshintergrund erleichtert, einen akademischen Weg zu beschreiten, damit sie selbst ihre Erfahrungen weitergeben und neue Perspektiven vermitteln können. Wir als Stipendiaten werden dazu ermutigt, Seminare in unserer alten Schule abzuhalten, um über das Vodafone Chancen-Programm zu informieren und über unsere Erfahrungen zu berichten. Ein weiteres Engagement ist es, anderen Jugendlichen mit Migrationshintergrund Nachhilfe zu geben. Uns wird da nichts Bestimmtes vorgeschrieben; es gibt viele Möglichkeiten, einen Beitrag in der Gesellschaft zu leisten.«

Yonca, Stipendiatin des Programms Vodafone Chancen

unabhängige Experten und Vertreter der jeweiligen Hochschule stattfindet. In diesem Gespräch wird vor allem geprüft, ob der Bewerber zur Stiftung passt und welches Engagement er in die Stiftung einbringen möchte.

Der Förderung durch die Vodafone-Stiftung geht also ein Studienplatzangebot an einer der fünf genannten Privathochschulen voraus. Die Studienplatzzusage ist aber umgekehrt keine Garantie für eine Aufnahme in die Förderung. Welchen Nutzen hat aber die Bewerbung um einen Studienplatz, wenn es anschließend zu keiner Förderung durch die Stiftung kommt? Zunächst ist die erfolgreiche Bewerbung um einen Studienplatz eine Bestätigung, dass die Chancen des Bewerbers auf Aufnahme in das Stipendienprogramm gut stehen. Dies ist vor allem dann der Fall, wenn der Bewerber im vergangenen Auswahlverfahren an Sicherheit und Erfahrung, einen Bewerbungsprozess zu meistern, gewonnen hat. Zum anderen ist es so, dass jede der teilnehmenden Privathochschulen alternative Finanzierungsmöglichkeiten für das Studium bereithält. Dazu zählen Voll- und Teilstipendien, Generationenverträge und Kredite mit Zinsstundung. Eine Übersicht zu Stipendien an diesen und an weiteren privaten Hochschulen findet sich im Kapitel »Stipendienprogramme an privaten Hochschulen«.

Die Bedeutung von Kulturen für Vodafone Chancen

»Nicht nur gute Leistungen (vor allem Zeugnisse) sind bei der Bewerbung für Vodafone Chancen entscheidend, sondern vor allem auch der tabellarische und handgeschriebene Lebenslauf. Bei der Vodafone-Stiftung muss man sowohl durch sehr gute Leistungen als auch durch seine Persönlichkeit überzeugen. Wichtig ist auch, zu zeigen, dass man verschiedene Kulturen, die man in sich trägt, gut vereinen kann. Man sollte auch deutlich machen, dass man einen Bezug zu der ‚alten' Kultur hat. So ist es zum Beispiel vorteilhaft, wenn man neben Deutsch noch eine andere Muttersprache spricht. So stellt man sich als einen authentischen Vertreter beider Kulturen dar.«
Natalie, Stipendiatin der Vodafone-Stiftung

Tipps für die schriftliche Bewerbung bei Vodafone Chancen

»Ich würde raten, schon in der schriftlichen Bewerbung deutlich zu machen, welche Aufgaben man in der Gesellschaft übernommen hat. Das müssen nicht unbedingt große Tätigkeiten und unzählige Praktika sein. Es ist schon ein Zeichen von Engagement und Aufgeschlossenheit, wenn man in der Schülervertretung oder im Abikomitee involviert war, ein Instrument spielt oder eine Sportart betreibt. Wichtig ist, zu zeigen, dass man sich diszipliniert und verantwortungsbewusst außerhalb der Schule betätigt. Im Gespräch sollte man ehrlich sein und Schwächen oder Unsicherheiten zugeben, solange man auch die Bereitschaft, Herausforderungen in Angriff zu nehmen, betont. Man sollte natürlich bleiben und sich nicht als jemand verkaufen, der man nicht ist. Jeder hat seine Stärken und außergewöhnlichen Eigenschaften, auf die es sich einzugehen lohnt. Dabei sollte man den Unterschied zwischen Selbstlob und einer überzeugenden Selbstpräsentation berücksichtigen.«
Yonca, Stipendiatin der Vodafone-Stiftung auf arbeiterkind.de

Otto-Benecke-Stiftung

Homepage	www.obs-ev.de
Adresse	Otto-Benecke-Stiftung e. V. Kennedyallee 105-107 53175 Bonn
Gründungsjahr	1965
Namensgeber	Otto Benecke (1896-1963), Mitarbeiter im Kultusministerium Preußens und Vorsitzender des Dachverbandes der Allgemeinen Studentenausschüsse
Fokus der Förderung	Förderung von Zuwanderern und Flüchtlingen in Deutschland im Auftrag der Bundesregierung
Anzahl von Alumni	Ca. 300.000
Stipendium	Materielle Förderung Immaterielle Förderung, insbesondere Beratung Netzwerk
Bewerbungsfristen	Die Bewerbungsfristen sind sehr unterschiedlich

Beschreibung

Die Otto-Benecke-Stiftung ist 1965 auf Initiative der Deutschen Studentenverbände aus dem Sozialamt des Bundesstudentenrings hervorgegangen. Die Stiftung agiert als Instrument der Bundesregierung in der Integrationsarbeit und wird durch das Bundesministerium für Familie, Senioren, Frauen und Jugend (BMFSFJ) finanziert. Im Jahr 2007 betrug die Gesamtförderung durch die Stiftung € 8,1 Millionen.

Die Otto-Benecke-Stiftung hat sich das Ziel gesetzt, Studenten mit Migrationshintergrund für ein Studium zu motivieren und diese im Verlauf ihres Studiums zu unterstützen. Die Stiftung fokussiert ihre Förderung, auf »Aussiedler, Kontingentflüchtlinge und asylberechtigte Ausländer ( ), die in der Bundesrepublik Deutschland eine Hochschulausbildung aufnehmen oder fortsetzen wollen«.[48] Mit ihrem bundesweiten Netz von 17 Beratungsstellen kann die Stiftung umfangreiche Beratung zu Fragen der schulischen und beruflichen Integration anbieten. Der Großteil ihres Beratungsangebotes richtet sich darauf, die Stipendiaten im Hinblick auf die Aufnahme eines Hochschulstudiums und/oder zum Einstieg in den akademischen Beruf zu unterstützen. Dabei greift sie auch auf Methoden der Ausbildungs- und Berufseinstiegsplanung zurück. Zum Beispiel informiert die Stiftung in Seminaren über Bildungs- und Berufsalternativen.

In der Studienförderung engagiert sich die Otto-Benecke-Stiftung mittels des »Garantiefonds-Hochschulbereich«. Mittels dieses Fonds hat die Stiftung seit ihrer Gründung 1965 rund 300.000 Studenten mit Migrationshintergrund darin unterstützt, eine akademische

Ausbildung zu absolvieren. In den letzten Jahren wurde die Förderung stark ausgebaut. Die immaterielle Förderung durch die Otto-Benecke-Stiftung umfasst vor allem sogenannte »Eingliederungsmaßnahmen«: Dies können beispielsweise Sprach-, insbesondere Deutschkurse, akademische Praktika oder Abiturvorbereitungen sein. Im Jahr 2002 hat sich das Alumni-Netzwerk der Stiftung mit dem Namen »OBS-Absolventenverein« gegründet, das bereits über rund 700 Mitglieder verfügt. Die materielle Förderung der Stiftung besteht aus einer monatlichen Pauschale von rund € 330, die durch weitere Zuwendungen wie der Erstattung der Kurs- und Lernmittelausgaben sowie von Reisekosten ergänzt werden kann. Mit dem Garantiefonds erschöpft sich das Förderangebot noch nicht, denn die Otto-Benecke-Stiftung bietet viele weitere maßgeschneiderte Programme für ihre Stipendiaten an. Im Allgemeinen variiert die Förderung je nach Stipendiat und Programm stark. Eine ausführliche Suche über die Homepage der Stiftung oder eine Beratung in einem der 17 Stiftungsbüros ist daher sinnvoll.

Bewerbung
Für eine Bewerbung beim »Garantiefonds-Hochschulbereich« sollten potenzielle Bewerber mit Migrationshintergrund drei Grundkriterien erfüllen, nämlich erstens sich derzeit auf ein Hochschulstudium vorbereiten, zweitens als Flüchtling, Asylberechtigter, Jüdischer Immigrant oder Spätaussiedler bzw. Angehöriger von Spätaussiedlern in Deutschland leben und drittens nicht älter als 30 Jahre sein. Überdies ist zu beachten, dass die Bewerbung innerhalb bestimmter Fristen erfolgen muss. Für die schriftliche Bewerbung ist lediglich eine Registrierung auf der Internetseite der Stiftung notwendig. Die Stiftung setzt sich dann unmittelbar mit dem Bewerber in Verbindung.

Hertie-Stiftung

Die gemeinnützige Hertie-Stiftung wurde 1972 in Anschluss an den Tod von Georg Karg, dem Inhaber der Hertie Waren- und Kaufhaus GmbH, gegründet. Mit einem Vermögen von rund € 820 Millionen und einem jährlichen Förderungsvolumen in Höhe von ca. € 20 Millionen ist sie eine der größten privaten Stiftungen Deutschlands. Neben den Förderbereichen Neurowissenschaften, Europäische Integration und Erziehung zur Demokratie engagiert sich die Hertie-Stiftung im Bereich Bildung. Besonders sticht dabei die Trägerschaft der Hertie School of Governance und die Vergabe von Stipendien mittels Förderprogrammen hervor. Im Rahmen der Studienförderung legt die Stiftung einen Schwerpunkt auf die Integration und Unterstützung von Schülern und Studenten mit Migrationshintergrund. Im Folgenden sollen die beiden Stipendienprogramme START und Horizonte vorgestellt werden. Während sich das START-Programm an alle Schüler mit Migrationshintergrund wendet, ist das Horizonte-Programm ausschließlich auf Studenten mit Migrationshintergrund ausgerichtet, die ein Lehramtsstudium verfolgen.

Horizonte – Stipendium für Lehramtsstudenten mit Migrationshintergrund

Horizonte wurde im Mai 2008 durch die Hertie-Stiftung ins Leben gerufen. Das Programm fördert Lehramtsstudenten mit Migrationshintergrund, die an Hauptschulen, Realschulen, Gymnasien oder beruflichen Schulen unterrichten möchten. Mit dem Fördervolumen von € 690.000 werden zunächst nur Studenten der Goethe-Universität in Frankfurt am Main gefördert. Horizonte soll aber schon bald auf die gesamte Bundesrepublik ausgeweitet werden. Zu Beginn wurden zehn Studenten gefördert. Ein Vollstipendium gewährt eine finanzielle Förderung von bis zu € 7.800 pro Jahr und eine Zulage während des Referendariats. Hinzu kommt die ideelle Förderung der Hertie-Stiftung durch Seminare, Sommerschulen, Projektarbeit sowie ein Mentorenprogramm.

START – Schülerstipendium für begabte Zuwanderer

Homepage	www.start-stiftung.de
Adresse	START-Stiftung gGmbH An der Hauptwache 11 60313 Frankfurt
Gründungsjahr	2002
Namensgeber	Die Hertie Waren- und Kaufhaus GmbH wurde 1882 in Gera gegründet und war bis zur Übernahme durch Karstadt im Jahr 1994 einer der führenden deutschen Warenhauskonzerne. Die gemeinnützige Hertie-Stiftung ist rechtlich völlig unabhängig vom Unternehmen Hertie
Fokus der Förderung	Förderung von begabten Schülern mit Migrationshintergrund
Anzahl von Stipendiaten	Zurzeit 570 Stipendiaten Pro Jahr werden ca. 200 neue Stipendiaten aufgenommen, Tendenz stark steigend
Anzahl von Alumni	Über 100 Alumnis allein in START-Alumni e. V.
Stipendium	Materielle Förderung Immaterielle Förderung Netzwerk
Bewerbungsfristen	Bei 13-jähriger Schulzeit Bewerbung ab der 8. bis 10. Jahrgangsstufe Bei 12-jähriger Schulzeit Bewerbung ab der 7. bis 9. Jahrgangsstufe

Beschreibung

Das Schülerstipendienprogramm START wurde im Jahr 2002 in Hessen durch die Hertie-Stiftung initiiert. Während zu Beginn 20 Stipendien gewährt werden konnten, nahm das Programm im Schuljahr 2008/2009 bundesweit schon ca. 200 Schüler mit Migrationshintergrund neu in die Förderung auf. Das junge Netzwerk besteht mittlerweile aus rund 570 Stipendiaten, die aus 62 Herkunftsländern kommen.

Die Finanzierung der Stipendien wird nicht nur über die Hertie-Stiftung, sondern zu einem bedeutenden Teil auch über private und öffentliche Stiftungen vorgenommen. Insgesamt sind rund 100 Kooperationspartner in das Programm eingebunden, darunter Stiftungen aus Deutschland und den USA, Kultusministerien, Kommunen, Privatpersonen, Unternehmen und Vereine. Ein klares Zeichen dafür, dass die Stipendiatenzahl von START weiter erhöht werden soll und dass die Aufnahme weiterer Partner in das Netzwerk geplant ist, war die Gründung der START-Stiftung gGmbH als eigenständige Tochtergesellschaft im Jahr 2007. Die hohe Akzeptanz von START war auch dafür verantwortlich, dass das Programm kontinuierlich auf alle deutschen Bundesländer, mit der Ausnahme von Bayern und Baden-Württemberg, sowie zuletzt auch auf Österreich ausgeweitet wurde.

Das START-Stipendium

»Das START-Stipendium gibt jungen Menschen eine einzigartige Möglichkeit, sich fachlich, persönlich und menschlich weiterzubilden. Mir hat es sehr viele Türen eröffnet und mich auf meinem Bildungsweg unterstützt und gestärkt. Zudem habe ich viele tolle Persönlichkeiten kennengelernt. Ich bin sehr dankbar für diese Chance.«
Habib, Alumnus der START-Stiftung

Der Umfang der Förderung ist beachtlich: Im Bezug auf die materielle Förderung sind besonders die monatliche Zahlung von € 100 Bildungsgeld und die Bereitstellung einer PC-Grundausstattung mit Internetanschluss attraktiv. Der Stipendiaten kann bei Bedarf weitere Fördermittel für Seminare, Sprach- und Computerkurse, Studienfahrten, etc. beantragen. Darüber hinaus bietet die START-Stiftung allen Stipendiaten eine umfangreiche immaterielle Förderung an: Diese umfasst zum Beispiel Seminare, Exkursionen, Ausflüge und ein Jahrestreffen. Die Themen der Seminare sind breit gefächert und schließen die Bereiche Persönlichkeitsbildung, Berufsorientierung, Politik und Gesellschaft, Natur und Technik, Sport sowie Kunst und Musik ein. Ähnlich umfangreich wie die ideelle Förderung ist das Beratungs- bzw. Mentorenprogramm der Stiftung. In diesem Netzwerk engagieren sich viele Alumni, welche oftmals im Anschluss an die START-Förderung Stipendiaten eines Begabtenförderungswerks geworden sind.

Unterstützt werden im START-Programm keinesfalls nur Schüler, die das Abitur oder die Fachhochschulreife anpeilen. Ebenso werden junge Menschen mit Migrationshintergrund unterstützt, deren Ziel die Berufsreife oder die Mittlere Reife ist. Der Grundgedanke der Stiftung ist es, Schülern die Möglichkeit zu geben, sich so zu entwickeln, dass sie den für sich höchstmöglichen Schulabschluss erreichen.

Tipp

Die Bewerbung für das START-Stipendium

»Auch gesellschaftliches Engagement sollte man vorweisen können. Das heißt, dass man sich z. B. als Klassen- oder Schulsprecher, politisch oder in einem Verein eingesetzt hat. Auf außerschulisches Engagement wird sehr viel Wert gelegt, ohne solches Engagement ist es sehr unwahrscheinlich, dass man das START-Stipendium erhält.«

Tanja, Alumna der START-Stiftung

Bewerbung

Zum Zeitpunkt der Bewerbung sollte bei 13-jähriger Schulzeit die 8. bis 10. und bei 12-jähriger Schulzeit die 7. bis 9. Jahrgangsstufe besucht werden. Voraussetzung für die Bewerbung ist, dass der Notendurchschnitt, der sich durch die drei eingereichten Zeugnisse ergibt, besser als 2,5 ist. Überdies muss sich die Schule in einem der 14 Bundesländer befinden, in denen das START-Stipendium ausgeschrieben ist. Das sind alle deutschen Bundesländer mit Ausnahme von Bayern und Baden-Württemberg. In diesen beiden Bundesländern gibt es kein START-Stipendium, weil es dort bereits ein ähnliches Programm mit dem Namen »Talent im Land« gibt. Zentrales Auswahlkriterium für eine erfolgreiche Bewerbung ist, dass der Schüler einen Migrationshintergrund besitzt. Das schließt auch Bewerber ein, welche die deutsche Staatsbürgerschaft besitzen oder in Deutschland geboren sind, deren Eltern oder Großeltern aber zugewandert sind. Bevorzugt wird ein Stipendium an Schüler vergeben, deren Lebenssituation eine Förderung besonders notwendig macht. Eine schwierige Lebenssituation ist zum Beispiel dann gegeben, wenn sich die Eltern um viele Kinder kümmern müssen, die Familie in ungünstigen Wohnverhältnissen lebt oder ihr nur begrenzt finanzielle Mittel zur Verfügung stehen.

Umfang der Förderung durch die START-Stiftung

»Die START-Stiftung bietet ihren Stipendiaten zum Beispiel ein Mentorenprogramm mit der Deutschen Bank an. Auch wurden Praktika von verschiedenen Kooperationsunternehmen angeboten, darunter die Unternehmen Heraeus und Fraport. Die ideelle Förderung umfasst beispielsweise die Teilnahme an einem Seminar in Berlin, das vom Junior Campus organisiert wird. Auch gibt es Kooperationen mit Universitäten: So können die Start-Stipendiaten an einer jährlich stattfindenden Schülerakademie an der WHU Vallendar teilnehmen.«
Tanja, Alumna der START-Stiftung

Die schriftliche Bewerbung bei der START-Stiftung ist umfangreich: Einzureichen sind ein Motivationsschreiben, ein ausgefüllter Antrag, aus dem sich unter anderem die Einkommenssituation der Eltern ergeben soll und ein tabellarischer Lebenslauf mitsamt ausführlicher, mindestens zweiseitiger Erläuterung des Werdeganges. Darüber hinaus müssen der Bewerbung mindestens ein Empfehlungsschreiben, zum Beispiel eines Lehrers oder Schulleiters, die letzten drei Schulzeugnisse und die Kopie des Personalausweises bzw. Reisepasses sowie ein Passfoto beigelegt werden. Ist die schriftliche Bewerbung erfolgreich, folgt eine Einladung zu einem Auswahltermin. Dort findet ein ca. 60 bis 90-minütiges Gespräch, an dem 3-4 Beobachter teilnehmen, statt. Dabei wird besonders auf die Persönlichkeit des Bewerbers geachtet. Wichtig sind überdies gute Kenntnisse über das START-Programm und ein ausgeprägtes Selbstbewusstsein hinsichtlich der eigenen schulischen Leistungen. Auch ist es wichtig, dass der Bewerber deutlich macht, dass die Förderung die eigene Familie finanziell stark entlasten würde.

Talent im Land (TiL) Baden-Württemberg

Homepage	talentimland.bosch-stiftung.de
Adresse	Talent im Land Universität Tübingen Wilhelmstraße 19 72074 Tübingen
Gründungsjahr	2003
Fokus der Förderung	Förderung von baden-württembergischen Schülern mit Migrationshintergrund
Anzahl von Stipendiaten	Zurzeit 200 Stipendiaten Pro Jahr werden 50 neue Stipendiaten aufgenommen
Anzahl von Alumni	Derzeit rund 400
Stipendium	Materielle Förderung Immaterielle Förderung Netzwerk
Bewerbungsfristen	Bewerbungsschluss ist der 1. April eines Jahres

Talent im Land (TiL) Bayern

Homepage	www.bildungspakt-bayern.de
Adresse	Geschäftsstelle Stiftung Bildungspakt Bayern c/o Bayerisches Staatsministerium für Unterricht und Kultus Jungfernturmstraße 1 80333 München
Gründungsjahr	2005
Fokus der Förderung	Die Stiftung »Bildungspakt Bayern« fördert durch Talent im Land Bayern bayerische Schüler mit Migrationshintergrund
Anzahl von Stipendiaten	Zurzeit 126 Stipendiaten Pro Jahr werden 50 neue Stipendiaten aufgenommen
Anzahl von Alumni	Derzeit 74
Stipendium	Materielle Förderung Immaterielle Förderung Netzwerk
Bewerbungsfristen	Bewerbungsschluss ist der 1. April eines Jahres

Beschreibung

In Baden-Württemberg und Bayern heißen die jeweiligen Programme zur Förderung von Schülern mit Migrationshintergrund »Talent im Land Baden-Württemberg« bzw. »Talent im Land - Bayern«.

Talent im Land Baden-Württemberg wurde 2003 als Förderkonzept ins Leben gerufen und wird seit 2005 von der Robert-Bosch-Stiftung und der Landesstiftung Baden-Württemberg getragen. Es ging aus einer Initiative der Markelstiftung hervor, welche schon 1985 mit der Förderung baden-württembergischer Schüler mit Migrationshintergrund begonnen hatte. Im Jahr 2005 wurde »Talent im Land« auf Bayern ausgeweitet. Dort wird das Stipendienprogramm ebenfalls von der Robert-Bosch-Stiftung sowie von der Stiftung Bildungspakt Bayern gefördert. Bisher konnten 400 begabte junge Migranten aus Baden-Württemberg als Stipendiaten von Talent im Land ihre schulische Ausbildung beenden. Aktuell sind ca. 200 Stipendiaten in der Förderung. In Bayern werden zurzeit 126 Stipendiaten gefördert. In jedes der beiden Programme werden jährlich rund 50 Stipendiaten neu aufgenommen.

Ebenfalls sind beide Stipendienprogramme dem START-Stipendium relativ ähnlich, insbesondere was die immaterielle Förderung angeht. Zugleich sind sie aber auch stark durch das jeweilige Bundesland geprägt, was sich am Themenspektrum der Veranstaltungen, welche die Programme ihren Stipendiaten anbieten, ablesen lässt. So wurde zum Beispiel für bayerische Stipendiaten eine »Opernwerkstatt« in der Münchener Staatsoper angeboten. Neben solch regionalen Events werden aber auch Seminare zu gesellschaftlichen Themen, Studientage und Sommerakademien zur Verbesserung von Soft Skills wie Präsentationstechniken oder Rhetorik angeboten. Darüber hinaus bieten Studien- und Wirtschaftstage den Stipendiaten und Ehemaligen eine Plattform des gemeinsamen Austausches. Ehemalige Stipendiaten engagieren sich als »Bildungsbotschafter« an Schulen. Bei Fragen zur persönlichen Bildungs- und Lebensplanung können sich die Stipendiaten an einen Ansprechpartner ihrer Stiftung wenden.

Die materielle Förderung übersteigt die der START-Stiftung geringfügig. Sie ist abhängig von der Einkommenssituation der Eltern und beträgt monatlich durchschnittlich € 200 in Baden-Württemberg und € 150 in Bayern. Dieser Zuschuss kann für Schule, Bücher, Sprachkurse, musisch-kulturelle Interessen und Ähnliches eingesetzt werden. Darüber hinaus können Zusatzunterricht in Deutsch und weiteren Fremdsprachen, Klassenfahrten oder die Anschaffung eines Computers bezuschusst werden.

Bewerbung

Eine Bewerbung bei Talent im Land ist ab der achten Klasse möglich. Bewerbungsschluss ist der 1. April eines Jahres. Nach erfolgreicher Bewerbung beginnt die Förderung zum nächsten Schuljahr. Bewerben kann sich, wer einen Migrationshintergrund besitzt, eine weiterführende Schule in Bayern oder Baden-Württemberg besucht und das Abitur bzw. die Fachhochschulreife anstrebt. Weitere Kriterien in der Bewerbung sind gute bis sehr gute schulische Leistungen und soziales Engagement.

Das Bewerbungsverfahren besteht aus schriftlicher und mündlicher Bewerbung. In der schriftlichen Bewerbung muss der Bewerber ein stiftungseigenes Antragsformular ausfüllen, einen tabellarischen, wie auch ausführlichen handschriftlichen Lebenslauf anfertigen und ein schriftliches Gutachten einer Lehrkraft einreichen. Die eigenen schulischen Leistungen sollten zudem durch Kopien der letzten drei Zeugnisse belegt werden. Der mündliche Teil des Bewerbungsverfahrens erfordert die Teilnahme an einem Auswahlgespräch mit einer unabhängigen Jury. Diese entscheidet final darüber, ob der Bewerber Stipendiat von Talent im Land wird.

8. Stipendienprogramme für Frauen

In vielen akademischen Fachbereichen sind Frauen, auf lehrender wie auf lernender Seite, noch immer unterrepräsentiert. Mit dem Ziel, dass sich daran etwas ändert, sind eine Reihe von Stipendien- und Förderprogrammen ins Leben gerufen worden, die exklusiv auf die Unterstützung von Studentinnen zugeschnitten sind. Der Großteil solcher Stipendienprogramme ist zugleich auf bestimmte Universitäten oder Fachbereiche beschränkt. So ist das Henry-Ford-Stipendium für Frauen an der RWTH in Aachen zugleich ein hochschulspezifisches Stipendienprogramm. Darüber hinaus wurden diverse Förderprogramme für Frauen von Unternehmen ins Leben gerufen. Dazu gehören unter anderem das YOLANTE-Programm der Siemens-Stiftung sowie das Stipendienprogramm der MTU Studien-Stiftung. Die MTU Studien-Stiftung wird später in diesem Kapitel detailliert dargestellt. Zu den wenigen privat initiierten Stipendienprogrammen, die sich allein der Förderung von Schülerinnen und Studentinnen verschrieben haben, zählen beispielsweise das Eva-Wolzendorf-Stipendium, das an Studentinnen des Fachs Mathematik an der Freien Universität Berlin vergeben wird und die Stipendien, die durch die Christiane-Nüsslein-Volhard-Stiftung ausgeschrieben werden.

Nicht alle Stiftungen, die ausschließlich oder insbesondere Studentinnen fördern, haben große Internetauftritte. Bei der Suche nach Stipendienprogrammen für Studentinnen kann vor allem die Frauenbeauftragte der jeweiligen Hochschule helfen. In der Infobox »Links zur Studienförderung für Studentinnen« sind einige für die Recherche hilfreiche Links aufgelistet.

Links zur Studienförderung für Studentinnen

Universität	Link
Christian Albrechts Universität Kiel	www.uni-kiel.de/gleichstellungsbeauftragte
Goethe Universität Frankfurt	www.frauenbeauftragte.uni-frankfurt.de
Freie Universität Berlin	www.fu-berlin.de/sites/frauenbeauftragte/foerdern/stipendien
Humboldt Universität Berlin	frauenbeauftragte.hu-berlin.de
Ludwig-Maximilian Universität München	www.frauenbeauftragte.uni-muenchen.de/foerdermoegl/sonst/frauenstipendien
Philipps Universität Marburg	www.uni-marburg.de/frauen/frauenfoerderung
Universität Bamberg	www.uni-bamberg.de/frauenbeauftragte
Universität Stuttgart	www.uni-stuttgart.de/gleichstellungsbeauftragte
Universität Passau	www.uni-passau.de/3588.html
Technische Universität Berlin	www.tu-berlin.de/zentrale_frauenbeauftragte/menue/frauenfoerdermassnahmen

MTU Studien-Stiftung

Homepage	www.cnv-stiftung.de
Adresse	Dr. Brigitte Walderich Max-Planck-Institut für Entwicklungsbiologie Spemannstrasse 35 72076 Tübingen
Gründungsjahr	2004
Namensgeber	Prof. Dr. Christiane Nüsslein-Volhard, Direktorin am Max-Planck-Institut für Entwicklungsbiologie
Fokus der Förderung	Förderung von Wissenschaftlerinnen mit Kind
Adressaten	Doktorandinnen
Stipendium	Materielle Förderung
Bewerbungsfristen	Jeweils zum 31. Dezember eines Jahres

Beschreibung

Die MTU Studien-Stiftung, die im Jahr 2000 gegründet wurde, hat das Ziel, besonders begabte junge Frauen in technischen Ausbildungen und Studiengängen ideell zu fördern. Gefördert werden Studiengänge wie Luft- und Raumfahrttechnik, Maschinenbau, Wirtschaftsingenieurwesen, Elektrotechnik und Informatik. Dabei sollen die Stipendiatinnen in der Studienförderung nicht nur Kenntnisse zu technischen Berufsbildern, sondern auch berufsrelevante persönliche, soziale und methodische Kompetenzen erlangen. So unterstützt die Stiftung die Stipendiatinnen bei der Suche nach Praktika innerhalb des MTU Konzerns, vermittelt Projektarbeiten und bietet Persönlichkeitsseminare an. Darüber hinaus existiert eine Plattform für den Austausch und die Vernetzung angehender Ingenieurinnen, welche durch ein Mentoringprogramm ergänzt wird.

Bewerbung

Die Bewerbung umfasst eine schriftliche und eine mündliche Komponente. Zunächst müssen in der schriftlichen Bewerbung ein Lebenslauf, relevante Zeugnisse und ein Motivationsschreiben vorbereitet und an die Stiftung gesandt werden. An die schriftliche Bewerbung für die MTU Studien-Stiftung schließt sich einmal im Jahr das persönliche Bewerbungsverfahren an, das im Rahmen der Stiftungstage stattfindet. In Anschluss an die Stiftungstage entscheidet die Stiftung darüber, welche Bewerberinnen sie weiterführend im Rahmen der persönlichen und fachlichen Qualifizierung fördern möchte.

Christiane-Nüsslein-Volhard-Stiftung

Homepage	www.mtu-studien-stiftung.org
Adresse	MTU Studien-Stiftung Dachauer Str. 665 80995 München
Gründungsjahr	2000
Stifterunternehmen	Die MTU Studien-Stiftung wurde durch den Münchener Hersteller von Flugzeugturbinen, MTU Aero Engines, ins Leben gerufen
Fokus der Förderung	Förderung junger Frauen, die ein technisches bzw. ingenieurwissenschaftliches Fach studieren
Stipendium	Immaterielle Förderung
Bewerbungsfristen	keine

Beschreibung

Die Christiane-Nüsslein-Volhard-Stiftung ist eine der wenigen privaten Stiftungen, die sich ausschließlich auf die Förderung von Frauen fokussiert. Zielsetzung dieser Stiftung ist es, junge Wissenschaftlerinnen mit Kind bzw. mit Kindern so zu unterstützen, dass diese ihre wissenschaftliche Karriere nicht unterbrechen müssen. Den Stipendiatinnen werden für die Dauer eines Jahres zwischen € 200 und € 400 pro Monat bereitgestellt. Das Geld kann zum Beispiel für die Anschaffung von Haushaltgeräten oder die Einstellung einer Haushaltshilfe oder eines Babysitters verwendet werden. In Ausnahmefällen kann die Förderung um ein weiteres Jahr verlängert werden.

Bewerbung

Die Stiftung bietet ihre Förderung hervorragenden Studentinnen der experimentellen Naturwissenschaften an, die ein Kind haben und deren wissenschaftliche Karriere aufgrund der Doppelrolle von angehender Wissenschaftlerin und Mutter gefährdet ist. Das Bewerbungsverfahren ist zweistufig: Die Bewerbungsunterlagen umfassen einen ausgefüllten Bewerbungsbogen, der auf der Homepage heruntergeladen werden kann, Zeugnisse sowie ein Empfehlungsschreiben des Betreuers der Promotion. Doktorandinnen, die in Anschluss an die schriftliche Bewerbung in die engere Auswahl kommen, werden zu einem Bewerbungsgespräch eingeladen.

V. Übersicht: Internationale Studienförderer

Ein Studium im Ausland: Rund ein Viertel aller deutschen Studenten erfüllt sich diesen Traum. Die meisten Studenten gehen zeitlich begrenzt, das heißt typischerweise für ein bis zwei Semester an eine Hochschule außerhalb Deutschlands. Andere entscheiden sich aber auch dafür, ihre gesamte Studienzeit im Ausland zu absolvieren. Es steht außer Frage, dass ein Auslandsstudium eine gute Investition in die eigene berufliche Zukunft darstellt. So ist bei vielen Arbeitgebern (auch bei Stiftungen, die sollte man als attraktive Arbeitgeber nicht vergessen) Auslandserfahrung und sprachliche bzw. interkulturelle Kompetenz ein entscheidendes Kriterium in der Bewerberauswahl. Umso wichtiger ist aber, dass ein Semester im Ausland ungeahnte Möglichkeiten bietet, sich persönlich weiterzuentwickeln. Wer mit Freunden und Bekannten spricht, die bereits ein Auslandsstudium hinter sich haben, wird oft hören, dass es als unglaublich wertvoll empfunden wurde, eine andere Kultur für sich entdeckt und neue Freunde im Ausland gefunden zu haben. Die Faszination Auslandsaufenthalt beschränkt sich übrigens keinesfalls nur auf Studienaufenthalte im Ausland, sondern umfasst eine ganze Reihe von Vorhaben, die fernab der Heimat realisiert werden. Zu den beliebtesten zählen dabei Praktika, Sprachkurse, Exkursionen und Forschungsaufenthalte.

Leider ist es in der Regel so, dass ein Auslandsaufenthalt mit hohen Reise- und Lebenshaltungskosten verbunden ist, dem Studenten aber nur sehr begrenzte finanzielle Mittel zur Verfügung stehen. Zur Lösung dieses Problems kann ein Auslandsstipendium entscheidend beitragen. Daher wird in diesem Kapitel eine Übersicht über all diejenigen Stipendien gegeben, die für die Förderung eines studentischen Aufenthaltes im Ausland ausgelegt sind bzw. eine solche Förderung beinhalten. Es werden sowohl Stipendienprogramme vorgestellt, die nur einen Teil der anfallenden Kosten abdecken als auch solche Programme, die sämtliche anfallenden Kosten übernehmen. Eine anteilige finanzielle Förderung deckt typischerweise die Kosten zur Bestreitung des Lebensunterhaltes im Ausland. Dagegen kann eine umfassende finanzielle Unterstützung auch die Erstattung der Kosten für die An- und Abreise, Impfungen, Studiengebühren, Auslandsversicherungen etc. einschließen.

Deutsche Studierende im Ausland
In 1000 Studenten

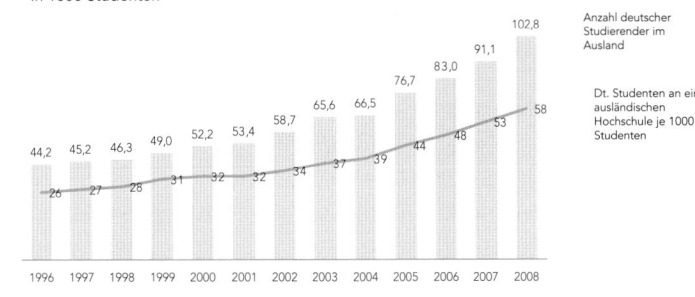

Jahr	Anzahl deutscher Studierender im Ausland	Dt. Studenten an einer ausländischen Hochschule je 1000 Studenten
1996	44,2	26
1997	45,2	27
1998	46,3	28
1999	49,0	31
2000	52,2	32
2001	53,4	32
2002	58,7	34
2003	65,6	37
2004	66,5	39
2005	76,7	44
2006	83,0	48
2007	91,1	53
2008	102,8	58

Quelle: Statistisches Bundesamt, Publikation: Deutsche Studierende im Ausland 1998-2008

1. Auslandsstipendien vs. Vollstipendien

Die staatlich geförderten Stipendien der Begabtenförderungswerke kennzeichnen sich dadurch, dass diese »Vollstipendien« sind. Das bedeutet, dass sie das Studium insgesamt fördern – dies schließt Semester im In- und Ausland ein. Diese internationale Fördertätigkeit der Begabtenförderungswerke ist vor allem eine Antwort darauf, dass an vielen deutschen Universitäten mittlerweile Auslandsaufenthalte fest in den Studienplan integriert sind oder nachdrücklich vonseiten der Programmdirektoren empfohlen werden. Anders verhält es sich mit Auslandsstipendien: Diese unterstützen den Studenten nur für die Zeit des Auslandsaufenthaltes. Teilweise richten sich diese Programme nur an Studenten, die nicht über ein Vollstipendium verfügen. In einigen Fällen können sich aber auch Studenten bewerben, die bereits gefördert werden. Hierfür ist allerdings eine genaue Begründung der Bewerbung um das Auslandsstipendium notwendig. Sinnvoll ist die Doppelbewerbung oftmals weniger in finanzieller als in immaterieller Hinsicht. Insbesondere die Kontakte im Land und das Stipendiatennetzwerk der Institution, die Auslandsaufenthalte in einem bestimmten Land oder einer bestimmten Region fördert, können bei der Vorbereitung und Ausgestaltung des Auslandsaufenthaltes helfen.

2. Die Suche nach internationalen Förderern

Im Folgenden werden einige wichtige Förderer von Auslandsaufenthalten dargestellt. In der Übersicht 3: »Internationale Studienförderer« finden sich zudem weitere Stipendienprogramme für Studenten, die finanzielle Unterstützung für einen Auslandsaufenthalt suchen. Alle darin vorgestellten Programme fördern deutsche Studierende, Doktoranden oder Postgraduierte, die ein Studium im Ausland absolvieren möchten. Einige der Programme sind auch an ausländische Studierende adressiert. Die meisten fördern Aufenthalte von ein bis zwei Semestern. Nur eine relativ geringe Zahl von Förderprogrammen gewährt Stipendien für ein Komplettstudium von deutschen Studienberechtigten an einer ausländischen Hochschule. Die Programme sind zunächst nach Kontinenten, dann nach Staaten geordnet. Der Fokus liegt dabei weniger auf solchen Programmen, die Auslandsaufenthalte generell fördern, als auf solchen, die den Austausch mit einem bestimmten Land oder einer bestimmten Region fördern. Da auch hier wiederum nur ein Teil aller verfügbaren Stipendien vorgestellt werden kann, wird weitergehende Recherche empfohlen – insbesondere im Fall von Staaten, die sehr selten als Ort für ein Auslandsstudium ausgewählt werden. Es gibt deutlich mehr Förderer von Auslandsvorhaben, als in diesem Buch dargestellt sind. Eine weitergehende Suche im Internet ist also fast ein »Muss«. Die Recherche nach internationalen Studienförderern kann kompliziert sein, da Auslandsvorhaben oftmals sehr individuell sind und keine entsprechenden Programme von den großen Fördereinrichtungen wie dem Deutschen Akademischen Austauschdienst (DAAD) angeboten werden. Zwei wichtige Schritte zur erfolgreichen Suche sind erstens eine genaue Beschreibung des eigenen Auslandsvorhabens und zweitens die Eingrenzung möglicher Förderer. Die zentralen Überlegungen hierbei sind:

- Welche Art von Vorhaben soll gefördert werden (zum Beispiel Auslandsstudium, Praktikum oder Sprachkurs)?
- In welchem Land bzw. auf welchem Kontinent soll das Vorhaben realisiert werden?
- Welche Institutionen können bei dem konkreten Vorhaben helfen (Begabtenförderungswerke, Unternehmensstiftungen, private Stiftungen)?
- Kommen für die Förderung auch Institutionen im Zielland, Nicht-Regierungs-Organisationen (NGOs) oder überregionale Vereinigungen wie die Europäische Union in Frage?

Das Ergebnis dieser Überlegungen sollte eine Stichwortliste sein, mit der im Internet nach Förderern gesucht werden kann. Glücklicherweise gibt es bereits einige Homepages, die sich besonders gut für die Suche nach Auslandsstipendien eignen. Ein Instrument stellt die Suchfunktion der Internetseite des Stiftungsindex dar (stiftungsindex.de). Hier sind alle deutschen Stiftungen und gemeinnützigen Organisationen aufgelistet,

die Stipendien für ein Auslandsstudium vergeben. Noch wesentlich umfangreicher ist die Stipendiendatenbank des DAAD: Dieser bietet auf seiner Internetseite die gezielte Suche von Stipendien für die Realisierung von Vorhaben im Ausland an und informiert über die vergebende Institution, den Umfang der immateriellen und materiellen Förderung sowie die Bewerbungskriterien. Die Stipendiendatenbank kann unter folgender Adresse aufgerufen werden:
daad.de/ausland/foerderungsmoeglichkeiten/stipendiendatenbank.

Hilfreich ist zudem, die Suche nicht allein auf Studienförderer aus Deutschland zu begrenzen. In vielen anderen Ländern, zum Beispiel den USA oder Großbritannien, ist Studieren wesentlich teurer als in Deutschland. Zudem haben diese Länder ein wesentlich besser ausgebautes Stipendiensystem, das in vielen Fällen auch Gaststudenten offen steht. Aus diesem Grund ist es sinnvoll, nicht nur auf deutsch, sondern in der Sprache des Ziellandes und auf Englisch nach Stipendien zu recherchieren. Wenn ein Auslandssemester an einer speziellen Hochschule im angloamerikanischen Raum angestrebt wird, ist es immer ratsam, auf der Homepage der Zieluniversität nach Stipendien zu fahnden. Viele englische und amerikanische Hochschulen verfügen über beträchtliche Vermögen, die sie auch zur Unterstützung einheimischer und ausländischer Studenten einsetzen. Verläuft die Internetrecherche ergebnislos, kann es sich lohnen, noch einmal gezielt im Akademischen Auslandsamt bzw. wenn der Austausch über die Fakultät läuft, beim jeweiligen Dozenten nachzufragen, ob Fördermöglichkeiten für den Auslandsaufenthalt bestehen. Eine letzte Möglichkeit ist es, sich direkt an das International Office der Zieluniversität zu wenden und dort Fördermöglichkeiten zu erfragen.

In diesem Kapitel werden zunächst zwei besonders bekannte Auslandsförderer, der Erste aus Deutschland und der Zweite ein deutschamerikanischer, in ausführlichen Stiftungsporträts dargestellt. Hierbei handelt es sich um den DAAD mitsamt des ERASMUS-Programms und die Fulbright Kommission. Anschließend werden 61 weitere Förderprogramme in einer nach Kontinenten und Ländergruppen geordneten Übersicht vorgestellt.

3. Deutscher Akademischer Austauschdienst (DAAD)

Homepage	www.daad.de
Adresse	Deutscher Akademischer Austauschdienst e.V. (DAAD) Kennedyallee 50 D-53175 Bonn
Gründungsjahr	1925 1950: Neugründung
Fokus der Förderung	Der DAAD ist eine gemeinsame Einrichtung der deutschen Hochschulen mit der Aufgabe, die akademischen Beziehungen mit dem Ausland vor allem durch den Austausch von Studierenden und Wissenschaftlern zu fördern.
Adressaten	Studierende, Graduierte, Praktikanten Doktoranden Postdoktoranden und Professoren, Wissenschaftler
Anzahl von Stipendiaten	Rund 70.000 in- und ausländische Stipendiaten werden pro Jahr gefördert
Alumni	Ca. 40.000 Über 160 Alumni-Vereinigungen weltweit
Stipendium Förderung	Ca. 250 verschiedene Förderprogramme Materielle Förderung Teilweise immaterielle Förderung Teilweise Netzwerk
Bewerbungsfristen	Die Bewerbungsfristen hängen vom jeweiligen Stipendienprogramm und dem konkreten Vorhaben ab

Beschreibung

Der DAAD ist auch international zweifellos eine der bekanntesten akademischen Institutionen, die Stipendien vergibt. Besonders bekannt ist er als nationale Agentur für das Programm »ERASMUS«, das fast jedem europäischen Studenten ein Begriff ist. Zugleich darf der DAAD, vor allem aufgrund der enormen Anzahl von Stipendienprogrammen und der Höhe der ihm zur Verfügung stehenden Gelder, in keinem Buch über Stipendien fehlen. Vor allem nicht, weil er die weltweit größte Organisation dieser Art ist. So führte der DAAD im Jahr 2009 rund 250 Programme mit einem Fördervolumen von insgesamt 348 Millionen Euro durch.[49] Wie die Begabtenförderungswerke wird auch der DAAD finanziell durch das Bundesministerium für Bildung und Forschung unterstützt. Allerdings ist das Bundesministerium in diesem Fall nicht die Hauptfinanzierungsquelle, an erster Stelle steht das Auswärtige Amt. Dies macht gleichzeitig deutlich, warum der DAAD als Mittlerorganisation der deutschen auswärtigen Kultur und Bildungspolitik gilt und eine bedeutende Stütze für die Außenbeziehungen Deutschlands darstellt. Zusätzliche finanzielle Förderung erfolgt durch das Bundesministerium für wirtschaftliche Zusammenarbeit und Entwicklung (BMZ) sowie durch die Europäische Union.

Tätigkeitsbereiche

Ein Bewerber sollte die Tätigkeitsbereiche des DAAD kennen, um herauszufinden, für welche Studienvorhaben der DAAD ihm eine Förderung überhaupt anbieten kann. Das Kernanliegen des DAAD ist die Völkerverständigung. Hieraus leiten sich fünf allgemeine Tätigkeitsbereiche ab. Die ersten beiden Tätigkeitsbereiche des DAAD sind auf die Förderung der akademischen Beziehungen Deutschlands mit dem Ausland fokussiert. Dies beinhaltet den internationalen Austausch von Studierenden und Wissenschaftlern sowie die Durchführung internationaler Programme und Projekte. Die immaterielle und materielle Förderung erfolgt dabei grundsätzlich in beide Richtungen und schließt alle Fachrichtungen ein. So vergibt der DAAD Stipendien an Ausländer, die es aus akademischen Gründen nach Deutschland zieht, und an Deutsche, die Studien- und Forschungsaufenthalte im Ausland absolvieren möchten. Die dritte wesentliche Aufgabe des DAAD ist es, die Internationalisierung der deutschen Hochschullandschaft voranzutreiben. So soll der Bildungs- und Wissenschaftsstandort Deutschland durch verschiedenste Programme international attraktiver gemacht werden. Die Steigerung der Attraktivität deutscher Hochschulen und Forschungseinrichtungen für ausländische Studenten und Wissenschaftler soll dabei vor allem in gesteigerten Studierendenzahlen zum Ausdruck kommen. Der vierte Aufgabenbereich ist die Förderung der deutschen Sprache und Germanistik im Ausland. Besonders bekannt aus diesem Tätigkeitsbereich sind die Goethe-Institute, die diese Aufgabe rund um den Globus wahrnehmen. Circa 13 Prozent der Fördermittel des DAAD werden zur Förderung der deutschen Sprache und Kultur im Ausland aufgewandt. Der fünfte Aufgabenbereich des DAAD ist die Entwicklungszusammenarbeit. Durch diesen Tätigkeitsbereich werden der Aufbau von Hochschulen und die Fortbildung von Führungskräften in Entwicklungsländern unterstützt. In der Durchführung seiner Aufgaben steht der Informationsaustausch, aber auch die Werbung für den Standort Deutschland, im Vordergrund. So geht es nicht nur darum, interessierte Studenten über Studien- und Forschungsmöglichkeiten im In- und Ausland zu informieren, sondern diese für internationale Vorhaben zu motivieren. Bei der Umsetzung hilft das weltweite Netzwerk von Büros, Dozenten und Alumni-Vereinigungen. Die Kontaktpersonen des DAAD können vor Ort direkt Informationen und Beratung anbieten und stellen den Kontakt zu den relevanten akademischen Institutionen her.

Förderprogramme

Aus den beschriebenen fünf Aufgabenbereichen sind die vielfältigen Förder- und Stipendienprogramme des DAAD abgeleitet. Eine Beschreibung aller Förderprogramme des DAAD würde den Rahmen dieses Buches sprengen. Eine umfangreiche, strukturierte Übersicht bietet die bereits angesprochene DAAD-Stipendiendatenbank. Diese Datenbank beinhaltet sowohl Stipendienprogramme, die vom DAAD geleitet und finanziert werden, als auch solche, die der DAAD nur operativ durchführt, die aber von in- oder ausländischen Förderern ermöglicht werden. Im folgenden Abschnitt werden einige der bekanntesten DAAD Stipendienprogramme vorgestellt.

Programme des DAAD

Programme, die vom DAAD vergeben und über die Bundesministerien finanziert werden:
- Jahresstipendien für Studierende aller Fächer
- ERASMUS Mundus
- Jahresstipendien für kombinierte Studien- und Praxissemester im Ausland für Studierende
- Kurzzeitstipendien für Praktika im Ausland
- Jahres- und Kurzstipendien für Doktorandinnen und Doktoranden
- Carlo-Schmid-Programm für Praktika in internationalen Organisationen und EU-Institutionen (zusammen mit der Studienstiftung des deutschen Volkes)

Programme, die von anderen Institutionen über den DAAD vergeben werden:
- Japan Society for the Promotion of Science (JSPS) Stipendien
- Monbukagakusho Stipendien

Im Jahr 2010 hat der DAAD erstmals das neue Programm PROMOS (Programm zur Steigerung der Auslandsmobilität von deutschen Studierenden) aufgelegt. Das neue Mobilitätsprogramm versetzt die Hochschulen in die Lage, eigene Schwerpunkte bei der Auslandsmobilität von deutschen Studierenden zu setzen und selbstständig Stipendien für Auslandsaufenthalte bis zu sechs Monaten zu vergeben. Informationen zu dem Programm PROMOS sind zu finden unter: daad.de/promos

Förderkriterien

Prinzipiell fördert der DAAD Studierende, Graduierte, Praktikanten, Doktoranden, Promovierende, wissenschaftliche Mitarbeiter und Dozenten aller Fachrichtungen. Die Förderung des DAAD richtet sich an »begabte und hoch qualifizierte Menschen aus dem In- und

Ausland«.[50] Konkret bedeutet das, dass auch für den DAAD akademische Leistungen ein zentrales Auswahlkriterium darstellen. Für eine Bewerbung bedeutet dies, dass sich der Bewerber genaue Vorstellungen zu seinem Studienvorhaben gemacht haben sollte. Das heißt er sollte vor allem erläutern können:

- Warum möchte ich gerade in diesem Land ein Auslandssemester absolvieren?
- Warum möchte ich gerade an dieser speziellen Universität studieren?
- Welche Vorlesungen möchte ich besuchen?
- Welche Vorteile bringt mir der Auslandsaufenthalt hinsichtlich meiner akademischen Entwicklung?

Diese Überlegungen sollten im »Studienplan« in der schriftlichen Bewerbung ausführlich reflektiert sein. In der Regel kommen aber auch die Interviewer in den Auswahlgesprächen noch einmal darauf zu sprechen.

Neben dem Aspekt der akademischen Leistung und Weiterentwicklung spielt die Fähigkeit, sein Heimatland und den DAAD als fördernde Institution gut vertreten zu können, bei der Auswahl der Stipendiaten eine entscheidende Rolle. Für deutsche Studierende gilt, dass sie als DAAD-Stipendiaten während ihres, häufig sehr großzügig geförderten, Auslandsaufenthaltes gute Botschafter Deutschlands sein sollen. Daher muss der Bewerber über solide politische Grundkenntnisse sowie Fachkompetenz verfügen. Außerdem spielt die berufliche Lebensplanung des Bewerbers eine wichtige Rolle. Insbesondere bei ausländischen, aber auch bei deutschen Bewerbern, ist es für den DAAD wichtig zu erfahren, ob man sich seine berufliche Zukunft in Deutschland vorstellen kann. Es sollte nicht vergessen werden, dass der DAAD seine Finanzierung zu einem großen Teil aus Steuergeldern erhält. Daher besteht ein berechtigtes Interesse daran, zu erfahren, ob der Bewerber zukünftig einen gesellschaftlichen Beitrag in Deutschland leisten wird.

Umfang der Stipendien

Ist der Bewerber im Bewerbungsprozess des DAAD erfolgreich, kann er sich als Stipendiat über eine mitunter sehr großzügige, materielle Förderung freuen – diese ist überwiegend sogar vom Einkommen der Eltern unabhängig. Es werden Pauschalen (z. B. Forschungs- und Kongresskosten) gezahlt, die sich danach bemessen, ob der Bewerber beispielsweise Student oder Doktorand ist. Darüber hinaus können Zusatzleistungen, wie zum Beispiel ein Reisekostenzuschuss oder die Erstattung von Kranken- und Haftpflichtversicherung, während des Förderungszeitraums erfolgen. Besonders attraktiv ist, dass der DAAD in einigen Fällen anfallende Studiengebühren, je nach Gastland in unterschiedlicher Höhe, übernimmt. Neben der finanziellen Förderung wird in vielen DAAD-Programmen eine ideelle Förderung angeboten. Dazu zählen Workshops und Vorträge, aber auch Treffen mit anderen Stipendiaten bzw. wissenschaftliche Austauschmöglichkeiten. Ein zentrales Anliegen dieser Veranstaltungen ist es, den Auslandsaufenthalt so gut wie möglich vorzubereiten. Hierzu trägt auch der enge Kontakt sowohl zwischen den Stipendiaten als auch zwischen Stipendiat und DAAD bei. Nicht zuletzt als Folge dieses Engagements haben sich ehemalige Geförderte bislang in über 160 Alumni-Vereinen weltweit organisiert.

Bewerbung

Das Bewerbungsverfahren des DAAD besteht je nach Programm aus schriftlicher und/oder persönlicher Bewerbung. Im Fall einer Bewerbung um ein Auslandsstipendium deutscher Studierender ist die Bewerbung schriftlich und mündlich. Die schriftliche Bewerbung schließt sowohl eine Online-Bewerbung über eine Internetmaske als auch die Zusendung verschiedener Unterlagen und Bescheinigungen an den DAAD ein. Einzureichen sind vom Bewerber die typischen Dokumente einer Stiftungsbewerbung. Darunter finden sich Gutachten, Notenbescheinigungen und einige Unterlagen, welche Auskunft über die finanzielle Situation des Bewerbers geben sollen. Überdies wird ein Sprachzeugnis verlangt, das von einem Sprachdozenten des Bewerbers ausgefüllt werden muss und die Kenntnisse des Bewerbers im Hinblick auf den Sprachraum des Auslandsstudiums beurteilen soll. Hinzu kommt der bereits beschriebene Studienplan, der Auskunft über die akademischen Ziele des Bewerbers im Ausland geben soll. Wie bei allen Studienförderern ist die Beachtung der Fristen, die beim DAAD von Zielland zu Zielland unterschiedlich sein können, sehr wichtig. Daher sollte sich der Bewerber frühzeitig über die jeweiligen Bewerbungsfristen informieren. In einigen Fällen muss mit einer Vorlaufzeit von bis zu zehn Monaten vor Beginn des Auslandsaufenthaltes gerechnet werden. An eine erfolgreiche schriftliche Bewerbung schließt sich im Falle der Bewerbung um ein Jahresstipendium ein Auswahlgespräch beim DAAD an. Im Gespräch sollte erkennbar werden, dass man sich intensiv mit der Kultur des Austauschlandes auseinandergesetzt hat, gute Sprachfähigkeiten in der/den Landessprache(n) nachweisen kann und die akademischen Möglichkeiten an der jeweiligen Auslandsuniversität kennt.

Tipp

Mehr Insider-Informationen finden Sie auf
squeaker.net/daad

4. ERASMUS Programm

Homepage	eu.daad.de
Gründungsjahr	1987
Namensgeber	Erasmus von Rotterdam (1469-1536), niederländischer Philosoph[51]
Fokus der Förderung	Das ERASMUS-Programm fördert insbesondere Auslandsaufenthalte und -praktika von Studierenden deutscher Hochschulen im EU-Raum[52]
Adressaten	Studierende Hochschulexperten Lehrer
Anzahl von Stipendiaten	24.024 deutsche Studierende (28.854 inkl. Praktikanten) und 2.837 Dozenten (im Jahr 2010)
Anzahl von Alumni	Ca. 2.000.000 europaweit
Stipendium Förderung	Materielle Förderung
Bewerbungsfristen	Die Bewerbungsfristen hängen von dem jeweiligen Programm und der Auslandsuniversität ab Der Bewerbungsschluss liegt meistens im März oder April eines Jahres für Aufenthalte im darauf folgenden akademischen Jahr

Beschreibung

Es gibt in Europa wohl nur wenige Studierende, die dieses durch und durch europäische Mobilitätsbrogramm nicht kennen. Wie kein anderes steht es für das Vorhaben, in einem Auslandsstudium und -praktikum nicht nur schulisch-berufliche, sondern auch kulturelle und persönliche Erfahrungen zu sammeln. ERASMUS stellt zugleich eines der Vorzeigeprojekte der Europäischen Einigung dar. Es wurde im Jahre 1987 initiiert und nach dem holländischen Humanisten und Philosophen Erasmus von Rotterdam benannt. Das ERASMUS-Programm steht prinzipiell allen Studierenden offen, die an europäischen Hochschulen studieren und beabsichtigen, ein Studium oder Praktikum im Ausland zu absolvieren. Wesentlich zum Erfolg von ERASMUS trägt die Tatsache bei, dass rund 90 Prozent aller europäischen Universitäten am Programm teilnehmen. Neben Hochschulen aus den 27 EU-Mitgliedsstaaten nehmen auch Hochschulen aus Norwegen, Island, Liechtenstein und der Türkei an dem Programm teil; ab dem Hochschuljahr 2011/12 auch Kroatien und die Schweiz. Finanziert wird ERASMUS über das EU-Dachprogramm »Lebenslanges Lernen«, welches seit 2006 die EU-Bildungsprogramme Sokrates und Leonardo ersetzt hat. Aus diesem Fonds erhält ERASMUS jedes Jahr € 450 Millionen. Diese große Summe wird anschließend über einen Schlüssel an die Nationalen Agenturen der 31 ERASMUS-Länder verteilt, die wiederum über die Weiterverteilung entscheiden.

Der sehr hohe Bekanntheitsgrad von ERASMUS ist Folge einer langen und erfolgreichen Entwicklung. Zu Beginn, im Jahre 1987, waren es gerade einmal knapp 650 deutsche Studierende, welche die Förderung in Anspruch nahmen. Im Jahr 2010 war diese Zahl bereits auf rund 29.000 angestiegen. Deutsche Studierende profitieren bis heute besonders von dem Programm: Kein anderes europäisches Land hat mehr Studierende über ERASMUS ins Ausland entsandt. ERASMUS soll auch in Zukunft weiter wachsen: Allein bis Ende 2013 soll die Zahl der Studierenden auf drei Millionen erhöht werden.

Steigen soll zudem die materielle Förderung der Stipendiaten. Sie liegt momentan, abhängig von Land und Hochschule für Deutschland, bei € 300 pro Monat (Studium) und € 400 pro Monat (Praktikum). Da ERASMUS nur einen Zuschuss zu den auslandsbedingten Mehrkosten darstellt, reicht dies nicht aus, um sämtliche Kosten für das Auslandsvorhaben zu decken. Umso wichtiger ist aber, dass ERASMUS-Stipendiaten von der Zahlung der Studiengebühren der Partnerhochschule ausgenommen werden. Darüber hinaus garantiert das Programm die Anerkennung der Studien- und Praktikaleistungen im Rahmen des European Credit Transfer System (ECTS). Durch die ERASMUS-Beauftragten und Auslandsämter kann an der Auslandsuniversität organisatorische Unterstützung, zum Beispiel für die Wohnungssuche, in Anspruch genommen werden. Grundsätzlich kann die Förderung des Auslandsstudiums und -praktikums eine Dauer von drei bis zwölf Monaten umfassen.

Bewerbung

Eine entscheidende Voraussetzung für die Bewerbung um ein ERASMUS-Stipendium ist, dass die eigene Hochschule am ERASMUS-Programm teilnimmt. Ist dies der Fall, gibt es üblicherweise in jeder Hochschule einen lokalen ERASMUS-Beauftragten und einen ERASMUS-Koordinator. Die Fakultäten sind sowohl für die die Bewerbungskriterien als auch die finale Auswahl der Bewerber verantwortlich. Dabei können diese Kriterien relativ frei von den ERASMUS-Koordinatoren festgelegt werden, müssen jedoch transparent für alle Bewerber sein. Da es bei den ERASMUS-Stipendien teilweise sehr lange Vorlaufzeiten gibt, ist es wichtig, sich bei Fragen im Bezug auf Bewerbungsformalitäten und -fristen frühzeitig an das Auslandsamt bzw. die ERASMUS-Koordinatoren zu wenden. Ist das Auslandsstudium im kommenden akademischen Jahr geplant, liegt der Bewerbungsschluss für die Auslandsförderung zumeist im Dezember bzw. Januar des aktuellen Jahres. Allerdings haben auch kurzfristige Anfragen Aussicht auf Erfolg – jedoch nur unter der Voraussetzung, dass bis dahin Plätze frei geblieben sind. Da die Chance auf Förderung und die Höhe der Unterstützung von der Anzahl der Bewerber und der

---

Chancen des ERASMUS-Programms

»Das ERASMUS-Programm hat mir dabei geholfen, aus dem Alltag herauszukommen, um neue Perspektiven von Menschen aus aller Welt kennenzulernen und seine eigenen Prioritäten zu überdenken und neu auszurichten. Das Programm hat mehr die persönliche Weiterentwicklung als die akademische gefördert und ist damit dem Zweck des Lifelong Learning gerecht geworden.«
Xiaopu, ehemaliger ERASMUS-Stipendiat

Tipp

Mehr Insider-Informationen finden Sie auf squeaker.net/erasmus

Auslandsuniversität abhängt, kann eine »exotischere« Wunschuniversität die Chance des Bewerbungserfolges deutlich erhöhen.

In der Regel gehen Studierende im 5. Semester des Bachelors und im 3. Semester des Masters ins Ausland. In der schriftlichen Bewerbung gilt es, ein Antragsformular auszufüllen und bei dem zuständigen Programmbeauftragten einzureichen. Die Programmbeauftragten wählen anschließend die Studierenden aus und leiten das fertig ausgefüllte Formular an das Akademische Auslandsamt weiter.

Studierende, die ein Auslandspraktikum mit ERASMUS durchführen möchten, wenden sich ebenfalls an ihr Akademisches Auslandsamt oder den Career Service ihrer Hochschule. ERASMUS-Praktika werden zunehmend nachgefragt (in Deutschland 4.825 in 2010), da Praxiserfahrung im europäischen Ausland von großer Bedeutung für den Berufseinstieg ist. Praktika können meist auch kurzfristig angefragt werden.

Über Umwege mit ERASMUS ins Ausland

»Um seinen Wunschplatz im Ausland über ERASMUS zu ergattern, braucht der Bewerber schlagkräftige Argumente wie Notenschnitt und besondere Motivation für den Wunschort. Sollte dennoch eine Absage erfolgen, sollte man – sofern die Uni es erlaubt – die Restplätze anderer Fakultäten mit geringerer Fluktuation durchforsten, um über Umwege vielleicht doch noch an den Wunschort zu gelangen. Wer diesen Weg einschlägt, muss sowohl mit der Gastuniversität als auch mit der Heimatuniversität vorher vereinbaren, dass der Bewerber Kurse seines eigentlichen Studienfachs an der Gastuniversität belegen darf, obwohl der Bewerber über eine andere Fakultät als Austauschstudent eingeschrieben ist. Dabei sollte der Bewerber einige Geduld und Willensstärke mitbringen.«

Xiaopu, ehemaliger ERASMUS-Stipendiat

5. Fulbright Kommission

Homepage	www.fulbright.de
Adresse	Deutsch-Amerikanische Fulbright Kommission Oranienburger Strasse 13-14 10178 Berlin Deutschland
Gründungsjahr	1952
Namensgeber	James William Fulbright (1905-1995), amerikanischer Politiker
Fokus der Förderung	Die deutsch-amerikanische Fulbright Kommission fördert Studienaufenthalte Deutscher in den USA bzw. Studienaufenthalte von US-Amerikanern in Deutschland
Adressaten	Studierende Doktoranden Postdoktoranden und Professoren Hochschulexperten, Lehrer
Anzahl von Stipendiaten	Derzeit rund 700 amerikanische und deutsche Stipendiaten
Anzahl von Alumni	Ca. 40.000 amerikanische und deutsche Alumni
Prominente Alumni	Ulrich Wickert, TV Moderator Erwin Neher, Nobelpreisträger für Medizin Bettina Lüscher, Journalistin Doris Dörrie, Filmregisseurin Gerhard Casper, ehem. Präsident der Uni Stanford
Stipendium Förderung	Immaterielle Förderung Materielle Förderung Netzwerk

Beschreibung

Die deutsch-amerikanische Fulbright Kommission, die ihren Sitz in Berlin hat, wurde im Jahr 1952 gegründet. Benannt ist die Kommission nach dem ehemaligen demokratischen US-Senator James William Fulbright. Aufgrund der Erfahrungen, die Fulbright während seines Auslandsaufenthaltes in Oxford gesammelt hatte, initiierte der Senator noch gegen Ende des Zweiten Weltkrieges die Fulbright Kommission, die amerikanischen und ausländischen Studenten einen Austausch zwischen ihrem Land und den Vereinigten Staaten ermöglichen sollte. Das Ziel der deutsch-amerikanischen Fulbright Kommission war und ist es als, Motor des akademischen Austausches zwischen Deutschland und den USA zu dienen. Seit der Gründung hat das Programm mehr als 40.000 US-Amerikaner und Deutsche gefördert. Die Kommission wird von deutscher Seite vom Auswärtigen Amt sowie dem Bundesministerium für Bildung und Forschung und von amerikanischer Seite vom US-Außenministerium finanziert. Darüber hinaus unterstützt eine ganze Reihe privater Organisationen die Finanzierung. Das Fulbright-Programm fördert nicht nur den Austausch von Studenten, sondern auch von Lehrern und Hochschulpersonal.

Ein Studienstipendium an einer der rund 100 teilnehmenden US-Hochschulen umfasst ein komplettes akademisches Jahr. Das Spektrum reicht von eher regional orientierten Hochschulen bis hin zu international renommierten Universitäten wie Harvard, Yale oder Berkeley. In der finanziellen Förderung werden drei Förderungstypen unterschieden, welche ein Förderspektrum von ca. $ 5.000 bis $ 30.400 umfassen:

- Ein Vollstipendium bedeutet, dass die Finanzierung der Studiengebühren und Lebenshaltungskosten bis zu $ 30.400 übernommen werden.
- Ein Teilstipendium schließt die Finanzierung der Studiengebühren und Lebenshaltungskosten bis zu $ 21.500 ein.
- Ein Reisestipendium umfasst eine Unfall-/Krankenversicherung, ein spezielles USA-Visum und die Übernahme der Reisekosten.

Wie die finanzielle ist auch hier die immaterielle Förderung sehr attraktiv. So veranstaltet die Fulbright-Kommission Vorbereitungstagungen und bietet den Stipendiaten eine kontinuierliche Betreuung vor und während des Studiums in den USA an. Hinzu kommen »Cultural Enrichment Seminars«, die dem Austausch der Fulbright Stipendiaten aus aller Welt untereinander dienen. Allein die Tatsache, dass die USA im Rahmen von Fulbright mittlerweile mit über 150 weiteren Ländern den binationalen akademischen Austausch pflegen, zeigt die große Aktivität des Alumni-Netzwerks. Pro Jahr werden maximal 70 Voll- oder Teilstipendien und 100 Reisestipendien an deutsche Universitätsstudenten vergeben. Für deutsche Studierende an Fachhochschulen stehen pro Jahr maximal 55 Stipendien zur Verfügung.

Bewerbung

Bewerber sollten die deutsche Staatsangehörigkeit besitzen, abhängig vom Stipendienprogramm, zum Zeitpunkt ihrer Bewerbung mindestens im dritten Fachsemester eingeschrieben sein und im Augenblick der Abreise mindestens fünf abgeschlossene Studiensemester vorweisen können. Darüber hinaus wird ein TOEFL-Zertifikat zum Nachweis guter Kenntnisse in der englischen Sprache erwartet. Zu den weiteren Voraussetzungen für eine erfolgreiche Bewerbung zählen eine gute Allgemeinbildung, sehr gute fachliche Kenntnisse sowie eine große Motivation für das Studienvorhaben in den USA. Grundsätzlich stehen die Stipendienprogramme dabei Studenten aller Fachgebiete offen. Im Bezug auf Bewerbungsfristen ist zu beachten,

> **Tipp**
>
> Mehr Insider-Informationen finden Sie auf squeaker.net/fullbright

dass die Voll- und Teilstipendien für Studierende einmal jährlich ab April bzw. Mai über die Akademischen Auslandsämter an den Universitäten und Fachhochschulen ausgeschrieben werden. Letztendlich sind die Fristen aber vom jeweiligen Studiengang und der Zielhochschule in den USA abhängig.

Das Bewerbungsverfahren besteht für Bewerber um ein Voll- oder Teilstipendium aus einer umfangreichen schriftlichen Bewerbung, die an das jeweilige Akademische Auslandsamt zu richten ist. Ist die schriftliche Bewerbung erfolgreich, folgt das mündliche Auswahlverfahren, das jeweils im Oktober in Berlin stattfindet. Die schriftliche Bewerbung schließt das Ausfüllen verschiedener Formulare ein, die von der Internetseite der Stiftung heruntergeladen werden können. Dabei müssen ein allgemeines Bewerbungsformular, eine Notenübersicht und ein Motivationsschreiben in englischer Sprache vorbereitet werden. Auch ist der Bewerbung ein englischsprachiges Professorengutachten beizulegen. Im anschließenden mündlichen Auswahlverfahren gilt es vor allem, die persönliche Motivation und fachliche Eignung für das Studium in den USA darzulegen. Dabei sollte der Bewerberherausstellen, welchen Beitrag er zum Fulbright-Netzwerk leisten kann und welche Möglichkeit zum eigenen Engagement im deutsch- amerikanischen Kulturaustausch besteht. Durch die Fokussierung auf Auslandsaufenthalte in den USA muss beim mündlichen Auswahlverfahren der Fulbright Kommission mit Fragen zur amerikanischen Kultur und Tagespolitik sowie zu den deutsch-amerikanischen Beziehungen gerechnet werden. Erfolgt die Bewerbung nur für ein Reisestipendium, entfällt das mündliche Bewerbungsverfahren. Zur Vorbereitung der Bewerbung ist es sehr sinnvoll, sich im Akademischen Auslandsamt der eigenen Hochschule und ggf. von einem Fulbright-Vertrauensdozenten beraten zu lassen.

Übersicht: Weitere Stipendienprogramme

1. Hochschulspezifische Stipendienprogramme

Hochschule	Förderer	Adressaten	Anschrift
Baden-Württemberg (24)			
Universität Freiburg	Dr. Leo-Ricker-Stiftung	Bedürftige Studenten einer Freiburger Hochschule	Stiftungsverwaltung Freiburg Deutschordensstr. 2 79104 Freiburg
Universität Freiburg	Hermann-Dietrich-Stipendienstiftung	Promotionsstipendien für Doktoranden an den Hochschulen Freiburg und Heidelberg	Hermann-Dietrich-Stipendienstiftung Sommerberg 11 79256 Buchenbach
Ruprecht-Karls-Universität Heidelberg	Hermann-Dietrich-Stipendienstiftung	Promotionsstipendien für Doktoranden an den Hochschulen Freiburg und Heidelberg	Hermann-Dietrich-Stipendienstiftung Sommerberg 11 79256 Buchenbach
TU Karlsruhe	Industrielles Stipendienprogramm des FFI	Studierende der Fachrichtungen Informatik und Informationswirtschaft	Industrielles Stipendienprogramm des FFI und der Fakultät für Informatik www.ira.uka.de/stipendien Fakultät für Informatik Prof. Walter F. Tichy Postfach 6980 76128 Karlsruhe
Universität Konstanz	Manfred Ulmer Stipendium	Studenten, die eine Promotion anstreben bzw. Doktoranden	Universität Konstanz www.uni-konstanz.de Postfach 5560 78434 Konstanz
Universität Konstanz	Stiftung Wissenschaft und Gesellschaft an der Universität Konstanz	Nachwuchswissenschaftlicher des Zentrums für den wissenschaftlichen Nachwuchs	Universität Konstanz www.uni-konstanz.de/struktur/org/stiftung/stiftung.html Postfach 5560 78434 Konstanz

Hochschule	Förderer	Adressaten	Anschrift
Universität Konstanz	Stiftung Umwelt und Wohnen an der Universität Konstanz	Studenten, die sich mit dem Thema Umweltschutz auseinandersetzen und ein Auslandssemester an einer Partnerhochschule absolvieren wollen	Universität Konstanz www.uni-konstanz.de/ struktur/org/stiftung/stiftung.html Postfach 5560 78434 Konstanz
Universität Konstanz	Stiftung Universität und Gesellschaft an der Universität Konstanz	Studenten, die ein Auslandssemester an einer mittel- oder osteuropäischen Hochschule absolvieren möchten	Universität Konstanz www.uni-konstanz.de/ struktur/org/stiftung/stiftung.html Auslandsreferat der Hochschule Postfach 5560 78434 Konstanz
Universität Mannheim	Mannheimer Förderstipendium	Gute Abiturienten aus bildungsfernen Schichten, die ein Studium der Wirtschaftsinformatik aufnehmen möchten	Universität Mannheim Schloss 68131 Mannheim
Universität Mannheim	Gebührenstipendium Universität Mannheim	Fachlich besonders gute Studenten des zweiten und dritten Studienjahrs	Universität Mannheim Schloss 68131 Mannheim
Universität Mannheim	Sportstipendium der Universität Mannheim	Hochleistungssportler an der Universität Mannheim	Universität Mannheim Schloss 68131 Mannheim
Universität Mannheim	Dr. Kurt-Hamann-Stiftung	Studenten und Doktoranden des Bereiches Versicherungswissenschaft, insbesondere Versicherungsbetriebslehre, Versicherungsrecht und Versicherungsmathematik	Universität Mannheim Schloss 68131 Mannheim
Universität Mannheim	Bronnbacher Stipendium	Herausragende Studenten und Alumni der Universität Mannheim, die mit Künstlern und Kulturengagierten aus der Wirtschaft in Kontakt kommen wollen	Universität Mannheim www.uni-mannheim.de/bronnbacher-stipendium Rektorat Schloss Ostflügel 68163 Mannheim
Universität Mannheim	Barbara Hopf-Stiftung	Studenten und Absolventen der Wirtschafts- und Berufspädagogik	Universität Mannheim Schloss 68131 Mannheim
Universität Mannheim	Ernst & Young-Stiftung	Studenten der Wirtschaftsprüfung sowie des Steuer- und Rechnungswesens	Bewerbung über die Universität Mannheim

Hochschule	Förderer	Adressaten	Anschrift
Universität Mannheim	Georg Lenz-Stiftung	Deutschstämmige amerikanische Studenten	Bewerbung über das Akademische Auslandsamt der Universität Mannheim
Universität Mannheim	Heinrich-Vetter-Stiftung	Studenten der Universität Mannheim	Heinrich-Vetter-Stiftung Goethestraße 11 68549 Ilvesheim
Universität Mannheim	Dr. Carl Clemm- und Dr. Carl-Haas-Stiftung der SCA Hygiene Paper GmbH	Diplomanden des Bereiches Marketing	Bewerbung über die Universität Mannheim
FH Offenburg	Gebührenbefreiung der FH Offenburg	Studenten mit einem Notendurchschnitt von 1,3 oder besser	Hochschule Offenburg Badstraße 24 77652 Offenburg
Duale Hochschule Baden-Württemberg Villingen Schwenningen	InWent GmbH – Praxisphase im Ausland	Studenten, die Praxiserfahrung im Ausland sammeln wollen	Bewerbung über den Auslandsbeauftragten der Dualen Hochschule www.inwent.org
Hochschule für Technik Stuttgart	Knödler-Decker-Stiftung	Gute Studenten aller Fachrichtungen, die einen Auslandsaufenthalt planen	Knödler-Decker-Stiftung Akademisches Auslandsamt Hochschule für Technik Stuttgart Schellingstrasse 24 70174 Stuttgart
Universität Stuttgart	Hermann-Reissner-Stiftung	Studenten des Studiengangs Luft- und Raumfahrttechnik sowie der Geodäsie	Universität Stuttgart Fakultät Luft- und Raumfahrttechnik und Geodäsie Pfaffenwaldring 27, Zimmer 02 70569 Stuttgart
Universität Stuttgart	Dr. Eugen-Ebert-Stiftung	Bedürftige Studenten aller Fachrichtungen aus Alt-Württemberg	Universität Stuttgart Zentrale Verwaltung Dez. III Keplerstraße 7 70174 Stuttgart
Universität Stuttgart	Wilhelm-Weckherlin-Stiftung	Bedürftige Studenten, die ihre Abschlussarbeit verfassen	Universität Stuttgart Zentrale Verwaltung Dez. III Keplerstraße 7 70174 Stuttgart

Hochschule	Förderer	Adressaten	Anschrift
Bayern (47)			
LMU München	Artan-Stiftung für Mediziner	Studenten der Medizin	Ludwigs-Maximilians-Universität München Geschwister-Scholl-Platz 1 80539 München
LMU München	Alois-Schmaus-Stiftung	Studenten und Graduierte, die sich mit südslavistischer und balkanologischer Forschung befassen	Ludwigs-Maximilians-Universität München Geschwister-Scholl-Platz 1 80539 München
LMU München	Agnes-Ament-Stiftung	Förderungswürdige und bedürftige Studenten, Doktoranden und Habilitanden; vorzugweise solche, die ins Maximilianeum aufgenommen wurden	Ludwigs-Maximilians-Universität München Geschwister-Scholl-Platz 1 80539 München
LMU München	Dr. Democh-Maurmeier- Stipendienstiftung	Förderungswürdige und bedürftige Studenten; insbes. Studentinnen der medizinischen und juristischen Fakultät	Ludwigs-Maximilians-Universität München Geschwister-Scholl-Platz 1 80539 München
LMU München	Einhundert-Jahres-Stiftung	Studierende in außerordentlichen Notfällen	Ludwigs-Maximilians-Universität München Geschwister-Scholl-Platz 1 80539 München
LMU München	Franz von Holtzendorff'sche Stiftung	Förderungswürdige und bedürftige Studenten, die im Hauptfach Völkerrecht, Strafrecht, Strafprozessrecht oder Gefängniswesen studieren	Ludwigs-Maximilians-Universität München Geschwister-Scholl-Platz 1 80539 München
LMU München	Friedrich-Geisendörffer-Stiftung	Jährlich ein Student, der das Fach Astronomie oder Astrophysik belegt	Ludwigs-Maximilians-Universität München Geschwister-Scholl-Platz 1 80539 München
LMU München	Louise-Blackborne-Stiftung	Bedürftige und talentierte Studenten	Ludwigs-Maximilians-Universität München Geschwister-Scholl-Platz 1 80539 München
LMU München	Nachlass Dr. Karl Heinz Kurtze	Doktoranden der Tiermedizin	Ludwigs-Maximilians-Universität München Geschwister-Scholl-Platz 1 80539 München

Hochschule	Förderer	Adressaten	Anschrift
LMU München	Nachlass Przemysler-Przemyslav für Physik	Förderungswürdige und bedürftige Studenten, Doktoranden und Habilitanden der Physik	Ludwigs-Maximilians-Universität München Geschwister-Scholl-Platz 1 80539 München
LMU München	Anna Maria Eva Schliep-Stiftung	Christliche Studenten »aus gutbürgerlichen Familien«	Ludwigs-Maximilians-Universität München Geschwister-Scholl-Platz 1 80539 München
LMU München	Oberregierungsrat Dr. Köstlbacher- Stipendienfonds	Förderungswürdige und bedürftige Studenten der tierärztlichen Fakultät; bevorzugt Mitglieder der Burschenschaft Alemania	Ludwigs-Maximilians-Universität München Geschwister-Scholl-Platz 1 80539 München
LMU München	Rolf-Weber-Stiftung	Förderungswürdige und bedürftige Studenten der juristischen Fakultät	Ludwigs-Maximilians-Universität München Geschwister-Scholl-Platz 1 80539 München
LMU München	Rosa-Schneider-Stiftung	Förderungswürdige und bedürftige Söhne und Töchter bayerischer Ärzte	Ludwigs-Maximilians-Universität München Geschwister-Scholl-Platz 1 80539 München
LMU München	Stiftung Luitpoldiana	In Bayern beheimatete Studierende	Ludwigs-Maximilians-Universität München Geschwister-Scholl-Platz 1 80539 München
LMU München	Vereinigte Stipendienstiftung	Förderungswürdige und bedürftige Studenten sowie Doktoranden	Ludwigs-Maximilians-Universität München Geschwister-Scholl-Platz 1 80539 München
LMU München	Freiherr von Handel'sche Stiftung	Förderungswürdige und bedürftige, vorzugsweise bayerische Studierende	Ludwigs-Maximilians-Universität München Geschwister-Scholl-Platz 1 80539 München
TU München	Allgemeines Hochschulstipendium	»Bildungsinländer« und BAföG-berechtigte Ausländer	Stipendienstelle der TU München Arcisstr. 21 80290 München
TU München	Johann-Konen-Stipendienstiftung	Studenten der Fachrichtungen Chemie, Wirtschafts- und Sozialwissenschaften und Brauwesen	Stipendienstelle der TU München Arcisstr. 21 80290 München

Weitere Förderer

Hochschule	Förderer	Adressaten	Anschrift
TU München	Loschge Studienstiftung	Studenten der Fakultät Maschinenwesen und Promotionsstudenten der Wärmetechnik	Bewerbung über den Lehrstuhl für Thermische Kraftanlagen
TU München	Nicolaus-Fonds der Technischen Universität München	Studenten der TU München	Stipendienstelle der TU München Arcisstr. 21 80290 München
TU München	Karl Max von Bauernfeind Verein zur Förderung der TU München	Graduierte, insbesondere Frauen mit Kind, die sich für andere Studierende engagieren	Karl Max von Bauernfeind Verein zur Förderung der TU München Arcisstr. 21, 80333 München
TU München	TUM International Graduate School of Science and Engineering	Doktoranden der Natur-, Ingenieur- oder Medizinwissenschaften, die in einem interdisziplinären Team mitarbeiten	TUM International Graduate School of Science and Engineering Arcisstr. 21 80333 München
Deutsche Journalistenschule München	Dürrmeier-Stiftung	Bedürftige Studenten an der Deutschen Journalistenschule München	Universität Erlangen-Nürnberg Zentrale Universitätsverwaltung Schlossplatz 4 91054 Erlangen
Georg-Simon-Ohm-Hochschule für angewandte Wissenschaften Fachhochschule Nürnberg	Stipendienstiftung der Georg-Simon-Ohm-Hochschule Nürnberg	Bedürftige Studenten der Fachhochschule Nürnberg mit guten bis sehr guten Studienleistungen	Georg-Simon-Ohm-Hochschule für angewandte Wissenschaften – Fachhochschule Nürnberg Keßlerplatz 12 90489 Nürnberg
Friedrich-Alexander-Universität Erlangen-Nürnberg	Johanna Sofie Wallner'sche Blinden- und Stipendienstiftung	Blinde Studenten sowie förderungswürdige und bedürftige Studierende der Wirtschaftswissenschaften	Universität Erlangen-Nürnberg Zentrale Universitätsverwaltung Schlossplatz 4 91054 Erlangen
Friedrich-Alexander-Universität Erlangen-Nürnberg	Vereinigte Stipendienstiftung	Studenten der Universität Erlangen-Nürnberg	Universität Erlangen-Nürnberg www.uni-erlangen.de/universitaet/stifter-foerderer/stiftungen/Stipendienstiftung Zentrale Universitätsverwaltung Schlossplatz 4 91054 Erlangen

Hochschule	Förderer	Adressaten	Anschrift
Friedrich-Alexander-Universität Erlangen-Nürnberg	Dr. Artur-Grün-Stiftung für Auslandsförderung	Studenten, die einen Auslandsaufenthalt absolvieren möchten	Universität Erlangen-Nürnberg www.uni-erlangen.de/ universitaet/stifter-foerderer/ stiftungen/Gruen Stiftung Zentrale Universitätsverwaltung Schlossplatz 4 91054 Erlangen
Friedrich-Alexander-Universität Erlangen-Nürnberg	Dr. Michael-Munkert-Stipendium	Studenten, die betriebswirtschaftliche Steuerlehre, Betriebswirtschaftslehre des Prüfungswesens oder Steuerrecht studieren	Universität Erlangen-Nürnberg Zentrale Universitätsverwaltung Schlossplatz 4 91054 Erlangen
Friedrich-Alexander-Universität Erlangen-Nürnberg	Dr. Walter-Heß-Stiftung	Medizinstudenten, die sich vornehmlich mit dem Thema Gynäkologie auseinandersetzen	Universität Erlangen-Nürnberg www.uni-erlangen.de/ universitaet/stifter-foerderer/ stiftungen/Hess Stiftung Zentrale Universitätsverwaltung Schlossplatz 4 91054 Erlangen
Friedrich-Alexander-Universität Erlangen-Nürnberg	Erika-Giehrl-Stiftung	Promotionsstudenten aus dem Landkreis Amberg	Universität Erlangen-Nürnberg Zentrale Universitätsverwaltung Schlossplatz 4 91054 Erlangen
Friedrich-Alexander-Universität Erlangen-Nürnberg	Eva-Schleip-Stiftung	Bedürftige christliche Studenten	Universität Erlangen-Nürnberg Zentrale Universitätsverwaltung Schlossplatz 4 91054 Erlangen
Friedrich-Alexander-Universität Erlangen-Nürnberg	Gustav-Schickedanz-Stiftung	Doktoranden, die im Bereich Dienstleistungen, Handel oder wirtschaftliche Internationalisierung promovieren	Universität Erlangen-Nürnberg Zentrale Universitätsverwaltung Schlossplatz 4 91054 Erlangen
Friedrich-Alexander-Universität Erlangen-Nürnberg	Konviktkasse für Studierende der evangelischen Theologie	Studenten der evangelischen Theologie	Universität Erlangen-Nürnberg www.uni-erlangen.de/ universitaet/stifter-foerderer/ stiftungen/Konvikt Stiftung Zentrale Universitätsverwaltung Schlossplatz 4 91054 Erlangen

Hochschule	Förderer	Adressaten	Anschrift
Friedrich-Alexander-Universität Erlangen-Nürnberg	Max-Schienagel-Stiftung	Protestantische Jurastudenten	Universität Erlangen-Nürnberg www.uni-erlangen.de/ universitaet/stifter-foerderer/ stiftungen/Schienagel Stiftung Zentrale Universitätsverwaltung Schlossplatz 4 91054 Erlangen
Friedrich-Alexander-Universität Erlangen-Nürnberg	Prof. Bernhard-Klaus-Stiftung	Studenten am Institut für christliche Publizistik	Universität Erlangen-Nürnberg www.uni-erlangen.de/ universitaet/stifter-foerderer/ stiftungen/Klaus Stiftung Zentrale Universitätsverwaltung Schlossplatz 4 91054 Erlangen
Friedrich-Alexander-Universität Erlangen-Nürnberg	Ria Freifrau von Fritsch-Stiftung	Studenten, die auf dem Gebiet der Krebsbekämpfung forschen	Zentrale Universitätsverwaltung www.uni-erlangen.de/ universitaet/stifter-foerderer/ stiftungen/Fritsch Stiftung Schlossplatz 4 91054 Erlangen
Friedrich-Alexander-Universität Erlangen-Nürnberg	Dr.-Norbert-Henning-Stiftung	Studenten und Doktoranden, die sich wissenschaftlich mit dem Thema Gastroenterologie auseinandersetzen	Universität Erlangen-Nürnberg www.uni-erlangen.de/ universitaet/stifter-foerderer/ stiftungen/Henning Stiftung Zentrale Universitätsverwaltung Schlossplatz 4 91054 Erlangen
Friedrich-Alexander-Universität Erlangen-Nürnberg	Dorothea und Dr. Richard Zantner-Busch-Stiftung	Studenten, die im Fachbereich Theologie bzw. am geografischen Institut forschen	Universität Erlangen-Nürnberg Zentrale Universitätsverwaltung Schlossplatz 4 91054 Erlangen
Friedrich-Alexander-Universität Erlangen-Nürnberg	Dr. Oskar-Dünisch-Stiftung	Studenten, die ein Auslandssemester in Nordamerika absolvieren wollen	Universität Erlangen-Nürnberg Zentrale Universitätsverwaltung Schlossplatz 4 91054 Erlangen
Friedrich-Alexander-Universität Erlangen-Nürnberg	Dr. Jutta-Feldmeier-Stiftung	Studenten, die ein Auslandssemester absolvieren möchten	Universität Erlangen-Nürnberg Zentrale Universitätsverwaltung Schlossplatz 4 91054 Erlangen

Hochschule	Förderer	Adressaten	Anschrift
Friedrich-Alexander-Universität Erlangen-Nürnberg	Ilse und Dr. Alexander Mayer-Stiftung	Begabte, strebsame und bedürftige Studenten	Universität Erlangen-Nürnberg www.uni-erlangen.de/universitaet/stifter-foerderer/stiftungen/Mayer Stiftung Zentrale Universitätsverwaltung Schlossplatz 4 91054 Erlangen
Friedrich-Alexander-Universität Erlangen-Nürnberg	Professor Klaus-Riedle- Stiftung	Studenten und Doktoranden der technischen Fakultäten	www.uni-erlangen.de/universitaet/stifter-foerderer/stiftungen/Riedle Stiftung Universität Erlangen-Nürnberg Zentrale Universitätsverwaltung Schlossplatz 4 91054 Erlangen
Universität Augsburg	Stiftung der Universität Augsburg	Studenten, die finanzielle Unterstützung für ein Auslandssemester benötigen	Stiftung der Universität Augsburg www.uni-augsburg.de/einrichtungen/stiftung Universitätsstraße 2 D-86135 Augsburg
Universität Passau	ehemalige Kulturwirtstudenten der Universität Passau gemeinsam mit dem kuwi netzwerk	European Studies- und Kulturwirtschaft-Studenten, ausländische Studierende und Promovierende	Kuwi InterChange Scholarship www.kuwi.de Universität Passau Innstraße 40 NK 213 94032 Passau
Universität Regensburg	Verein Ehemaliger Studierender der Universität Regensburg	Studenten, die ein Auslandssemester absolvieren möchten	Ehemalige Studierende der Universität Regensburg e. V. Universitätstrasse 31 93053 Regensburg
Universität Würzburg	Dr. Romana-Schott-Fonds	Bedürftige weibliche Studierende aller Fachschaftsbereiche	Dr. Romana-Schott-Fonds www.uni-wuerzburg.de/fuer/studierende/studienfinanzierung/romana_schott_-_fonds Zentralverwaltung der Universität Würzburg Sanderring 2 97070 Würzburg

Hochschule	Förderer	Adressaten	Anschrift

Berlin (9)

Hochschule	Förderer	Adressaten	Anschrift
FU Berlin	Hans-Knudsen-Stiftung	Studenten der Theaterwissenschaften an der FU Berlin	Hans-Knudsen-Stiftung c/o Dr. Rüdiger Knudsen Rhumeweg 2a 14163 Berlin
FU Berlin	Eva-Wolzendorf-Stipendium	Studenten der Mathematik	Zentrale Frauenbeauftragte der Freien Universität Berlin Rudeloffweg 25-27 14195 Berlin
FU Berlin	Sonnenfeld-Stiftung	Promotionsstudenten, die an einer humanmedizinischen Forschungseinrichtung im Raum Berlin mitarbeiten	Sonnenfeld-Stiftung Katharinenstr. 17 (4. OG) 10711 Berlin
Humboldt Universität Berlin	Humbold-Universitäts-Stipendium	Besonders begabte Studenten der Humboldt Universität, die ein Jahr im Ausland verbringen wollen	Humboldt Universität zu Berlin Unter den Linden 6 10099 Berlin
Humboldt Universität Berlin	Stiftung »Erinnerung, Verantwortung und Zukunft«	Ausländische Studenten und deutsche Studenten einer Berliner Hochschule, die sich mit dem Thema Nationalsozialismus befasst haben	Humboldt Universität zu Berlin Stiftung »Erinnerung, Verantwortung und Zukunft« Unter den Linden 6 10099 Berlin
TU Berlin	Erwin-Stephan-Preis für begabte Absolventen	Absolventen der TU Berlin, die ihr Studium überdurchschnittlich schnell absolviert haben und einen Auslandsaufenthalt planen	Technische Universität Berlin Referat K3 Straße des 17. Juni 135 10623 Berlin
TU Berlin	Karl Fischer-Stiftung	Förderungsbedürftige Studenten oder Doktoranden an der TU Berlin	Karl-Fischer-Stiftung Regensburgerstr. 5a 10777 Berlin
Technische Universität Berlin	Naumann-Etienne-Foundation	Studenten der Fachrichtungen Informatik, Biotechnologie, Elektrotechnik und Wirtschaftsingenieurwesen, die ein zweijähriges Masterstudium am Georgia Institute of Technology in Atlanta absolvieren wollen	Technische Universität Berlin www.gatech.edu www.auslandsamt.tu-berlin.de

Hochschule	Förderer	Adressaten	Anschrift
Technische Universität Berlin	Franz W.-Aumund-Stiftung	Studierende des Maschinenbaus, die einen Bezug zur Fördertechnik oder zur Konstruktionstechnik im weiteren Sinne haben	Franz W.-Aumund-Stiftung Bewerbung über Technische Universität Berlin Fakultät V Maschinenbau Sekretariat H 11 Straße des 17. Juni 135 10623 Berlin

Brandenburg (1)

Hochschule	Förderer	Adressaten	Anschrift
FH Brandenburg	Studierendenstiftung der FH Brandenburg	Begabte Studierende aller Fachrichtungen an der FH Brandenburg	Fachhochschule Brandenburg Postfach 21 32 14737 Brandenburg an der Havel

Bremen (2)

Hochschule	Förderer	Adressaten	Anschrift
Universität Bremen	Forschungsstipendium der Universität Bremen	Nachwuchsforscher aller Fachrichtungen, die ein akademisches Studium abgeschlossen haben	Universität Bremen Abteilung Forschung und Transfer Enrique-Schmidt-Strasse 7 28359 Bremen
Universität Bremen	Doktorandenstipendien der Universität Bremen	Gruppen von Doktoranden, die interdisziplinäre Projekte durchführen und dabei von mehreren Professoren unterstützt werden	Universität Bremen Abteilung Forschung und Transfer Enrique-Schmidt-Strasse 7 28359 Bremen

Hamburg (4)

Hochschule	Förderer	Adressaten	Anschrift
Universität Hamburg	Promotionsstipendien der Universität Hamburg	Doktoranden an der Universität Hamburg	Universität Hamburg Abteilung Forschung und Wissenschaftsförderung Moorweidenstr. 18 20148 Hamburg
Universität Hamburg	Rudolph-Lohff-Stiftung für Nicht-Abiturienten	Studenten ohne Abitur, die bereits gearbeitet haben und an der Hochschule für Wirtschaft und Politik Hamburg oder der FH Hamburg immatrikuliert sind, bzw. ein Abendgymnasium in Hamburg besuchen	Abteilung für Wirtschaft und Politik an der Universität Hamburg Von-Melle-Park 9 20146 Hamburg

Hochschule	Förderer	Adressaten	Anschrift
Universität Hamburg	Aby-Warburg-Stipendium	Doktoranden und Habilitanten der Universität Hamburg, die sich mit einem der folgenden Fachbereiche befassen: Philosophiegeschichte, Literaturgeschichte, Kunstgeschichte, Geschichte der politischen Ideen, Geschichte der Naturwissenschaften	Universität Hamburg Abteilung Forschung und Wissenschaftsförderung Moorweidenstr. 18 20148 Hamburg
Helmut Schmidt Universität Hamburg	Dr. Friedrich-Jungheinrich-Stiftung	Studenten und Promovierende in Hamburg, die Maschinenbau oder Wirtschaftsingenieurwesen studieren	Bewerbung über die E-Mail-Adresse stipendium@hsu-hh.de

Hessen (2)

Goethe Universität Frankfurt	Dr. Albert Hloch-Stiftung für Studierende der Chemie	Begabte Chemiestudenten an der Universität Frankfurt	Universität Frankfurt Marie-Curie-Str. 9 60439 Frankfurt am Main
FH Wiesbaden	Richard Müller-Stiftung	Studierende und Absolventen des Fachbereiches Wirtschaft der Fachhochschule Wiesbaden	Fachhochschule Wiesbaden Dekan des Fachbereiches Wirtschaft der FHW Bleichstraße 44 65183 Wiesbaden

Niedersachsen (9)

Carl von Ossietzky Universität Oldenburg	Floyd und Lili Biava Stiftung für Studierende und Promovierende	Studenten der Natur- und Wirtschaftswissenschaften, die einen Auslandsaufenthalt planen	Carl von Ossietzky Universität Oldenburg Postfach 2503 26111 Oldenburg
Carl von Ossietzky Universität Oldenburg	Peter-Waskönig-Stiftung für Begabte	Studenten, die sich im Rahmen ihres Studiums durch besondere Initiative und Verantwortungsbewusstsein ausgezeichnet haben	Carl von Ossietzky Universität Oldenburg Präsidium, Stabsstelle Forschung Ammerländer Heerstr. 114-118 26129 Oldenburg
Carl von Ossietzky Universität Oldenburg	Nord-West-Metall Stipendium	Promotionsstudenten an der Universität Oldenburg, die ein Fach studieren, das für Betriebe der Metall- und Elektroindustrie relevant ist	Carl von Ossietzky Universität Oldenburg Postfach 2503 26111 Oldenburg

Hochschule	Förderer	Adressaten	Anschrift
Carl von Ossietzky Universität Oldenburg	Anna-Magull-Stiftung	Studierende und Absolventen des Fachs Wirtschaftspädagogik an der Universität Oldenburg	Carl von Ossietzky Universität Oldenburg Sekretariat Berufs- und Wirtschaftspädagogik Postfach 25 03 26111 Oldenburg
Carl von Ossietzky Universität Oldenburg	Stipendien der Universität Oldenburg	Besonders begabte Studienanfänger im Fachbereich Physik	Carl von Ossietzky Universität Oldenburg Postfach 25 03 26111 Oldenburg
Technische Universität Braunschweig	Universitätsstipendien	Studenten aller Studiengänge mit sehr gutem Abitur oder sehr guten Studienleistungen	Technische Universität Braunschweig Bewerbung über das Stipendienportal der Hochschule: https://stipendien.tu-bs.de/
Leibniz Universität Hannover	Studienbeitragsstipendien an der Leibniz Universität Hannover	Studenten, die gesellschaftliches Engagement zeigen und/oder gute Leistungen im Abitur oder im Studium vorweisen können	Präsidium der Gottfried Wilhelm Leibniz Universität Hannover www.uni-hannover.de/de/studium/stipendien/stipendienvergabe Welfengarten 1 30167 Hannover
FH Hannover	Studienbeitragsstipendien an der FH Hannover	Studenten, die gesellschaftliches Engagement zeigen und/oder gute Leistungen im Abitur oder im Studium vorweisen können	Fachhochschule Hannover (FHH) Ricklinger Stadtweg 118 30459 Hannover
Leibniz Universität Hannover und FH Hannover	Stipendien für Studienbeiträge	Studenten aus Familien in finanziellen Schwierigkeiten, die an einer Hochschule in Hannover immatrikuliert sind und Beiträge an das Studentenwerk Hannover entrichten	Studentenwerk Hannover Abt. Ausbildungsförderung www.studentenwerk-hannover.de/stip-studienbeitrag.html Callinstraße 30a 30167 Hannover

Nordrhein-Westfalen (9)

Alle Hochschulen in Nordrhein-Westfalen	NRW-Stipendienprogramm	Begabte Studienanfänger und Studierende an nordrhein-westfälischen Hochschulen	Bewerbung über die jeweilige Hochschule

Hochschule	Förderer	Adressaten	Anschrift
RWTH Aachen	T.I.M.E. (Top Industrial Managers for Europe)	Studenten an der Fakultät Elektrotechnik und Informationstechnik	Deutsch-Französische Hochschule time@ias.rwth-aachen.de Dezernat für Internationale Hochschulbeziehungen Templergraben 57 (SuperC) 52056 Aachen
RWTH Aachen	Unitech Programm für Studierende	Studierende der Ingenieurwissenschaften, Informatik oder Physik »mit ausgeprägten Soft-Skills«, die einen Auslandsaufenthalt planen	Eine Bewerbung erfolgt über www.unitech-international.org
RWTH Aachen	Henry Ford Stipendium für Frauen	Studentinnen aus dem Fachbereich Maschinenbau	RWTH Aachen Templergraben 55 52062 Aachen
Ruhruniversität Bochum	Heinrich und Alma Vogelsang-Stiftung für die Ruhr-Universität Bochum	Medizinstudenten an der Ruhr Universität Bochum	Ruhr Universität Bochum Universitätsstr. 150 44801 Bochum
Universität Duisburg-Essen	Leistungsstipendium der Hochschule	Begabte Studenten der Universität Duisburg-Essen	Duisburg-Essener Universitätsstiftung Barkhovenallee 1 45239 Essen
Technische Universität Dortmund	Stipendien der TU Dortmund	Begabte und bedürftige Studenten der TU Dortmund	Technische Universität Dortmund www.tu-dortmund.de/uni/ studierende/semesterbeitraege/ stipendien Studierendensekretariat Emil-Figge-Str. 61 Campus Nord 44227 Dortmund
Universität zu Köln	Benedikt und Helene Schmittmann-Wahlen-Stipendium	Promotionswillige Absolventen der Universität Köln	Universität zu Köln Vorzimmer des Rektors Albertus-Magnus-Platz 50923 Köln

Hochschule	Förderer	Adressaten	Anschrift
Universität Bielefeld Universität Paderborn FH Bielefeld Hochschule Ostwestfalen-Lippe Hochschule für Musik Detmold	Stiftung Studienfonds OWL	Studenten mit besonderer Begabung und besonderen Leistungen, die an einer der fünf teilnehmenden ostwestfälischen Hochschulen immatrikuliert sind	Studienfonds OWL e. V. Warburger Str. 100 33098 Paderborn

Rheinland-Pfalz (8)

Hochschule	Förderer	Adressaten	Anschrift
Johannes Gutenberg-Universität Mainz	Dr. Georg Scheuing-Stiftung für Studium und Promotion	»Würdige und bedürftige« Studenten, die entweder Chemie oder Pharmazie in Mainz studieren	Universität Mainz Förderungsberatung Forum universitatis 1 55128 Mainz
Johannes Gutenberg-Universität Mainz	Boehringer Ingelheim	Studenten der Chemie, Medizin oder Pharmazie an der Universität Mainz	Boehringer Ingelheim Pharma GmbH & Co. KG Binger Straße 173 55216 Ingelheim am Rhein
Johannes Gutenberg-Universität Mainz	Anni Eisler-Lehmann-Stiftung	Gesangsstudierende jüdischen Glaubens	Anni-Eisler-Lehmann Stiftung www.anni-eisler-lehmann-stiftung.de Nolréstraße 1 55232 Alzey
Johannes Gutenberg-Universität Mainz	Dr. Juris Utriusque Karl Feldbausch-Stiftung	»Würdige und bedürftige« Studierende der katholisch-theologischen Fakultät der Universität Mainz	Johannes Gutenberg-Universität Fachbereich 01 Katholisch-Theologische Fakultät Saarstaße 21 55099 Mainz
Johannes Gutenberg-Universität Mainz	Dr. Marie-Friedericke Wagner-Stiftung	Studenten, Doktoranden und Habilitanden, die im Bereich der Ökologie forschen	Johannes Gutenberg-Universität Dekanat des Fachbereichs 21, D Saarstaße 21 55099 Mainz
Johannes Gutenberg-Universität Mainz	Karl-Gückinger-Stiftung	Nachwuchswissenschaftler des Bereichs Chemie und Pharmazie, die einen Auslandsaufenthalte planen	Johannes Gutenberg-Universität Dekan des Fachbereichs 19 Saarstaße 21 55099 Mainz

Hochschule	Förderer	Adressaten	Anschrift
Johannes Gutenberg-Universität Mainz	Philipp Haupt – Dr. Gisela Spennemann-Haupt-Stiftung	Studenten und Doktoranden, die sich mit der Archäologie im östlichen Mittelmeerraum befassen	Johannes Gutenberg-Universität Fachbereich 15 Institut für Klassische Archäologie Saarstaße 21 55099 Mainz
Fachhochschule Koblenz	Franz W.-Aumund-Stiftung	Studierende des Maschinenbaus, die einen Bezug zur Fördertechnik oder zur Konstruktionstechnik in einem weiteren Sinne haben	Franz W.-Aumund-Stiftung Bewerbung über Fachbereich Ingenieurwesen / Fachrichtung Maschinenbau der Fachhochschule Koblenz Konrad-Zuse-Straße 1 56075 Koblenz

Sachsen (3)

Hochschule	Förderer	Adressaten	Anschrift
Technische Universität Dresden	Stipendium der Herbert-Quandt-Stiftung	Studenten aller Fachrichtungen, die einen Auslandsaufenthalt an einer ausgewählten Universität in Bulgarien, Ungarn, Polen, der Tschechischen Republik, Slowakische Republik, Mexiko oder Brasilien planen	Technische Universität Dresden tu-dresden.de/ internationales/quandt Quandt Büro Mommsenstraße 10-12, Toepler-Bau, Zi. 222 01062 Dresden
Technische Universität Dresden	Naumann-Etienne-Foundation	Studenten der Fachrichtungen Informatik, Biotechnologie, Elektrotechnik und Wirtschaftsingenieurwesen, die ein zweijähriges Masterstudium am Georgia Institute of Technology in Atlanta absolvieren wollen	www.gatech.edu Technische Universität Dresden Akademisches Auslandsamt Mommsenstraße 10-12 Toepler-Bau, Zi. 222 01062 Dresden
Technische Universität Chemnitz	Naumann-Etienne-Foundation	Studenten der Fachrichtungen Informatik, Biotechnologie, Elektrotechnik und Wirtschaftsingenieurwesen, die ein zweijähriges Masterstudium am Georgia Institute of Technology in Atlanta absolvieren wollen	www.gatech.edu Technische Universität Chemnitz TU Chemnitz / IUZ D-09107 Chemnitz

Hochschule	Förderer	Adressaten	Anschrift
Schleswig-Holstein (3)			
Christian-Albrechts-Universität Kiel	Dr. Helmut-Robert-Gedächtnis-Stiftung	Studenten aus den Fachbereichen Medizin, Natur- oder Musikwissenschaften aus Niedersachsen oder Schleswig-Holstein, die an der Christian-Albrechts-Universität in Kiel studieren	www.uni-kiel.de/sy/stip3.shtml Christian-Albrechts-Universität Kiel Christian-Albrechts-Platz 4 24118 Kiel
Christian-Albrechts-Universität Kiel	Schönhauser-Stiftung	Studenten die Lehrer an einem Gymnasium werden möchten und einen Auslandsaufenthalt planen	www.uni-kiel.de/sy/stip3.shtml Christian-Albrechts-Universität Kiel Christian-Albrechts-Platz 4 24118 Kiel
Christian-Albrechts-Universität Kiel	Stipendienstiftung	Studenten und Promotionsstudenten mit besonderen Leistungen	www.uni-kiel.de/sy/stip3.shtml Christian-Albrechts-Universität Kiel Christian-Albrechts-Platz 4 24118 Kiel

2. Regionale Studienförderer

Adressat(en)	Studienförderung
Baden-Württemberg (11)	
Überdurchschnittlich begabte baden-württembergische Schüler und Studenten aus einkommensschwachen Familien	Markelstiftung www.markelstiftung.de Wernerstraße 1 70489 Stuttgart
Begabte Studenten an baden-württembergischen Hochschulen in technischen und naturwissenschaftlichen Fächern, denen die finanziellen Mittel fehlen, um ein Studium in der Regelstudienzeit zu beenden	Thomas-Gessmann-Stiftung im Stifterverband für die Deutsche Wissenschaft e. V. Barkhovenallee 1 45239 Essen Eine Bewerbung ist nur durch einen Vorschlag der jeweiligen Hochschule möglich
Überdurchschnittlich begabte Studenten aus dem süddeutschen Raum, die einen Beruf in Wirtschaft oder Politik anstreben	Förderverein Kurt Fordan für herausragende Begabung www.fordan.de Löwengrube 12 80333 München
Heilbronner, die an der Europa Universität Viadrina in Frankfurt (Oder) immatrikuliert sind	Viadrina Stipendium www.heilbronn.de Schul-, Kultur- und Sportamt der Stadt Heilbronn Marktplatz 11 74072 Heilbronn
Heilbronner Studenten an Fachhochschulen und Hochschulen	Stadt Heilbronn www.heilbronn.de Schul-, Kultur- und Sportamt der Stadt Heilbronn Marktplatz 11 74072 Heilbronn
Heilbronner, die »eine literarische Zukunft anstreben«	Rombach Stipendium www.heilbronn.de Schul-, Kultur- und Sportamt der Stadt Heilbronn Marktplatz 11 74072 Heilbronn
Theologie- oder Pädagogikstudenten aus dem Stadtteil Öfingen in Bad Dürrheim	Stadt Bad Dürheim Luisenstraße 4 78073 Bad Dürheim
Weibliche, katholische Studentinnen in Freiburg	Adelhausenstiftung Freiburg www.stiftungsverwaltung-freiburg.de Stiftungsverwaltung Freiburg Deutschordenstraße 2 79104 Freiburg

Adressat(en)	Studienförderung
Studenten aus der Region Zollernalbkreis und Studenten an der Hochschule Albstadt	Phillip-Matthäus-Hahn-Stiftung www.fh-albsig.de/pmhs Hirschbergstraße 29 72336 Balingen
Studenten in technischen Berufen, die im Kreis Göppingen geboren worden sind und/oder ihr Abitur in einer Göppinger Schule abgelegt haben	Max und Martha Scheerer-Stiftung www.scheerer-stiftung.de Stiftungsrat der Max und Martha Scheerer-Stiftung Hauptstraße 1 73033 Göppingen
Bedürftige Studenten, die evangelische Theologie, Medizin oder technisch ausgerichtete Fächer studieren und aus Kirchheim u. Teck sind	Otto und Eugen Ficker-Stiftung www.rp-stuttgart.de Fa. Otto Ficker GmbH Herrn Heckele Otto-Ficker-Str. 2 + 9 73230 Kirchheim u. T.

Bayern (37)

Studenten in Augsburg	Stipendium des Senioren- und Stiftungsamt der Stadt Augsburg
Evangelische Studierende einer bayerischen Hochschule, die aus dem ehem. Herzogtum Bayreuth stammen	Heilsbronner Stipendienfonds Bayreuth c/o Regierung von Oberfranken Ludwigstraße 20 95444 Bayreuth
Bedürftige Studenten und Schüler aus Straubing	Kolb'sche Familienstipendienstiftung www.straubing.de Stiftungsamt 94315 Straubing
Bedürftige Studenten aus Straubing, bevorzugt aus Beamtenfamilien	Stadtoberamtmann Hans Schneider von Zaleski'sche Stipendienstiftung www.straubing.de Stiftungsamt Spitalgasse 3 94315 Straubing
Studenten, Schüler und Auszubildende aus Regensburg	Evangelische Wohltätigkeitsstiftung www.regensburg.de Stadt Regensburg Alte Manggasse 3 93047 Regensburg

Adressat(en)	Studienförderung
Bedürftige und begabte Studenten aus Landsberg am Lech	Vereinigte Stipendienstiftung der Stadt Landsberg am Lech Stadt Landsberg am Lech Katharinenstraße 1 86899 Landsberg am Lech
Studenten aus dem Gebiet des ehem. Herzogtums Sachsen-Coburg-Gotha	Ernst-Stiftung für Studierende Stadt Coburg Markt 10 96450 Coburg
Künstler und Wissenschaftler, die einen Auslandsaufenthalt planen, und aus einer der folgenden Regionen stammen: Franken, ehem. Grafschaft Henneberg, Sachsen-Meiningen	Emil Freiherr Marschalk von Ostheim'schen-Stiftung www.kulturatlas-oberfranken.de Stadt Bamberg Postfach 110323 96031 Bamberg
Studierende in Bayern Lernende an höheren Lehranstalten in Bamberg	Vereinigte Stipendienstiftung www.bamberg.de Kämmereiamt Stiftungsmanager Maximiliansplatz 3 D-96047 Bamberg
Studenten der evangelischen Theologie aus Kulmbach	Stadt Kulmbach Oberhacken 1 95326 Kulmbach
Bedürftige Studenten aus Burghausen, die mindestens sechs Fachsemester absolviert haben	Kanzelmüller Seminar Fonds www.burghausen.com Stadt Burghausen Stadtplatz 112, Zimmer Nr. 108 84489 Burghausen
Waisen und Halbwaisen mit Wohnsitz in Würzburg	Rechtsanwalt Richard Schmitt-Stiftung www.stuv.uni-wuerzburg.de/service/stiftungen Bürgerspital zum Heiligen Geist Theaterstraße 19 97070 Würzburg
Studierende in München	Hans-Rudolf-Stiftung Carl Fohr Straße 17 83714 Miesbach
Begabte Studenten aus der Stadt Lindau oder dem Landkreis Lindau	Stipendienstiftung der Stadt und des Landkreises Lindau www.lindau.de Stadtverwaltung Lindau Bregenzer Str. 6 88131 Lindau (B)

Adressat(en)	Studienförderung
Evangelische Studenten aus dem ehem. Fürstentum Ansbach, die an einer Hochschule in Bayern studieren	Bezirksregierung Mittelfranken Promenade 27 91522 Ansbach
Studenten, insbesondere bedürftige, die in der Gemeinde Oberammergau geboren sind	Gemeinde Oberammergau Schnitzlergasse 5 82847 Oberammergau
Studierende aus Passau	Franz und Maria Stockbauer´sche Stiftung Franz Stockbauer Weg 13 94032 Passau
Studierende, deren Eltern in Schweinfurt wohnen	Vereinigte Stiftung für Studienbeihilfen Schweinfurt Stadtkämmerei Markt 1 97421 Schweinfurt
Studenten, die zumindest drei Semester studieren und die aus Forchheim stammen, oder deren Eltern in Forchheim wohnen	Mayer-Franken-Lebert-Stiftung www.forchheim.de Stadt Forchheim Stadtkämmerei Schulstr. 2 91301 Forchheim
Bedürftige Auszubildende und Studenten aus Ansbacher Familien	Stadt Ansbach Johann Sebastian Bach Platz 1 91522 Ansbach
Bayerische Theologiedoktoranden oder -habilitanden	Evangelische Landeskirche in Bayern Meiserstraße 11-13 80333 München
Bedürftige Töchter bayerischer Beamten	Emilie Porzer´sche-Stiftung Am Fohlengarten 6e 85764 Oberschleißheim
Priesteramtskandidaten in der Diözese Passau	Bischöfliches Seminar St. Maximilian Passau Steinweg 1 94032 Passau
Studenten bayerischer Hochschulen, die einen Studienaufenthalt in Frankreich planen	Bayerisch-Französisches Hochschulzentrum Arcisstraße 21 80333 München
Bedürftige bayerische Studenten und Schüler	Oskar-Karl-Forster-Stipendium des Bayerischen Staatsministeriums für Wissenschaft Forschung und Kunst www.stmwfk.bayern.de/Foerderung/forster.aspx Salvatorstraße 2 80333 München

Weitere Förderer

Adressat(en)	Studienförderung
Nürnberger Studenten der Fächer Lehramt, Sozialpädagogik oder Psychologie	Andreas Staudt-Stiftung www.nuernberg.de/internet/referat2/stipendien.html Theresienstraße 1 90403 Nürnberg
Söhne alteingesessener Nürnberger Familien Aus Freidenkerkreisen, Aus freireligiösen Gemeinden, Jüdischen Glaubens, ggf. protestantischen Glaubens, welche Naturwissenschaften, Chemie und Physik inbegriffen, Mathematik oder Medizin studieren	Fritz und Eugenie Übelhör-Stiftung www.nuernberg.de/internet/referat2/stipendien.html Theresienstraße 1 90403 Nürnberg
Nürnberger, die im handwerklichen oder technischen Bereich aktiv sind	Heinrich-Gröschel-Stiftung www.nuernberg.de/internet/referat2/stipendien.html Theresienstraße 1 90403 Nürnberg
Bedürftige evangelische Nürnberger Studenten und Schüler	Sigmund-Schuckert-Stiftung www.nuernberg.de/internet/referat2/stipendien.html Theresienstraße 1 90403 Nürnberg
Bedürftige bayerische, insbesondere evangelische, Studenten und Schüler	Gustav-Schickedanz-Stiftung www.gustav-schickedanz-stiftung.de Gleißbühlstraße 2 90402 Nürnberg
Bedürftige Nürnberger Studenten und Schüler	Stiftung für Bildung und Unterricht www.nuernberg.de/internet/referat2/stipendien.html Theresienstraße 1 90403 Nürnberg
Bedürftige Nürnberger Studenten und Schüler	Stiftung Lokalstudienfonds www.nuernberg.de/internet/referat2/stipendien.html Theresienstraße 1 90403 Nürnberg
Begabte und bedürftige Nürnberger Studenten aus allen Fachbereichen mit Ausnahme von Jura und Medizin	Dr. Ing. Eduard-Kurz-Stiftung www.nuernberg.de/internet/referat2/stipendien.html Theresienstraße 1 90403 Nürnberg
Studenten und Schüler aus dem Altlandkreis Illertissen	Albert und Reinhold Bohl-Stiftung Landratsamt Neu-Ulm Kantstraße 8 89231 Neu-Ulm

Adressat(en)	Studienförderung
Begabte deutsche Studenten, Schüler und Lehrlinge aus Nürnberg	Johann und Liselotte Lehner-Stiftung Nürnberg www.nuernberg.de/internet/referat2/stipendien.html Theresienstraße 1 90403 Nürnberg
Bedürftige Studenten und Schüler aus Nürnberg	Barbara, Dr. Wilhelm und Klara Doni-Stiftung www.nuernberg.de/internet/referat2/stipendien.html Theresienstraße 1 90403 Nürnberg
Begabte und bedürftige Studenten aus Ochsenfurt	Helmut Opas-Stiftung Stadt Ochsenfurt Hauptstraße 42 97199 Ochsenfurt

Berlin (5)

Bedürftige Berliner Studenten	Berliner Spenersche Stiftung c/o Lutz Mielke Koblenzer Straße 7 10715 Berlin
Studenten der angewandten Medienwirtschaft in Berlin	Managerstipendium bei Herta BSC pixelapostel Akademie für Kommunikation und Medienmanagement GmbH Mariendorfer Damm 165 12107 Berlin
»Berliner Kinder«, das heißt Studenten, die in Berlin geboren und aufgewachsen sind oder vor Beginn einer Förderung durch die Stiftung mindestens acht Jahre in Berlin ansässig waren	Konsul Karl und Dr. Gabriele Sandmann-Stiftung KKGS Stiftung Wolfgang Blaesing Egestorffstr. 42 a 12307 Berlin
Studierende der Theaterwissenschaften in Berlin	Hans-Knudsen Stiftung c/o Dr. Rüdiger Knudsen Rhumeweg 2a 14163 Berlin
Promotionsstudenten in Berlin	Berliner Graduiertenförderung (gemäß des Berliner Nachwuchsförderungsgesetz) Bewerbung über die jeweilige Hochschule

Brandenburg (1)

Doktoranden und Nachwuchskünstler in Brandenburg	Brandenburger Graduiertenförderung Bewerbung über die jeweilige Hochschule

Adressat(en)	Studienförderung
Hamburg (4)	
Studenten und Graduierte, die in Hamburg forschen und sich dabei mit der Stadt Hamburg befassen	Hamburgische Wissenschaftliche Stiftung Flemingstraße 10 22299 Hamburg
Studierende, deren Studienabschluss aufgrund einer wirtschaftlichen Notlage gefährdet ist	E.W. Kuhlmann-Stiftung Postfach 1301 23873 Mölln
Für Absolventen des Hamburger Wilhelm Gymnasiums	Stadt Hamburg – Behörde für Schule, Jugend u. Berufsbildung Postfach 761048 22060 Hamburg
Studenten mit mind. einem Elternteil als Lehrer, die aus Hamburg kommen und dort studieren	Studentenwerk Hamburg: Fritz-Prosiegel-Stipendium www.studentenwerk-hamburg.de Studentenwerk Hamburg Postfach 130951 20109 Hamburg
Hessen (9)	
Bedürftige Studenten und Schüler aus der Stadt Frankfurt oder der Rhein-Main Region	Pestalozzi-Stiftung Frankfurt www.frankfurter-stiftungen.de Pestalozzi Stiftung Konrad-Adenauer-Straße 15 60313 Frankfurt am Main
Frankfurter Studenten auf dem zweiten Bildungsweg	Walter-Kolb-Stiftung e. V. www.walter-kolb.de Kurt-Schumacher-Straße 41 60313 Frankfurt am Main
Bedürftige Studenten, die im Gebiet des ehem. Herzogtums Nassau geboren wurden	Nassauische Zentralstudienfonds Regierungspräsidium Darmstadt Dezernat I 14 64278 Darmstadt
Waisen oder Halbwaisen aus der Region Bad Homburg	Stadt Bad Homburg Rathausplatz 1 61348 Bad Homburg
Evangelische Theologiestudenten und -Doktoranden in Hessen	Hessische Lutherstiftung Paulusplatz 1 64285 Darmstadt

Weitere Förderer

Adressat(en)	Studienförderung
Studenten in Hessen aus den Bereichen Kultur und Medien, die einen Auslandsaufenthalt planen	Hessisches Ministerium für Wissenschaft und Kunst www.hmwk.hessen.de Rheinstraßen 23-25 65185 Wiesbaden
Studenten aus dem Raum Frankfurt	Dr. Arthur Pfugst-Stiftung www.pfungst-stiftung.de Waldschmidtstraße 39 60316 Frankfurt am Main
Studenten aus der Rhein-Main Region	Pestalozzi-Stiftung Frankfurt Konrad-Adenauer-Straße 15 60313 Frankfurt am Main
Frankfurter Künstler	Stiftung Städelschule für junge Künstler Staatliche Hochschule für Bildende Künste Städelschule Dürerstrasse 10 60596 Frankfurt am Main

Mecklenburg-Vorpommern (1)

Studierende, deren Studienabschluss aufgrund einer wirtschaftlichen Notlage gefährdet ist	E.W. Kuhlmann-Stiftung Postfach 1301 23873 Mölln

Niedersachsen (9)

Studenten aus Cuxhaven-Altenbruch	Verwaltung Stadt Cuxhaven Stadt Cuxhaven Grüner Weg 42 27472 Cuxhaven
Christliche Studenten aus der Region Pattensen	Schönen´sche Lehensstiftung zu Pattensen www.pattensen.de Stadt Pattensen Auf der Burg 1-2 30982 Pattensen
Evangelische Studenten, die ihr Abitur in Buxtehude abgelegt haben und mindestens drei Semester studiert haben	Halepaghen-Stiftung www.stadt.buxtehude.de Stadthaus Bahnhofstraße 7 21614 Buxtehude
Studenten in Oldenburg	Gemeinde Cadolzburg Rathausplatz 1 90556 Cadolzburg

Adressat(en)	Studienförderung
Absolventen des Ulrichsgymnasiums in Norden	Dr. Frerichs-Stiftung Am Markt 19 26506 Norden
Evangelische Theologiestudenten in der Region Braunschweig	Evangelisch-lutherische Landeskirche in Braunschweig Dietrich Bonhoeffer Straße 1 38300 Wolfenbüttel
Studenten aus Northeim, Göttingen oder Einbeck	Molini-Rumann-Stiftung Stadt Northeim Scharnhorstplatz 1 37154 Bortheim
Studenten und Künstler, vorzugsweise aus Niedersachsen	TUI-Stiftung www.tui-stiftung.de Karl-Wiechert-Allee 4 30625 Hannover
Studenten aus den Fachbereichen Medizin, Natur- oder Musikwissenschaften aus Niedersachsen oder Schleswig-Holstein, die an der Christian-Albrechts-Universität in Kiel studieren	Dr. Helmut-Robert-Gedächtnis-Stiftung Christian-Albrechts-Universität Kiel Christian-Albrechts-Platz 4 24118 Kiel

Nordrhein-Westfalen (12)

Deutsche-Telekom-Stiftung (im Rahmen des NRW Stipendienprogramms) www.telekom-stiftung.de Graurheindorfer Str. 153 53117 Bonn	Lehramtskandidaten der MINT Fächer (Mathematik, Informatik, Naturwissenschaften und Technik)
Evangelische Theologiestudenten im Rheinland	Evangelische Kirche im Rheinland Hans Böckler Straße 7 40476 Düsseldorf
Bedürftige, begabte Schüler und Auszubildende aus Solingen	Eheleute Carl Ruß-Stiftung www.solingen.de Stadtdienst Schulverwaltung, Zimmer E 09 Bonner Straße 100 42697 Solingen
Bedürftige Studenten in Nordrhein-Westfalen	Karl-Jüngel-Stiftung Stixchenstraße 136-150 51377 Leverkusen
Begabte, evangelische Studenten, die in Wuppertal wohnen oder dort geboren worden sind	Dr.-Alfred-Springorum-Stiftung www.wuppertal.de Stadt Wuppertal Alexanderstraße 18 42103 Wuppertal

Adressat(en)	Studienförderung
Katholische Studenten aus der Region Neuss	Eheleute Adolf Hesemann sen. und Gertrud geb. Nolden-Stiftung www.neuss.de Stadt Neuss Rheinwallgraben 17 41456 Neuss
Für Studenten der katholischen Theologie aus Coesfeld	Vicarie Meiners Stipendium Stadt Coesfeld Markt 8 48653 Coesfeld
Bedürftige Studenten mit Fachrichtung katholische Theologie aus der Stadt Rees	Sophia von Bocholtsche Studentenstiftung Vor dem Falltor 4 46459 Rees
Studenten und Doktoranden in Nordrhein-Westfalen, die zeitlich begrenzt im Ausland forschen und/oder lehren wollen	Heinrich-Hertz-Stiftung www.heinrich-hertz-stiftung.de Ministerium für Innovation, Wissenschaft, Forschung und Technologie des Landes Nordrhein-Westfalen Heinrich Hertz-Stiftung Völklinger Straße 49 40221 Düsseldorf
Evangelische Theologiestudenten in Westfalen, die einen Auslandsaufenthalt planen	Evangelische Kirche von Westfalen Altstädter Kirchplatz 5 33602 Bielefeld
Priesteramtskandidaten im Bistum Münster	Bernhard van Hagen'sche Stiftung Antoniusstraße 5 47533 Kleve
Studenten, Schüler und Auszubildende aus Essen	Heinrich-Spindelmann-Stiftung der Stadt Essen Altenessener-Straße 236 45121 Essen

Rheinland-Pfalz (6)

Promotionsstudenten an einer Hochschule in Rheinland-Pfalz und alleinstehende Studierende mit Kind bzw. alleinstehende schwangere Studentinnen	Stiftung zur Förderung begabter Studierender und des wissenschaftlichen Nachwuchses (Stipendienstiftung Rheinland-Pfalz) Die Bewerbung ist über die jeweilige Hochschule möglich
Studenten und Graduierte, die biologische oder ökologische Untersuchungen in Rheinland-Pfalz durchführen	Ministerium für Umwelt und Forsten Rheinland-Pfalz www.mufv.rlp.de Stipendium Arten- und Biotopschutz Kaiser-Friedrich-Str. 1 55116 Mainz

Adressat(en)	Studienförderung
Studierende in Trier	Nikolaus-Koch-Stiftung www.nikolaus-koch-stiftung.de Dietrichstraße 12 54290 Trier
Evangelische Theologiestudenten im Rheinland	Evangelische Kirche im Rheinland Hans Böckler Straße 7 40476 Düsseldorf
Promotionsstudenten in Rheinland-Pfalz	Lotto Rheinland-Pfalz-Stiftung Bewerbung über die jeweilige Hochschule
Studenten und Doktoranden der WHU Koblenz	Diverse Stipendienprogramme (vgl. Kapitel »Stipendienprogramme an privaten Hochschulen«)

Saarland (2)

Adressat(en)	Studienförderung
Studenten im Saarland	StudienStiftungSaar Am Bergwerk Reden 10 66578 Schiffweiler
Doktoranden im Saarland	Landesgraduiertenförderungsgesetz des Saarlandes Bewerbung über die jeweilige Hochschule

Sachsen (3)

Adressat(en)	Studienförderung
Promotionsstudenten oder Meisterschüler in Sachsen	Sächsische Landesstipendien für die Graduiertenförderung Bewerbung über die jeweilige Hochschule
Aus Dresden stammende Studenten, die Rechtswissenschaften in Dresden oder Leipzig studieren	Dr. Hedrich-Stiftung Landeshauptstadt Dresden Dezernat Finanzen und Liegenschaften Postfach 12 00 20 01001 Dresden
Studenten der Medizinwissenschaften, die einen Auslandsaufenthalt planen und an einer Hochschule im Freistaat Sachsen immatrikuliert sind	Roland-Ernst-Stiftung für Gesundheitswesen Hüblerstrasse 17 D-01309 Dresden

Sachsen-Anhalt (2)

Adressat(en)	Studienförderung
Für Sportler in der Region Halle	Stiftung Sport Region Halle www.stiftung-sport.de Robert-Koch-Straße 33 6110 Halle
Promotionsstudenten in Sachsen-Anhalt	Graduiertenförderung des Landes Sachsen-Anhalt Bewerbung über die jeweilige Hochschule

Adressat(en)	Studienförderung

Schleswig-Holstein (4)

Studierende, deren Studienabschluss aufgrund einer wirtschaftlichen Notlage gefährdet ist	E.W. Kuhlmann-Stiftung Postfach 1301 23873 Mölln
Bedürftige Studenten, die aus der Hansestadt Lübeck stammen	Parchamsche-Stiftung zu Lübeck www.parchamsche-stiftung.de Bei den Obstgärten 12 23556 Lübeck
Bedürftige Studenten aus Lübeck, die in Berlin studieren	Anton und Helene Zerrenner-Stiftung Anton und Helene Zerrenner-Stiftung c/o Rechtsanwältin Patricia Noisten Clayallee 324 14169 Berlin
Studenten aus den Fachbereichen Medizin, Natur- oder Musikwissenschaften aus Niedersachsen oder Schleswig-Holstein, die an der Christian-Albrechts-Universität in Kiel studieren	Dr. Helmut-Robert-Gedächtnis-Stiftung Christian-Albrechts-Universität Kiel Christian-Albrechts-Platz 4 24118 Kiel

Thüringen (3)

Ingenieure in Thüringen	Thüringen-Stipendium www.thueringen.de Thüringer Aufbaubank Gorkistrasse 9 99084 Erfurt
Graduierte, Nachwuchskünstler und Meisterschüler in Thüringen	Graduiertenförderung des Landes Thüringen Bewerbung über die jeweilige Hochschule
Studenten der Medizin mit einem Schwerpunkt im Bereich der Immuntherapie aus Thüringen	Dr. Rainald Stromeyer-Stiftung Im Stifterverband für die Deutsche Wissenschaft e. V. Barkhovenallee 1 45239 Essen

3. Internationale Studienförderer

Förderumfang	Auslandsförderer

Westeuropa (20)

Europa allgemein

Auslandssemester von drei bis zwölf Monaten für Studenten der Teilnehmerländer von ERASMUS, die ihr Auslandssemester an einer EU-Hochschule absolvieren möchten, aber nicht über das ERASMUS-Programm gefördert werden können	Free Mover Stipendien (FMS) eu.daad.de/eu/freemover/05305.html Die Vergabe findet über den DAAD statt

Belgien

Studien am Postgraduierten-College of Europe Brügge für Bewerber mit abgeschlossenem Hochschulstudium	Europäische Bewegung Deutschland www.europaeische-bewegung.de Netzwerk Europäische Bewegung Deutschland Sophienstr. 28/29 10178 Berlin

Frankreich

Rund 100 deutsch-französische Studienprogrammen verschiedenster Fachrichtungen für Studierende und Doktoranden	Deutsch-Französische Hochschule (DFH), Université franco-allemande (UFA) www.dfh-ufa.org Villa Europa Kohlweg 7 D-66123 Saarbrücken
Förderung für Studienaufenthalte für Studierende und Doktoranden an einer französischen Hochschule	Stipendien an der Ecole Nationale d'Administration (ENA) Die Bewerbung findet über den DAAD statt
Sprachkurse, Praktika, Studien- und Forschungsvorhaben insbesondere für Schüler, Studenten und Doktoranden mit verschiedensten Vorhaben im Bezug zu Frankreich und zur französischen Sprache	Das Deutsch-Französische Jugendwerk (DFJW) bzw. Office franco-allemand pour la Jeunesse www.dfjw.org Molkenmarkt 1 10179 Berlin
Ein- bis zweisemestrige Studienaufenthalte für Studenten im Hauptstudium sowie Forschungsaufenthalte bzw. -praktika für Studierende bayerischer Universitäten, die ihr Vorhaben an einer französischen Hochschule realisieren wollen	Bayerisch-Französisches Hochschulzentrum (BFHZ) www.bfhz.uni-muenchen.de Arcisstr. 21 80333 München

Förderumfang	Auslandsförderer
Forschungsaufenthalte von Doktoranden in Frankreich	Die französische Regierung vergibt folgende Förderungen: Jahresstipendium (Bourses d'études) Forschungsaufenthalte zwischen ein und drei Monaten (Bourses de séjour scientifique de haut niveau) Stipendien für hochbegabte Studenten (Bourse d'excellence Eiffel) Fortsetzung Grundstudium in Frankreich (Bourse Major) Vorbereitung auf französische Masterabschlüsse für Ingenieure (Bourses d'incitation Ingénieurs) Wissenschaftliche Forschung (Bourse pour la recherche scientifique) Die Vergabe findet über den DAAD statt
Studienaufenthalte an französischen Hochschulen	Centre National des Allemagne Universitaires et Sociales (SDBEAI) Stipendien des französischen Studentenwerks 6, rue Jean Calvin BP 49 75222 PARIS Cedex 05
Forschungsaufenthalte und Praktika in Frankreich für Studenten der Sozial- und Geisteswissenschaften	Centre Interdisciplinaire d'Etudes et de Recherche sur L'Allemagne (CIERA) www.france-allemagne.fr Dadas Stipendium wird in Zusammenarbeit mit dem DAAD durchgeführt

Griechenland

Aufbaustudien an griechischen Universitäten	Stiftung für Staatliche Stipendien (IKY State Scholarships Foundation) www.iky.gr/IKY/portal/en Makri 1 and Dionisiou Areopagitou (Makrigianni) 117 42 Athen Griechenland

Italien

Vierjähriger Studienaufenthalt für Promotionsprogramme in Recht, Geschichte, Wirtschaftswissenschaften, Politik- und Sozialwissenschaften am Europäischen Hochschulinstitut in Florenz	European University Institute www.iue.it EUI - Badia Fiesolana Via dei Roccettini 9 50014 San Domenico di Fiesole Italien

Förderumfang	Auslandsförderer
Selbstständige Forschungsvorhaben aus dem Bereich der prähistorischen Archäologie im Institut in Rom	Deutsches Archäologisches Institut Auslandsstipendium der Abteilung Rom www.dainst.org Podbielskiallee 69-71 14195 Berlin

Niederlande

Studienaufenthalte an niederländischen Hochschulen	Huygens-Stipendium www.nuffic.nl/international-students/scholarships Nuffic PO Box 29777 2502 LT The Hague Niederlande

Norwegen

Auslandsaufenthalte von Schülern und Praktikanten in Norwegen	Norwegisch-Deutsche Willy-Brandt-Stiftung c/o Kgl. Norwegische Botschaft Rauchstr. 1, 10787 Berlin

Österreich

Studienaufenthalte an einer österreichischen Hochschule	Bundesministerium für Bildung, Wissenschaft und Kultur – Verein Österreichischer Austauschdienst (ÖAD) www.oead.ac.at Alser Straße 4/1/3/8 1090 Wien
Studienaufenthalte für Undergraduates und Graduates der Fachrichtungen Sozial-, Rechts- und Wirtschaftswissenschaften	Diplomatic Academy of Vienna www.da-vienna.ac.at Favoritenstraße 15a 1040 Wien

Spanien

Studienaufenthalte für Lehrkräfte, Schüler, Studierende und Graduierte an einer spanischen Universität	Bildungsabteilung der Botschaft von Spanien in Berlin (Consejería de Educación) www.mepsyd.es/exterior/al/al/stipendien/stipendien.shtml Botschaft von Spanien in Berlin Bildungsabteilung Lichtensteinallee 1 10787 Berlin

Weitere Förderer

Förderumfang	Auslandsförderer

Vereinigtes Königreich (England, Schottland und Wales)

Studien- und Forschungsaufenthalte von Studenten im Vereinigten Königreich (Teilstipendium)	British Chamber of Commerce in Germany (BCCG) Foundation www.bccg.de Am Eisenbrand 16 40667 Meerbusch
Studiengebühren und Finanzierungsmöglichkeiten in Großbritannien, Nordirland, Schottland	British Research Council www.britishcouncil.de/d/education/study.htm Eine ausführliche Suchmaske findet sich unter: www.educationuk.org/pls/hot_bc/ bc_edufin.page_pls_user_scholarship Alexanderplatz 1 10178 Berlin
Studienaufenthalt für Studierende in Oxford	The Rhodes Trust www.rhodes-deutschland.de Alte Schloßstraße 9 96253 Untersiemau

Mittel-, Ost- und Südosteuropa (9)

Mittel-, Ost- und Südosteuropa allgemein

Studienaufenthalte für Studenten in Mittel-, Ost- und Südosteuropa	BayHOST www.bayhost.de Universitätsstraße 31 93053 Regensburg
Auslandsaufenthalt in Osteuropa oder Russland	Go East – Haniel Stiftung[53] www.haniel-stiftung.de Haniel Stiftung Franz Haniel Platz 6-8 47119 Duisburg
Studienaufenthalt in Polen und Tschechien für Studenten und Doktoranden aller Fachrichtungen	Gemeinschaft für studentischen Austausch in Mittel- und Osteuropa (GFPS) e.V. www.gfps.org/stipendien Postfach 41 03 53 12113 Berlin
Forschungsreisen und -vorhaben im Bereich historische bzw. zeithistorische Südosteuropa-Forschung in Südosteuropa (Reisekostenstipendium)	Südosteuropa-Gesellschaft e.V. www.suedosteuropa-gesellschaft.com Widenmayerstraße 49 80538 München
Studien- bzw. Forschungsvorhaben und Praktika sowie Sprachkurse in einem Land Ostmittel- oder Osteuropas für Studierende aller Fächer	Stipendienprogramm »Metropolen in Osteuropa« www.studienstiftung.de/osteuropa.html Vergabe über die Studienstiftung des deutschen Volkes

Förderumfang	Auslandsförderer
Sechswöchige oder dreimonatige Auslandsaufenthalte von Journalisten aus Nordrhein-Westfalen	Heinz-Kühn-Stiftung www.heinz-kuehn-stiftung.de Stadttor 1 40219 Düsseldorf

Tschechische Republik

Studienaufenthalte an tschechischen Hochschulen für Studierende und Doktoranden geistes- und gesellschaftspolitischer Fächer	Deutsch-Tschechischer Zukunftsfonds www.fondbudoucnosti.cz/Default.aspx?lang=de Na Kazance 634/7 171 000 Praha 7 - Troja Tschechien

Türkei

Graduierten Studienaufenthalt in Istanbul bzw. der Türkei für Studenten der Orientalistik	Leitende Referentin Orient-Institut Istanbul Susam Sokak 16-18, D. 8 344 33 Cihangir - Istanbul Türkei

Ungarn

Studien- und Forschungsaufenthalte für Studierende und Wissenschaftler an tschechischen Hochschulen	Ungarische Stipendienkommission www.scholarship.hu/static/nemet Baslassi Intézet, Möb Iroda 1519 Budapest PF. 385

Nordamerika (10)

Kanada

Studien- und Forschungsstipendien für Studenten an kanadischen Hochschulen	Stipendien der kanadischen Regierung und Provinzregierungen sowie regierungsunabhängige Stipendien www.destineducation.ca/intstdnt/awards_e.htm 220 Laurier Ave. West, Suite 1550 Ottawa, Ontario K1P 5Z9 Kanada
Studien- und Forschungsstipendien für Studenten an kanadischen Hochschulen	International Council for Canadan Studies (ICCS) www.iccs-ciec.ca 250 City Centre Avenue, Suite 303 Ottawa, Ontario K1R 6K7 Kanada

Förderumfang	Auslandsförderer
USA	
Maximal zwei Auslandssemester für Studenten und Graduierte an ausgewählten US-Universitäten	Fulbright Programm www.fulbright.de Amerikanische Fulbright Kommission Oranienburger Straße 13-14 10178 Berlin
Bis zu vier Auslandssemester für Studenten und Graduierte an US-Universitäten. Für ein akademisches Studienjahr ist eine Förderung bis zu einem Höchstbetrag von 23.000 US-Dollar möglich	Rotary Foundation Ambassadorial Scholarships (RFAS) www.rotary.org/de/StudentsAndYouth/EducationalPrograms/AmbassadorialScholarships Bewerber richten sich an den Präsidenten des Rotary Clubs am Ort des Wohnsitzes oder des Studienortes, dabei hilft der »Clubwegweiser« auf der Internetseite
Bachelorstudium für Studenten an einer US-Hochschule (Voll- bzw. Pauschalstipendien)	International Doorway (IDEA) www.internationaldoorway.de/deutsch/stipendienusa/index.htm Zentrum für Internationale Bildung und Karriere International Doorway Deutschland Geiststr. 49 48151 Münster
Studienaufenthalte für Studenten und Schüler an US-Hochschule bzw. US Colleges (Sportstipendien)	Sport-Scholarships.com www.sport-scholarships.com/de/index.htm Liedgens & Tissler GbR Zentrum für Bildung und Karriere im Ausland Geiststr. 49 48151 Münster
Schülern des Norbert-Gymnasiums Knechtsteden und des Schloss Salem College, die ein Studium am Massachusetts Institute of Technology (MIT) absolvieren wollen	Elisabeth-Meurer-Stiftung Milanweg 15 50259 Pulheim
Akademisches Jahr für Studenten an neun staatlichen baden-württembergischen Universitäten an sieben US-Hochschulen im Bundesstaat Oregon	Landesprogramm Baden-Württemberg – Oregon www.uni-tuebingen.de/intrel/oscg Oregon Study Center Eberhard Karls Universität Tübingen c/o Dezernat V-Office of International Affairs Wilhelmstr. 9 72074 Tübingen
Zwölf- bis maximal 21-monatiges Aufbaustudium und die Möglichkeit ein Praktikum zu absolvieren für qualifizierte Nachwuchskräfte der Rechts-, Wirtschafts-, Staats- oder Gesellschaftswissenschaften an einer US-Hochschule	ERP-Stipendienprogramm www.studienstiftung.de/erp.html Studienstiftung des deutschen Volkes Ahrstraße 41 53175 Bonn

Weitere Förderer

Förderumfang	Auslandsförderer
Juristische Fortbildungsmaßnahmen zum Erwerb fachlicher Zusatzqualifikationen für Juristen in den USA	Walter-Oppenhoff-Stiftung Im Stifterverband für die Deutsche Wissenschaft Barkhovenallee 1 45239 Essen

Mittel- und Südamerika (2)

Chile

Studien- und Forschungsaufenthalte an Hochschulen in Chile	Stipendienprogramm der chilenischen Regierung www.agci.cl/becas Agencia de Cooperación Internacional de Chile Teatinos 180, Piso 8 Santiago de Chile Chile

Mexiko

Postgraduierten-Studien und Forschungsaufenthalte an Hochschulen in Mexiko	Stipendienprogramm der mexikanischen Regierung bes-r.sre.gob.mx SRE - Secretaría de Relaciones Exteriores Ave. Juárez #20, Col. Centro, CP 06010 Cuauhtémoc Mexiko

Asien/Ozeanien (14)

Asien und Ozeanien allgemein

Sechsmonatige Berufspraktika in Asien für Hochschulabsolventen oder Studierende vor Studienabschluss, die über eine kaufmännische oder technische Hochschulausbildung verfügen	Heinz Nixdorf Programm zur Förderung der Asien-Pazifik Erfahrung deutscher Nachwuchsführungskräfte www.inwent.org InWent Friedrich-Ebert-Allee 40 53113 Bonn
Mehrmonatige Studienaufenthalte sowie Praktika in ost- bzw. südostasiatischen Ländern für Studenten wirtschaftsnaher Fachrichtungen im Hauptstudium	Kurzzeitstudium & Praktikum in Asien – Haniel Stiftung[54] www.haniel-stiftung.de Haniel Stiftung Franz Haniel Platz 6-8 47119 Duisburg

Weitere Förderer

Förderumfang	Auslandsförderer
Australien	
Voll-, Teil- und Reisekostenstipendien für Studienaufenthalte in Undergraduate oder Postgraduate Studiengängen an australischen Hochschulen	Ranke-Heinemann Institut www.ranke-heinemann.de/neuseeland/index.php Schnutenhausstr. 44 45136 Essen
Studienaufenthalte an ausgewählten australischen Hochschulen	IEC Online-International Education Centre www.ieconline.de Rungestr. 1 10179 Berlin
Studienaufenthalte an ausgewählten australischen Hochschulen	Gostralia www.gostralia.de Lange Str. 54 70174 Stuttgart
Studienaufenthalte für Studenten und Graduierte an einer australischen Hochschule	»Endeavour Awards for international applicants« – Stipendienprogramme der australischen Regierung, darunter International Student Exchange Programs Endeavour Vocational Education and Training (VET) Awards Endeavour Postgraduate Awards Endeavour Research Fellowships Endeavour Executive Awards www.endeavour.deewr.gov.au/international_applicants/
China	
Einjähriges Studienjahr in China inklusive integrierendem Praktikum für Studenten aller Fachrichtungen (außer Sinologie). Das Programm ermöglicht den Erwerb von Sprach-, Landes- und Fachkenntnissen in China	China-Stipendien-Programm der Alfried Krupp von Bohlen und Halbach-Stiftung www.studienstiftung.de/china.html Vergabe über die Studienstiftung des deutschen Volkes
Studien- und Forschungsaufenthalte für Studenten an chinesischen Hochschulen (Voll- und Teilstipendien)	Stipendienprogramme der chinesischen Regierung, darunter zum Beispiel Chinese Government Scholarship Scheme Chinese Government Scholarship Program (EU Window) Chinese Government Special Scholarship Scheme-University Postgraduate Study Program Chinese Culture Research Fellowship Scheme en.csc.edu.cn/

Förderumfang	Auslandsförderer

Japan

Studien-, Forschungs- und Sprachstipendien für Studierende, Graduierte und Wissenschaftler aller Fachrichtungen an japanischen Hochschulen	Die Förderung der japanischen Regierung läuft über das Monbukagakusho Stipendium des japanischen Ministeriums für Bildung, Kultur, Sport, Wissenschaft und Technologie www.de.emb-japan.go.jp/austausch/stipendien.html Vergabe über den DAAD
Forschungsaufenthalte für Doktoranden und Postdoktoranden an japanischen Hochschulen	Die Japan Society for the Promotion of Science (JSPS) vergibt Stipendien durch folgende Förderprogramme: JSPS Sommerprogramm JSPS Postdoctoral Fellowship JSPS Invitation Fellowship www.jsps-bonn.de Die Vergabe erfolgt über den DAAD

Neuseeland

Voll-, Teil- und Reisekostenstipendien für Studienaufenthalte in Undergraduate oder Postgraduate Studiengängen an neuseeländischen Hochschulen	Ranke-Heinemann Institut www.ranke-heinemann.de/neuseeland/index.php Schnutenhausstr. 44 45136 Essen
Reisestipendien für Studierende und Graduierte an neuseeländischen Hochschulen	Das Deutsch-Australische Netzwerk e.V. (DeAN) www.dean-online.de/htmlenglish/DeAN_Frame_e.htm Wilhelmstr. 18a 61381 Friedrichsdorf
Studienaufenthalte an ausgewählten neuseeländischen Hochschulen	GOzealand! - Stipendien www.gozealand.de/studium-in-neuseeland GOstralia! Lange Strasse 54 70174 Stuttgart
Studienaufenthalte für Studierende und Graduierte an neuseeländischen Hochschulen	Education New Zealand vergibt folgende Förderprogramme: New Zealand Undergraduate Study Abroad Awards New Zealand Postgraduate Study Abroad Award New Zealand International Doctoral Research Scholarships www.newzealandeducated.com/int/en/institutions_courses/scholarships

Weitere Förderer

Förderumfang	Auslandsförderer

Afrika und Mittlerer Osten (6)

Afrika und Mittlerer Osten allgemein

Teilnahme an einer Bildungsreise in Afrika sowie einem vorbereitenden Seminar	Bundeszentrale für politische Bildung mit Unterstützung des Bundespräsidialamtes www.bpb.de/veranstaltungen/ S76RUF,0,Go_Africa__Go_Germany.html Adenauerallee 86 53113 Bonn
Semester- oder Sommeraufenthalte für Bachelorstudenten in einem Land Afrikas südlich der Sahara	SIT Scholarship www.studyabroadfunding.org/international/Scholarship-61.html School for International Training Kipling Road, P.O. Box 676 Brattleboro, VT 05302 USA

Ägypten

Studienaufenthalte im Anschluss an ein mit der Promotion abgeschlossenes Studium aus dem Bereich der Altertumswissenschaften	Deutsches Archäologisches Institut Wülfing-Stipendium www.dainst.org Podbielskiallee 69-71 14195 Berlin

Israel

Sechsmonatige bis dreijährige Forschungsaufenthalte	Minerva-Stiftung www.minerva.mpg.de Gesellschaft für die Forschung mbH Hofgartenstr. 8 80539 München
Studien- oder Forschungsaufenthalte für Studenten und Graduierte in Israel	Dr. Alexander und Rita Besser -Stiftung im Stifterverband für die Deutsche Wissenschaft e. V. Barkovenallee 1 45239 Essen
Sechswöchige oder dreimonatige Auslandsaufenthalte von Journalisten aus Nordrhein-Westfalen	Heinz-Kühn-Stiftung www.heinz-kuehn-stiftung.de Stadttor 1 40219 Düsseldorf

Lösungen zu den Beispielaufgaben des Studierfähigkeitstests

Interpretieren von Diagrammen und Tabellen

L1:

Schwierigkeit: leicht bis mittel

Aussage I lässt sich schnell aus den beiden Grafiken ableiten. Die prozentuale Verteilung der Ozeanier beträgt in beiden Jahren 0,50 %. Absolut bedeutet dies sogar einen Anstieg, jedoch ist nach relativen Werten gefragt. Aussage I lässt sich somit ableiten.

Aussage II bezieht sich auf absolute Werte. Für die Lösung muss der relative Anteil der Afrikaner auf die angegebene Weltbevölkerung bezogen werden. Man kann im Kopf überschlagen, dass 20,9 % von 9.276 Mrd. Einwohnern ungefähr doppelt so viel wie 13,8 % von 6.396 Mrd. Einwohnern ist. Es muss keine exakte Berechnung erfolgen, durch kurzes Überschlagen lässt sich das Ergebnis feststellen und somit die Aussage II als ableitbar erkennen.

Somit ist die richtige Lösung dieser Aufgabe der Buchstabe C

L2:

Schwierigkeit: mittel

Aussage I ist direkt aus dem Diagramm abzuleiten. Allerdings ist hier der erste Eindruck, dass die durchschnittliche Dauer des Auslandsaufenthaltes sechs Monate beträgt, irreführend. Denn: 29 % der Auslandsaufenthalte dauern bis zu vier Monaten und 28 % der Auslandsaufenthalte umfassen einen Zeitraum von mehr als vier Monaten bis einschließlich sechs Monaten. Somit haben kumuliert 57% der befragten Studenten einen Auslandsaufenthalt von höchstens einem halben Jahr wahrgenommen. Hieraus folgt, dass 43% der Studenten länger als sechs Monate im Auslandsstudium waren - auf den ersten Blick ist Aussage I damit eine plausible Lösung. Jedoch waren 7% der befragten Studenten laut Grafik »pauschal« länger als ein Jahr im

Ausland. Wenn nun viele dieser Studenten einige Jahre im Ausland waren, kann sich ein höherer Durchschnittswert als sechs Monate ergeben. Aussage I lässt sich somit nicht ableiten.

Aussage II bezieht sich auf das erste Diagramm, welches die Gründe für einen Auslandsaufenthalt darstellt. Addiert man alle Prozentangaben des Balkendiagramms erhält man 108%. Somit müssen einige Studenten mehr als einen Grund für ihren Auslandsaufenthalt angegeben haben.

Somit ist die richtige Lösung dieser Aufgabe der Buchstabe B

L3:

Schwierigkeit: hoch

Aussage I lässt sich nicht ableiten, da fast viermal so viele Deutsche Spanien besucht haben, wie umgekehrt Spanier Deutschland besichtigt haben. Ein vorschneller Blick auf das Diagramm kann hier in die Irre führen. Das Problem steckt in der Skalierung der beiden Y-Achsen: Die Grafik auf der linken Y-Achse (Touristen in Deutschland) hat eine 500-er Skala und die rechte Y-Achse (Deutsche Touristen im Ausland) eine 1.000er Skala. Somit ist Aussage I nicht ableitbar.

Aussage II lässt sich ebenfalls nicht ableiten. Die Balken der Grafik könnten nur auf den ersten Blick den Schluss zulassen, dass sich Franzosen auf Platz vier der größten Besuchernationen in Deutschland befinden. Ein Blick in die Fußnote verrät aber, dass 7,42 Mio. deutsche Touristen Urlaub in ihrem eigenen Land gemacht haben. Dies macht die Deutschen mit Abstand selbst zur größten Besuchergruppe in Deutschland. Durch diesen Sachverhalt sind französische Touristen nicht auf dem vierten Platz, sondern auf dem fünften Platz der größten Besuchergruppen angesiedelt. Somit ist Aussage II auch nicht ableitbar.

Somit ist der richtige Lösungsbuchstabe zu dieser Aufgabe D.

Erschließen von Analogien

L4 a):

Schwierigkeit: mittel

(1) Gewinn : Verlust = Einnahme : Ausgabe
(2) Umsatz : Unternehmen = BIP : Volkswirtschaft

Alle anderen Begriffe in der Wortwolke stehen in keiner sinnvollen 2x2 Analogie-Beziehung zueinander.

L4 b):

Schwierigkeit: mittel bis schwer

(1) Tapete : Wand = Lack : Auto
(2) Ader : Blut = Flasche : Wasser
(3) Heiss : kalt = Nass : trocken

Alle anderen Begriffe in der Wortwolke stehen in keiner sinnvollen 2x2 Analogie-Beziehung zueinander.

Räumliches Vorstellen

L5 a):

Schwierigkeit: leicht

Bei dieser Aufgabe sind Vorder- und Seitenansicht angegeben, gesucht ist die Draufsicht. Nicht angegeben ist, von welcher Seite die Vorder- und Seitenansicht gewählt ist. Für die korrekte Lösung ist der Aufgabe ist die Symmetrie der Figur nicht weiter von Bedeutung. Die Seitenansicht macht deutlich, dass das kleine Quadrat an der linken Seite, welches auf der Draufsicht jeweils links und rechts zu finden ist nicht über die komplette Seite geht. Die Seitenansicht müsste sonst ein Rechteck an der kompletten unteren Kante des »Haupt-Rechtecks« von links nach rechts aufweisen. Die Vorderansicht kann hier etwas irreführend sein. Aus diesem Sachverhalt ist erkenntlich, dass Form B und Form D vorab ausgeschlossen werden. Aufgrund der zwei Quadrate, welche auf dem großen Quadrat liegen - wie in der Vorderansicht zu sehen - kann zudem auch Figur C ausgeschlossen werden. Somit kann nur Buchstabe A die richtige Lösung sein.

L5 b):

Schwierigkeit: mittel

Bei dieser Aufgabe ist es hilfreich, sich die dargestellte Figur logisch als dreidimensionales Gebilde vorzustellen, und alle Seiten des Körpers gedanklich abzulaufen. Die Draufsicht ist die Vogelperspektive auf einen Körper mit einem Quadrat an der Seite (wir erkennen aus der Seitenansicht, dass es ein Zylinder ist) und zwei Formen, die ebenfalls als Zylinder zu erkennen sind. Die eine ist kürzer als die andere und wird, da die Seitenansicht dargestellt ist, von der längeren Form in der Vorderansicht verdeckt. Die Seitenansicht verrät allerdings, dass es drei Zylinder gibt. Allerdings ist bei dem dritten Zylinder unbekannt, wie lang er ist. Mit diesem Wissen kann man sich die Lösungen anschauen. Da es, wie aus der Seitenansicht erkennbar, mindestens zwei Zylinder geben muss, entfallen die Varianten A und D als Lösungen. Aus der Seitenansicht lässt sich schließen, dass der dritte Zylinder unter dem mittleren liegt. Somit ist Antwort B ableitbar.

Erschließen von Regeln

L6 a):

Schwierigkeit: leicht

Buchstabe H: Die Vollen sowie die nicht-ausgefüllten Formen wechseln sich jeweils ab. Jede Form kommt nacheinander jeweils in ausgefüllter und in nicht-ausgefüllter Art vor. Somit ist - nach vollen Quadraten, leeren Dreiecken, vollen Fünfecken sowie leeren Quadraten - das volle Dreieck die fehlende Form. Somit ist Lösung H richtig.

L6 b):

Schwierigkeit: mittel

Buchstabe C: Die Lösung der Aufgabe erfolgt spaltenweise, von oben nach unten, und erfolgt über zwei Regeln, welche sich aus der kombinierten Betrachtung zweier Felder ergeben. Die erste Regel besagt, dass sich ein Pfeil in einem Feld und ein Pfeil an gleicher Stelle in einem anderen Feld gegenseitig aufheben bzw. subtrahieren. Ergebnis ist dann, dass kein Pfeil im letzten Feld zu sehen ist. Die zweite Regel ist, dass ein Pfeil in einem Feld und kein Pfeil in einem anderen Feld einen Pfeil im letzten Feld ergeben. Somit ist C der richtige Lösungsbuchstabe.

L6 c):

Schwierigkeit: mittel

Buchstabe E: Diese Aufgabe ist spaltenweise, von links nach rechts, zu lösen und erfolgt über zwei Regeln. Die erste Regel ist, dass ein Punkt in einem Feld und kein Punkt an gleicher Stelle in einem anderen Feld ebenfalls keinen Punkt im letzten Feld zur Folge haben. Die zweite Regel ist, dass ein Punkt in einem Feld und ein anderer Punkt im zweiten Feld an gleicher Stelle einen Punkt im dritten Feld ergeben. Somit ist Buchstabe E der richtige Lösungsbuchstabe.

L6 d):

Schwierigkeit: mittel bis schwer

Buchstabe D: Die Lösung für diese Aufgabe erfolgt über insgesamt vier Regeln und ist somit komplexer als die bisherigen Aufgaben. Die erste Regel besagt, dass sich zwei identische Balken an gleicher Stelle im dritten Feld gegenseitig aufheben. Die zweite Regel ist, dass ein weißer und ein grauer Balken einen dunkelgrauen Balken im dritten Feld ergeben. Die dritte Regel ist, dass ein dunkelgrauer Balken sowie ein Grauer Balken zusammen einen weißen Balken im letzten Feld ergeben. Die letzte Regel ist, dass ein dunkelgrauer sowie ein weißer Balken einen grauen Balken ergeben. Die Lösung geschieht zeilenweise, von links nach rechts, obwohl alle Felder - außer das gesuchte Feld - auch spaltenweise, von oben nach unten, lösbar sind. Somit ist Buchstabe D richtig.

L6 e):

Schwierigkeit: schwer

Buchstabe G: Die Lösung der Aufgabe ist nur durch genaues Analysieren zu bewältigen. Die erste Regel ist, dass ein weißer Punkt im ersten Feld und ein weißer Punkt an gleicher Stelle im zweiten Feld ebenfalls einen weißen Punkt im letzten Feld ergeben. Im Gegensatz dazu lösen sich zwei schwarze Punkte an gleicher Stelle in zwei Feldern auf. Ein schwarzer Punkt an einer Stelle und kein schwarzer Punkt an gleicher Stelle in einem anderen Feld ergeben einen schwarzen Punkt an genau dieser Stelle im letzten Feld. Ein weißer Punkt und kein weißer Punkt an gleicher Stelle in einem anderen Feld ergibt keinen weißen Punkt im letzten Feld. Die Lösung dieser Aufgabe muss sowohl zeilenweise, von links nach rechts, als auch spaltenweise, von oben nach unten, erfolgen. Somit ist Buchstabe G richtig.

Texte analysieren

L7 a):

Schwierigkeit: mittel

Aussage I lässt sich nicht ableiten. Da in den Stoßzeiten zwischen 07:30 – 08:00 Uhr einige Störungen im Ablauf der Beladung zu Verzögerungen führen, kann sich die Wartezeit um 11 Minuten verlängern. Der Text besagt nicht, dass diese Verlängerung auch der tatsächlichen durchschnittlichen Wartezeit entspricht, dies ist lediglich die Wartezeit, die am morgen während der Beladung entsteht, zusätzlich zu der durchschnittlichen Wartezeit. Somit lässt sich Aussage I nicht ableiten.

Aussage II Diese Aussage lässt sich über eine kleine Rechnung ableiten. Das Deck, welches normalerweise mit Waren gefüllt ist, wird in der Stoßzeit in die eine Richtung (also morgens von der kleinen in die große Stadt und abends von der großen in die kleine Stadt) zu 65% mit Passagieren gefüllt (genau wie die restlichen Fähren). Auf der jeweiligen Rückfahrt mit weniger Passagieraufkommen (z. B. morgens von der großen in die kleine Stadt) nimmt die Fähre von möglichen 200 Plätzen 65%, also 130, Passagiere mit. Dies entspricht den normalen Beförderungsprozentsätzen. Das zusätzliche Deck wäre nun auch (zumindest auf der hinfahrt) mit 65% von 100 Passagieren besetzt, was 65 entspricht. Zusammen ergibt dies 195 Passagiere, die in die Fähre ohne zusätzliches Deck passen. Also kann auf der Rückfahrt das zusätzliche Deck für Waren wieder geöffnet und für Passagiere geschlossen werden, da die Kapazität auch so erfüllt werden kann. Somit ist Aussage II ableitbar.

Somit ist die richtige Lösung dieser Aufgabe der Buchstabe B.

L7 b):

Schwierigkeit: mittel

Aussage I lässt sich mit einer kleinen Hilfsrechnung als richtig ableiten. Hier muss man nicht die Mehrkapazität des Decks je Stunde berechnen, sondern die Kapazitäten über die 65%-ige Auslastung der Fähre sowie dem Zusatzdeck. Dies entspricht bei 200 Personen 70 Personen und noch mal 35 Personen für das Zusatzdeck. Je Fahrt, kann man so 100 Personen zusätzlich einen Platz anbieten. Bei einer 10-minütigen Taktung entspricht dies 630 Personen (105 * 6). Somit ist Aussage I ableitbar.

Aussage II erfordert ebenfalls eine kleine Rechnung. Entscheidend ist hier das Wort »könnten«: Dieses besagt, dass die tatsächliche Kapazität ausgerechnet werden muss und nicht die tatsächlich beförderten Passagiere. Da die Fähre in 6 Stunden am Tag Stoßzeiten hat und dann das Zusatzdeck für Passagiere öffnet und einen 10 Minuten-Takt verfolgt, lautet die Rechnung: 300 Passagiere x 12 Fahrten x 6 Stunden = 21600 Passagiere. In den Nebenzeiten beträgt die Kapazität nur 200 Plätze und die Taktung 20 Minuten. Hier ist zu berechnen: 200 Passagiere x 6 Fahrten x 6 Stunden = 7200 Passagiere. Zusammen macht dies 28.800 Passagiere in den genannten 12 Stunden. Somit ist Aussage II ebenfalls ableitbar.

Somit ist die richtige Lösung dieser Aufgabe der Buchstabe C.

L8 a):

Schwierigkeit: mittel

Aussage I lässt sich ableiten: Im Text steht, dass Enkel ebenso wie die direkten Kinder Erben des ersten Stammes darstellen und somit gleichberechtigte Erbansprüche haben. In diesem Fall erhält der Ehepartner 50% des gesamten Erbes, so dass sich die weiteren 50% auf die jeweiligen Nachkommen aufteilen, wobei Kinder und der Enkel jeweils 12,5% oder 1/8 erhalten. Somit ist die Aussage I korrekt.

Aussage II lässt sich ebenfalls ableiten, wobei hier der Text etwas genauer angeschaut werden muss. Die Schwester des Verstorbenen ist als Nachkommen der Eltern zum zweiten Stamm zuzuordnen. Da der Bruder kinderlos und ledig war besteht die Möglichkeit, dass sie gesetzlichen Anspruch auf das Erbe hat. Dies setzt zum ersten voraus, dass der Bruder kinderlos und unverheiratet war. Wäre er verheiratet würde bei Vorhandensein des zweiten Stammes und nicht Vorhandensein des ersten Stammes 75% an den Ehegatten gehen. Wären zusätzlich noch Kinder vorhanden, so würde der zweite Stamm, also auch die Schwester leer ausgehen. Somit ist die Aussage, dass die Schwester nur erbt, wenn keine Kinder und kein Ehegatte vorhanden sind richtig und die einzige Möglichkeit für den zweiten Stamm bzw. die Schwester zu erben.

Somit ist die richtige Lösung dieser Aufgabe der Buchstabe B.

L8 b):

Schwierigkeit: schwer

Aussage I lässt sich ableiten, da es in diesem Fall darum geht, was testamentarisch möglich ist. Im Text ist erwähnt, dass man Brüder und Schwestern vom erbe ausschließen kann, somit ist ab dem zweiten Stamm die Möglichkeit gegeben diese zu »enterben«. Der Neffe aus dem zweiten Stamm sowie die Tante aus dem dritten Stamm sind somit testamentarisch vom Erbe auszuschließen.

Aussage II trifft in diesem Fall zu und ist somit ableitbar. Im letzten Abschnitt des Textes ist vermerkt, dass der Ehegatte, wenn er mit dem ersten Stamm zu teilen hat 50% des Erbes erhält, wenn er mit dem zweiten Stamm zu teilen hat sind es 75% und mit dem dritten Stamm muss er nicht teilen. 100% des Erbes gehen in jedem Fall an den Ehegatten, wenn sonst kein Erbe vorhanden ist und die »ersten« Erben aus dem dritten Stamm sind. Somit ist die Aussage ableitbar.

Somit ist die richtige Lösung dieser Aufgabe der Buchstabe B.

Schlusswort

In diesem Buch wurden eine Vielzahl fundierter Strategien und hilfreicher Tipps vorgestellt, die dem Bewerber helfen, in jedem einzelnen Schritt der Stipendienbewerbung zu überzeugen und ein Stipendium zu erhalten. Am Ende muss aber zugegeben werden, dass es zum einen keine perfekte Vorbereitung gibt und zum anderen Glück ein nicht zu unterschätzender Faktor im Bewerbungsprozess ist. Vieles hängt davon ab, ob die Bewerbung auf dem richtigen Schreibtisch landet, ob sich Bewerber und Interviewer verstehen, ob eine gute Atmosphäre beim Auswahlseminar vorherrscht und so weiter. Es hilft, zu erkennen, dass nicht der gesamte Bewerbungsprozess kontrollierbar ist und die finale Entscheidung über Erfolg und Misserfolg nicht nur in den eigenen Händen liegt.

Trotz der Bedeutung, welche die Entscheidung über die Aufnahme in ein Stipendienprogramm hat, sollte man zwei Dinge im Verlauf des Bewerbungsprozesses verinnerlichen: Erstens ist ein Stipendium nicht mehr als eine Auszeichnung für ein gutes Studium oder für kontinuierliches Engagement. Auch ohne diese Auszeichnung sind ein gutes Studium und ein erfolgreicher Berufseinstieg möglich. Andersherum rückt aber ohne gutes Studium und ohne Engagement ein Stipendium in weite Ferne. So ist es kaum verwunderlich, dass gerade diejenigen Bewerber erfolgreich sind, die sich in erster Linie ihrem Studium und/oder ihrem Engagement verschrieben haben.

Zweitens ist die Stipendienbewerbung als sportliche Herausforderung zu sehen. Es geht darum, bestmöglich vorbereitet zu sein und sein Bestes zu geben. Dabei sollte man sich nicht allein auf das Ziel fixieren, Stipendiat zu werden. Es mag überraschen, aber in vielen Fällen haben gerade die Bewerber Erfolg, die sich nicht nur auf das Ziel, sondern auch auf den Weg dorthin konzentrieren. Denn ein Bewerbungsprozess bietet viele Chancen, die eigenen Fähigkeiten weiterzuentwickeln und neue Eindrücke zu gewinnen – sei es in interessanten Unterhaltungen mit Vertrauensdozenten, im Verlauf einer kontroversen Gruppendiskussion oder durch ein herausforderndes Präsentationsthema. Eine solche Sichtweise erlaubt, unabhängig vom Ausgang der Bewerbung, als Gewinner aus dem Bewerbungsprozess hervorzugehen.

> **Tipp**
>
> Falls Sie nach der Lektüre dieses umfassenden Werkes noch offene Fragen haben, dann diskutieren Sie diese doch mit anderen Lesern und den Autoren im Forum auf squeaker.net.
>
> Außerdem können Sie die Redaktion bei der Weiterentwicklung des Projektes unterstützen, indem Sie auf squeaker.net/report einen Erfahrungsbericht zu Ihrer Stipendienbewerbung verfassen. Sollten Sie feststellen, dass sich die Kontaktdaten einer im Buch genannten Stiftung geändert haben, dann schicken Sie uns bitte Ihr Feedback über unser Feedback-Formular unter squeaker.net/buchfeedback.

Fußnoten

1. Homepage PNP Online, 02. September 2008.
2. Die ZEIT: »Wohin mit dem Geld?«, 16.10.2003, Nr. 43.
3. Bundesverband Deutscher Stiftungen: »Fakten und Trends zu Stiftungsaktivitäten in Forschung und Lehre«, März 2009.
4. Homepage der Friedrich-Ebert-Stiftung, 04. Juli 2009.
5. Homepage der Arbeitsgemeinschaft der Begabtenförderungswerke in der Bundesrepublik Deutschland, 06. März 2009.
6. Laut der Studie »Studiengebühren aus der Sicht von Studienberechtigten. Finanzierung und Auswirkungen auf Studienpläne und strategien« der Hochschul Informations System GmbH (HIS) haben zwischen 6.000 und 18.000 Abiturienten 2006 aufgrund der Einführung von Studiengebühren kein Studium begonnen. Quelle: Homepage der HIS GmbH, 06. März 2009.
7. Homepage der Heinrich-Vetter-Stiftung, 04. Juli 2009.
8. Homepage des Kölner Gymnasial- und Stiftungsfonds, 21. Juni 2009.
9. Zeit Campus: »Dichtung und Wahrheit«, Ausgabe 01/2006.
10. Zeit Campus: »Dichtung und Wahrheit«, Ausgabe 01/2006.
11. Die dialektische Methode ist angelehnt an die Hegelsche Dialektik. Der hier beschriebene Ansatz versucht lediglich die Grundidee dieses Ansatzes praktisch anzuwenden.
12. Homepage Spiegel-Online, 04. Februar 2009.
13. Homepage der Arbeitsgemeinschaft der Begabtenförderungswerke in der Bundesrepublik Deutschland, 30. Mai 2009.
14. Die Angaben zur Höhe der Stipendien beziehen sich auf das Jahr 2009.
15. Homepage der Arbeitsgemeinschaft der Begabtenförderungswerke in der Bundesrepublik Deutschland, 01. Februar 2009.
16. Kunze, Rolf-Ulrich: Die Studienstiftung des deutschen Volkes seit 1925, Mainz 1999
17. Homepage Arbeitsgemeinschaft der Begabtenförderungswerke in der Bundesrepublik Deutschland, 29. Dezember 2010.
18. Friedrich-Ebert-Stiftung, Jahresbericht 2009.
19. Friedrich-Naumann Stiftung für die Freiheit, Jahresbericht 2010.
20. Hans-Seidel-Stiftung, Jahresbericht 2010
21. Homepage arbeiterkind.de, 30. März 2009.

22 Die Studienförderung der Heinrich-Böll-Stiftung ist vergleichsweise jung. Daher ist die Anzahl prominenter Alumni deutlich geringer als bei älteren Förderwerken wie der Studienstiftung des Deutschen Volkes oder der Friedrich-Ebert-Stiftung.
23 START ist das Schüler- Stipendienprogramm der Hertie-Stiftung; siehe auch Abschnitt »Stipendienprogramme für Schüler und Studenten mit Migrationshintergrund«.
24 Konrad-Adenauer-Stiftung, Jahresbericht 2010
25 Die Studienförderung der RLS ist vergleichsweise jung. Daher ist die Anzahl prominenter Alumni deutlich geringer als bei älteren Förderwerken wie der Studienstiftung des Deutschen Volkes oder der Friedrich-Ebert-Stiftung.
26 Homepage der Rosa-Luxemburg-Stiftung, 20. Juni 2011.
27 Homepage der Rosa-Luxemburg-Stiftung, 20. Juni 2011.
28 Cusanuswerk, Historia Cusanorum, 2006.
29 Homepage Spiegel-Online: Cusanuswerk - Bischöfliche Studienförderung, 01. Mai 2009.
30 Homepage der Arbeitsgemeinschaft der Begabtenförderungswerke in der Bundesrepublik Deutschland (stipendiumplus.de), 20. Juni 2011.
31 Die Studienförderung der sdw ist vergleichsweise jung. Daher ist die Anzahl prominenter Alumni deutlich geringer als bei älteren Förderwerken wie der Studienstiftung des Deutschen Volkes oder der Friedrich-Ebert-Stiftung.
32 Homepage der Hans-Böckler-Stiftung, 20. Juni 2011
33 Homepage der Bundesregierung, 06. März 2011
34 Homepage der Bundesregierung, 06. März 2011
35 Pflichtlektüre - Studierendenmagazin der Universitäten Bochum, Dortmund und Duisburg-Essen, 26. November 2010
36 Homepage des Bundesverbandes deutscher Stiftungen, 04. August 2009.
37 Homepage der Landesstiftung Baden-Württemberg, 05. August 2009.
38 Homepage des Elitenetzwerks Bayern, 4. März 2009.
39 Spiegel Online: »Geldregen für Waisen und Weinkenner«, 01. März 2009.
40 Homepage der Stiftung Maximilianeum, 05. August 2009.
41 Ministerium für Innovation, Wissenschaft, Forschung und Technologie Nordrhein-Westfalen: Wichtigste Vorbereitung für Premiere abgeschlossen: Private Finanzierung aller 1400 Stipendien in NRW steht, 16. September 2009.

42 Bundesverband deutscher Stiftungen: Stiftungen in Zahlen, 05. Mai 2009.
43 e-fellows fördert auch Studenten nicht wirtschafts- oder rechtswissenschaftlicher Fächer, setzt aber ein erkennbares Interesse an einer Tätigkeit in der Wirtschaft voraus.
44 Beinhaltet nur solche Programme der Haniel Stiftung, die deutschen Studenten offen stehen. Über diese Programme hinaus bietet die Stiftung auch begabten Studenten aus Asien und Osteuropa finanzielle Unterstützung bei einem Studium in Deutschland.
45 VDI Nachrichten vom 05. Mai 2006.
46 Homepage des WDR: »Migranten in der Mensa«, 01. Mai 2009.
47 Homepage der Fachstelle für Internationale Jugendarbeit der Bundesrepublik Deutschland e. V., 01. Juni 2009.
48 Homepage der Otto-Benecke Stiftung, 30. Mai 2009.
49 Jahresbericht des Deutschen Akademischen Austauschdienstes 2009.
50 Homepage des DAAD, 04. August 2009.
51 ERASMUS ist zudem die Abkürzung für European Region Action Scheme for the Mobility of University Students.
52 Umfasst darüber hinaus auch den akademischen Austausch mit Norwegen, Island, Liechtenstein und Türkei.
53 Siehe auch Kapitel »Unternehmensnahe Stiftungen«.
54 Siehe auch Kapitel »Unternehmensnahe Stiftungen«.

Über die Autoren

Max-Alexander Borreck ist als Unternehmensberater im Münchener Büro von Oliver Wyman tätig. Während seines Studiums der Betriebswirtschaftslehre an der WHU Koblenz, dem IPADE Mexico-City und dem IIM Bangalore wurde er durch die Friedrich-Ebert-Stiftung gefördert. Für Auslands- und Forschungsaufenthalte in Indien erhielt er Stipendien durch die Haniel- und die Daniela und Jürgen Westphal-Stiftung. Seine Diplomarbeit wurde 2008 mit dem Preis »Die beste Diplomarbeit« durch die Industrie- und Handelskammer Koblenz ausgezeichnet.

Jan Bruckmann ist als Portfolio Manager in der RWE Handelssparte Supply & Trading in Essen tätig. Zuvor absolvierte er sein Bachelorstudium der Betriebswirtschaftslehre an der WHU Koblenz, dem ITESM Guadalajara in Mexiko und an der VWA Stuttgart. Daran schloss sich ein Masterstudium der Finanzwissenschaft an der Barcelona Graduate School of Economics an. Während seines Bachelor- und Masterstudiums wurde Jan durch die Friedrich-Ebert-Stiftung und e-fellows gefördert.

Über squeaker.net

squeaker.net ist ein im Jahr 2000 gegründetes Online-Karriere-Netzwerk, in dem sich Studenten und junge Berufstätige über Karrierethemen austauschen. Dabei stehen Insider-Informationen wie Erfahrungsberichte über Praktika und Bewerbungsgespräche im Vordergrund. Die Community verfügt über eine umfassende Erfahrungsberichte-Datenbank zu namhaften Unternehmen und zahlreiche Möglichkeiten, Kontakte zu anderen Mitgliedern und attraktiven Arbeitgebern zu knüpfen. Ebenfalls zur squeaker.net-Gruppe gehören die folgenden themenspezifischen Karriere-Seiten:

consulting-insider.com
finance-insider.com

Mit der Ratgeber-Reihe »Das Insider-Dossier« veröffentlicht squeaker.net darüber hinaus seit 2003 hochqualitative Bewerbungsliteratur für ambitionierte Nachwuchskräfte.

Zur Vorbereitung auf Ihr Bewerbungsgespräch empfehlen wir Ihnen folgende Titel aus der Insider-Dossier-Reihe:

Brainteaser im Bewerbungsgespräch

Wie schwer ist eigentlich Manhattan? Um Jobanwärter im Einstellungsgespräch und Assessment Center auf logisches Denken und Kreativität zu prüfen, setzen Personaler immer häufiger sogenannte Brainteaser-Aufgaben ein. »Wer sich auf die Fragen vorbereitet und in die Struktur der Brainteaser eingearbeitet hat, kann wesentlich entspannter in das Einstellungsgespräch gehen«, sagt Stefan Menden, Gründer des Karriere-Netzwerks squeaker.net und Herausgeber des Buches. »Das Insider-Dossier: Brainteaser im Bewerbungsgespräch – 140 Übungsaufgaben für den Einstellungstest « bereitet ideal auf Jobinterviews vor.
ISBN: 978-3-940345-103

Einstellungstests bei Top-Unternehmen

Immer mehr Arbeitgeber greifen auf standardisierte Einstellungstests in ihren Bewerbungsverfahren zurück, da es kein anderes Auswahlinstrument gibt, das den späteren Berufserfolg so präzise misst. Mit guter Vorbereitung kann man die Unwägbarkeiten dieser Tests minimieren und seine Chancen auf eine Einstellung deutlich erhöhen. Die Lektüre des Insider-Dossiers »Einstellungstests bei Top-Unternehmen« bereitet gezielt auf die Online Assessments, Logiktests, Intelligenz- und Persönlichkeitstests vor.
ISBN: 978-3-940345-110

Consulting Case-Training

30 Übungscases für die Bewerbung in der Unternehmensberatung
Dieses Insider-Dossier ist das erste reine Trainingsbuch für Consulting Cases im deutschsprachigen Raum. Es ist als ergänzendes Übungsbuch zur Vorbereitung auf das anspruchsvolle Case Interview besonders geeignet. Das Buch bietet 30 interaktive Interview Cases mit zahlreichen Zwischenfragen zum Trainieren von analytischen, strukturierenden und quantitativen Fähigkeiten, spezielle Cases zum Üben zu Zweit oder in der Gruppe, Einblicke in branchenspezifische Case-Knackpunkte uvm.
ISBN: 978-3-940345-196

Bewerbung bei Unternehmensberatungen

Die »Bewerber-Bibel« für angehende Unternehmensberater erläutert die wichtigsten Grundlagen und Konzepte der BWL für das Lösen von Fallstudien und übt deren Einsatz im Consulting Interview. Darüber hinaus trainiert es typische Analytik-, Mathe- und Wissenstests, Brainteaser-Aufgaben sowie Personal-Fit-Fragen. Abgerundet wird das Buch durch ein umfassendes Branchen-Portrait, zahlreiche Experten-Tipps, Erfahrungsberichte und Profile der wichtigsten Player der Branche.
ISBN: 978-3-940345-158

Marketing & Vertrieb

Starke Marken faszinieren Sie? Dann bietet Ihnen die Konsumgüterindustrie spannende Entwicklungsmöglichkeiten. Doch woher wissen Sie, dass Sie den täglichen Herausforderungen im Marketing oder Sales gewachsen sind? Viele Bewerber tun sich trotz guter Noten mit den hohen Anforderungen und anspruchsvollen Auswahlmethoden in der Konsumgüterindustrie schwer. Das Insider-Dossier »Bewerbung in der Konsumgüterindustrie« knackt den Bewerbungscode und bereitet Bewerber gezielt auf den Berufseinstieg bei Firmen wie Coca-Cola, L'Oréal oder Procter & Gamble vor.
ISBN: 978-3980907-141

Die Finance-Bewerbung

Das Insider-Dossier für den Finance-Nachwuchs stellt die Branche und ihre wichtigsten Player - von der M&A Abteilung der Investmentbanken über Private Equity zu Rating-Agenturen - eingehend vor und hilft angehenden Bankern bei der gezielten Vorbereitung auf das so genannte »Finance-Interview«. Der Leser erhält Insider-Wissen über das Bewerbungsverfahren, Anforderungen an die Bewerber und typische Interviewfragen mit Musterlösungen. Zudem wird die relevante Finanztheorie, Rechnungswesen und Unternehmensbewertung wiederholt.
ISBN: 978-3-940345-127

Weitere Titel aus der Insider-Dossier-Reihe:

Die Bewerbungs- und Karriere-Bücher aus der Insider-Dossier-Reihe von squeaker.net sind alle von Branchen-Insidern geschrieben, nicht von Berufsredakteuren. Dies ist Garant für inhaltliche Tiefe, Authentizität und wahre Relevanz. Sie beinhalten das geballte Insider-Wissen der squeaker.net-Community, unserer namhaften Partner-Unternehmen und der Branchen-Experten. Für Sie bedeutet dies einen echten Vorsprung bei der Bewerbung bei Top-Unternehmen.

Folgende Titel sind in der Insider-Dossier-Reihe im gut sortierten sowie universitätsnahen Buchhandel und unter squeaker.net/insider erhältlich:

Bewerbung in der Automobilindustrie

Karriere in der Großkanzlei

Bewerbung in der Wirtschaftsprüfung

Jetzt versandkostenfrei bestellen unter
www.squeaker.net/insider

squeaker.net